politik.21

Sozialkunde
Rheinland-Pfalz

neu

bearbeitet von:
Sinan Beygo
Jan Castner
Dörthe Hecht
Petra Reiter-Mayer
Timo Reuther

C.C.Buchner Verlag

politik.21 – Rheinland-Pfalz neu

Sozialkunde für Realschulen plus

Bearbeitet von Sinan Beygo, Jan Castner, Dörthe Hecht, Petra Reiter-Mayer, Timo Reuther

Mit Beiträgen von Erik Müller und Hartwig Riedel

Dieser Titel ist auch als digitale Ausgabe unter www.ccbuchner.de erhältlich.

1. Auflage, 1. Druck 2016
Alle Drucke dieser Auflage sind, weil untereinander unverändert, nebeneinander benutzbar.

Dieses Werk folgt der reformierten Rechtschreibung und Zeichensetzung. Ausnahmen bilden Texte, bei denen künstlerische, philologische oder lizenzrechtliche Gründe einer Änderung entgegenstehen.

Redaktion: Stephanie Gebhardt
Satz und grafische Gestaltung: Wildner + Designer GmbH, Fürth
Druck und Bindung: creo Druck & Medienservice GmbH, Bamberg

www.ccbuchner.de

ISBN 978-3-661-**70021**-2

Liebe Schülerinnen und Schüler,

Sozialkunde als Unterrichtsfach ist ab diesem Schuljahr neu für euch. Ihr könnt gespannt sein, mit welchen Themen ihr euch in diesem Fach beschäftigen werdet. Sie betreffen euch direkt, euren Alltag und eure Freizeit: Wer ist der/die geeignete Klassensprecher/Klassensprecherin für eure Klasse? Wie erreicht ihr, dass neue Freizeitmöglichkeiten für Jugendliche in eurem Ort geschaffen werden? Später beschäftigt ihr euch damit, wer in Deutschland wichtige politische Entscheidungen trifft. Dahinter steht die Annahme, dass Politik Problemlösen ist.
Es geht im weitesten Sinne um das Zusammenleben von Menschen und die Lösung von Konflikten, die dabei immer wieder entstehen. Und es geht darum, wie ihr euch selbst ein Urteil zu politischen Problemen bilden könnt, das lässt sich trainieren.
Langeweile ist also überhaupt nicht angesagt. Wir haben uns bemüht, dieses Buch so spannend und attraktiv wie möglich zu gestalten, und hoffen, euer Interesse zu wecken. Wie genau ihr das Buch benutzen könnt, ist auf den folgenden Seiten zur Konzeption erklärt.

Viel Spaß wünschen
das Autorenteam und der Verlag

Politik – das sind vor allem Interessenkonflikte, Lösungsansätze und Diskussionen über unterschiedliche Meinungen.

Konzept

politik.21 im Unterricht

politik.21 ist ein vollständig neu erarbeitetes, lebensnahes Lern- und Arbeitsbuch für den kompetenzorientierten Sozialkundeunterricht im 21. Jahrhundert. Um den Einsatz im Unterricht für Lehrer und Schüler einfach und ansprechend zu gestalten, folgt das Buch einem klaren Aufbau mit folgenden **Rubriken**:

Jedes Kapitel beginnt mit einer **Auftaktdoppelseite**. Ein Material und offene Aufgaben ermöglichen den inhaltlichen Einstieg in die neue Unterrichtseinheit. Zugleich kann hiermit eine Lernstandserhebung erfolgen, die die Grundlage für eine lerngruppenspezifische Unterrichtsplanung mit differenzierten Aufgabenformaten bildet. Die Auflistung der konkretisierten **Kompetenzen** bieten einen Ausblick auf das bevorstehende Großkapitel.

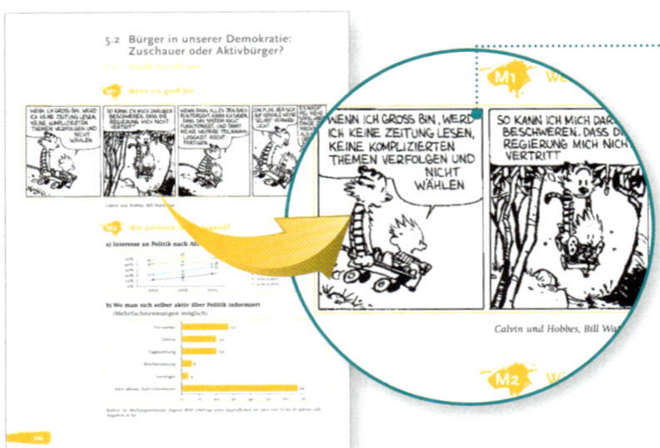

Besondere Aufmerksamkeit wurde dem **Einstiegsmaterial** jedes Unterkapitels gewidmet. Hier stehen bildliche, spielerische und vor allem aktivierende Materialien im Zusammenhang mit Aufgaben, mit denen die zentrale Fragestellung für das kommende Unterkapitel erarbeitet werden kann.

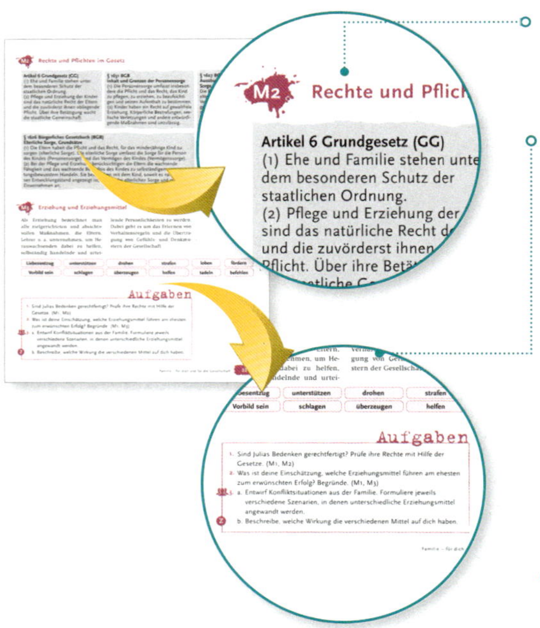

In der Regel auf Doppelseiten folgen unterschiedliche, aufbereitete **Materialien**, die die Inhalte des Kapitels vermitteln.

Am Ende jedes Unterkapitels ist ein Aufgabenblock platziert. Dieser unterstützt die Unterrichtsvorbereitung, die Operatoren regen zusätzlich zum eigenständigen Arbeiten an. Vor allem wird in den Aufgaben detailliert und konkret der methodisch vielfältige und kompetenzorientierte Einsatz des Materials skizziert. Symbole unterstützen zudem die Binnendifferenzierung des Unterrichts:

- **H** Hilfen zu einzelnen Aufgaben stehen in der Randspalte
- **W** kennzeichnet Aufgaben zur Auswahl, die Schülerinnen und Schülern – je nach Lerntyp – eine individuelle Herangehensweise ermöglichen
- (Symbol: Gruppe) weist auf die Möglichkeit hin, Aufgaben in kooperativen Lernformen zu bearbeiten
- **Z** steht für zusätzliche Aufgaben und Herausforderungen

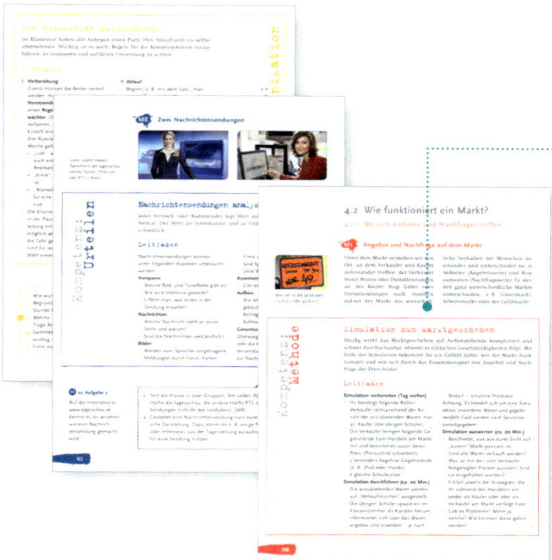

Die Ausrichtung des Unterrichts auf das Erlernen und Anwenden von Kompetenzen steht im Mittelpunkt der Buchkonzeption: Mit Einheiten zur **Methodenkompetenz** lernen die Schüler z. B. strukturiert Informationen zu gewinnen und zu analysieren, empirische Methoden anzuwenden und Visualisierungstechniken einzusetzen. Einheiten zur **Kommunikationskompetenz** leiten u. a. Gesprächsformen und Teamarbeit an und regen den Perspektivwechsel an. Mit Sach- und Werturteilen und der Reflexion von Wahrnehmungen beschäftigen sich Elemente zur **Urteilskompetenz**.

Das **Grundwissen** schließt jedes Unterkapitel ab und ist im Layout besonders hervorgehoben. Hier werden die wesentlichen Inhalte in schülergemäßer Sprache zusammengefasst. Es kann so sinnvoll zur Nacharbeit oder zur Vorbereitung einer Leistungsmessung eingesetzt werden.

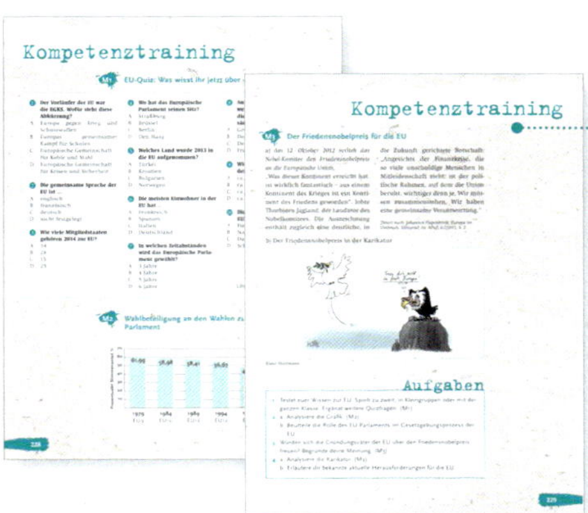

Am Ende jedes Großkapitels können Schülerinnen und Schüler auf den Seiten des **Kompetenztrainings** sich selbst prüfen und zeigen, ob sie die Kompetenzen in einer konkreten Situation sinnvoll anwenden können.

Über QR-Codes können in einzelnen Kapiteln digitale Inhalte angesteuert werden. Diese können außerdem über die Eingabe von Mediencodes im Suchfeld auf www.ccbuchner.de aufgerufen werden.

Aufgrund der besseren Lesbarkeit wird im Folgenden darauf verzichtet, immer beide Geschlechter anzusprechen („Schülerinnen und Schüler"), auch wenn selbstverständlich beide gemeint sind.

Inhaltsverzeichnis

Kapitel 3 Leben in der Mediengesellschaft 72

Kapitel 4 Der jugendliche Konsument 102

(E) und (V) kennzeichnen Differenzierungsangebote zur Erweiterung und Vertiefung, die im Laufe eines Halbjahres je einmal unterrichtet werden sollen.

„Was ist eigentlich Politik?"

M1 Bilder von Politik

Aufgaben

1. a. Suche dir ein Bild aus, das du am ehesten mit Politik in Verbindung bringst. (M1)
   b. Begründe vor der Klasse, weshalb du dieses Bild gewählt hast.
2. „Politik ist ...“ Lass diesen Satz von verschiedenen Menschen vervollständigen. Frage deine Eltern, Geschwister oder andere Verwandte, Lehrer, Freunde oder ältere Mitschüler, was sie unter Politik verstehen. Notiere dir die Antworten und vergleicht sie anschließend in der Klasse.
3. Was findet ihr gut an Politik oder Politikern? Was nervt an Politik oder was findet ihr daran nicht so gut? Tauscht eure Meinungen auf einem großen Plakat schriftlich aus, ohne miteinander zu sprechen („stummes Schreibgespräch“).
4. (Z) Was würdest du machen, wenn du alleine entscheiden dürftest? Welche Gesetze würdest du einführen? Notiere deine 10 wichtigsten Gesetze. Tauscht euch anschließend aus.
5. Untersucht mithilfe der Fragen (M4) ein Thema eurer Wahl oder folgende:
   - Einheitliche Schuluniform für alle Schüler?
   - Gewaltspiele am PC verbieten?

M2 Was ist Politik?

Politik **regelt das Zusammenleben der Menschen**.

Der Begriff Politik stammt vom griechischen Wort „polis“ ab. Polis bedeutet Stadt oder Gemeinschaft. In einer polis hatten alle Bürger einer Stadt das Recht (und auch die Pflicht), über die Angelegenheiten der Gemeinschaft mitzubestimmen. Auch Kinder und Jugendliche haben das Recht, Politik zu machen. Das bedeutet zwar nicht, dass sie gleich in den Bundestag gewählt werden können. Das ist erst mit 18 Jahren möglich. Da Politik aber nicht nur von Parteien gemacht wird, gibt es spezielle Vereine, in denen Kinder und Jugendliche Politik machen können. Denn sie dürfen und sollen innerhalb und außerhalb der Schule mithelfen, ihre Anliegen vorzutragen und Probleme zu verändern. Hier ein paar Beispiele:

- Wenn der Skaterpark verdreckt ist, könnt ihr euch beim Bürgermeister beschweren.
- Jede Schule hat eine Schülervertretung, in der Kinder und Jugendliche die Interessen aller Schüler vertreten.
- Als Jugendlicher kannst du in Kinder- und Jugendparlamenten mitarbeiten.

In der Politik geht es um die Lösung von Problemen bzw. **Konflikten**, die die **Öffentlichkeit** betreffen. Verschiedene Gruppen versuchen dabei, ihre Interessen durchzusetzen. Politik ist auch der Kampf um **Macht** und Einfluss.

- Wird die Regel eingehalten bzw. die Entscheidung umgesetzt? Wenn ja, warum? Wenn nein, warum nicht?

- Was ist in den 20 Minuten mit den Karten passiert? Wer hat seine Karte behalten und warum? Wer hat Karten von anderen erhalten und wie kam es dazu?

- Kann man die Übung mit Situationen aus dem Alltag vergleichen? Welche Parallelen zu gesellschaftlichen Vorgängen gibt es?

M3 Auf Stimmenfang

1. Jeder Schüler bekommt eine Karteikarte und schreibt seinen Namen darauf.
2. Einzige Spielanweisung: „Wo nach 20 Minuten die meisten Karten liegen, darf eine Regel verkündet werden, die unter bestimmten Voraussetzungen für den weiteren Verlauf der Übung für alle Personen in diesem Raum verpflichtend ist. Die Regel muss innerhalb des Raumes umsetzbar sein.“
3. Nach 20 Minuten kehren alle in den Sitzkreis zurück. Die Spielleitung prüft, wo die meisten Karten sind und lässt die Regel verkünden.

4. Die Spielleitung fragt, ob alle mit der Regel einverstanden sind.

Uki Maroshek-Klarman u. a., Miteinander. Erfahrungen mit BETZAVTA, Gütersloh 2008, S. 21 ff.

M4 Drei Dimensionen von Politik

Vielleicht ist es dir auch schon so gegangen: Du siehst Nachrichten im Fernsehen oder liest einen Artikel in der Zeitung und verstehst überhaupt nicht, um was es geht. Vielen Menschen geht es ähnlich. Deshalb denken sie, dass Politik kompliziert und langweilig ist.

Dass Politik ganz schön spannend und weitaus weniger kompliziert sein kann, siehst du, wenn du ein politisches Thema von allen Seiten betrachtest und dazu die richtigen Fragen stellst. Dabei werden verschiedene Dimensionen von Politik deutlich.

1. Dimension: Inhalt	**Fallbeispiel: Handyverbot in der Schule**
Um welches Problem geht es?	Handys klingeln oft während des Unterrichts; Fotos und Filme von Schülern und Lehrern werden unerlaubt ins Internet gestellt
Welche Argumente gibt es a) dafür?	 Keine Störungen des Unterrichts durch Handyklingeln
b) dagegen?	Handys gehören als fester Bestandteil zum Alltag; ein generelles Verbot verdächtigt alle Schüler des Missbrauchs
2. Dimension: Rahmen/Form	
Wer darf entscheiden?	Gesamtkonferenz der Schule entscheidet (Schulleitung, Lehrer, Elternvertreter und Schülervertreter)
Wie wird entschieden?	Mehrheitsentscheidung in der Gesamtkonferenz; nach ausführlicher Diskussion und Information durch Experten
Welche Gesetze spielen eine Rolle?	Hausordnung müsste geändert werden
3. Dimension: Prozess der Meinungsbildung und Entscheidungsfindung	
Warum ist eine Diskussion überhaupt notwendig?	Anlass: Auftauchen eines Videos über eine Unterrichtsstunde im Internet
Wer ist betroffen von dem Problem?	Vor allem Schüler, aber auch Lehrer (die das Verbot kontrollieren müssten) und Eltern
Welche Meinungen vertreten die Betroffenen?	Schülervertretung ist gegen ein Verbot, weil es die Freiheit der Schüler einschränkt; Viele der Eltern unterstützen ein Verbot, bei den Lehrern gibt es keine einheitliche Meinung; Schulleitung will das Verbot unbedingt
Wie werden die verschiedenen Meinungen der Öffentlichkeit mitgeteilt?	Schulleitung veranstaltet Podiumsdiskussion mit Eltern, Lehrern, Schülern und einem Experten; Redaktion der Schülerzeitung schreibt einen Artikel; Schülervertretung erstellt Plakate gegen das Handyverbot
Gibt es Kompromissvorschläge?	Während des Unterrichts dürfen Handys nicht benutzt werden, ansonsten nur im Notfall und nur zum Telefonieren (keine Fotos oder Videos)

Schulgesetz des Landes Rheinland-Pfalz, § 3:

(4) Die Schülerinnen und Schüler werden ihrem Alter und ihrer Entwicklung entsprechend in die Entscheidungsfindung über die Gestaltung des Unterrichts, des außerunterrichtlichen Bereichs und der schulischen Gemeinschaft eingebunden. Es gehört zu den Aufgaben der Schule, ihnen diese Mitwirkungsmöglichkeiten zu erschließen.

UN-Kinderrechtskonvention, Art. 12:

(1) Die Vertragsstaaten sichern dem Kind, das fähig ist, sich eine eigene Meinung zu bilden, das Recht zu, diese Meinung in allen das Kind berührenden Angelegenheiten frei zu äußern, und berücksichtigen die Meinung des Kindes angemessen und entsprechend seinem Alter und seiner Reife.

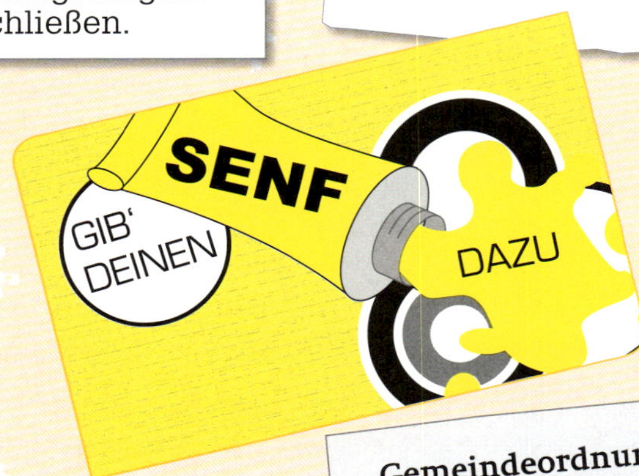

Gemeindeordnung Rheinland-Pfalz, § 16c:

Die Gemeinde soll bei Planungen und Vorhaben, die die Interessen von Kindern und Jugendlichen berühren, diese in angemessener Weise beteiligen. Hierzu soll die Gemeinde über die in diesem Gesetz vorgesehene Beteiligung der Einwohner hinaus geeignete Verfahren entwickeln und durchführen.

Was kannst du schon?

1. Wenn du an dein Lebensumfeld denkst (Familie, Schule oder Gemeinde), wo darfst du mitreden und wo nicht?
2. In welchen Bereichen werden Kindern und Jugendlichen Mitentscheidungsrechte eingeräumt? Erläutere.
3. Entwerft in Partnerarbeit oder in der Kleingruppe einen Slogan, der zum Mitmachen auffordert. Du kannst eine Postkarte gestalten, einen Comic zeichnen, einen Flyer oder ein Werbeplakat entwerfen.

1

Jugend und Demokratie

Kompetenzen

Am Ende des Kapitels solltest du Folgendes können:

- Möglichkeiten der demokratischen Mitwirkungs- und Gestaltungsmöglichkeiten im eigenen Erfahrungsbereich (z. B. in der Schule oder in der Gemeinde) wahrnehmen und benennen können
- nach Abwägen von Pro- und Kontra-Argumenten zu einem Konflikt eine eigene Meinung bilden und bereit sein, diese zu vertreten
- verschiedene Handlungsmöglichkeiten in einem konkreten Konfliktfall erörtern und beurteilen
- die Organisation der Gemeinde und das Zusammenspiel zwischen Bürgermeister, Gemeinderat und Verwaltung kennen

1.1 Mitbestimmung und Mitgestaltung in der Schule

1.1.1 Welche Schule wollen wir?

M1 Kein Lehrplan, keine Klassen, keine Noten

An der holländischen Sudbury-Schule „De Kampanje“ lernen die Schüler, wenn sie Lust auf ein Thema haben.

Maike und Linda (Bild) hören Musik vom MP3-Player. Gegenüber sitzt Patricia am Laptop und recherchiert im Internet. Sie hat Englisch mit Harry Potter gelernt. Mit ein paar Vorkenntnissen und einem Wörterbuch hat sie zu lesen begonnen, bis sie durch war.
Linda (8 Jahre) spielt während des Unterrichts draußen im Hof Tennis. Das Lesen und Schreiben hat sie sich selbst beigebracht. Irgendwann konnte sie es.
Die Schüler bilden immer neue Gruppen um gemeinsam etwas zu organisieren, z. B. ein Rockfestival. Das Logo – eine Raupe mit Kopfhörern – hat Lisa entwickelt. Die anderen sind davon begeistert. Das macht Lisa stolz.

Nach: Simone Kosog, in: Süddeutsche Zeitung WISSEN, Oktober 2008, S. 30 ff.

M2 Meine Traumschule

Dennis: Ich wünsche mir mehr Sport, zwei Stunden vielleicht, aber auch mehr Mathe. Es sollte einen großen Rummelplatz mit Auto-Scooter geben; und einen Computerraum, in dem 15 Computer stehen. In meiner Traumschule verstehen sich alle gut. Natürlich gibt es Mädchen, aber welche, die nicht nerven.
Anatol: In meiner Traumschule wären Klassenarbeiten und Prüfungen abgeschafft. So kann jeder in seinem Tempo das lernen, was er für wichtig hält. Für jeden Schüler gibt es einen Lehrer als Ansprechpartner, der Schüler kann aber jederzeit einen anderen Lehrer um Rat fragen. Meine Traumschule ist eine Ganztags-Gesamtschule, in der die Schulvollversammlung die Entscheidungen trifft. Jeder Schüler hat dort eine Stimme.
Katja: Ich wünsche mir mehr Projektunterricht – so wie wir ihn in der Grundschule hatten. Die Ergebnisse können auf Stellwänden oder auf der Schul-Homepage präsentiert werden. So wissen die anderen Klassen auch, was wir gemacht haben.

Nach: www.sueddeutsche.de, Spezial Schule, Meine Traumschule, 25.6.2007

M3 Im Chat zwischen Finnland und Deutschland

Ann-Kathrin ist Schülerin der 8. Klasse der Realschule plus in Koblenz. Sie soll ein Referat über das finnische Schulsystem halten, das immer wieder als vorbildlich gelobt wird. Auf einer Homepage besteht die Möglichkeit, im Chat Fragen zu stellen.

Ann-Kathrin | 21.04.2014 | 14:25 Uhr
Hallo Mirkka! Wann kommst du denn nach Hause, wenn du den ganzen Tag in der Schule bist? Hast du jeden Nachmittag Schule? Ich stelle mir die Ganztagsschule ziemlich stressig vor.

Mirkka | 21.04.2014 | 14:30 Uhr
Überhaupt nicht! Wir beginnen um 9:30 Uhr, gegen 16 Uhr ist der Unterricht zu Ende. Und damit alle frisch und ausgeruht im Unterricht sitzen, werden Kinder aus ländlichen Gebieten sogar mit dem Taxi in die Schule gebracht! Auf jede Unterrichtsstunde folgen 15 Minuten Pause.
Bis zur neunten Klasse sind alle Kinder an einer Schule. Erst mit 15 Jahren musst du dich entscheiden, ob du weiter die Schule besuchen oder eine Ausbildung beginnen willst.

Ann-Kathrin | 21.04.2014 | 14:45 Uhr
Da würde ich aber meinen Musikkurs und meine Chorstunden vermissen. Oder gibt es an deiner Schule auch einen speziellen Musikzweig? Ich spiele Klavier und Flöte und habe mir extra eine solche Schule ausgesucht.

Mirkka | 21.04.2014 | 14:49 Uhr
Mein Hobby – Handball spielen – mache ich abends nach der Schule. Verschiedene Schultypen und Spezialisierungen sind bei uns nicht so wichtig. Wir haben dafür in der Regel immer einen Ansprechpartner: Es sind circa 25 Schüler in einer Klasse, und jeder Lehrer kann sich einen Schulhelfer dazuholen. In besonderen Fällen gibt es Unterricht in Kleingruppen oder Einzelförderung. Mir ist nie langweilig – die Lehrer finden immer etwas, bei dem ich mich noch verbessern kann. Es werden z. B. verschiedene Hausaufgaben gestellt, aus denen man wählen kann.

Ann-Kathrin | 21.04.2014 | 14:55 Uhr
Das wäre mir zu viel! Da sitzt du ja den ganzen Abend am Schreibtisch.

Mirkka | 21.04.2014 | 14:58 Uhr
Nein, so lange nicht. Aber Freizeit habe ich nicht sofort, wenn ich nach Hause komme. Dafür habe ich keinen Notendruck und muss nicht fürchten, eine Klasse wiederholen oder Nachhilfeunterricht bezahlen zu müssen. Der Schulbesuch ist völlig kostenfrei. Auch das Mittagessen, Bücher, Hefte und Stifte zahlt der Staat.

Ann-Kathrin | 21.04.2014 | 15:11 Uhr
Das ist ja interessant. Vielen Dank für deine Antworten.

Aufgaben

1. Welche Fragen würdet ihr Maike, Patricia und den anderen (M1) stellen? Formuliert auch Antworten. Versetzt euch dabei in die Rolle der Schüler, die alle gerne an der Schule bleiben möchten.
2. a. „Schule ohne Stundenplan" – entwirf einen Tagesplan für einen Schultag, wie du ihn dir wünschst.
   b. Vergleiche deine Tagesplanung mit M2.
   Z c. Fertige eine Tabelle an: „Wünsche für den Unterricht" auf der einen und „Wünsche für das Schulleben" auf der anderen Seite. (M2)
3. Führt Partnerinterviews durch.
   a. Welche der von dir und von den Schülern in M2 geäußerten Wünsche haben die Schulen in Finnland gelöst? (M3)
   b. Worauf legen diese Schulen besonders Wert – im Unterricht und im Umgang mit den Schülern?

1.1.2 Hier reden alle mit! Der Klassenrat

M4 Es gibt viel zu besprechen in Klasse 8c …

M5 Was bringt uns der Klassenrat?

Was ist der Klassenrat?
Der Klassenrat ist der gemeinsame Ausschuss einer Klasse. In den wöchentlichen Sitzungen beraten, diskutieren und entscheiden die Schülerinnen und Schüler über selbstgewählte Themen: über die Gestaltung und Organisation des Lernens und Zusammenlebens in Klasse und Schule, über aktuelle Probleme und Konflikte, über gemeinsame Planungen und Aktivitäten.

Gemeinschaft fördern.
Im Klassenrat gestalten wir das Zusammenleben unserer Klasse: Wir diskutieren und entscheiden, wir planen Projekte und setzen sie um, wir streiten und vertragen uns.
So fördert der Klassenrat unsere Gemeinschaft und hilft uns, besser gemeinsam lernen und leben zu können.

Demokratie lernen.
Im Klassenrat üben wir von klein auf, demokratisch zu handeln: In der Gruppe verhandeln wir unsere Anliegen und lösen Probleme, achten Minderheiten und akzeptieren Mehrheitsmeinungen.
So lernen wir im Klassenrat, selbst Demokratie zu gestalten: Er wird zur Basis der Demokratie in der Schule.

www.derklassenrat.de (24.6.2013)

Kompetenz: Kommunikation

Den Klassenrat durchführen

Im Klassenrat haben alle Anliegen einen Platz. Den Ablauf sollt ihr selbst übernehmen. Wichtig ist es auch, Regeln für die Kommunikation einzuführen, zu trainieren und auf deren Umsetzung zu achten.

Leitfaden

I. Vorbereitung:

- Zuerst müssen die Ämter verteilt werden. Ihr braucht einen oder zwei **Vorsitzende**, einen **Protokollanten**, einen **Regelwächter** und einen **Zeitwächter**. Überlegt euch ein faires Verfahren, wie ihr die Ämter verteilt.
- Erstellt eine Wandzeitung mit den drei Rubriken, die im Laufe der Woche gefüllt werden können:
  - „Lob“, wenn ein Schüler oder auch ein Lehrer besondere Anerkennung verdient.
  - „Kritik“, was nicht gut gelaufen ist.
  - „Wünsche“, konkrete Ideen, z. B. für eine gemeinsame Klassenaktion.
- Die Klassenratssitzung sollte (z. B. in der Pause) von der Klassenratsleitung vorbereitet werden. Wenn möglich wird die Tagesordnung an die Tafel geschrieben und ein Zeitlimit für jedes Thema gestellt.
- Stellt einen Sitzkreis auf.

II. Ablauf:

- Beginn, z. B. mit dem Satz „Hiermit eröffne ich den Klassenrat.“
- Protokoll der letzten Sitzung verlesen (wurde umgesetzt, was abgesprochen war?)
- Klassendienste vergeben und evtl. neue Klassenratsleitung für die nächste(n) Woche(n) wählen
- Bericht aus der Schülervertretung
- Notizen von der Wandzeitung besprechen
  - Anliegen vorlesen: „Ist das Thema noch aktuell?“
  - Der Verfasser erläutert sein Anliegen. Bei Kritik darf der Kritisierte anschließend seine Sichtweise darstellen.
  - Diskussion in der Klasse und Suche nach weiteren Ideen oder Lösungsvorschlägen
  - Beschlussfassung
  - Ergebnis im Protokoll festhalten
  - Ende: „Hiermit beende ich den Klassenrat.“

Aufgaben

1. Wie würdet ihr die Themen der Klasse 8c angehen? (M4)
2. Begründe, welche der in M4 genannten Themen in einer Klassenratsstunde besprochen werden sollten.
3. Welche Ziele und Vorteile und welche Nachteile hat der Klassenrat? Trage Argumente zusammen. (M5)
4. Sammelt Gesprächsregeln, die für die Durchführung eines Klassenrats wichtig sind. Schreibt sie auf ein Plakat im Klassenzimmer.
5. Führt eine Klassenratssitzung durch. (M5)

1.1.3 Wen wählen wir zum Klassensprecher?

M6 Klassensprecher oder Superstar?

Die DSDS-Finalistin von 2013, Beatrice Egli.

M7 Die Kandidaten stellen sich vor

Zu Beginn eines jeden Schuljahres werden die Klassensprecher gewählt, möglichst innerhalb von vier Wochen nach Unterrichtsbeginn. So bleibt genügend Zeit, sich Gedanken über geeignete Kandidaten für dieses Amt zu machen: Dieses Jahr haben sich drei Kandidaten vorgestellt: Lisa, Lukas und Sabira. Hier erklären sie, warum sie sich für das Amt des Klassensprechers bewerben:

„Ich war schon im letzten Jahr Klassensprecherin und das hat mir ziemlich Spaß gemacht. Vor allem die „Freistunden", in denen sich die Schülervertretung getroffen hat, fand ich toll. Dort sind auch viele nette Typen aus den anderen Klassen, mit denen man gut quatschen kann. Die geben auch Tipps, was man bei Problemen mit Lehrern machen kann."
Lisa

„Der Klassensprecher oder sein Stellvertreter sollte unbedingt ein Junge sein. Ich habe auch ganz gute Noten und traue mich mit den Lehrern zu reden, falls es mal Stress gibt. Letztes Jahr war ich in der Theater-AG, da habe ich gelernt, wie man ein gutes Gespräch führt. Damit kann ich die Interessen unserer Klasse gegenüber den Lehrern hoffentlich gut vortragen."
Lukas

„Für mich ist es wichtig, dass sich unsere Klasse gut versteht. Deshalb will ich für alle Ansprechpartner sein. Wenn es Streit gibt, will ich eine Lösung finden, mit der alle zufrieden sind. Außerdem macht es mir Spaß, im Team zu planen und zu organisieren. Ich habe schon einige Ideen, z. B. wie wir unsere Klassenfahrt finanzieren können.“
Sabira

M8 Die Klassensprecherin oder der Klassensprecher sollen ...

- selbstbewusst sein
- die eigene Meinung durchsetzen können
- in der Klasse beliebt sein
- laut und deutlich sprechen können
- die Klasse über wichtige Entscheidungen der Schulkonferenz informieren
- Ideen zur Verbesserung der Klassengemeinschaft haben
- dem Lehrer z. B. beim Einsammeln von Heften helfen
- cool angezogen sein
- zu den Klassenbesten gehören
- für Ruhe sorgen, falls kein Lehrer da ist
- sportlich sein
- die Freunde immer um Rat fragen
- auch für die eigenen Fehler einstehen
- verschwiegen sein, wenn ein Mitschüler ihm oder ihr etwas anvertraut
- die rechtlichen Bestimmungen der SV kennen
- darauf achten, dass niemand von der Klasse ausgestoßen oder vernachlässigt wird
- mit dem Lehrer sprechen, wenn es Probleme gibt
- bei Streitfällen oder Raufereien einschreiten
- die Schüler für den Tafel- und Ordnungsdienst bestimmen
- witzig sein

Aufgaben

1. Welche Probleme ergeben sich, wenn der Klassensprecher nur der Star einer Klasse ist? Begründe. (M6)
2. Welcher Kandidat ist deiner Meinung nach für das Amt des Klassensprechers am besten geeignet? Nenne deine Gründe. (M7)
3. Welche Eigenschaften und Aufgaben sind deiner Meinung nach für einen Klassensprecher wichtig? Was ist nicht wichtig bzw. sein Job? Notiere je drei Stichworte. (M8)
4. (Z) Erstelle eine Tabelle, in der du zwischen „persönlichem Interesse“ und „Gruppeninteresse“ bei den Kandidaten (M7) unterscheidest.

H zu Aufgabe 1

Würdet ihr Deutschlands Superstar zu eurem Klassensprecher wählen? Leitet eure Antwort so ein: „Ich würde Deutschlands Superstar (nicht) wählen, weil ...“ (M6)

1.1.4 Was macht die Schülervertretung (SV)?

M9 Die SV stellt sich vor

M10 Zwei Schülersprecher im Interview

Ihr habt euch als Team für das Amt der Schülersprecher an eurer Schule beworben und seid gewählt worden. Was reizt euch an der Aufgabe?

Zoé: Mich reizt, dass die Schüler zu uns kommen können. Wir versuchen soweit wie möglich, deren Ideen in die Tat umzusetzen. Z. B. möchten wir gerne Ideen für den Pausenhof oder Verbesserungsvorschläge für den Unterricht aufnehmen. Ich finde es auch sehr gut, dass wir bei den Gesamtkonferenzen Ideen der Schüler vertreten können.

Joshua: Mich reizt die große Verantwortung, die man für die Schule trägt. Man kann die Schule nach außen hin vertreten. Außerdem hat man auch ein bisschen Einfluss auf Entscheidungen, die die Schüler betreffen.

Zoé und Joshua sind Schülersprecher der IGS Deidesheim / Wachenheim. Sie besuchen dort die 8. Klasse.

Wie viel Zeit investiert ihr?

Joshua: Die SV-Sitzungen und unsere jährliche SV-Tagung finden in der Schulzeit statt, ebenso Fortbildungsveranstaltungen oder z. B. der „Jugendkongress gegen Rechts". Man investiert aber auch viel Freizeit, da man Sitzungen vorbereiten muss oder auch in die Gesamtkonferenzen geht.

Zoé: Wenn man während der Schulzeit weg ist, versäumt man natürlich Unterricht, aber das arbeitet man dann eben nach.

Welche Ziele und Vorstellungen hattet ihr, als ihr euch entschieden habt, für das Amt zu kandidieren?

Wir wollten, dass auf die Wünsche der Schüler eingegangen wird und eine hohe Zufriedenheit herrscht. Das größte Projekt war die Renovierung der Toilettenanlagen.

Eine große Herausforderung ist es auch, die SV-Arbeit zwischen den beiden Standorten Wachenheim [Klasse 5+6] und Deidesheim [ab Klasse 7] zu koordinieren, weil man sonst vom anderen Standort recht wenig mitbekommt. Mittlerweile gibt es Standortsprecher, der Austausch ist besser geworden.

Wie seid ihr ins Amt gekommen?

In der SV-Versammlung wurde beschlossen, dass die Schülersprecher als Zweier-Team gewählt werden sollen. Insgesamt kandidierten fast zehn Teams. An drei Veranstaltungen stellten sich alle Kandidatenteams mit ihrem jeweiligen Wahlprogramm vor allen Schülerinnen und Schülern vor, die danach wählen konnten.

Wie könnte man eurer Meinung nach die Arbeit der SV verbessern?

Wir denken darüber nach, vermehrt Umfragen durchzuführen um zu wissen, was sich die Schüler konkret wünschen. Außerdem sollten wir uns öfter treffen. Manchmal wünschen wir uns mehr Ernsthaftigkeit in der SV-Arbeit.

Was wünscht ihr euch von euren Mitschülern? Was von euren Lehrern?

Wir wünschen uns von unseren Mitschülern, dass sie auf uns zukommen und ihre Wünsche mitteilen. Dann können wir darauf eingehen und versuchen, diese Wünsche zu erfüllen.

Denn wenn wir nicht wissen, wo die Probleme liegen, können wir auch nichts ändern. Von den Lehrern werden wir gut unterstützt, allerdings könnte der Informationsfluss besser sein. Oft erfahren wir alles nur auf den letzten Drücker.

Das Interview führte Sinan Beygo.

Aufgaben

1. Was erfährst du über die Ziele der Schülersprecher (Robin, Hanna, Zoé, Joshua)? (M9, M10) Notiere Stichpunkte und formuliere Überschriften für die verschiedenen Tätigkeitsfelder.
2. Begründe, warum sich aus deiner Sicht ein Engagement in der SV lohnt oder nicht lohnt.
3. Was wisst ihr über die SV an eurer Schule? Am schwarzen Brett oder im Internet findet ihr sicher einige Informationen. Ihr könnt auch die Schülervertreter einladen und eine Expertenbefragung durchführen.
4. Welche Ziele sollte die SV an eurer Schule haben? Diskutiert in Kleingruppen (bis zu vier Schüler) und formuliert dann konkrete Aufgaben, wie diese Ziele umgesetzt werden können (SV zusammen mit den Schülern).
5. (Z) Wenn ihr an die niederländische Schule De Kampanje, an die Schulen in Finnland und an eure Wünsche aus Kapitel 1.1.1 denkt, welche Ideen wollt ihr direkt an die SV weitergeben?

M11 Schulkleidung – ja oder nein?

Kompetenz: Urteilen

Argumente sammeln und sortieren

Angenommen, eure Schülervertretung hat die Idee, einheitliche Schulkleidung für eure Schule einzuführen. Alle Klassen sollen darüber diskutieren und anschließend ihre Positionen der SV melden. Die Entscheidungsfindung könnt ihr vorbereiten, indem ihr die Argumente gut abwägt.

Leitfaden

1. Tragt eure Erfahrungen zusammen: Was spricht deiner Meinung nach für, was gegen Schulkleidung? Tauscht euch aus.
2. Recherchiert im Internet nach weiteren Argumenten. Achtet darauf, seriöse Quellen zu verwenden (z. B. Schulhomepages, Tages- oder Wochenzeitungen). Vergleicht verschiedene Möglichkeiten, wie Schulkleidung aussehen kann und wer die Kleidung entwirft (z. B. Schülerfirma).
3. Sortiert eure Argumente nach Pro und Kontra und anschließend danach, wie wichtig das Argument jeweils für euch ist. Unterscheidet dabei in Einzelinteressen und Gruppeninteressen.

Aufgaben

1. Verabredet euch dazu, am nächsten Schultag alle mit einem Oberteil derselben Farbe (eurer Wahl) zur Schule zu kommen. Wie geht es euch damit? Welche Wirkung hat das Experiment auf euch?
2. Beschreibe verschiedene Arten von Schuluniformen. (M11)
3. a. Sammelt Argumente und führt eine Debatte durch.
   b. Stimmt ab, ob und welche Schuluniform ihr befürwortet.

Grund-wissen

Welche Aufgaben und Rechte hat ein Klassensprecher?

Jede Klasse hat zwei Klassensprecher. Diese übernehmen wichtige Aufgaben, um das Zusammenleben in der Klasse und in der Schule zu gestalten. Die Klassensprecher vertreten die Interessen ihrer Klasse gegenüber der Schulleitung und den Eltern. Sie können diesen z. B. Verbesserungsvorschläge oder Ideen ihrer Mitschüler zu bestimmten Schulprojekten mitteilen. An Zeugnis- und Versetzungskonferenzen dürfen sie nicht teilnehmen.

Welche Voraussetzungen sollte ein Klassensprecher erfüllen?

Sicherlich hilft es den Klassensprechern, wenn sie gut zuhören und gut formulieren können – z. B. um für die Wünsche ihrer Klasse beim Lehrer oder bei der Schulleitung ein offenes Ohr zu finden. Schüler, die nur im Mittelpunkt stehen und als Star angehimmelt werden wollen, sind keine geeigneten Kandidaten. Außerdem sollten Klassensprecher für alle in der Klasse Ansprechpartner sein. In der Klassenversammlung sollen die Klassensprecher darauf achten, dass bei Entscheidungen eine Lösung herbeigeführt wird, die möglichst alle in der Klasse mittragen.

Welche Aufgaben hat die Schülervertretung (SV)?

Durch die SV haben die Schüler das Recht zur Mitgestaltung des Schullebens. So macht die SV z. B. Verbesserungsvorschläge für die Gestaltung des Schullebens und organisiert Sommerfeste. Die zentrale Aufgabe der SV besteht aber darin, ein offenes Ohr für die Sorgen und Probleme der Mitschüler zu haben und diese der Schulleitung und der Elternschaft vorzutragen.

Die Mitarbeit in der SV stellt neben der Vorbereitung auf den Unterricht eine zusätzliche Belastung dar. Trotzdem zahlt sich das ehrenamtliche Engagement aus: Erstens ist es eine Art Weiterbildung, die einem im späteren Leben nützlich ist. Zweitens bereichert die Arbeit für andere – das soziale Engagement – auch das eigene Leben. Und zuletzt stärkt die Anerkennung für die Arbeit das eigene Selbstvertrauen.

Was ist der Klassenrat?

An einigen Schulen in Rheinland-Pfalz gibt es eine feste Schulstunde in der Woche, in der die Schülerinnen und Schüler ihre Klassenangelegenheiten besprechen können. In diesen Klassenratssitzungen werden z. B. die Klassendienste organisiert, Wandertage und Klassenfahrten geplant, aber auch Konflikte zwischen den Schülern bzw. zwischen Schülern und Lehrern angesprochen. Der Klassenrat wird von den Schülern selbst geleitet. Jeder, auch der Lehrer, hat bei Entscheidungen nur eine Stimme.

1.2 Demokratie in der Gemeinde

1.2.1 Wir entdecken unsere Gemeinde

M1 Die Stadtentdecker

1.) Wo hältst du dich am liebsten auf? Fotografiere die schönsten Plätze deiner Stadt.
2.) Wo findest du Stille in deiner Stadt? Fotografiere diese Plätze.
3.) Gehe an einen Ort, wo du besonders gerne bist. Was macht diesen Ort aus? Wie unterscheidet er sich von anderen Orten? Was findest du attraktiv? Was nicht? Schließe deine Augen. Was hörst du? Was riechst du? Was fühlst du? Welche Gedanken gehen dir durch den Kopf? Schreibe auf.
4.) An vielen Gebäuden, Toren oder Türen finden sich als Verzierung kleine Tier- oder Menschenköpfe. Suche und fotografiere sie.
5.) Finde eine interessante Hausnummer oder einen interessanten Briefkasten.
6.) Suche nach witzigen Fenstern.
7.) Mache eine Umfrage oder führe Interviews mit einigen Bewohnern durch: Warum leben sie in dieser Stadt? Was ist schön, was nicht? Wie ist die Lebensqualität der Stadt?
8.) Suche auf der Straße fünf runde Dinge, fünf bunte Dinge und fünf lange Dinge, die du später vorzeigen kannst.
9.) Welche Läden / Geschäfte / Fabriken gibt es in deiner Stadt?
10.) Hochhäuser, Einfamilienhäuser, Villen – wie wohnt man in deiner Stadt?
11.) Wie kommst du von A nach B: Suche verschiedene Verkehrsmittel in deiner Stadt.
12.) Was würdest du an deiner Stadt gerne ändern? Was fehlt?

Nach: Anke M. Leitzgen, Lisa Rienermann, Entdecke deine Stadt. Stadtsafari für Kinder, Weinheim 2010

M2 Wie zufrieden bist du mit deiner Gemeinde?

- Es gibt zu wenig Jugendliche in meinem Alter.
- In der Nähe ist kein Geschäft, in dem ich etwas kaufen kann.
- Es gibt zu wenig Platz, sich mit Freunden zu treffen.
- Es liegt zu viel Müll in der Gegend herum.
- In unserer Wohnung hört man den Verkehrslärm.
- Es gibt zu wenig Möglichkeiten zum Rad fahren / Inline-skaten / Roller fahren.
- Unsere Nachbarn schimpfen ständig, wenn wir uns vor dem Haus treffen.
- Es gibt zu viele schnell fahrende Autos.
- Es gibt zu wenig Bäume und Grünanlagen.
- Es gibt zu wenig Ampeln und Fußgängerüberwege, um die Straßen zu überqueren.
- In meiner Gegend fürchte ich mich vor Einbrechern / vor Jugendbanden.
- Es gibt zu viele hässliche, baufällige Gebäude in der Gegend.
- Eine laute / stinkende Fabrik ist in der Nähe.
- Es gibt zu wenig Freizeitangebote für Jugendliche.

Nach: Jürgen Zinnecker u. a., null zoff & voll busy, Opladen 2002, S. 77

Projekt: Wir gestalten unseren Wohnort mit

Am eigenen Wohnort verbringen wir einen großen Teil unserer Freizeit. Doch wie jugendfreundlich ist deine Gemeinde wirklich? Mithilfe einer Umfrage könnt ihr herausfinden, wie zufrieden die Jugendlichen mit den Angeboten der Gemeinde sind. Und natürlich könnt ihr euch in einem Unterrichtsprojekt dafür einsetzen, dass sich etwas ändert.

Leitfaden zur Durchführung eines Projekts

1. Führe eine Umfrage unter einer größeren Anzahl Jugendlicher durch, die in deiner Gemeinde wohnen. Jede/r soll die vier Punkte nennen, die sie / ihn am meisten stören (M2). Fallen dir noch weitere Punkte ein, die genannt werden müssten?
2. Werte aus: Welche Punkte stören die Jugendlichen in deiner Gemeinde am meisten? Bestimmt ein oder mehrere Themen, die ihr untersuchen wollt.
3. Sammelt Sachinformationen zum Thema. Recherchiert dazu in Bibliotheken, im Internet, in Zeitungen und Zeitschriften, befragt Experten, Rechtsanwälte, Ämter und Behörden. Findet heraus, welches Amt in der Gemeindeverwaltung zuständig ist.
4. Recherchiert, wie die zuständigen Behörden, die politischen Entscheidungsträger (Bürgermeister, Gemeindevorstand, Gemeindevertreter, Parteien) und andere betroffene Gruppen zu dem Problem stehen.
5. Überlegt euch, welchen Lösungsansatz ihr wählt und wer euch unterstützen könnte. Erstellt einen Zeit- und Aktionsplan.
6. Wie ist euer Projekt verlaufen? Seid ihr mit dem Ergebnis zufrieden? Reflektiert gemeinsam und selbstkritisch über die Erfahrungen, die ihr in diesem Projekt gesammelt habt.

Kompetenz: Kommunikation

Aufgaben

W 1. Packt Fotoapparat, Stift und Notizbuch ein und geht auf Entdeckungsreise in eurer Stadt. Sucht euch Anregungen aus dem Katalog aus (M1) und gestaltet eine Collage, eine PowerPoint-Präsentation oder dokumentiert eure Ergebnisse in einem Buch.
2. Führt ein Projekt zur Gestaltung eures Wohnortes durch. (M2)

1.2.2 Ein Streitfall in der Gemeinde

M3 Aufregung um Freibad-Schließung

Große Aufregung herrscht in der 25.000 Einwohner zählenden Gemeinde Oberotterlingen. Die Fraktion der Unabhängigen Wähler-Partei (UWP) hatte in der letzten Sitzung der Gemeindevertretung die Schließung des Freibads gefordert. Nun formiert sich Widerstand bei den Einwohnern.

Als letzte Woche bekannt wurde, dass das beliebte Freibad saniert werden muss und die Stadt mit Kosten in Höhe von etwa 150.000 Euro rechnet, wurde in der Sitzung der Gemeindevertretung darüber beraten, wie das finanziert werden könne. Einig waren sich die Fraktionen darüber, dass über eine Erhöhung des Eintrittspreises dieser Betrag nicht aufgebracht werden kann. Auch der Landkreis wird sich an der Sanierung nicht beteiligen.

Die Fraktionen der Gemeindevertretung brachten unterschiedliche Lösungsvorschläge in die Diskussion ein. Der Gemeindevorstand schlug vor, durch den Verkauf von städtischen Wohnhäusern den notwendigen Betrag zu beschaffen.

Die UWP würde das Freibad gerne schließen, da der Unterhalt des Bades die Stadt jedes Jahr viel Geld koste und man dies dann für andere Zwecke nutzen könne.

Die anderen Fraktionen hatten noch keine abschließende Meinung geäußert, sind der Sanierung gegenüber aber eher zurückhaltend eingestellt.

Am nächsten Tag schlossen sich mehrere Oberotterlinger zusammen und gründeten eine Bürgerinitiative zur Erhaltung des Freibades. Sie möchten nun bis zur nächsten Sitzung der Gemeindevertretung mindestens 1.800 Unterschriften sammeln, um einen Bürgerentscheid zu erreichen.

M4 Unterschiedliche Interessen

Jutta Weber-Scheuermann, UWP-Vorsitzende:

„Der Erhalt des Freibades ist seit vielen Jahren ein großes Verlustgeschäft für die Stadt. Mit dem gesparten Geld könnten andere, längst fällige Vorhaben realisiert werden. Ich denke da z. B. an die Renovierung der Physik-Säle in der Realschule. Außerdem könnte man auf dem Freibadgelände einen Abenteuerspielplatz oder einen Bolzplatz errichten. Das würde weit weniger kosten und käme den Jugendlichen auch zugute."

Felix Martenstein, Bürgermeister von Oberotterlingen:

„Das Freibad ist ein Freizeitmagnet für die gesamte Region. So kommen im Sommer täglich einige hundert Besucher aus den umliegenden Gemeinden in unser Freibad. Deshalb muss es erhalten bleiben. Die

Sanierung könnte finanziert werden, wenn die Gemeinde das Wohngebäude in der Südstraße verkaufen würde. Einen Interessenten gibt es schon. Die in dem Wohnhaus lebenden Familien könnten noch fünf Jahre dort wohnen bleiben. Außerdem müssen wir noch einmal mit den umliegenden Gemeinden über eine finanzielle Beteiligung verhandeln. Deren Interesse an einem Erhalt des Freibades ist groß."

Christina Prosinka, Gründerin der Bürgerinitiative „Pro-Freibad":
„Unsere Kinder haben im Sommer keine Möglichkeit, sich zu erfrischen, ein Freibad gibt es in der näheren Umgebung nicht. Nachdem von der Gemeindevertretung im letzten Jahr der Plan eines kommunalen Kinos abgelehnt wurde, muss die Stadt nun endlich beweisen, dass sie nicht immer auf Kosten der Kinder und Jugendlichen sparen will."

Reiner Gedicke, Bewohner des Hauses, das der Bürgermeister verkaufen will:
„Städtischer Wohnraum garantiert niedrige Mieten über einen längeren Zeitraum hinweg. Gerade für junge Familien und Bedürftige ist das enorm wichtig. Einen Umzug können sich die meisten Bewohner aber nicht leisten und die hohen Mieten in der Stadt erst recht nicht. Bei einem Verkauf des Hauses wissen wir nicht, wie lange wir dort noch zu diesen Bedingungen wohnen dürfen."

Toni Sandronella, Eisdielenbesitzer:
„Von der hohen Besucherzahl des Freibades profitieren auch die örtlichen Restaurants, Cafés und Biergärten. Nach dem Schwimmbadbesuch kommen viele Gäste in die zahlreichen Gastronomiebetriebe. Bei einer Schließung müssten wir mit erheblichen finanziellen Einbußen rechnen."

Naomi Kerner, Vorsitzende der Naturschutzjugend Oberotterlingen:
„Natürlich hätte ich auch gerne ein Freibad in Oberotterlingen. Aber man sollte bedenken, dass die Vögel im angrenzenden Naturschutzgebiet durch das Verkehrsaufkommen und den Lärm beim Brüten erheblich gestört werden."

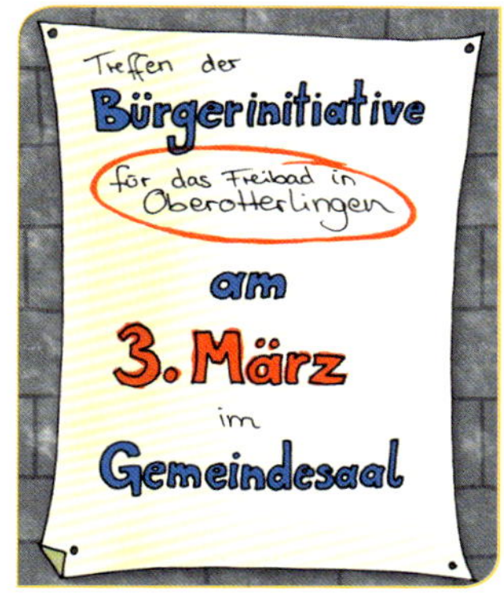

Aufgaben

1. a. Welche Gruppen haben sich zur möglichen Freibad-Schließung geäußert und wie stehen sie dazu? Erstelle eine Übersicht. (M3, M4)
   b. Ordne die verschiedenen Interessengruppen jeweils der Kategorie „Entscheidungsträger" und „Betroffene" zu. (M4)
2. Spielt eine Podiumsdiskussion über die Schließung des Freibads nach. Überlegt zunächst, welche Vertreter anwesend sein sollen (Parteien, Wirtschaftsvertreter, Anwohner ...). Bereitet anschließend in Gruppen arbeitsteilig die Positionen vor und sammelt hierfür zusätzlich eigene Argumente. Bestimmt schließlich einen Moderator, der die Diskussion leitet. Stimmt anschließend in der Klasse ab.

1.2.3 Jugendliche mischen sich ein …

M5 Engagement von und für Jugendliche

Marvin Kohl (15):
„Ich treffe mich oft mit meinen Freunden im Jugendraum im alten Schulhaus. Das ist ein von den Jugendlichen selbst verwalteter Raum, in dem man Billard, Tischfußball oder Brettspiele spielen oder auch einfach nur rumhängen kann. Am Montag findet dort eine Jugendversammlung statt, bei der mit dem Gemeindevorstand über die Öffnungszeiten diskutiert wird. Alle Kinder, Jugendlichen und Eltern, die sich für den Jugendraum interessieren, sind eingeladen. Ich werde wohl auch hingehen, weil ich die jetzige Regelung nicht so toll finde. Am Wochenende könnte die Öffnungszeit von 22 Uhr auf 24 Uhr verlängert werden, finde ich.“

Abbas Güven (13):
„In den letzten Sommerferien habe ich zusammen mit anderen Kindern und einer Mitarbeiterin der Stadt einen Kinderstadtplan erstellt. Wir sind durch unseren Ort gelaufen und haben die Plätze gesucht, an denen Kinder und Jugendliche ihre Freizeit verbringen können. Wir haben dann die Spielplätze, Sportanlagen, das Jugendhaus, den Zoo und noch viele andere Orte auf einem Stadtplan eingezeichnet und noch viele Tipps dazugeschrieben, was man so alles machen und wo man hingehen kann. Den Stadtplan kann man jetzt für 1 Euro im Rathaus kaufen. Nächstes Jahr in den Sommerferien planen und bauen wir zusammen einen Abenteuerspielplatz.“

M6 Das Jugendparlament in Trier

Trierer Jugendparlament JuPa

Was macht das Jugendparlament?
Das Trierer Jugendparlament vertritt […] die Interessen der minderjährigen Einwohnerinnen und Einwohner der Stadt.
Es kann über alle Themen beraten, die für Kinder und Jugendliche wichtig sind. Die Ergebnisse seiner Arbeit teilt das Jugendparlament dann der Politik und der Öffentlichkeit mit und tritt so für eine kinder- und jugendfreundlichere Stadt ein.

Welche Rechte und Möglichkeiten hat das Jugendparlament?
Das Jugendparlament …

- kann Veranstaltungen und sonstige Maßnahmen für Kinder und Jugendliche anregen.
- kann Projekte und Veranstaltungen selbst durchführen.
- kann Anträge im Stadtrat stellen und diese dort erläutern.
- hat jeweils einen Sitz als beratendes Mitglied im Jugendhilfe- und im Schulträgerausschuss.
- hat das Recht, sich bei allen Themen, die für Kinder und Jugendliche wichtig sind, in die Diskussionen einzubringen und die Politiker zu beraten.

Es hat das Ziel, dass die Anregungen, Ideen, Wünsche und Bedürfnisse der jungen Trierer mehr Gewicht erhalten.

Wer ist das Trierer Jugendparlament?

Alle Kinder und Jugendlichen aus Trier, die zwischen 10 und 17 Jahre alt sind, können sich in das Jugendparlament einbringen. Das Jugendparlament wird von 22 gewählten und stimmberechtigten Kindern und Jugendlichen gebildet. Darüber hinaus hast du aber auch die Möglichkeit, dich im Jugendparlament zu engagieren, wenn du nicht gewählt wurdest. Du kannst selbst mitreden! Du kannst dich in Arbeitsgruppen für deine Ideen einsetzen. [...]

Wie arbeitet das Jugendparlament?

Es werden Arbeitsgruppen gebildet, in welchen ihr euch für die Themen einsetzen könnt, die euch interessieren. [...] Welche Themen diese Arbeitsgruppen haben, dürft ihr selbst entscheiden.

Die Ergebnisse aller Arbeitsgruppen werden dann in öffentlichen Sitzungen gemeinsam besprochen. Von diesen Sitzungen wird es mindestens vier im Jahr geben. [...]

Projekte, an denen die Arbeitsgruppen derzeit arbeiten, sind:

- Open-Air-Kino im Sommer (AG Veranstaltungen und Orte für Kinder und Jugendliche)
- Plakat- und Postkartenaktion zum Tragen von Fahrradhelmen (AG Sicherheit im Straßenverkehr)
- Aktion gegen Mobbing an Schulen (AG Schulen und Sport)

www.trierer-jugendparlament.de (17.6.2013)

Aufgaben

1. Gibt es Unterschiede in der Art, wie sich Abbas und Marvin engagieren? Beschreibe. (M5)
2. Würdest du dich für eine Jugendvertretung zur Wahl stellen? Trage Argumente zusammen, was dafür und was dagegen spräche. (M6)
3. Erkundige dich bei deiner Gemeindeverwaltung, wie Jugendliche in politische Entscheidungen mit einbezogen werden. (M6)
4. Z Informiere dich im Internet über Jugendgemeinderäte in deiner Nähe. Wie alt sind die Mitglieder? Wie ist das Verhältnis von Mädchen und Jungen? Welche Themen werden besprochen? (M6)

H zu Aufgabe 4

Viele Informationen findet ihr im Ordner: „So geht's – Praxisordner für die kommunalen Jugendvertretungen und Jugendinitiativen in Rheinland-Pfalz" des Landesbildungsministerium (*http://net-part.rlp.de/service/materialien*).

1.2.4 Wer entscheidet was in der Gemeinde?

M7 Wenn ich Oberbürgermeister wär' …

Wenn ich Oberbürgermeister wär',
dann wär' jetzt jeder Millionär.

Jeder hätt' nen tollen Flitzer,
und es gäbe keine Blitzer.

Ein großes Schwimmbad hätte jeder,
und schöne Kleider aus teurem Leder.

Wenn ich meine: hier gäb's Drogen,
dann wäre das total gelogen.

Ins Kino könnt' man kostenlos,
und die Filme wär'n grandios.

Ferien gäb's im Übermaß,
und die Schule macht noch Spaß.

Blöde Lehrer werden suspendiert,
und uns wird herzlich gratuliert!!!

Gedicht von Nicolas und Jonathan, beide 12 Jahre

Johannes Paesler, Wenn ich Oberbürgermeister wär'..., Mannheim 2006, S. 17

M8 Interview mit Bürgermeister Stefan Schüle

Herr Schüle, was ist der Unterschied zwischen einem Bürgermeister und einem Oberbürgermeister?

Es gibt drei Arten von Bürgermeistern: In den kleinen Gemeinden gibt es ehrenamtliche Bürgermeister wie mich, in den mittelgroßen Gemeinden gibt es hauptamtliche Bürgermeister und in den Städten Oberbürgermeister.

Ist das Amt des Bürgermeisters ein Beruf?

Nein, nicht in dem Sinne, dass man dafür eine Ausbildung machen kann, wie z. B. bei einer Automechanikerin oder einem Friseur. Ich wurde in mein Amt gewählt und führe es neben meinem hauptamtlichen Beruf aus. Mein Beruf ist Rechtsanwalt. Ich habe eine eigene Kanzlei, in der ich auch immer noch arbeite.

Wie wird man Bürgermeister?

Man muss sich einer Wahl stellen und alle wahlberechtigten Bürgerinnen und Bürger können den Bürgermeister direkt wählen. Es wird derjenige Bürgermeister, der oder die die meisten Stimmen erhält.

Was macht man als Bürgermeister? Was sind die wichtigsten Aufgaben? Wie sieht Ihr Bürgermeisteralltag aus?
In erster Linie vertritt man die Gemeinde.
Der Bürgermeister ist dafür verantwortlich, dass die verschiedenen Aufgaben der Gemeinde erledigt werden. Er ist der Chef der Gemeindeverwaltung, also der Vorgesetzte der Mitarbeiter im Rathaus.
Der Bürgermeister bereitet die Sitzungen der Gemeindevertretung vor, leitet diese und ist verantwortlich, dass die Beschlüsse, die dort gefasst werden, umgesetzt werden. In dringenden Angelegenheiten entscheidet der Bürgermeister anstelle der Gemeindevertretung.
Bei mir kann ein normaler Tag so aussehen, dass ich vormittags einer Mitbürgerin zum 90. Geburtstag gratulieren gehe. Anschließend halte ich eine Sprechstunde im Rathaus ab, zu der Bürger, auch Jugendliche und Kinder, mit ihren Anliegen kommen und um Rat fragen können. Nachmittags arbeite ich in der Kanzlei. Am Abend findet dann eine Sitzung der Gemeindevertretung statt, in der die Neugestaltung eines Spielgeländes am Kindergarten beschlossen werden soll.

Welche Möglichkeiten gibt es für Jugendliche, sich an Entscheidungen über die Angelegenheiten der Gemeinde zu beteiligen?
In vielen Gemeinden gibt es Jugendparlamente. Deren Vertreter werden in die Sitzungen der Gemeindevertretung eingeladen. Die Sitzungen der Gemeindevertretung kann jeder besuchen. Bei Themen, die ihre Interessen betreffen, wie z. B. der Einrichtung einer Skaterbahn, werden die Jugendlichen auch an der Planung beteiligt. Kinder und Jugendliche können mir aber auch grundsätzlich ihre Wünsche und Anregungen mitteilen, z. B. indem sie mich in der Sprechstunde besuchen, mir eine E-Mail oder einen Brief schicken oder mich einfach auf der Straße ansprechen.

Herr Schüle, vielen Dank für das Gespräch.

Aufgaben

W 1. Was würdest du machen, wenn du Oberbürgermeister wärst? Schreibe einen kleinen Text, verfasse ein Gedicht oder einen Liedtext. (M7) Trage es der Klasse vor.
2. In welchen Situationen bist du schon einmal mit dem Bürgermeister oder seiner Arbeit in Kontakt gekommen? Berichte. (M7, M8)
3. Was sind deiner Meinung nach die wichtigsten Aufgaben? Notiere dir drei Arbeitsschwerpunkte eines Bürgermeisters. Sammelt die Ergebnisse an der Tafel. (M7, M8)

Kompetenz: Methode

Eine Expertenbefragung durchführen

Zum Thema Politik in der Gemeinde gibt es viele Experten, die fachkundig Auskunft geben und Interessantes berichten können: der Bürgermeister, (Jugend-)Gemeinderatsmitglieder, Vertreter der kommunalen Parteien, Mitarbeiter der Verwaltung, Gründer von Bürgerinitiativen oder Bürger, die sich für ein bestimmtes Thema einsetzen.
Die Expertenbefragung ermöglicht einen ganz konkreten und persönlichen Einblick in ein bestimmtes Aufgaben- und Arbeitsfeld und ist eine interaktive Form der Informationsrecherche – ihr könnt direkt nachfragen, wenn ihr etwas nicht verstanden habt und euch etwas besonders interessiert.

Leitfaden

1. Themenfindung und Expertenauswahl
Worüber wollt ihr euch informieren? Geht es um die konkrete Arbeit eines Bürgermeisters oder wollt ihr zu einem bestimmten Sachthema diskutieren?
Wer ist als Experte für dieses Thema geeignet? Stellt zusammen, wer persönliche Kontakte hat, und schreibt Anfragen an die entsprechenden Stellen.
Vereinbart Termin, Ort und Ablauf der Befragung.

2. Vorbereitung in der Klasse
Jeder Schüler formuliert im Vorfeld eine oder mehrere Fragen an den Experten. Diese werden zusammengetragen und sortiert. Macht vorher aus, wer die Fragen an den Experten stellt.
Bereitet den Ablauf der Befragung vor: Wo und in welcher Sitzordnung wird die Befragung durchgeführt? Wie wird sie aufgezeichnet (per Video, Tonband oder Mitschrift)?

3. Durchführung / Gesprächsverlauf
Begrüßt zunächst euren Gesprächspartner, erläutert Ziele und Ablauf des Gesprächs und stellt die Gesprächsteilnehmer kurz vor.
Nach den eröffnenden Fragen („Wir interessieren uns für ...“, „Können Sie uns sagen ...?“) ist es wichtig, auch Fragen zum Überblick über das Thema (wer, wo, was, wann, wie, wie viel ...) und zu genaueren Informationen („Können Sie das noch weiter ausführen?“) zu stellen.
Weitere Frageformen sind sogenannte offene Fragen („Warum / wie / wozu haben Sie das gemacht?“), Einschätzungen betreffende („Was halten Sie von ...“, „Welche Erfahrungen haben Sie damit gemacht?“) und Bewertungen („Wie beurteilen Sie ...?“, „Was denken Sie ...?“).
Wichtig ist, nachzufragen, wenn ihr etwas nicht verstanden habt.
Denkt am Ende der Befragung daran, euch beim Gast für sein Kommen zu bedanken. Ihr könnt auch ein kleines Präsent überreichen oder einen Dankesbrief schreiben, wenn es euch sehr gut gefallen hat.

4. Auswertung
Die Ergebnisse müssen zusammengefasst und bewertet werden. Hierbei helfen u. a. folgende Fragen:
Welche Informationen wurden gegeben? Gibt es neue Erkenntnisse?
Worüber wurde aus welchen Gründen nicht gesprochen?
Bleiben Informationslücken und können diese geschlossen werden?

M9 Der Aufbau der Gemeindevertretung

Wie eine Gemeinde „regiert“ wird, kann von jedem Bundesland eigenständig festgelegt werden. In der rheinland-pfälzischen Kommunalverfassung steht der Bürgermeister im Zentrum der Gemeindepolitik. Er wird direkt von den Bürgerinnen und Bürgern gewählt, leitet die Verwaltung und ist somit Vorgesetzter ihrer Mitarbeiter. In seiner Funktion als Verwaltungschef vertritt er auch die Gemeinde nach außen. Zugleich ist er stimmberechtigtes Mitglied des Gemeinde- bzw. Stadtrates, dessen Sitzungen er leitet. Damit der Bürgermeister nicht wie ein „absolutistischer König“ herrschen kann, ist seine Amtszeit begrenzt (acht Jahre); außerdem kontrolliert der Rat seine Arbeit.

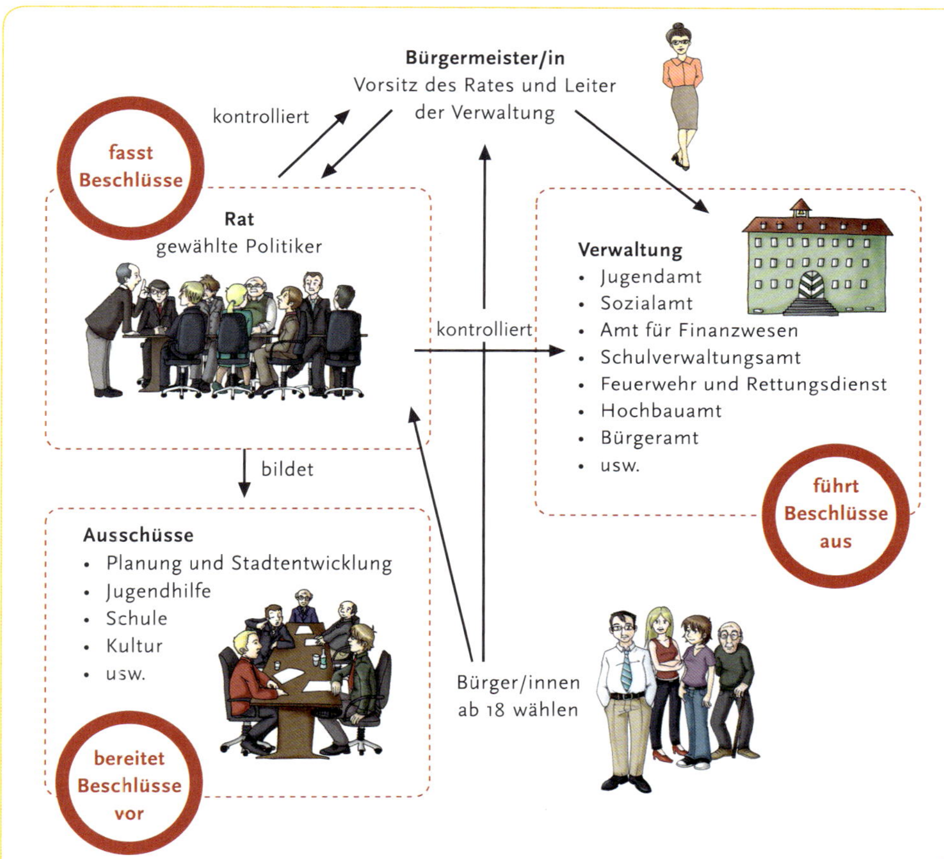

Aufgaben

1. Führt ein Interview mit einem Experten aus eurer Gemeinde. Anregungen zu einem interessanten Gesprächspartner könnt ihr im Schaubild finden. (M9)
2. Erkläre deinem Tischnachbarn den Aufbau einer rheinland-pfälzischen Gemeinde. (M9)

H zu Aufgabe 2

Beginne bei den Bürgerinnen und Bürgern.

1.2.5 Wählen schon ab 16 Jahren?

M10 Wahlrecht ab 16 für den Landtag in Rheinland-Pfalz?

Petition
schriftliche Bitte oder Beschwerde eines Einzelnen oder einer Gruppe an die zuständigen Stellen (z. B. Behörde) oder an die Volksvertretung (Art. 17 GG).

Das Thema „Wahlrecht ab 16“ ist eine Debatte, die in der gesamten Republik geführt wird. Wir, der rheinland-pfälzische Landtag, leisten mit der Einrichtung der Kommission – Aktive Bürgerbeteiligung für eine starke Demokratie – einen Beitrag zu dieser Diskussion. [...] Für die Änderung des Wahlrechts benötigen wir eine Verfassungsänderung – mit der notwendigen Mehrheit. [...] Der Landesjugendring will mit der Petition „Wahlalter ab 16“ dokumentieren, dass eine Senkung des Wahlalters von vielen jungen Menschen in Rheinland-Pfalz gewünscht wird. Ziel ist es, die Abgeordneten des rheinland-pfälzischen Landtags darin zu bestärken, sich für eine entsprechende Änderung der Landesverfassung einzusetzen. [...]

www.landtag.rlp.de (25.6.2013)

Kompetenz: Kommunikation

Eine Fishbowl-Diskussion durchführen

Leitfaden

1. Gruppenarbeit
Bildet per Los Gruppen für die kontroversen Positionen. Ihr sollt euch in unterschiedliche Standpunkte einarbeiten und diese argumentativ vertreten. Mithilfe geeigneter Materialien setzen sich die Gruppen mit „ihren“ Positionen (und Gegenargumenten) auseinander. Anschließend verständigen sich die Gruppen auf ihre Vertreter in der Fishbowl-Diskussion. Die anderen sind Beobachter, die sich aber in die Diskussion einschalten können.

2. Diskussionsanordnung
Zwei bereiten sich auf ihre Aufgabe als Moderatoren (Diskussionsleiter) vor. Bereitet eine geeignete Sitzordnung vor.

3. Diskussionsverlauf
Die Moderatoren führen in das Thema ein, stellen die Vertreter vor und begrüßen die Zuschauer, erklären den Ablauf, eröffnen die Diskussion, erteilen und entziehen das Wort, achten auf die Zeit und beenden die Diskussion. Daraufhin halten die Gruppensprecher jeweils ein kurzes Eingangsstatement (max. 1 Min.). Anschließend erfolgt in Rede und Gegenrede der Austausch der Argumente und Gegenargumente (ca. 20 Min., Beobachter können sich über den freien Stuhl einbringen).

4. Auswertung
In der Auswertung fordern die Moderatoren die Beobachter auf mitzuteilen, welche Argumente sie überzeugt haben und welche nicht. Auch den Ablauf der Veranstaltung sollen sie bewerten. Abschließend lösen sich alle von ihren Rollen, und es wird eine zweite Abstimmung durchgeführt, Unterschiede werden hinterfragt.

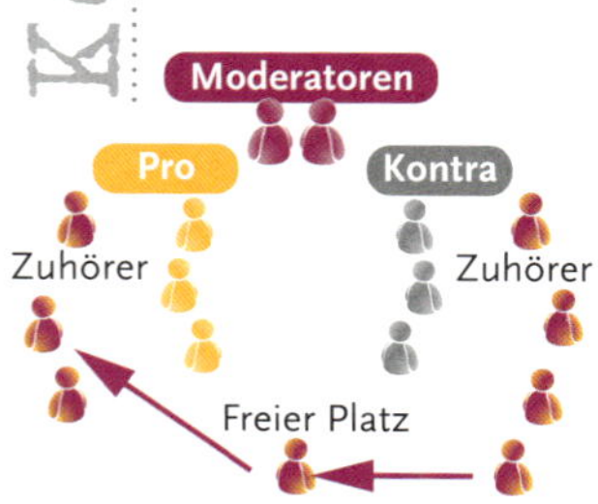

M11 Rollenkarten für Fishbowl-Diskussion

JUGENDFORSCHER

Du hast an der Durchführung und Ausarbeitung der Shell-Jugendstudie mitgewirkt, die in ca. dreijährigen Abständen das Verhältnis von Jugend und Politik untersucht. Nach eurer repräsentativen Umfrage mit 2.500 Befragten haben Jugendliche heute ein hohes Bewusstsein für die großen Fragen der Zeit wie Überalterung der Gesellschaft, Umwelt und Bildung. Heute sind die Menschen früher reif, ab 12 Jahren sprechen wir von Jugendlichen. 14- bis 17-Jährige zeigen schon Sympathien für eine Partei und sind entwicklungspsychologisch vergleichbar entscheidungsfähig wie 18-Jährige.

BÜNDNIS 90 / DIE GRÜNEN, JUGENDPOLITISCHE SPRECHERIN

Du betrachtest das Wahlrecht ab 16 als Herausforderung für die politischen Parteien und als Chance, Jugendliche für Politik zu interessieren. Schließlich geht es dabei um ihre Zukunft. Mit einer echten Beteiligung an Wahlen würde das Interesse Jugendlicher an Politik gestärkt und die Identifikation mit der Demokratie erhöht. Deine Partei kann auf einen höheren politischen Zuspruch hoffen, da die Zustimmung für grüne Positionen unter Jugendlichen besonders hoch ist.

JUNGWÄHLER

Bereits mit 14 müssen sich Jugendliche strafrechtlich verantworten, auch entscheiden sie über ihre Religionszugehörigkeit. In Vereinen und Feuerwehren übernehmen sie verantwortungsvolle Aufgaben. Mit 16 Jahren kann man mit Zustimmung der Eltern heiraten. Jugendliche suchen sich einen Ausbildungsbetrieb und tragen zur Altersversorgung der Rentner bei. Sie zahlen Steuern und sie dürfen ein Testament machen. Und Vertreter in der Schule wählen sie schon lange. Wer Jugendliche nicht mit 16 wählen lässt, macht sich politisch unglaubwürdig, weil er sie und ihre Interessen nicht ernst nimmt. Umfragen zeigen, dass Jugendliche keineswegs radikale Parteien mit einfachen Lösungen bevorzugen. Außerdem müssen Erwachsene vor dem Wahltag auch nicht zum Intelligenztest.

CDU-MITGLIED

Du bist der Meinung, dass Jugendliche erst mit 18 wählen sollen. Bis dahin können sie die Zeit nutzen, um Demokratie an der Schule oder im Jugendparlament einzuüben. Schließlich gehört neben der Kenntnis von politischen Programmen auch eine Orientierung im richtigen Leben dazu. Die weitaus meisten Jugendlichen leben aber noch im Elternhaus. Außerdem sind Jugendliche noch nicht geschäftsfähig. So müssen sie z. B. beim Handykauf noch von einem Erwachsenen an die Hand genommen werden. Daher findest du, dass das Gleichgewicht zwischen Rechten und Pflichten bei einem Wahlrecht ab 16 gestört ist.

FDP-LANDTAGSABGEORDNETER

Die Diskussion um das Wahlalter zeigt, wie wertvoll das Wahlrecht ist, aber auch, mit wie viel Verantwortung das Wahlrecht verbunden ist. Es ist nicht verständlich, warum jemand zwar ein Gesetzgebungsorgan mitwählen, aber nicht frei entscheiden darf, ob er bei seinen Eltern wohnen will oder einen Kreditvertrag unterschreibt. Wer nicht volljährig ist, unterliegt grundsätzlich dem Jugendstrafrecht. Dieses geht mit Heranwachsenden und Jugendlichen in anderer Art und Weise um als das Erwachsenenstrafrecht. Dies geschieht gerade auch deswegen, weil sich Minderjährige der Auswirkungen ihres Tuns nicht immer voll bewusst sind.

FACHARBEITERIN, 47 JAHRE

Jugendliche sind noch gar nicht in der Lage, die Wirkung von politischen Entscheidungen zu begreifen. Nehmen wir die Rente mit 67: Die tritt doch erst 2029 vollständig in Kraft. Untersuchungen zum Medienkonsum belegen, dass Jugendliche überwiegend Privatfernsehen konsumieren und kaum einer täglich eine seriöse Nachrichtensendung schaut.
Die Zurückhaltung ist auch in Ordnung, schließlich kommt der Ernst des Erwachsenenlebens früh genug. Aber Rechte und Pflichten müssen sich die Waage halten. Nur wer für sich selbst die volle Verantwortung trägt, darf auch über öffentliche Angelegenheiten mitbestimmen.

1.2.6 „Ohne Moos nix los“ – Finanzen der Gemeinde

M12 Sparmaßnahmen …

Gerhard Mester, Baaske Cartoons

M13 Woher kommt das Geld der Gemeinde?

Für die Erfüllung ihrer vielfältigen Aufgaben benötigt die Gemeinde Geld. Einen Großteil davon erhält sie durch Steuern. Manche dieser Steuern erhebt die Gemeinde selbst, wie zum Beispiel die Hundesteuer oder die Gewerbesteuer.

Andere Steuern, z. B. die Mehrwertsteuer oder die Lohnsteuer, bekommen der Bund und das Land. Die geben einen Teil des Geldes an die Gemeinden weiter.

Wenn du ins Schwimmbad gehst und dort Eintritt bezahlst, zählt das auch zu den Einnahmen einer Gemeinde. Genauso wie die Gebühren für die Abwasserentsorgung und die Müllabfuhr. Auch Strafzettel für Falschparker fließen in die Gemeindekasse.

Wenn die Gemeinde besonders wenig Geld hat, bekommt sie weiteres Geld vom Land. Manchmal ist es auch notwendig, dass die Gemeinde sich Geld leiht und Schulden macht.

Helmut Retzl, Mitgestalten in der Gemeinde macht Spaß, Linz 2005, S. 38

M14 Gemeindegelder verteilen

Der Gemeinde Waldburg-Niedertal stehen laut Haushaltsplan in diesem Jahr 3 Millionen Euro für außerordentliche Ausgaben, Bau- und Umbaumaßnahmen zur Verfügung. Doch die Parteien haben unterschiedliche Pläne. In der Sitzung der Gemeindevertretung soll über die verschiedenen Anträge der Parteien debattiert und entschieden werden.

a) Anträge der Parteien

Partei A: Kulturförderung

Maßnahme	Kosten
Kulturzentrum mit Kino und Theater	2.500.000 €
Proberäume für Bands	500.000 €

Partei B: Bildungsinvestitionen

Maßnahme	Kosten
bessere Ausstattung der Bibliothek / neue PC-Arbeitsplätze	700.000 €
Erweiterung des Jugendhauses	300.000 €
Neubau einer Mensa für die Ganztagsschule	2.000.000 €

Partei C: Sport und Freizeit

Maßnahme	Kosten
Ausbau des Fußballstadions	1.200.000 €
Erneuerung des Radwegenetzes	500.000 €
Renovierung des Freibades	1.300.000 €

Partei D: Wirtschaft und Verkehr

Maßnahme	Kosten
Straßenschäden ausbessern, Kreisverkehre anlegen	1.100.000 €
Tourismusförderung	600.000 €
Erschließung eines Industriegebietes zur Ansiedlung neuer Firmen	1.300.000 €

b) Tagesordnung

1. Begrüßung (Bürgermeister)
2. Bestätigung der Tagesordnung (Einwände? Weitere Themen?)
3. Anträge der Gemeindevertreter werden vorgestellt
4. Diskussion und Abstimmung
5. Verschiedenes

c) Sitzverteilung in der Gemeindevertretung

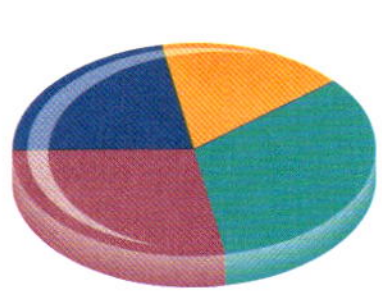

Aufgaben

1. Analysiere die Karikatur in M12 (→ Kompetenz: Kapitel 5.2).
2. Recherchiere bei deiner Gemeindeverwaltung, wie hoch die Einnahmen aus den vier Positionen (M13) jeweils sind.
3. Führt die Sitzung im Gemeinderat durch. (M14)
   a. Bestimmt einen Bürgermeister und zwei Beigeordnete. Der Bürgermeister leitet die Sitzung, die Beigeordneten unterstützen ihn und führen Protokoll.
   b. 18 weitere Schüler verteilen sich auf die vier Parteien. Alle übrigen Schüler sind interessierte Bürger.
   c. Sucht innerhalb eurer Partei nach Argumenten, um eure jeweiligen Anliegen durchzusetzen (15 Min.).
   d. Führt die Sitzung durch. Am Ende wird abgestimmt, welche Maßnahmen durchgeführt werden. Die Parteien haben so viele Stimmen, wie sie Sitze in der Gemeindevertretung haben (30-40 Min.).
   e. Wertet die Sitzung aus. Wie kam eine Lösung zustande? Wer hat sich durchgesetzt und warum?

Grund-wissen

Beteiligungsmöglichkeiten für Jugendliche in der Gemeinde

Wenn du in deiner Stadt oder Gemeinde etwas verändern möchtest, hast du vielfältige Möglichkeiten. Zu Beginn solltest du dich informieren. Deine Meinung kannst du z. B. durch einen Brief an den Bürgermeister zum Ausdruck bringen, du kannst einem Verein beitreten oder Unterschriften sammeln. Für den Erfolg ist entscheidend, dass du möglichst viele Mitstreiter gewinnst. Es gibt auch Kinder- und Jugendforen oder Jugendversammlungen. Wenn du dich für einen bestimmten Zeitraum regelmäßig engagieren möchtest, kannst du für das Jugendparlament oder den Jugendbeirat kandidieren.

Jugendparlamente in Rheinland-Pfalz

Jugendparlamente gibt es mittlerweile in fast allen Bundesländern. Auch in vielen rheinland-pfälzischen Gemeinden, z. B. in Pirmasens, Daun, Ingelheim, Worms, Haßloch, Morbach und vielen mehr. Vor allem erinnern sie Gemeindevorstand und -vertretung immer wieder an die Interessen der Jugendlichen.
Leider haben Jugendparlamente manchmal das Problem, von der Politik oder Öffentlichkeit nicht voll akzeptiert und ernst genommen zu werden. Aber lasst euch nicht abschrecken!

Organisation der Gemeindeverwaltung

Die Verwaltung der Gemeinde wird vom Bürgermeister geleitet. Bürgermeister und Verwaltung führen die Beschlüsse der Gemeindevertretung aus. Wenn in den Gemeinden in Deutschland Entscheidungen getroffen werden, müssen daran auch die Bürgerinnen und Bürger beteiligt werden. Daher gibt es auch hier Parlamente, die „Gemeinderat“ genannt werden (in Städten „Stadtrat“). Dieser wird alle fünf Jahre von den Einwohnern gewählt, die über 18 Jahre alt sind und die deutsche Staatsangehörigkeit besitzen oder einem EU-Staat angehören. Die Gemeinderatsmitglieder kommen zu regelmäßigen Sitzungen zusammen, beschließen den Haushaltsplan und bestimmen mit, welche freiwilligen Aufgaben die Gemeinde übernimmt.

Grund-wissen

Bürgermeister

Der Bürgermeister wird von den Bürgerinnen und Bürgern auf acht Jahre gewählt. Zusammen mit den Ausschüssen bereitet er die Beschlüsse des Gemeindevorstands vor, führt sie aus und vertritt die Gemeinde. In größeren Städten führt er die Amtsbezeichnung Oberbürgermeister.

Einnahmen: Steuern, Gebühren und Beiträge

Die Haupteinnahmequelle der Gemeinde sind Steuern. Die Höhe der Steuern wird von den Gemeinden selbst festgesetzt.
Außerdem erhalten die Gemeinden vom Bund 15% der Lohn- und Einkommensteuer ihrer Bürger. Dafür müssen sie einen Teil ihrer Gewerbesteuereinnahmen an Bund und Land abgeben.
Gebühren und Beiträge sind ebenfalls eine wichtige Einnahme der Gemeinden. Sie werden erhoben für Dienstleistungen und Einrichtungen, zum Beispiel Eintrittsgelder für Bäder, Gebühren für die Ausstellung eines Personalausweises und für die standesamtliche Trauung.

Ausgaben und Haushaltsplan

Die Gegenüberstellung von voraussichtlichen Einnahmen und geplanten Ausgaben nennt man Haushalt (oder Etat, Budget). Der Haushaltsentwurf muss ein Jahr im Voraus erstellt und vom Gemeinderat genehmigt werden. Mit den Einnahmen müssen die Gemeinden verschiedene Aufgaben finanzieren: Außer den Personalkosten für die städtischen Angestellten müssen (Grund-)Schulen gebaut und mit Möbeln ausgestattet werden, Gebäude renoviert, Schwimmbäder instandgehalten oder Straßenschäden ausgebessert werden. Dabei müssen die verschiedenen Bedürfnisse der Bürgerinnen und Bürger berücksichtigt und abgewogen werden, welche Ausgaben Vorrang haben.

Kompetenztraining

M1 Mein Demokratieprofil für meine Schule

→ Diese Scheibe kann auch auf Folie kopiert und auf einen großen Bogen Papier projiziert werden, so dass jeder Schüler seine Wahl mithilfe von Klebepunkten trifft. *(1 = trifft voll zu (...) 6 = trifft überhaupt nicht zu)*

In der Klasse ...
- ... werden Konflikte besprochen und gemeinsam gelöst
- ... wird einander zugehört, niemand herabgesetzt oder in Verruf gebracht

Lehrerinnen und Lehrer ...
- ... bemühen sich um einen guten Unterricht
- ... achten Schülerinnen und Schüler

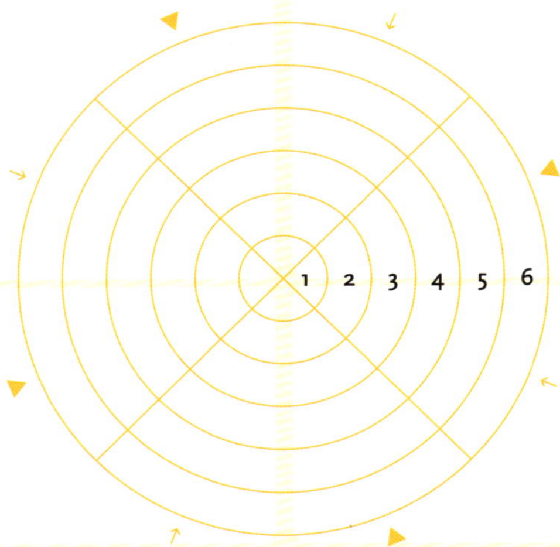

Lernen ...
- ... bedeutet auch, dass Schwächere unterstützt und gefördert werden
- ... richtet sich an der Lebenswirklichkeit der Schüler aus

In der gesamten Schule ...
- ... gibt es für jede Altersstufe Mitwirkungs- und Mitgestaltungsrechte
- ... finden regelmäßig Schulversammlungen statt

Nach: Günther Gugel, Uli Jäger, in: Was heißt hier Demokratie? Thema im Unterricht, bpb, 2004, S. 6

M2 Als junge Blogger aktiv

Finn (16 Jahre), Hasan und Irina (beide 15 Jahre) haben einen politischen Blog für Jugendliche erstellt.

Irina: Ich bin computerinteressiert und habe schon einen eigenen Blog gehabt. Als Finn und ich dann im Fernsehen von ähnlichen Aktionen erfuhren, wollten wir uns nützlich machen. Dabei war es mir wichtig, mich austauschen zu können.

Finn: Ja genau. In der Zeitung wird ja oftmals ziemlich langweilig über Politik berichtet und schon gar nicht aus der Sicht von uns Jugendlichen. Das wollen wir ändern. Schließlich ist es uns wichtig, dass man weiß, was los ist. [...]

Irina: Wir haben deshalb auch noch ein Forum, in dem sich die User austauschen können, falls sie konkrete Aktionen planen. Nachdem wir einmal über die Schließung eines Skaterparks berichteten, ist zum Beispiel im Forum die Idee entstanden, eine Demonstration zu veranstalten.

Hasan: Mir macht es außerdem einfach Spaß, Aktionen auszudenken und spannende Blog-Beiträge zu verfassen. Jeder bringt dabei seine Stärken ein. Ich filme zum Beispiel gerne und erstelle daher oftmals Videos für den Blog. Außerdem lernt man echt viel dazu.

Finn: Das stimmt. In der Schule habe ich mich früher nie getraut, etwas im Unterricht zu sagen. Mittlerweile ist das kein Problem mehr. [...]

Helen Weiden, in: Praxis Politik, 3/2011, Partizipation, S. 16

Kompetenztraining

M3 Würfelspiel: Rathausrallye

1) Organisiere eine Radwanderkarte, deine Großeltern kommen zu Besuch.

2) Für das Schulfest willst du Plakate in der Stadt aufhängen. Besorge dir eine Genehmigung im Ordnungsamt.

3) Erkundige dich, wann das Sommer-Open-Air-Konzert stattfindet.

4) Besorge dir Wertstoffsäcke im Bürgerbüro.

5) Du gehst zum Geld verdienen für deine Nachbarn einkaufen. Erkundige dich, ob du dafür einen Gewerbeschein benötigst.

6) Du hast einen kleinen Hund aus dem Tierheim geholt. Frage bei der Kämmerei nach der Höhe der Hundesteuer.

7) Die Läuse sind wieder an eurer Schule! Frage nach, wie man sie am besten bekämpft.

8) Ein Freund von dir hat großen Streit mit seinen Eltern. Erkundige dich, wie du ihm helfen kannst.

9) Reserviere deiner großen Schwester einen Hochzeitstermin im nächsten Jahr.

10) Hinterlasse deine neue Adresse nach deinem Umzug.

11) Besuche das Sozialamt und finde heraus, ob und wie man einen Zuschuss für die Klassenfahrt bekommen kann.

12) Frage, ob dein Schlüssel abgegeben wurde.

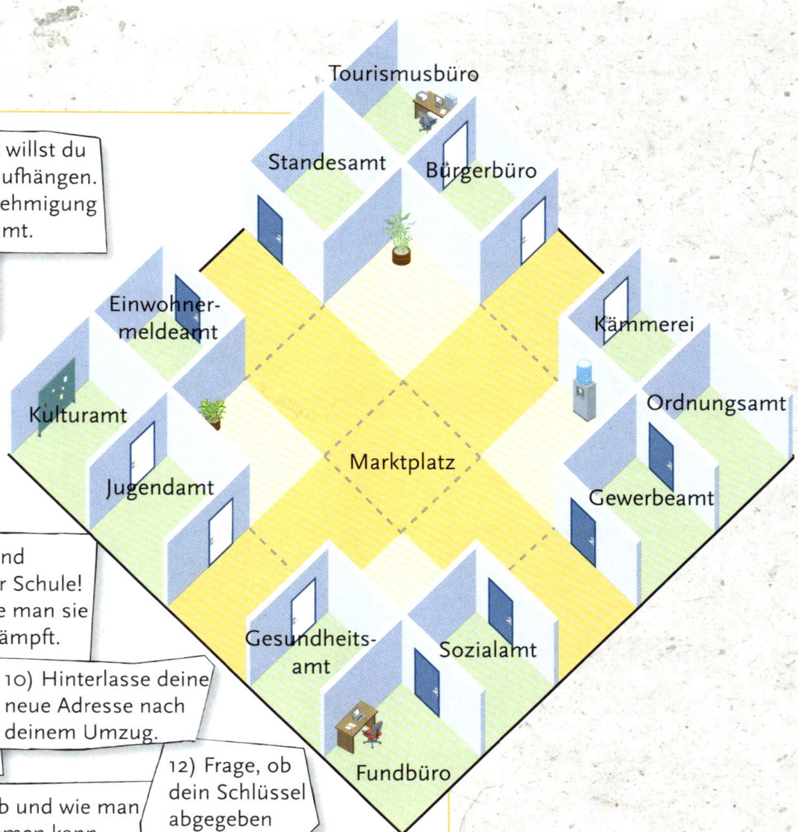

Aufgaben

1. a. Erstelle dein Demokratieprofil deiner Schule. (M1)
   b. Erläutere, wie ihr Verbesserungen auf den Weg bringen könnt.
2. Erläutere mit deinem Vorwissen, warum der Blog besonders für Jugendliche eine attraktive Form des politischen Engagements sein kann. Nenne dabei auch andere mögliche Formen. (M2)
3. **Anleitung:** Jeder Spieler stellt eine Spielfigur auf den Marktplatz. (M3) Der jüngste Mitspieler beginnt, würfelt und rückt in eine beliebige Richtung vor. In dem Büro oder Amt, in dem du stehen bleibst, kannst du in der nächsten Runde einen Auftrag erledigen. Zunächst würfelt und zieht der nächste Spieler. Bis du wieder an der Reihe bist, liest du dir die Aufträge durch. Suche den Auftrag, für das das Amt zuständig ist, in dem du stehst. Ein Auftrag ist erledigt, wenn du eine 5 oder eine 6 würfelst. Das Spiel ist zu Ende, wenn alle Aufträge erledigt sind. Wer die meisten erledigt hat, hat gewonnen.

Was kannst du schon?

1. Was verstehst du unter Familie?
2. Was zeichnet Familie aus? Nenne die Kennzeichen von Familie, die in den Bildern enthalten sind.
3. Brauchen Kinder und Jugendliche bzw. braucht der Staat Familien? Begründe deine Einschätzung.

2

Familie – für dich und für die Gesellschaft

Kompetenzen

Am Ende des Kapitels solltest du Folgendes können:

- Beispiele für familiäre Lebensformen benennen
- die Aufgaben der Familie und die Verantwortung des Staates für die Familie erklären
- staatliche Unterstützung für Familien bewerten
- Herausforderungen einer alternden Gesellschaft erläutern

2.1 Was bedeutet Familie heute?

2.1.1 Familienleben – ganz schön bunt und vielfältig

M1 Jugendliche berichten aus ihren Familien

Leoni Hildebrandt (15) lebt mit ihrer Mutter, deren Freund und dessen 18-jährigem Sohn zusammen. Neben diesem Stiefbruder hat Leoni noch eine ältere Schwester, die zurzeit in England ist. Leonis Vater hat mit seiner neuen Lebensgefährtin eine kleine Tochter. Sie wohnen in einem Haus gegenüber.

Lasse Koth (15) hat zwei ältere Brüder, der älteste ist schon von zu Hause ausgezogen. Lasses Eltern sind bald 18 Jahre verheiratet.

Thorbjörn Keppler (15) wächst als Einzelkind bei seiner Mutter auf. Thorbjörns Eltern sind geschieden. Seinen Vater, der in Mecklenburg-Vorpommern wohnt, sieht er etwa alle zwei Wochen.

SPIEGEL: Ihr lebt in sehr unterschiedlichen Elternhäusern. Was hält eurer Meinung nach eine Familie zusammen?

Leoni: Liebe auf jeden Fall, bei allen Mitgliedern einer Familie. Das ist wichtig.

Lasse: Gemeinsamkeiten sind wichtig, und dass man sich auch mal streitet, dass man miteinander über alles redet. Vertrauen und so was. Vor allem auch gegenseitiges Interesse.

SPIEGEL: Wie äußert sich das?

Lasse: Mein Vater spielt Fußball, er geht zu den Spielen vom FC St. Pauli. Da hat er mich als Kind immer mitgenommen. Ich spiele Eishockey, da guckt er dann auch meistens zu und fiebert mit. So haben wir Sachen, über die wir reden können.

Thorbjörn: Ich denke, man muss viel reden und auch Zeit miteinander verbringen. Jeder sollte Zeit für sich haben, aber wer alles alleine macht, versteht sich mit anderen nicht wirklich gut. Dann hat es auch nicht mehr so viel mit Familie zu tun.

Leoni: Ja, die Eltern müssen schon nachhaken, was die Kinder machen, mit welchen Leuten sie zu tun haben, die Freunde vielleicht auch kennen lernen, wenn es denn sein muss. Eltern sollten Kinder nicht zu sehr einengen, sie auch mal allein lassen, aber sich doch sehr um sie kümmern und sie nicht vernachlässigen.

SPIEGEL: Aycan, deine Familie stammt aus Kurdistan, du hast viele Geschwister. Hast du das Gefühl, dass die deutschen Familien weniger Zusammenhalt haben als ihr?

Aycan: Nein, ich denke sogar manchmal, die haben mehr.

SPIEGEL: Woran machst du das fest?

Aycan: In deutschen Familien wird sehr viel miteinander geredet. Wir sprechen auch miteinander, aber bei uns setzen sich nicht alle zusammen und diskutieren. Wir reden eher zu zweit. [...] Abends, wenn die anderen schlafen. Dann sitzen wir vor dem Fernseher und reden. [...]

SPIEGEL: Wie ist das bei euch anderen: Wann und worüber sprecht ihr mit euren Eltern?

Lasse: Wenn es Essen gibt, dann sitzen wir alle zusammen, und dann schnackt man, wie der Tag war. Dann lässt man ein bisschen Frust ab. [...]

SPIEGEL: Würdest du dir wünschen, dass deine Eltern mehr mitreden?

Lasse: Nee, eher ein bisschen weniger.

SPIEGEL: Wo mischen sie sich denn ein?

Lasse: Schule, Freunde, Sport, was auch immer. In wirklich alles.

SPIEGEL: Wie reagierst du darauf, wenn du eigentlich in Ruhe gelassen werden willst?

Lasse: Einfach genervt. [...]

Leoni: Mit meiner Mutter ist das auch immer so. Immer wenn ich esse, kommt sie mit der Schule an. Das stört mich total, vor allem beim Essen. [...]

SPIEGEL: Leoni, [...] wie ist das bei dir

in deiner Patchwork-Familie?

Leoni: Für mich ist meine Familie gar nicht ungewöhnlich.

SPIEGEL: Bist du in deinem Freundeskreis keine Ausnahme mit deinen Stief- und Halbgeschwistern?

Leoni: So habe ich das noch gar nicht gesehen. Für mich ist das eine ganz normale Familie. Wir hatten letztes Jahr auch mal ein Jahrestreffen mit der ganzen Verwandtschaft, darunter auch welche, die nur entfernt mit uns verwandt sind. Das waren über 50 Leute, meine Mutter hat das organisiert.

SPIEGEL: Hattest du bei den vielen Menschen das Gefühl, die sind meine Familie?

Leoni: Nein. Es war schon lustig, aber ich kenne die ja gar nicht.

SPIEGEL: Wer gehört für euch zur Familie?

Thorbjörn: Ich finde, es gibt drei verschiedene Familien. Einmal Frau, Mann, Kinder, dann Oma, Opa, Tanten, Cousins und Cousinen und schließlich noch alle, die mit einem verwandt sind.

SPIEGEL: Wie sehr hängt ihr an euren Großeltern?

Leoni: Sie sind mir sehr wichtig. Wenn mein Opa oder meine Oma Geburtstag haben, fahren wir hin und feiern mit denen.

Thorbjörn: Meine Oma und mein Opa wohnen auf dem Land, da bin ich total gerne.

Aycan: Ich habe meine Großeltern seit meiner Kindheit nicht mehr gesehen. [...] Am ehesten vermisse ich meine Oma. Zu der habe ich den meisten Kontakt.

Interview: Jan Friedmann, Metlind Theile, in: Spiegel Spezial Nr. 4/2007, S. 80-83

Aycan Atug (16) kam mit ihrer Familie vor zehn Jahren aus Kurdistan nach Deutschland. Sie hat vier jüngere Geschwister. Vor sechs Jahren verließ der Vater die Familie, Aycan hat keinen Kontakt mehr zu ihm. Ihre Mutter ist alleinerziehend, sie spricht kaum Deutsch. Aycan möchte in drei Jahren ihr Abitur machen.

M2 Zusammenleben in Familie?

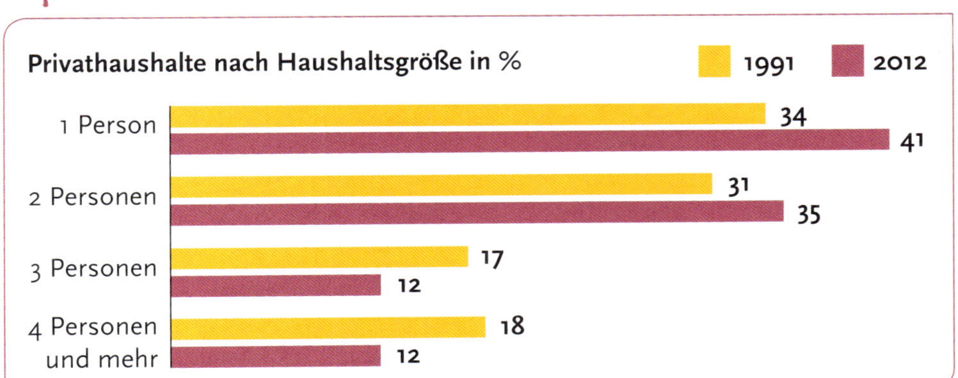

Statistisches Bundesamt, Wiesbaden 2013

Aufgaben

1. Skizziere die Familiensituationen der Jugendlichen. (M1, M2)
2. Arbeite heraus, was den Jugendlichen am Familienleben jeweils wichtig ist. (M1)

H zu Aufgabe 1 und 2

Du kannst die Antworten in einer Tabelle zusammenfassen.

2.1.2 Neue Formen des Zusammenlebens

M3 Formen des Zusammenlebens

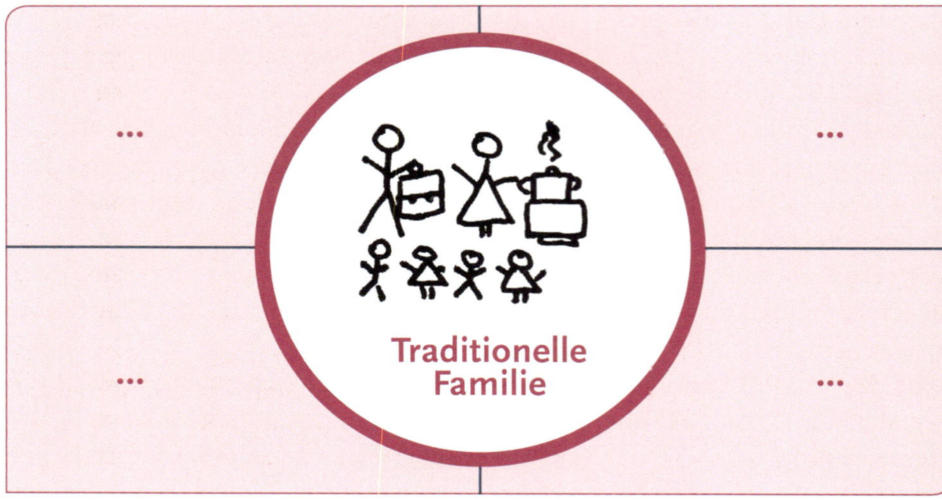

M4 Ben lebt in einer Regenbogenfamilie

Ben ist sechs Jahre alt und lebt in einer Regenbogenfamilie. So nennt man es, wenn Kinder in einer Familie mit zwei Vätern oder zwei Müttern aufwachsen. Ben hat zwei Mütter. Die eine nennt er Mami, die andere Mama. Die beiden Frauen sind ein Liebespaar. Sie leben schon seit vielen Jahren zusammen in Berlin. Einen Vater hat Ben auch. Aber der wohnt nicht bei ihnen. Wenn Ben möchte, kann er seinen Vater aber sehen.

Kinder, die in Regenbogenfamilien aufwachsen, gibt es in Deutschland viele. Für viele Menschen ist das normal. Für andere aber nicht. Sie denken etwa: Zwei Männer oder zwei Frauen können ein Kind nicht so gut großziehen wie ein Mann und eine Frau. „Das ist aber Quatsch", sagt Anke Freitag. Sie arbeitet in einem Verein, der Regenbogenfamilien berät. Dieses Thema sei von vielen Forschern untersucht worden, sagt sie. Ihre Ergebnisse besagten: Eltern, die das gleiche Geschlecht haben, sind genauso gute Eltern wie andere. „Das Wichtigste in einer Familie ist doch, dass man sich liebt und füreinander da ist. Egal ob die Eltern ein Mann und eine Frau sind oder zwei Mütter", sagt Catrin Schmitt. Sie ist die Mutter von Ben. „Für Ben ist unsere Familie völlig normal. Er ist ja so groß geworden. Er kennt es nicht anders." Auch ihre Freunde und Bekannten hätten kein Problem damit. „Es gibt aber viele, die uns Fragen stellen. Zum Beispiel ob es auch einen Vater gibt." Solche Fragen finden Catrin und ihre Partnerin aber gut. „Das ist besser, als wenn die Leute sich irgendwas zusammenreimen würden."

www.kruschel.de (7.8.2013)

M5 Adoptionsrecht für homosexuelle Paare?

Am Bundesverfassungsgericht – dem wichtigsten Gericht in Deutschland – haben sich die Richter [...] mit den Rechten homosexueller Paare beschäftigt. Auch wenn Schwule und Lesben heute viel mehr Rechte haben als früher, gibt es immer noch Bereiche, in denen sie benachteiligt sind. Zum Beispiel wenn es darum geht, ein Kind zu adoptieren. Bisher galt: Hat einer der Partner ein Kind adoptiert, so ist es nicht möglich, dass der andere Partner das Kind später ebenfalls adoptiert und das Paar gemeinsam verantwortlich ist. Bei einer Ehe, die ein Mann und eine Frau miteinander geschlossen haben, ist das dagegen kein Problem. Die Richter meinen nun: Das ist ungerecht und muss geändert werden!
[Den Richtern war wichtig, dass das zweite Elternteil nach einer Adoption Entscheidungen treffen kann, z. B. wenn das Kind im Krankenhaus ist oder Fragen mit Behörden geklärt werden müssen. Außerdem soll sich die Situation des Kindes verbessern, wenn die Partnerschaft durch Trennung oder Tod endet.]

Nach: Anna Ulutas, www.tivi.de, 19.2.2013

M6 Mehr Rechte für ledige Väter

Unverheiratete Väter haben in Deutschland ab sofort mehr Rechte. [...] Das neue Gesetz sieht vor, dass zwar mit der Geburt zunächst die Mutter das alleinige Sorgerecht bekommt. Der Vater kann jedoch beim Familiengericht die Mitsorge beantragen. Dies soll künftig nur noch dann abgelehnt werden, wenn dadurch das Wohl des Kindes beeinträchtigt wäre. Möglich ist künftig auch, dem Vater das alleinige Sorgerecht zu übertragen, selbst wenn die Mutter dagegen ist. Bisher war die Übertragung des Sorgerechts auf den unverheirateten Vater nur mit der Zustimmung der Mutter möglich. Getrennt lebende Eltern hatten nur dann das gemeinsame Sorgerecht, wenn sie verheiratet waren oder sich übereinstimmend für die gemeinsame Sorge entschieden haben. [...]

Der Anteil nichtehelicher Kinder hat sich in den vergangenen 20 Jahren mehr als verdoppelt. Derzeit wird etwa jedes dritte Kind von einer unverheirateten Mutter zur Welt gebracht Die Sorgerechtsreform ist eine Folge aus mehreren Entscheidungen des Bundesverfassungsgerichts.

Nach: Robert Kühne, www.mdr.de, 21.5.2013

Aufgaben

1. a. Skizziere in dein Heft andere Familienformen. (M3)
   b. Formuliere für jede eine Überschrift.
2. Wie würdest du deinen Großeltern erklären, was eine Regenbogenfamilie ist? (M4)
3. Formuliere ein Streitgespräch zu der Frage: „Braucht ein Kind Vater und Mutter?“ (M3-M5) Wer hat sich durchgesetzt und warum?
4. Z Wie beurteilst du die neuen Rechte für Familien? (M5, M6) Nenne dabei deine Kriterien.

2.1.3 Was bedeutet Jugendlichen die Familie?

M7 Jugendliche zur Familienplanung

Meike ist 24 Jahre alt, studiert Politikwissenschaft in Berlin und hat vor 2 Jahren geheiratet. Sie steht kurz vor ihrem Diplom.

Braucht man eine Familie, um glücklich zu sein?

	2002	2010
Jungen	66 %	71 %
Mädchen	75 %	81 %

Shell-Jugendstudie 2010

Meike: „Also 'ne Hochzeit oder so Ehe hat heute nicht mehr den ökonomischen Stellenwert und ich glaube, aus diesen ganzen ideologischen Gründen hätt' ich auch nicht geheiratet [...]. Aber so find ich schon, das ist natürlich irgendwie so'n Zeichen nach innen und nach außen. Und ich finde so nach innen einfach diese Bereitschaft, zusammen ein Leben lang durch's Leben zu gehen, das find ich schon toll. Also den Schritt gegangen zu sein, auch wenn alle sagen: „Oh Gott, ihr seid zu jung!“

Was würdest du sagen, was sind deine Karriereerwartungen?

[...] Also, am liebsten würd' ich natürlich (lacht) irgendwie 'ne Führungsposition haben und trotzdem alles auf die Reihe kriegen.

Ja. Also Familie und Karriere?

Ich glaub auch, das ist möglich. [...] Also man bewegt sich natürlich in irgend 'nem gesellschaftlichen Umfeld und auch in Unternehmensumfeldern ... Wenn man wirklich da auch noch glücklich leben möchte, wird man Abstriche machen müssen. [...] Ich denke, ich muss halt meinen eigenen Weg finden, also mit M. zusammen, und ich mein, ich find's traurig, dass man da so im Kleinen [...] da für sich 'ne Lösung finden muss, weil's gesellschaftlich nicht funktioniert.“

Julian ist 17 Jahre alt, wiederholt gerade die 9. Klasse der Realschule und macht demnächst den mittleren Schulabschluss.

Was möchtest du erreicht haben, bis du 30 bist?

Julian: „Bis ich 30 bin. Ich will auf alle Fälle fest im Leben stehen. Alleine. Von nix mehr abhängig sein, weder Hartz IV noch von Eltern. [...] Also ich möchte, wenn es geht, Gesundheits- und Kinderkrankenpfleger werden. Oder zumindest ein Beruf, wo ich gut verdiene. Ja. Ich möchte zwei Kinder haben. Okay, bis 30, ja bis 30 ist es schon okay. [...] Aber ich will auf alle Fälle zwei Kinder haben. Ein Junge und 'n Mädchen.“

Warum?

„Na, ich liebe Kinder und ohne die ... ich will nicht sagen, dass es unmöglich wär', aber es wär' für mich [...] nicht schön, 'ne Beziehung bzw. 'ne Frau ohne Kinder. Wenn, denn schon Kinder.“

Nach: Mathias Albert, Klaus Hurrelman (Bearbeiter), 16. Shell-Jugendstudie, Jugend 2010, Fallstudien, S. 250-304, Namen geändert

Aufgaben

1. Beschreibe die Einstellungen zur Familie und zur Partnerschaft der jungen Leute in M7.
2. Vergleiche die Erwartungen und Pläne von Meike und Julian (M7) mit deinen eigenen.

Grundwissen

Familie im Wandel

Familie kennt jeder und kann Geschichten über sie erzählen, gute und schlechte. Sie macht manchmal Spaß und tut gut, sie kann aber auch Stress bedeuten.
Familien haben sich im Wandel der Zeit verändert. Früher bestanden Familien oft aus drei oder vier Generationen unter einem Dach.
Heute gibt es ganz verschiedene Formen des Zusammenlebens.

Formen des Zusammenlebens

Heute besteht eine Familie häufig aus Mann und Frau als Eltern und ein oder zwei Kindern. In 51% der Familien lebt heute nur noch ein Kind.
Mehr Ehen und Partnerschaften als früher gehen auseinander, die Kinder bleiben dann in der Regel bei einem Elternteil und besuchen das andere am Wochenende und in den Ferien. Oft fügen sich diese Familien zu neuen zusammen, so dass Kinder mit unterschiedlichen Elternteilen zusammenleben – zum Beispiel wenn die Mutter einen neuen Partner findet, der mitsamt seinen Kindern bei ihr einzieht. Rund 850.000 Kinder leben in Deutschland in diesen sogenannten Patchwork-Familien.
Außerdem heiraten längst nicht mehr alle Paare, wenn sie ein Kind erwarten: Rund ein Drittel der Kinder im Jahr 2012 wurden nicht ehelich geboren. Der Gesetzgeber hat daher auch die Rechte von unverheirateten Vätern gestärkt. Entscheidend ist immer das Wohl des Kindes.
Seit einigen Jahren ist in Deutschland auch die gleichgeschlechtliche Partnerschaft als Lebensform per Gesetz erlaubt. Paare können eine sogenannte „eingetragene Lebenspartnerschaft" eintragen lassen und haben damit ähnliche Rechte und Pflichten wie Eheleute.

Bedeutung von Familie

Auch wenn es im Alltag nicht immer einfach ist, bewerten Jugendliche die Familie als sehr wichtig für ihr persönliches Glück. Familie bedeutet Liebe, Fürsorge und Geborgenheit, Schutz, Menschen zu haben, die füreinander da sind und sich gegenseitig helfen.

2.2 Welche Aufgaben übernimmt die Familie?

2.2.1 Erziehung als Recht und Pflicht der Eltern?

M1 Julia ist unzufrieden ...

Julia ist 14 Jahre alt. Sie geht in die 8. Klasse an der Realschule plus und wohnt zusammen mit ihren Eltern und ihren Geschwistern Lukas (12) und Anni (9). Ihr Vater arbeitet ganztätig, ihre Mutter hat eine Halbtagsstelle. Julia ist mit ihrer Situation zu Hause ganz schön unzufrieden und sie möchte eigentlich endlich mal mit ihren Eltern darüber sprechen. Sie weiß nicht genau, was sie ansprechen soll. Deshalb hat sie sich eine Liste geschrieben:

- Im Haushalt muss ich ganz schön viel mithelfen. Zurzeit muss ich einmal pro Woche den Flur saugen, täglich die Spülmaschine ausräumen, die Blumen im Wintergarten gießen. Jeden Mittwoch muss ich für meine kleinen Geschwister das vorbereitete Mittagessen kochen, da meine Mutter an diesem Tag nachmittags arbeiten muss.
- Wenn ich mir mal etwas kaufen möchte, dann kann ich das nur von meinem Taschengeld. Mein erspartes Geld (von Geburtstagen, Weihnachten ...) geben mir meine Eltern nicht, obwohl ich mir mit 15 doch unbedingt einen Roller kaufen möchte.
- Ich würde gerne mehr Zeit mit meinen Großeltern verbringen. Doch seit meine Eltern mit ihnen zerstritten sind, darf ich das nicht mehr, obwohl ich mich bei ihnen so wohl fühle.

- Mein Papa gibt mir ab und zu eine Ohrfeige, wenn ich meine Aufgaben im Haushalt nicht erledigt habe.
- Unter der Woche würde ich abends gerne mit Freunden weggehen, doch meine Eltern sagen, das geht nicht, weil ich am nächsten Tag in die Schule muss.
- Wenn am Wochenende bei meinen Freunden eine Party stattfindet, würde ich dort auch gerne mal wieder übernachten. Aber seit zu diesen Partys auch immer mehr Fremde kommen, darf ich das nicht mehr.
- Ich denke, dass mir mein Vater vielleicht mehr erlauben würde als meine Mutter. Aber kann ich das dann einfach machen, obwohl meine Mutter anderer Meinung ist?

M2 Rechte und Pflichten im Gesetz

Artikel 6 Grundgesetz (GG)
(1) Ehe und Familie stehen unter dem besonderen Schutz der staatlichen Ordnung.
(2) Pflege und Erziehung der Kinder sind das natürliche Recht der Eltern und die zuvörderst ihnen obliegende Pflicht. Über ihre Betätigung wacht die staatliche Gemeinschaft.

§ 1631 BGB
Inhalt und Grenzen der Personensorge
(1) Die Personensorge umfasst insbesondere die Pflicht und das Recht, das Kind zu pflegen, zu erziehen, zu beaufsichtigen und seinen Aufenthalt zu bestimmen.
(2) Kinder haben ein Recht auf gewaltfreie Erziehung. Körperliche Bestrafungen, seelische Verletzungen und andere entwürdigende Maßnahmen sind unzulässig.

§ 1627 BGB
Ausübung der elterlichen Sorge
Die Eltern haben die elterliche Sorge in eigener Verantwortung und in gegenseitigem Einvernehmen zum Wohl des Kindes auszuüben. Bei Meinungsverschiedenheiten müssen sie versuchen, sich zu einigen.

§ 1626 Bürgerliches Gesetzbuch (BGB)
Elterliche Sorge, Grundsätze
(1) Die Eltern haben die Pflicht und das Recht, für das minderjährige Kind zu sorgen (elterliche Sorge). Die elterliche Sorge umfasst die Sorge für die Person des Kindes (Personensorge) und das Vermögen des Kindes (Vermögenssorge).
(2) Bei der Pflege und Erziehung berücksichtigen die Eltern die wachsende Fähigkeit und das wachsende Bedürfnis des Kindes zu selbstständigem verantwortungsbewusstem Handeln. Sie besprechen mit dem Kind, soweit es nach dessen Entwicklungsstand angezeigt ist, Fragen der elterlichen Sorge und streben Einvernehmen an.

§ 1685 BGB
Umgang des Kindes mit anderen Bezugspersonen
(1) Großeltern und Geschwister haben ein Recht auf Umgang mit dem Kind, wenn dieser dem Wohl des Kindes dient.

M3 Erziehung und Erziehungsmittel

Als Erziehung bezeichnet man alle zielgerichteten und absichtsvollen Maßnahmen, die Eltern, Lehrer u. a. unternehmen, um Heranwachsenden dabei zu helfen, selbstständig handelnde und urteilende Persönlichkeiten zu werden. Dabei geht es um das Erlernen von Verhaltensregeln und die Übertragung von Gefühls- und Denkmustern der Gesellschaft.

Liebesentzug	**unterstützen**	**drohen**	**strafen**	**loben**	**fördern**
Vorbild sein	**schlagen**	**überzeugen**	**helfen**	**tadeln**	**befehlen**

Aufgaben

1. Sind Julias Bedenken gerechtfertigt? Prüfe ihre Rechte mithilfe der Gesetze. (M1, M2)
2. Was ist deine Einschätzung, welche Erziehungsmittel führen am ehesten zum erwünschten Erfolg? Begründe. (M1, M3)
3. a. Entwirf Konfliktsituationen aus der Familie. Formuliere jeweils verschiedene Szenarien, in denen unterschiedliche Erziehungsmittel angewandt werden.
   Z b. Beschreibe, welche Wirkung die verschiedenen Mittel auf dich haben.

2.2.2 Vorbereitung auf die Gesellschaft

M4 Du warst so ein süßes Kind!

Junge, warum hast du nichts
gelernt?
Guck dir den Dieter an,
der hat sogar ein Auto.
Warum gehst du nicht
zu Onkel Werner in die Werkstatt?
Der gibt dir ne Festanstellung,
wenn du ihn darum bittest.

Junge, und wie du wieder
aussiehst,
Löcher in der Hose und ständig
dieser Lärm.
[Was soll'n die Nachbarn sagen?]
Und dann noch deine Haare,
da fehlen mir die Worte,
musst du die denn färben?
[Was soll'n die Nachbarn sagen?]

Nie kommst du nach Hause,
wir wissen nicht mehr weiter.
[...]
Wo soll das alles enden?
Wir machen uns doch Sorgen!

Und du warst so ein süßes Kind!
Und du warst so ein süßes Kind! ...

Und immer deine Freunde,
ihr nehmt doch alle Drogen,
und ständig dieser Lärm,
[Was soll'n die Nachbarn sagen?]
Denk an deine Zukunft,
denk an deine Eltern
willst du, dass wir sterben?

Junge, Farin Urlaub, Fuhuru, Edition bei PMS Musikverlag GmbH, Berlin

M5 Wie wird man ein Mitglied der Gesellschaft?

Zunächst sorgt die Familie dafür, dass aus einem Kind langsam ein Mitglied der Gesellschaft wird. Später wird diese Aufgabe auch von anderen übernommen. So wirken unterschiedlichste Einflüsse aus Nachbarschaft, Freundeskreis, Kindergarten, Schule, Fernsehen, Werbung usw. auf das Kind ein. Der Einfluss kann planvoll und beabsichtigt (Erziehung), aber auch unabsichtlich geschehen. Den gesamten Prozess, den ein Mensch durchläuft, um seine Persönlichkeit auszubilden und ein Mitglied in der Gesellschaft zu werden, nennt man Sozialisation. Während der Sozialisation werden uns Normen und Wertvorstellungen vermittelt, die für das Zusammenleben innerhalb der Gesellschaft notwendig sind. Normen kann man als Regeln bezeichnen, die von den Mitgliedern der Gesellschaft akzeptiert werden müssen.

Martina Tschirner, in: Politik & Co. Rheinland-Pfalz, Bamberg 2013, S. 52

M6 Streiten will gelernt sein – aus einem Ratgeber für Eltern

1. Stell dich dem Konflikt und gehe die Probleme möglichst schnell an, denn Probleme, die runtergeschluckt werden, werden nur noch größer.
2. Wähle einen sinnvollen Zeitpunkt für die Aussprache, nicht unbedingt dann, wenn der andere gerade eine wichtigen Termin hat.
3. Überlege dir unbedingt schon vorher, was du sagen möchtest.
4. Versuche, Übertreibungen (z. B. mit Worten wie „nie“ oder „immer“) zu vermeiden. Sage also nicht „Nie habt ihr Zeit für mich!“, besser: „Ich würde gerne mehr Zeit mit euch verbringen!“.
5. Vorwürfe bringen nichts, formuliere besser konkrete Wünsche.
6. Sprich deine Gefühle an und formuliere „Ich-Botschaften“.
7. Vergangenes sollte man nicht „aufwärmen“.
8. Lass dein Gegenüber ausreden und zwinge dich dazu, ihm gut zuzuhören.
9. Merke: Es gibt in Konfliktsituationen nur selten eindeutig einen Schuldigen und keinen Sieger.

Nach: www.elternimnetz.de (18.6.2009)

Aufgaben

1. a. Welche Vorwürfe formulieren die Eltern an ihren Jungen im Lied der „Ärzte“? Erstelle eine Liste. (M4)
   b. Kennst du solche Diskussionen mit deinen Eltern oder Großeltern? Beschreibe diese.
2. Welche Motive haben die Eltern, diese Vorwürfe auszusprechen, welche Sorgen stecken dahinter? Nenne mindestens drei mögliche Gründe für ihr Verhalten. (M4)
3. a. Schreibe einen Songtext aus der Sicht des Jungen an die Eltern. (M4)
   b. Veranstaltet in der Klasse einen Wettbewerb zum besten Lied. Wenn jemand nicht singen möchte, kann man den Text genauso gut betont vorlesen.
4. Benenne Werte, die der Mutter in dem Lied (M4) wichtig sind. (M5)
5. Ergänze weitere Regeln, die für ein faires Streiten wichtig sind. (M6)
6. Ergänzt die Rollenkarten der Personen aus M7 und führt das Rollenspiel durch.

M7 Nach dem Abendessen bei Familie Markworth

Ausgangssituation: Familie Markworth ist mit dem Abendessen fertig. Die Mutter fragt: „Und wer hilft mir jetzt beim Abwasch?“ Als sich wieder keiner meldet, platzt der Mutter der Kragen …

Mutter:
- arbeitet halbtags, muss in letzter Zeit aber viele Überstunden machen
- kümmert sich traditionell wochentags um fast alles im Haushalt
- mit den Überstunden wird ihr das aber zu viel …

Vater:
- arbeitet sehr lange, ist abends müde, wenn er nach Hause kommt
- am Wochenende hilft er beim Fenster putzen, einkaufen
- für eine Haushaltshilfe ist ihm das Geld zu schade, dafür fährt er lieber in den Urlaub …

Tochter, 13 Jahre alt:
- hilft gelegentlich im Haushalt, abwaschen findet sie aber besonders nervig
- an diesem Abend läuft genau ihre Lieblingssendung im Fernsehen
- sieht nicht ein, dass sie als Tochter mehr macht als ihr Bruder …

Sohn, 15 Jahre alt:
- soll den Müll raustragen, findet das aber eine sehr unangenehme Aufgabe, die er selten erledigt
- wünscht sich eine teure Spielkonsole zu Weihnachten

Kompetenz: Methode

Ein Rollenspiel durchführen

In einem Rollenspiel schlüpft man, wie bei einer Theaterrolle, in die Haut einer anderen Person. Dadurch ist es einfacher, deren Situation nachzuvollziehen und zu verstehen. Diese Fähigkeit hilft dabei, in komplizierten Lagen eine Konfliktlösung herbeizuführen.

Leitfaden

1. Vorbereitung
Teilt die Klasse in Gruppen ein, die jeweils eine Rolle übernehmen. Arbeitet in den Gruppen nun die Eigenschaften und Ansichten der einen Rolle heraus. Zuletzt bestimmt die Gruppe eine(n), die/der die Rolle spielen soll.

2. Präsentation vor der Klasse
Die entsandten Gruppenmitglieder spielen vor der Klasse die Situation. Spielt euer Rollenspiel so konzentriert wie möglich vor. Es sollte zu keinen Unterbrechungen kommen, da ihr dann nur schwer in die Rolle zurückfindet.
Die anderen Klassenmitglieder sind aufmerksame Beobachter: Sie schauen dem Spiel zu und machen sich Notizen zu den einzelnen Spielern. (Wurden die Personen glaubwürdig dargestellt? Wie wurde die Szene insgesamt umgesetzt? …)

3. Nachbesprechung
Die Spieler sprechen über ihre Gefühle und Gedanken, die sie bei der Umsetzung der Rolle hatten. Dann beschreiben die Zuschauer ihre Beobachtungen.
Am Ende eines jeden Rollenspiels steht die Frage: Was hat euch das Rollenspiel gezeigt? Welche Verhaltensmuster wurden deutlich? Seid ihr einer Lösung des Konflikts näher gekommen – warum oder warum nicht?

Grund-wissen

Erziehung: Recht und Pflicht der Eltern

Eine der wichtigen Aufgaben der Familie ist die Erziehung von Kindern. Eltern haben laut Gesetz das Recht und die Pflicht dazu. Diese sogenannte „elterliche Sorge“ muss sich jedoch immer nach dem Wohle des Kindes richten. Eltern sollen zunehmend das selbstständige und verantwortungsbewusste Handeln der Kinder berücksichtigen. Sie sollen als Eltern und mit dem Kind bei Meinungsverschiedenheiten eine Einigung anstreben.

Erziehungsstile und Gewaltverbot

Es gibt verschiedene Erziehungsstile, also unterschiedliche erzieherische Maßnahmen der Eltern, die bestimmte Ziele verfolgen. Früher wurde mit einer autoritären Erziehung viel Wert auf Gehorsam und Ordnung gelegt. Heute ist es vielen Eltern wichtiger, dass sie ihre Kinder partnerschaftlich erziehen und in Entscheidungen mit einbeziehen. Gewalt in der Erziehung gibt es in der Realität zwar noch zu häufig, ist aber per Gesetz verboten: „Kinder haben ein Recht auf gewaltfreie Erziehung. Körperliche Bestrafungen, seelische Verletzungen und andere entwürdigende Maßnahmen sind unzulässig.“ (BGB)

Sozialisation: Vorbereitung auf die Gesellschaft

Eltern versuchen ihren Kindern Werte für das Zusammenleben mitzugeben, damit diese im Leben gut zurechtkommen. Sie bereiten sie damit auf das Leben in der Gesellschaft vor.
Wie in jeder Gruppe, in der Menschen zusammenleben, so kann es auch innerhalb der Familie zu Konflikten kommen. Diese angemessen so lösen und damit ein Vorbild für andere Konfliktlösungen zu schaffen, ist eine Aufgabe und eine Herausforderung für Familien.

2.3 Der Staat fördert Familien

2.3.1 Warum unterstützt der Staat Familien?

M1 Humor von Müttern

Thomas Plaßmann, Baaske Cartoons

Geburtenentwicklung in Deutschland

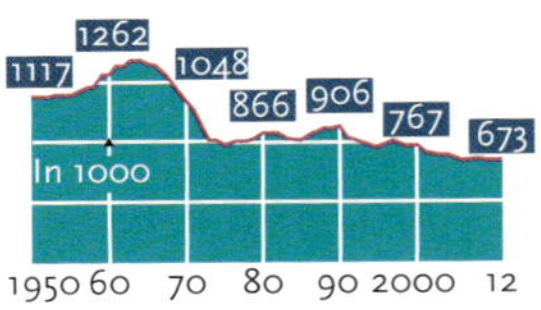

Zahlen: Statistisches Bundesamt, Wiesbaden 2013

M2 Wie der Staat Familien unterstützt

Familien sind die soziale Mitte unserer Gesellschaft und für die Mehrheit der Menschen der Lebensmittelpunkt. Familien bilden ein verlässliches soziales Netz, bieten Schutz und Nähe. Die Familie sorgt dafür, dass Staatsbürgerinnen und -bürger geboren werden, und erfüllt zentrale Aufgaben bei der Erziehung von Kindern sowie bei der Betreuung alter und kranker Menschen. Deshalb steht die Familie unter dem besonderen Schutz des Staates.

Unter Familienpolitik versteht man alle politischen Maßnahmen, die dafür sorgen sollen, dass es den Familien im Staat möglichst gut geht. Die Bundesregierung in Berlin, die Bundesländer und die Städte und Gemeinden teilen sich dabei die Aufgaben zum Schutz und zur Unterstützung der Familien. Die Familien erhalten nicht nur finanzielle Unterstützung, es gibt darüber hinaus viele Regelungen, die die Vereinbarkeit von Familie und Berufstätigkeit der Eltern fördern sollen. Auch die Bereitstellung von Kindergarten- und Kinderhortplätzen, der Bau von Kinderspielplätzen, das Bildungswesen sind Teil der Familienpolitik.

Martina Tschirner, in: Politik & Co. Rheinland-Pfalz, Bamberg 2013, S. 57

Aufgaben

1. Auf welches Problem weisen die Karikatur und die Grafik hin? Formuliere in zwei Sätzen. (M1)
2. Erkläre, warum der Staat Familien fördert. Beziehe dich dabei auch auf das Grundgesetz. (M2)

Kompetenz: Kommunikation

Ein Gruppenpuzzle durchführen

Das Gruppenpuzzle umfasst drei Arbeitsphasen: Zunächst eine Phase der Arbeit in den Stammgruppen, danach in den Expertengruppen und abschließend noch einmal eine Phase in den Stammgruppen.

Leitfaden

1. Gruppen einteilen
Zur Gruppeneinteilung und damit ihr den Überblick behaltet, wer wann mit wem arbeitet, tragt ihr euch in die Tabelle ein, die euer Lehrer (evtl. auf Folie) kopiert hat. Jeder darf sich dabei nur einmal eintragen.

Expertengruppen / Stammgruppen	A	B	C	D	E
1					
2					
3					
4					
5					

auf die Folie

2. Treffen in der Stammgruppe
Zu Beginn setzt ihr euch mit eurer Stammgruppe zusammen. Jeder bekommt sein Arbeitspaket und erarbeitet sich dieses Thema zunächst selbstständig (hier z. B. eine Maßnahme der Familienförderung).

3. Thema in der Expertengruppe diskutieren
Nun treffen sich die Expertengruppen: Du tauschst dich mit den Experten aus den anderen Stammgruppen aus, die dasselbe Thema bearbeiten wie du. Ihr klärt miteinander offene Fragen und bereitet eine Präsentation zu eurem Thema vor.

Expertengruppen:
A A1, A2, A3, A4, A5
B B1, B2, B3, B4, B5 …
… E3, E4, E5

4. Thema in der Stammgruppe präsentieren:
Abschließend trefft ihr euch in den Stammgruppen, um eure Ergebnisse aus der ersten Arbeitsphase vorzustellen. Hierbei sitzt ihr wie folgt zusammen:

Stammgruppen:
1 A1, B1, C1, D1, E1
2 A2, B2, C2, D2, E2…
… C5, D5, E5

Am Ende dieser Arbeitsphase liegt in jeder Stammgruppe ein möglichst umfassendes Ergebnis in Bezug auf die Aufgabenstellung vor.

M3 Kindergeld

Mit dem Kindergeld unterstützt die Bundesregierung Familien mit Kindern und trägt damit zu ihrer finanziellen Entlastung bei. Das Kindergeld wird unabhängig vom Einkommen der Familie gezahlt. Es beträgt:

- für das erste und zweite Kind monatlich 184 Euro,
- für das dritte Kind monatlich 190 Euro,
- für das vierte und jedes weitere Kind monatlich 215 Euro.

Kindergeld gibt es grundsätzlich

- für alle Kinder bis zum 18. Lebensjahr,
- für Kinder in Ausbildung bis zum 25. Lebensjahr,
- für arbeitslose Kinder bis zum 21. Lebensjahr.

Die Bundesregierung stärkt mit dem Kindergeld gezielt Mehrkindfamilien und will dadurch Armut vermeiden.

M4 Betreuungsgeld

Eltern sollen frei entscheiden können, ob sie ihr Kind privat betreuen oder in einem öffentlich bereitgestellten Angebot – beispielsweise in einer Kindertagesstätte oder von einer Tagesmutter oder einem Tagesvater – betreuen lassen wollen. Das Betreuungsgeld erhalten Eltern, deren Kind ab dem 1. August 2012 geboren wurde, und die für ihr Kind keine andere staatliche Tageseinrichtung in Anspruch nehmen. Das Betreuungsgeld wird ab dem 1.8.2013 gezahlt. Es beträgt im ersten Jahr nach seiner Einführung 100 Euro monatlich für Kinder im zweiten Lebensjahr, ab dem 1.8.2014 dann 150 Euro für Kinder im zweiten und dritten Lebensjahr. Das Betreuungsgeld wird als Geldleistung ausgezahlt und unabhängig davon gezahlt, ob und in welchem Umfang die Eltern erwerbstätig sind.

M5 Elterngeld

Mit dem Elterngeld unterstützt der Staat Väter und Mütter und ihre jungen Familien. Anspruch auf Elterngeld haben Eltern, die

- ihre Kinder direkt nach der Geburt selbst betreuen und erziehen,
- nicht mehr als 30 Stunden in der Woche erwerbstätig sind,
- mit ihren Kindern in einem Haushalt leben und
- einen Wohnsitz oder ihren gewöhnlichen Aufenthalt in Deutschland haben.

Ein Elternteil allein kann die Leistung für mindestens zwei und für bis zu zwölf Monate beziehen. Das Elterngeld wird noch weitere zwei Monate gezahlt, wenn auch der andere Elternteil in die Elternzeit geht oder der Elternteil alleinerziehend ist.

Die Höhe des Elterngeldes richtet sich nach dem Nettoeinkommen, das der betreuende Elternteil vor der Geburt des Kindes hatte. Man erhält zwischen 65 und 100 % dessen, was man vorher verdient hat – je niedriger das Einkommen, desto höher das Elterngeld.

M6 Elternzeit

Arbeitnehmerinnen und Arbeitnehmer, die ihr Kind selbst betreuen und erziehen, haben bis zur Vollendung des dritten Lebensjahres des Kindes einen Rechtsanspruch auf Elternzeit. Mit Zustimmung der Arbeitgeberseite können sie bis zu zwölf Monate der Elternzeit auf die Zeit zwischen dem dritten und dem achten Geburtstag des Kindes übertragen. Während der Elternzeit besteht Kündigungsschutz.

Erwerbstätige Eltern können auch gleichzeitig Elternzeit nehmen. Wer Elternzeit nimmt, kann in Teilzeit bis zu 30 Wochenstunden arbeiten. In Betrieben mit mehr als 15 Beschäftigten besteht (unter bestimmten Voraussetzungen) ein Anspruch auf Teilzeitarbeit in der Elternzeit. Nach Ablauf der Elternzeit haben die Eltern einen Anspruch, auf ihren oder einen gleichwertigen Arbeitsplatz zurückzukehren.

M3 - M6, Stand: August 2013

M7 Steuervorteile

Da Eltern mit der Erziehung ihrer Kinder viel für die Gesellschaft leisten, gewährt der Staat Familien steuerliche Vorteile und mildert damit ihre finanzielle Belastung.
Hier sind in erster Linie der Kinderfreibetrag und der Freibetrag für den Betreuungs- und Erziehungs- oder Ausbildungsbedarf zu nennen. Das heißt, Arbeitnehmer müssen weniger Einkommensteuer zahlen, wenn sie Kinder haben und wenn sie Geld für deren Betreuung ausgeben.
Ein Familienhaushalt kostet nicht nur Geld, sondern auch Zeit. Wer Handwerker und andere Hilfen in seinem Haushalt beschäftigt, kann auch diese steuerlich geltend machen.
Arbeiten beide Elternteile, sind die Kinderbetreuungskosten oft eine große Belastung für die Familienkasse. Auch hier wird Familien geholfen: Bis das Kind 14 Jahre alt ist, können zwei Drittel der Betreuungskosten steuerlich geltend gemacht werden, höchstens aber 4.000 Euro pro Jahr und Kind.

Nach: Ministerium für Familie, Kinder, Jugend, Kultur und Sport des Landes Nordrhein-Westfalen, 2013, www.mfkjks.nrw.de (19.7.2013)

Aufgaben

1. Arbeitet in euren Expertengruppen aus den Materialien M3-M7 (und wenn nötig dem Internet) Antworten auf folgende Fragen zu einer Familienförderung des Staates heraus:
   - Was ist das Ziel der Maßnahme?
   - Wer hat grundsätzlich Anspruch auf die Leistung des Staates?
   - Wie sieht die Förderung genau aus?
   - Gibt es Besonderheiten bei dieser Maßnahme?
2. Erstellt eine Präsentation der Maßnahmen zur Familienförderung und stellt sie euch gegenseitig vor.
3. Tauscht euch in eurer Klasse über die Methode „Gruppenpuzzle“ aus. (Hat euch die Methode geholfen, die Maßnahmen des Staates zur Familienförderung gut zu verstehen? Haltet ihr die Methode grundsätzlich für sinnvoll, um euch neue Themen anzueignen?)

2.3.3 Fördert der Staat die Vereinbarkeit von Familie und Beruf?

Renate Alf

M8 Lisa und Martin stehen vor einem Problem

Lisa und Martin sind beide 19 Jahre alt und stehen kurz vor dem Abschluss ihrer Ausbildung. Lisa fühlt sich in ihrem Beruf als Rechtsanwaltsfachangestellte sehr wohl und hat bereits die Zusage erhalten, übernommen zu werden. „Letzte Woche haben wir nun erfahren, dass Lisa schwanger ist. Wir möchten das Kind sehr gerne behalten, doch Lisa fürchtet, dass sie dann nicht mehr in ihrem Beruf arbeiten und Karriere machen kann", berichtet Martin.

M9 Beispiele für Fördermaßnahmen durch den Staat

Kostenlose Kitaplätze
Seit dem 1. August 2010 können Kinder ab dem vollendeten 2. Lebensjahr in Rheinland-Pfalz kostenlos den Kindergarten besuchen. Das Bundesland führte den kostenlosen Kindergartenbesuch als erstes Bundesland in Deutschland ein.
Ab 1. August 2013 haben sogar alle Kinder ab dem 1. Lebensjahr in Deutschland einen Rechtsanspruch auf einen Kita-Platz. Der Staat muss also dafür sorgen, dass diese Kinder betreut werden, wenn es die Eltern wünschen.

Ganztagsschulen
Seit 2001 werden immer mehr Schulen in Rheinland-Pfalz Ganztagsschulen. Schüler werden dort nicht mehr nur morgens betreut. Von Montag bis Donnerstag gibt es in der Schule von 8:00 bis 16:00 Uhr ein Angebot.
Gut 40 % der allgemeinbildenden Schulen in Rheinland-Pfalz sind Ganztagsschulen (Stand: 2013).

Aufgaben

1. Analysiere die Karikatur. (M8)
2. Schreibe einen Brief, in dem du Möglichkeiten aufzeigst, wie die beiden ihre Berufe auch mit Kind weiter auszuüben können. (M8, M9)
3. Überprüfe die Instrumente zur Familienförderung, ob und wie sie auf die Vereinbarkeit von Familie und Beruf zielen. (M9, Kap 2.3.2, M3-M7)
4. Sortiere die Argumente und ergänze eigene. (M10)
5. Sind die kostenfreien Kindergartenplätze sinnvoll und gerecht? Wendet zur Urteilsfindung die „Placemat"-Methode an. (M10)
6. (Z) Ordne die Argumente aus M10 den Urteilskriterien „Chancengleichheit", „Solidarität", „Gleichberechtigung" und „Eigenverantwortung" zu.

M10 Kostenfreie Kindergartenplätze – sinnvoll und gerecht?

a) Alle Kinder bekommen die Chance auf professionelle Förderung im Kindergarten.

b) Alle Eltern können wieder arbeiten gehen (oder anders aktiv werden), wenn sie ihre Kinder in den Kindergarten geben können.

c) Eltern, die ihre Kinder lieber zuhause behalten würden, haben keine Vorteile von der Maßnahme.

d) Kinderlose werden benachteiligt.

e) Eltern haben weniger Einfluss auf die Erziehung ihrer Kinder.

f) Für den Staat (bzw. das Bundesland) entstehen Kosten.

g) Eltern werden finanziell entlastet.

Kompetenz: Kommunikation

Gemeinsame Urteilsbildung mit „Placemat"

Um zu einem ausgewogenen Urteil zu kommen, sollte eine Fragestellung aus verschiedenen Perspektiven betrachtet werden.

Leitfaden

Gruppentische: Bildet Vierergruppen und stellt die Tische so um, dass jedes Gruppenmitglied an einer Seite bequem sitzen und schreiben kann. Legt ein Blatt Papier (mindestens A3) in die Mitte eures Tisches. Schreibt in die Mitte die Fragestellung bzw. die These, zu der ihr euch ein Urteil bilden möchtet.
Assoziationen aufschreiben: Nun schreibt jedes Gruppenmitglied in seinen Teil der „Placemat" die Gedanken auf, die ihm / ihr zur Fragestellung einfallen. Stichpunkte genügen. Achtung: Legt vorher unbedingt die Zeit für diese Phase der (stillen) Einzelarbeit fest.
Gedanken austauschen: Die Gruppenmitglieder stellen sich nacheinander ihre Gedanken vor. Nachfragen ist erlaubt, diskutieren nicht. Anschließend werden eventuell kontroverse Ergebnisse diskutiert und Kompromisse gesucht.
Gruppenergebnis und Fazit formulieren: Schreibt zentrale Aspekte als Ergebnis eurer Gruppenarbeit in die Mitte.

2.3.4 Warum hat auch der Staat eine Fürsorgepflicht?

M11 Fallbeispiel Rahel

§ 1631 BGB
(1) Die Personensorge [der Eltern] umfasst insbesondere die Pflicht und das Recht, das Kind zu pflegen, zu erziehen, zu beaufsichtigen und seinen Aufenthalt zu bestimmen.
(2) Kinder haben ein Recht auf gewaltfreie Erziehung. Körperliche Bestrafungen, seelische Verletzungen und andere entwürdigende Maßnahmen sind unzulässig.

Rahel ist neu in der Klasse. Sie fällt auf durch ihre alte und z. T. schmutzige Kleidung. Außerdem wirkt sie traurig und in sich gekehrt. Als die Klassensprecherin Sarah sich mit ihr unterhält, erfährt sie, dass Rahel mit ihrer Familie in einer Wohnung wohnt, in der die Heizung nicht funktioniert. „Ach, nicht so schlimm, ich kenne es nicht anders. Außerdem spreche ich meine Eltern lieber nicht darauf an, die haben genug Ärger. Und ich bekäme eh wieder nur eine Ohrfeige. Da kann man nichts machen“, meint Rahel. Doch da ist sich Sarah nicht sicher ...

M12 Interview mit Stefanie Maus, Schulsozialarbeiterin

Frau Maus, Sie sind Schulsozialarbeiterin an einer Realschule plus. Mit welchen Problemen kommen Jugendliche denn zu Ihnen?
Das sind ganz unterschiedliche Dinge. Streit oder Auseinandersetzungen mit Mitschülern, Lehrern oder Eltern sind immer ein Grund. Andere Jugendliche sind krank, sie haben beispielsweise Essstörungen. Und wieder bei anderen gibt es zu Hause gerade schwierige Situationen. Auch Liebeskummer und Trauer sind Themen, mit denen Jugendliche zu uns kommen.
Was sollen Jugendliche am besten machen, wenn sie in der Schule Probleme haben – mit Lehrern oder ihren Leistungen?
Am besten sucht man zunächst das Gespräch mit dem Lehrer. Hat das keinen Erfolg, kann man um Unterstützung vom Vertrauenslehrer der Schule bitten. Die Schulsozialarbeiter sind auch in solchen Fällen eine Hilfe.
Gibt es auch Hilfen für Jugendliche, die Streit mit Freunden haben?
An vielen Schulen sind Schüler schon zu Streitschlichtern ausgebildet. Sie können hier eine erste Anlaufstelle sein.
Probleme mit den Eltern hat wohl jeder Jugendliche einmal. Was sind denn Dinge, bei denen sich die Jugendlichen wirklich Hilfe von außen suchen sollten?
Jede Form von Gewalt ist verboten.

Passiert diese zu Hause, ist es für Jugendliche aber ganz schwierig, sich dagegen alleine zur Wehr zu setzen. Hier sollten sie Hilfe holen. Aber auch wenn die Wohnverhältnisse nicht in Ordnung sind oder wenn Kinder von Bildung oder von sozialen Kontakten ferngehalten werden, die für sie gut sind, ist Hilfe von außen angebracht.

Man sollte sich auf jeden Fall einem Erwachsenen anvertrauen, der mit einem nach Hilfe schaut. Wir als Schulsozialarbeiter, Beratungszentren oder die Jugendämter vor Ort können Hilfsangebote machen und nach Lösungen mit den Betroffenen suchen.

Und wenn Freunde Probleme haben und die sich selbst aber nicht um Hilfe kümmern?

Wenn Freunde von Notlagen mitbekommen, können sie in einem Gespräch erste Hilfe anbieten. Vielleicht hat der oder die Betroffene keine Kraft, sich Unterstützung zu suchen. Oder er bzw. sie hat das Problem selbst noch nicht erkannt, zum Beispiel wenn sich jemand selbst verletzt oder Essstörungen hat.

Der Freund oder die Freundin kann z. B. anbieten, Anlaufstellen zu recherchieren.

Wenn die Sorgen sehr groß sind und der Betroffene nicht reden möchte, können sich auch die Freunde Rat bei den Anlaufstellen holen.

M13 Bei diesen Stellen erhaltet ihr immer Hilfe ...

- Schulsozialarbeit
- Vertrauenslehrer
- Beratungszentren vor Ort
- Jugendämter
- „Nummer gegen Kummer“
- Seelsorger (z. B. Pfarrer)
- pro familia, Caritas, Diakonie, Paritätischer Wohlfahrtsverband, Arbeiterwohlfahrt ...
- im Notfall: Polizei

Aufgaben

1. Muss Rahel wirklich hinnehmen, wie sie daheim lebt? Begründe deine Einschätzung. (M11)
2. Wie könnte Sarah Rahel helfen? (M11-M13)
   W Schreibe einen Brief von Sarah an Rahel, in dem sie ihr erklärt, wie diese ihre Situation ändern kann, und ihre Hilfe anbietet. **ODER**
   Skizziert ein Rollenspiel zwischen Sarah und Rahel. Spielt der Klasse das Gespräch vor.
3. Arbeite heraus, wie Jugendlichen bei möglichen Problemen geholfen werden kann. (M12)
4. Z „Erziehung ist Sache der Eltern. Wie die Familie lebt und mit ihren Kindern umgeht, geht niemanden was an!“ Begründe die Gesetzeslage und deine Meinung zu dieser Aussage.

H zu Aufgabe 1

Argumentiere auch mit dem BGB.

H zu Aufgabe 3

Du kannst hierzu eine Tabelle anlegen.

2.3.5 Kinderarmut als Herausforderung für die Gesellschaft

M11 Armut bedeutet, dass man...

	trifft zu	trifft nicht zu
1. ... kein Taschengeld bekommt.		
2. ... keinen eigenen Fernseher hat.		
3. ... nicht in den Urlaub fahren kann.		
4. ... keine warme Mahlzeit am Tag erhält.	Ins Heft	
5. ... kein Geld für den Schulausflug hat.		
6. ... sich nicht die neuesten Markenklamotten kaufen kann.		
7. ... keinen Schulabschluss hat.		
8. ...		

M12 Ab wann ist jemand arm?

Folgende Armutsbegriffe werden unterschieden:

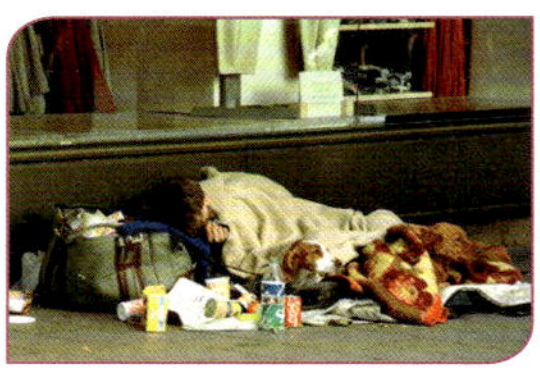

Nettoeinkommen
Monatliches (Brutto) Einkommen abzüglich der zu zahlenden Steuern und Sozialabgaben (→ vgl. auch Kapitel 1.2.3)

Absolute oder extreme Armut:
Lebenssituationen, in denen Menschen (längerfristig) nicht über Mittel zum physischen Überleben verfügen (in Deutschland etwa Straßenkinder, Obdachlose). Diese Menschen haben weniger als 1,25 US-Dollar pro Tag zur Verfügung, weltweit sind ca. 1,3 Milliarden Menschen betroffen.

Relative Armut:
Haushalte, deren monatliches Nettoeinkommen bei bis zu 60 % des monatlichen Durchschnittsnettoeinkommens liegt (in der EU gängige Definition).

Strenge Armut:
Haushalte, deren monatliches Nettoeinkommen bei bis zu 40 % des monatlichen Durchschnittsnettoeinkommens liegt.

Prekärer Wohlstand:
Haushalte mit Einkommenshöhen von 60-75 % des monatlichen Durchschnittsnettoeinkommens.

M13 ...und du bist raus!

Heute war Yasmin nicht in der Schule. „Angina hat sie", sagt ihre Mutter. Der Teenie mit den langen blonden Haaren lümmelt sich auf dem Sofa. Ihr Zwillingsbruder Florian war auch nicht in der Schule, „Migräne", sagt er vom Sessel aus. Es ist drei Uhr am Nachmittag. [...] Das Mittagessen ist ausgefallen.

Florian und Yasmin gehören zu den 17,3 Prozent offiziell armutsgefährdeten Kindern in Deutschland. Sie und ihre Mutter leben von Hartz IV, 1.109 Euro im Monat. [...] 300 Euro bleiben zum Leben. Seit ein paar Wochen arbeitet Andrea Thiel vier Stunden für 1,50 Euro Stundenlohn bei BALL e. V. (Betreuung arbeitsloser Leute und Lebenshilfe), gefördert von der Agentur für Arbeit und der Stadt. Die paar Stunden bringen 120 Euro zusätzlich im Monat, immerhin. [...]

Die Zwillinge besuchen seit acht Jahren regelmäßig das Kinder- und Jugendzentrum „Arche" in Berlin-Hellersdorf, „es ist wie eine Familie", sagt Florian. Hier gibt es Mittagessen, Erwachsene, die sich kümmern, Freunde, mit denen man spielen kann. „Keiner meiner Klassenkameraden geht in die Arche", sagt er. „Die haben immer überfüllte Brotboxen. Mit Obst und Süßigkeiten und so", er zuckt mit den Achseln. [...]

Wenn die Thiels einkaufen, dann beim Discounter oder Läden, die „MäcGeiz" heißen. „Ich will nicht, dass die beiden Klassenkameraden mit nach Hause bringen", sagt Andrea Thiel. „Die sehen ja dann, dass hier alles kaputt ist."

Nach: Anne Haeming, Kinder am Rand, Das Parlament (Nr. 24-25), 9.6.2008

M14 Am Rande der Gesellschaft

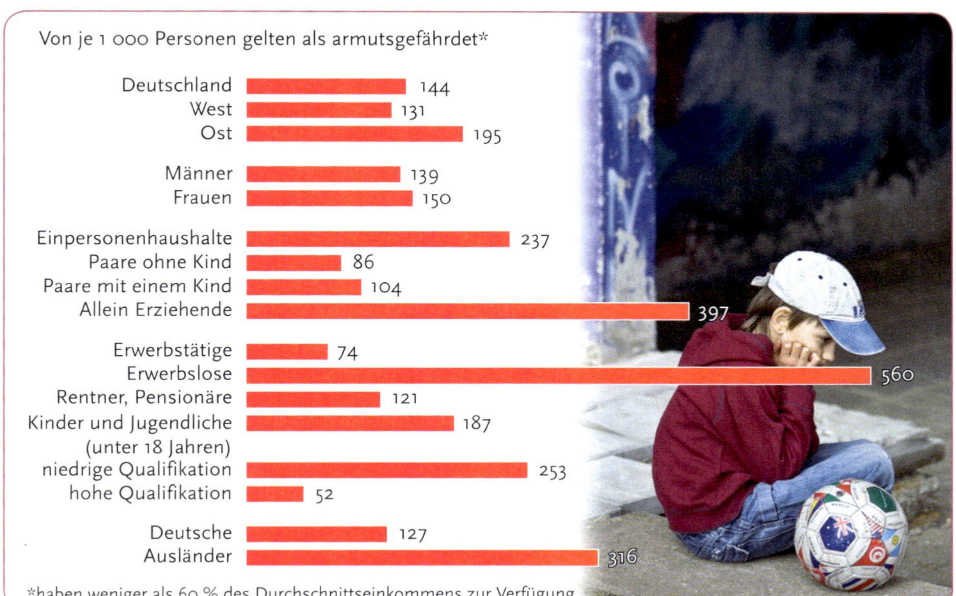

dpa-Infografik 3269 (8.1.2010)

Wenn man von Armut spricht, unterscheidet man in **relative** und **absolute Armut**. Als relativ arm werden (laut EU-Definition) diejenigen bezeichnet, die weniger als 60 % des durchschnittlichen Einkommens des jeweiligen Landes zur Verfügung haben. Bei absoluter Armut ist die physische Existenz unmittelbar bedroht, z. B. durch Verhungern und Erfrieren. Diese Menschen haben weniger als 1,25 US-Dollar pro Tag zur Verfügung. Weltweit sind ca. 1,3 Milliarden Menschen betroffen.

M15 Maßnahmen zur Armutsbekämpfung

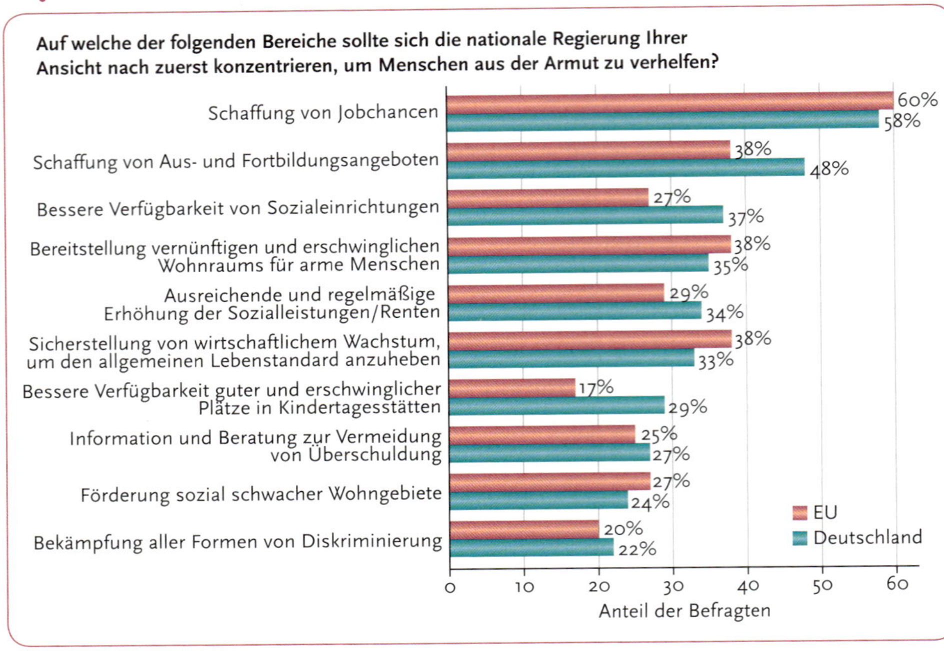

Europäische Kommission, 2015 (Befragte: Bevölkerung ab 15 Jahre, Deutschland)

Aufgaben

1. a) Überlege, was Armut deiner Meinung nach bedeutet. Übertrage dazu die Tabelle in dein Heft. (M11)
   b) Kreuze an, was du für zutreffend hältst, und ergänze.
2. a) Definiere in möglichst einem Satz den Begriff „Armut".
   b) Vergleicht eure Definitionen in der Klasse.
3. Stelle vor dem Hintergrund von M13 die Merkmale von Kinderarmut in einem (Schau-)Bild dar.
4. Überlege, wie du Kindern wie den Zwillingen begegnen würdest. Nenne konkrete Möglichkeiten, wie du sie in Schule und Freizeit integrieren könntest. (M13)
5. Arbeite aus der Grafik M14 heraus, wer in Deutschland „am Rande der Gesellschaft" lebt.
6. Ein Politiker sagte am Rande einer Spendengala für Katastrophenopfer, er könne angesichts des Elends anderswo das Gejammer der angeblich Armen in Deutschland nicht mehr hören. Was möchtest du diesem Politiker sagen? Schreibe eine kritische Stellungnahme zu dieser Ansicht in dein Heft.
7. Was sind für dich persönlich die wichtigsten Maßnahmen, um die Armut zu bekämpfen. Gewichte die Punkte aus M15 und begründe deine Meinung.

Grundwissen

Familienpolitik

Familien leisten für eine Gesellschaft wichtige Aufgaben, indem sie z. B. Kinder großziehen und für Alte sorgen. Daher hat der Staat zum Wohle des Gemeinwesens ein Interesse daran, dass Familien diese Aufgaben erfüllen können. Unter Familienpolitik versteht man alle Maßnahmen des Staates, die dafür sorgen, dass Familien in Deutschland gut leben können. Eltern werden beispielsweise dadurch unterstützt, dass der Staat Betreuung für Kinder anbietet. Dies geschieht in Rheinland-Pfalz durch kostenlose Kindergartenplätze. Ab 2013 besteht in Deutschland ein Anspruch auf einen Kita-Platz für alle Kinder über einem Jahr. Viele Schulen im Land sind bereits Ganztagsschulen, so dass auch Jugendliche nachmittags betreut werden.
Der Staat unterstützt Eltern aber auch finanziell, z. B. durch das Betreuungsgeld, das Kindergeld und das Elterngeld.
In Deutschland wird von vielen Familien beklagt, dass sich besonders für Mütter Beruf und Familie nicht gut vereinen lassen. Die Politik will dies ermöglichen. Ob die Maßnahmen den angestrebten Erfolg bringen, ist umstritten.

Fürsorgepflicht des Staates

Der Staat hat eine sogenannte „Fürsorgepflicht" für Kinder. D. h. er hat darauf zu achten, dass alle Kinder in Deutschland kindgerecht aufwachsen können. Dazu gehört, dass sie ein Dach über dem Kopf, ausreichend zu Essen und zu Trinken haben, nicht geschlagen werden und in einer Umgebung aufwachsen, in der sie sich entfalten können. Ist dies nicht der Fall, kann der Staat eingreifen und unterstützen. Im äußersten Fall kann das Kind aus der Familie genommen werden.

Armut trotz Sozialpolitik?

Als absolut arm gilt laut den Vereinten Nationen (UNO), wer weniger als 1,25 Dollar pro Tag zur Verfügung hat. In Deutschland kommt diese absolute Armut nicht vor. Bei uns spricht man von relativer Armut, da die Armut des Einzelnen in Verhältnis gesetzt wird zum durchschnittlichen Einkommen der anderen Gesellschaftsmitglieder. Folgt man dem vierten Armutsbericht der Bundesregierung von 2013, besteht für rund 14% der Bevölkerung ein erhöhtes Armutsrisiko.
Erschreckend ist die Tatsache, dass die Zahl derjenigen größer geworden ist, die arbeiten, aber aufgrund geringer Löhne trotzdem von Armut bedroht sind. Für betroffene Kinder bedeutet das neben materieller häufig auch soziale und kulturelle Armut: Sie können nicht am „normalen" gesellschaftlichen Leben teilnehmen, sie haben kein Geld für Klassenfahrten, Kino oder Sportverein.

Kompetenztraining

M1 Was ist Familie heute?

M2 Rätsel

1. So nennt man eine Familie mit gleichgeschlechtlichen Eltern.
■■■■■■■■■■■■■■■■■

2. An diese Person kannst du dich in der Schule wenden, wenn du Probleme hast, die du weder mit deinen Eltern noch mit deinen Lehrern besprechen möchtest.
■■■■■■■■■■■■■■■■■■■

3. In dieser Einrichtung treffen und unterstützen sich jüngere und ältere Menschen gegenseitig.
■■■■■■■■■■■■■■■■■■■■

4. Diese Unterstützung bekommen alle Eltern, wenn sie Kinder haben.
■■■■■■■■■■

5. Auf diese Unterstützung haben Eltern Anspruch, die ihr Kind in den ersten 14 Monaten selbst betreuen und in dieser Zeit nicht arbeiten.
■■■■■■■■■■

6. Ergänze das fehlende Wort: „Die Eltern haben das Recht und die ■■■■■■■, für das minderjährige Kind zu sorgen."

7. Ergänze das fehlende Wort: In Artikel 6 des ■■■■■■■■■■■■■ wird der besondere Schutz von Ehe und Familie festgeschrieben.

Lösungswort: ■■■■■■■

Lösung am Ende des Buches.

Kompetenztraining

M3 Eine Ausstellung gestalten

M4 Zwischen Beruf und Familie?

Burkhard Mohr

Aufgaben

1. a. Beschreibe, wie sich Familie verändert hat und was Familie heute ausmacht. (M1)
   b. Erläutere, welche Aufgaben Familien übernehmen und worin die Rolle des Staates besteht.
2. Gestaltet eine Ausstellung zur staatlichen Familienförderung. (M3)
3. a. Beschreibe das Problem, das in der Karikatur angesprochen wird. (M4)
   b. Erläutere an einem Beispiel, wie der Staat hier unterstützt.
   c. Wie ist deine Meinung zu diesem Thema?

Was kannst du schon?

1. Welches Medium ist für dich das wichtigste? Bringe die abgebildeten Medien in eine Reihenfolge.
2. Beschreibe die Besonderheiten des jeweiligen Mediums.

3

Leben in der Mediengesellschaft

Kompetenzen

Am Ende des Kapitels solltest du Folgendes können:

- die Bedeutung von Medien für das eigene Leben sowie für die Demokratie erklären
- Wirkungsweise und Möglichkeiten von Medien kritisch beurteilen
- Fragestellungen zur medialen Vermittlung eines aktuellen Themas entwickeln
- mediale Darstellungen, Quellen und Inszenierungen hinterfragen und beurteilen
- ein mediales Produkt zu einem aktuellen politischen Problem erstellen und präsentieren

3.1 Massenmedien – Fluch oder Segen?

3.1.1 Welche Bedeutung haben Medien im Alltag von Jugendlichen?

M1 Welche Medien nutzen Jugendliche in der Freizeit?

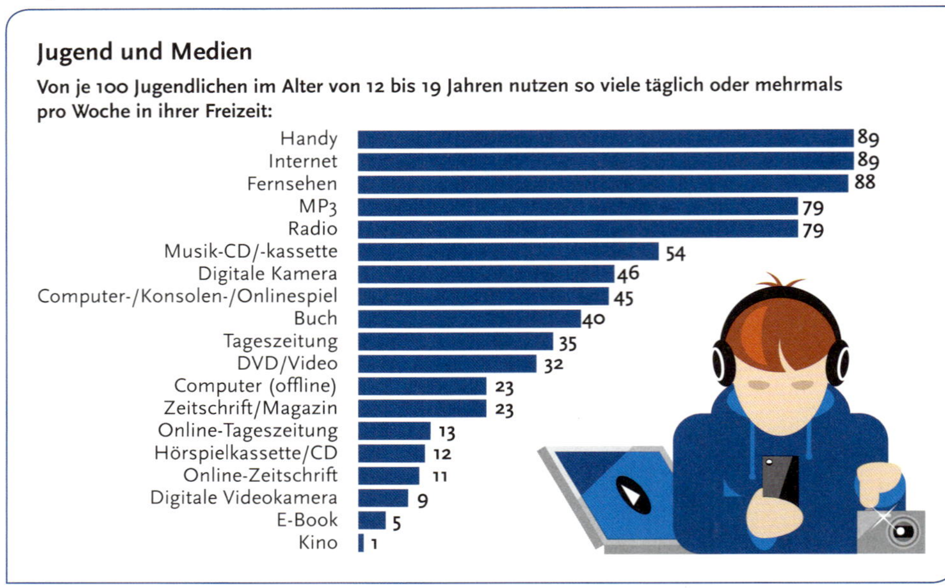

Globus-Grafik 6109, Quelle: Medienpädagogischer Forschungsverbund Südwest (JIM-Studie 2013), Stand Sommer 2013

M2 Wer sucht wo nach Informationen?

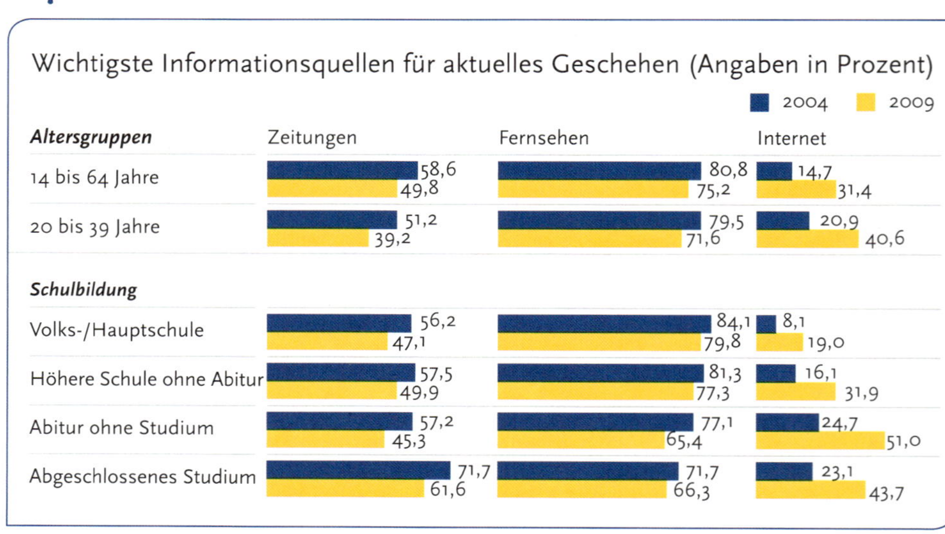

Nach: Allensbacher Computer- und Technikanalyse (Acta 2009)

Ein Medienprotokoll erstellen

Die Nutzung von Medien ist heute so normal, dass sie uns zum Teil gar nicht mehr bewusst ist. Medien können aber auch ablenken oder von anderen Aktivitäten abhalten. Ein kontrollierter Umfang ist daher sinnvoll. Mache dir dazu dein Medienverhalten bewusst.

Leitfaden

Beobachte über eine Woche hinweg dein Medienverhalten. Notiere hierzu, welche Medien du täglich wie lange konsumierst.
Trage die ermittelten Werte wie im Beispiel in ein zweiachsiges Koordinatensystem ein. Überlege dir, welche Medien du erfassen möchtest. Achte darauf, dass sich die einzelnen Datenpunkte durch die Wahl geeigneter Farben oder Symbole klar voneinander unterscheiden.
Am Ende deiner Beobachtung kannst du die einzelnen Punkte mit Hilfslinien verbinden.
Vielleicht bist du erstaunt, wie viel Zeit du pro Tag mit den verschiedensten Medien verbringst. Bedenke aber: Es kann sein, dass du zu bestimmten Zeiten des Tages mehrere Medien gleichzeitig konsumiert hast.

Beispiel: Medienstatistik

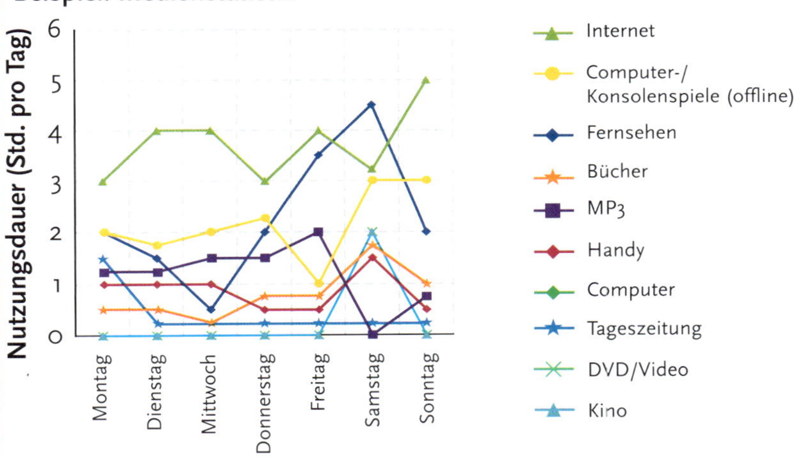

Kompetenz: Methode

Aufgaben

1. Wie nutzen die Jugendlichen Medien? Analysiere die Grafik. (M1)
2. Erkläre, wie sich das Medienverhalten der Bürger zwischen 2004 und 2009 verändert hat. Berücksichtige die Faktoren Alter und Schulbildung. (M2)
3. a. Erstelle dein Methodenprotokoll.
   b. Vergleiche die Zahlen mit der Umfrage. (M1)
   c. Tauscht eure Ergebnisse untereinander aus und diskutiert sie in der Klasse.

H zu Aufgabe 2

Konzentriere dich in M2 auf die 14-64-Jährigen und bei der Schulbildung auf „Hauptschule" und „Abitur ohne Studium".

3.1.2 Was bietet das Massenmedium Internet?

M4 Jugendliche Stimmen zum Internet

Es nutzen ein soziales Netzwerk im Internet

in Prozent

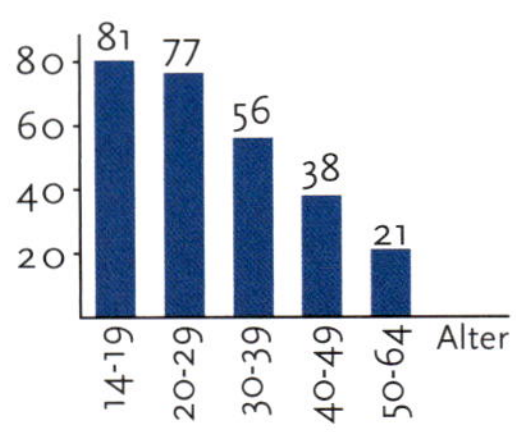

Es kaufen im Internet ein

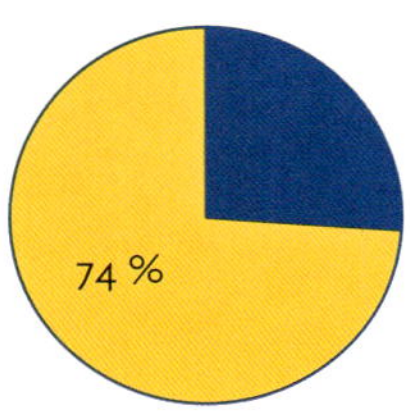

IfD-Allensbach, ACTA 2012

Paul: Ich habe beispielsweise mein Smartphone ziemlich neu. Davor hatte ich ein altes Handy, damit konnte man nur telefonieren und SMS schreiben. Der Akku war ständig leer, so wenig hat mich das interessiert. Seit ich das neue habe, ist es wie ein Sog, ich kann das Gefühl nicht mehr haben, nicht erreichbar zu sein. Ich glaube, das hat nicht mal was mit meinem Alter zu tun, sondern mit dem Gerät selbst. [...] Ich habe noch keinen eigenen Laptop, ich benutze den von meiner Mutter mit. Also gehe ich meistens erst abends rein, wenn sie fertig ist mit der Arbeit. Und viel von meiner Online-Zeit verbringe ich dann auf YouTube.

Carla: Das Internet ist immer da, wenn man mal fünf Minuten nichts zu tun hat. Es nervt mich nur abends, wenn ich eigentlich müde bin und schlafen sollte und ich mich irgendwie darin verliere, ohne dass etwas wirklich Spannendes dabei hängenbleibt. [...] Über Twitter haben sich bei mir auch beziehungsmäßig entscheidende Sachen abgespielt. Ich habe mal jemandem etwas geschrieben, was ich ihm nicht sagen konnte. Weil ich mich nicht getraut habe. Ich schätze, früher hat man da einen Brief geschrieben. Für uns ist es halt normal, so was über Twitter zu machen.

Lena: Ich schreibe mit meinem Handy SMS und telefoniere, aber viele meiner Freunde antworten nicht per SMS, weil die kostenpflichtig sind. Also kommunizieren wir viel über Facebook. [...] E-Mails schreibe ich eher, wenn es was zu organisieren gibt: Wer von meinen Freundinnen wann reitet oder die Pferde auf die Wiese stellt. Auch die Lehrer schicken uns viele Aufgaben per E-Mail.

Andrea: Früher gab es ziemlich strenge Regeln, was meinen Medienkonsum betraf. Wenn ich übertrieben habe, bekam ich Ärger. Einmal hat meine Mutter alle Kabel rausgerissen. Und abends, wenn ich im Bett lag, ist sie noch reingekommen und hat mir das Handy weggenommen, weil ich schlafen sollte. Ich nutze alles, Facebook, YouTube, Whatsapp. Im Moment bin ich allerdings nur mit dem Handy online, und auch nur da, wo WLAN ist, ich habe keine Flatrate. [...] Für die Schule habe ich viel im Internet recherchiert. [...] Wenn wir mit Freunden über irgendwas reden und nach einem Namen suchen, einem Filmtitel, einem Begriff oder auch was im Kino läuft, googlen wir schnell. Und wenn wir den Weg nicht wissen, gucken wir auf Google Maps nach.

Protokolle: Gabriela Herpell, www.sueddeutsche.de, 12.8.2012

M5 Faszination Rollenspiel – die Welt von World of Warcraft

Die Spielwelt von World of Warcraft (WoW) entführt den Spieler in die magische Welt von „Azeroth“ voller fantastischer Helden wie Orks, Elfen, Untoten und Zwergen. Die verfeindeten Fraktionen „Horde“ und „Allianz“ kämpfen um die Vorherrschaft in umkämpften Gebieten. Spieler wählen eine der Fraktionen, bestimmen Rasse und Volk ihres eigenen Helden und betreten mit Erfahrungsstufe „1“ die Spielwelt.

Durch das Erledigen von Aufgaben, sogenannten „Quests“, sammeln sie Erfahrungspunkte, um im Laufe des Spiels bis zur höchsten Erfahrungsstufe zu gelangen. Mit jeder Stufe nehmen die Fähigkeiten der eigenen Spielfigur zu und es können immer bessere Ausrüstungsgegenstände benutzt werden. Natürlich werden auch die Gegner, die es zu bezwingen gilt, immer stärker und der Spieler beginnt, sich in umkämpften Gebieten mit „menschlichen“ Gegenspielern zu messen. Siege über Spieler der verfeindeten Fraktion werden mit Ehre belohnt und bieten dem Spieler die Möglichkeit, bestimmte wertvolle Gegenstände kaufen zu können.

Viele Quests und Endgegner können nur im Team mit einer Gruppe von bis zu vierzig Spielern erledigt werden. Im sogenannten „Teamplay“ ergänzen sich die Stärken der einzelnen Klassen, wenn jeder seine Aufgabe kennt und erfüllt. Erfolgreich im Spiel ist, wer eine Spielfigur mit starken Fähigkeiten, wertvollen Ausrüstungsgegenständen und viel (Spiel-)Geld hat. Um das zu erreichen, muss der Spieler auch regelmäßig für längere Zeit spielen.

Das Online-Rollenspiel „World of Warcraft“ feiert seit Markteinführung riesige Absatz- und steigende Nutzerzahlen. Weltweit rechnet man mit bis zu 12 Mio. Spielern.

Online-Rollenspiele

Der Spieler baut sich in Online-Rollenspielen einen an Fähigkeiten stetig wachsenden Avatar auf, mit dem er Aufgaben lösen, Kämpfe bestreiten und gegen andere Spieler antreten kann. Das Spiel geht auch dann weiter, wenn der Spieler seinen Computer ausgeschaltet hat.

Aufgaben

1. Vervollständige folgenden Satzanfang: „Internet ist für mich …“ (M4)
2. Stelle die Möglichkeiten des Internets zusammen. (M4)
3. (W) Stelle der Klasse dein Lieblingscomputerspiel vor und erkläre, warum du es so gerne spielst. (M5) **ODER**
   Wie erklärst du dir den großen Erfolg von WoW? (M5)
   Nenne mögliche Gründe.

Kompetenz: Methode

Internetrecherche

Suchmaschinen bieten oft viele Tausend verschiedene Internetseiten an. Eine Recherche im Internet muss daher strukturiert angegangen werden.

Leitfaden

Zur Recherche nutzt man am besten eine Suchmaschine (z. B. *www.google.de, www.altavista.de oder www.ecosia.org*).

1. Suche eingrenzen, Begriffe finden

Du solltest die Suchanfrage genau eingrenzen. Am besten schreibst du passende Begriffe so genau wie möglich in das Suchfeld.

Durch das +-Zeichen sucht die Suchmaschine nach Internetseiten, in denen alle Begriffe vorkommen, durch Anführungsstriche kannst du Begriffe verbinden, die Suchmaschine sucht dann nur nach dieser Kombination (z. B. „Bundespräsident Gauck").

Wenn du bei der ersten Eingabe nicht erfolgreich warst, kannst du einen oder mehrere Suchbegriffe wieder herausnehmen oder austauschen.

2. Suchergebnis auswählen

Als Ergebnis erhältst du in der Regel eine lange Liste an Treffern von Internetseiten. Wenn die ersten Angaben deiner Suche entsprechen, lies die kurze Beschreibung unter der Überschrift. Die URL (fängt mit „www." an und wird häufig in grüner Schrift dargestellt) gibt oft darüber Auskunft, wer der Anbieter der Internetseite ist. Einrichtungen, Ministerien, Tageszeitungen u. Ä. verwenden in der Regel ihren Namen als URL, sodass du gleich weißt, dass du dich auf die Informationen verlassen kannst.

Klicke die Seite an, die am besten zu deiner Suche passt, und überfliege den Inhalt. War die Seite nicht richtig für dich, gehe im Browser (wahrscheinlich arbeitest du mit dem Internet Explorer oder Mozilla Firefox) oben links auf den Pfeil nach links (zurück).

3. Die Bewertung von Internetseiten

Du kannst die Identität des Verfassers beispielsweise über das Impressum oder die Rubrik „Wir über uns" herausfinden. Auch der Hintergrund des Autors sollte bekannt sein, d. h. in welchem Umfeld die Website veröffentlicht wurde (z. B. Universität, Unternehmen, Organisation). Schließlich sollte der Text aktuell sein. Dabei kann ein Blick auf weiterführende Links helfen.

4. Ergebnisse sichern

Vor dem Schließen der Browserfenster sichere deine Ergebnisse (z. B. durch Ausdrucken, Link speichern ...).

Aufgabe

W Recherchiere im Internet zu einem der folgenden Themen und stelle es in einem Kurzreferat der Klasse vor: Die Geschichte des Internet **ODER** Die neusten Trends bei Computerspielen **ODER** Computer im Alltag – die Zukunft der digitalen Welt.

3.1.3 Gefahren des Internets

M6 Hallo, ich heiße Sebastian – und bin spielsüchtig

Ich bin 12 Jahre alt und besuche ein Gymnasium, zumindest körperlich bin ich da, meine Gedanken aber schweifen meistens bei meinem Computerspiel World of Warcraft. Ich langweile mich in der Schule fast zu Tode, aber alleine der Gedanke an dieses Spiel erreicht in gewisser Weise eine Befriedigung. [...] Spielen ist viel einfacher [als Schule], es macht Spaß, es befriedigt, es gibt sogar Energie. Man vergisst alles um sich herum. Vergessen ist oft ein Segen. Alle Probleme, denen man sich vorher stellen musste, sind scheinbar nicht mehr da. [...]

Meine Eltern erkannten meine Sucht und bemerkten meinen starken Leistungsabfall. Sie haben mir zuerst Fristen gesetzt, dass ich zum Beispiel nur drei Stunden spielen darf. Ich war nicht im Stande, mich daran zu halten. [...] Es ist wie eine Seuche, die einen von innen auffrisst. Man weiß es, man weiß, dass es einen zerstört, aber man kann nicht mehr davon weg. Ich trinke Cola, um mich wach zu halten, um im Spiel nicht einzuschlafen (was mir einmal passiert ist). Ich habe ganz verfärbte Zähne bekommen.

Meine Familie leidet unter mir, sie kritisieren mich den ganzen Tag, wollen mich kontrollieren. Besonders nach diesen Auseinandersetzungen habe ich erhöhtes Verlangen zu spielen. Ich denke nicht, dass mir jemand helfen kann, auch wenn dies behauptet wird, das muss ich selber tun.

Nach: Gabriele Farke, www.onlinesucht.de (12.7.2013)

M7 Misshandlung als Handyvideo – „happy slapping"

„Happy slapping" – so heißt im Szenejargon die Mode, mit der Handykamera Misshandlungen aufzunehmen, die man selbst begeht. Happy slapping, fröhliches Dreinschlagen, wird häufig nicht als Gewaltakt wahrgenommen, die Opfer werden nicht als Opfer angesehen, sondern eher als Kleindarsteller. Oft kommen sie zufällig des Wegs, sind zur falschen Zeit am falschen Ort. [...]

„Es tut gut, irgendwelche Leute zu verhauen, außerdem macht es Spaß", ist in einem Chatforum im Internet zu lesen, und: „Auch wenn es denjenigen, die verhauen werden, wahrscheinlich wehtut, ist es witzig, als ob man einen Sketch im Fernsehen sieht."

Der Erziehungswissenschaftler Klaus Hurrelmann, der sich sowohl

Bin ich süchtig? Ein Selbsttest

1. Ich habe schon mal die Schule versäumt, um zu spielen.
2. Das Spielen hat mir zu Hause schon Ärger eingebracht.
3. Ich habe nach dem Spielen Gewissensbisse.
4. Meine Schulleistung hat durch das Spielen gelitten.
5. Ich bin gleichgültiger gegenüber dem Wohl meiner Familie/Freunde geworden.
6. Ich habe schon häufig länger gespielt als ich wollte.
7. Ich habe durch das Spiel schon einmal Sorgen und Ärger vergessen wollen.
8. Ich schlafe schlecht, seitdem ich spiele.
9. Mir ist eigentlich schon klar, dass ich mir durch das Spielen selbst schade.
10. Ich spiele auch heimlich.
11. Ich habe andere Freizeittätigkeiten wegen des Spielens aufgegeben.

mit Jugendgewalt als auch mit Medien auskennt, sucht nach einer Erklärung: Als Täter könne man der Welt zeigen, wozu man in der Lage sei, vermutet er, und damit das Gefühl steigern, etwas wert zu sein. „Viele leiden unter dem Gefühl von tödlicher Langeweile", sagt Hurrelmann, und das eben sei das Motiv für solche scheinbar motivlose Taten: „Meist ist bewusst berechnet, wie spektakulär eine Gewalthandlung sein muss, um Aufsehen zu erregen." [...] Der Mensch, der auf der Straße, in der Schule geprügelt werde, sei in der Wahrnehmung der Täter [kein realer, sondern nur] „ein virtueller Mensch".

Der Kinderpsychiater Franz Joseph Freisleder, weiß: „Spiele, Filme, Videos machen vor, dass erfolgreich ist, wer Gewalt anwendet".

Nach: Cathrin Kahlweit, www.sueddeutsche.de, 19.5.2010

M8 Vorsicht: Abzocke!

Kinder surfen gern im Internet und erforschen, was die digitale Welt ihnen alles zu bieten hat. Gelangen sie dann auf Seiten, die beispielsweise 100 Gratis-SMS, tolle Preise, interessante Test-Ergebnisse oder Klingeltöne versprechen, ist die Freude zunächst groß. Das dazugehörige Online-Formular wird ausgefüllt und das Häkchen zur Akzeptanz der AGBs (=Allgemeine Geschäftsbedingungen) ist schnell gesetzt. Bis nach unten an den Bildschirmrand scrollen die ahnungslosen Opfer meist nicht. [...] Da heißt es zum Beispiel, dass der mit der Registrierung angeforderte Testzugang bis 24.00 Uhr des Anmeldetages gekündigt werden kann, danach beginnt der überaus kostenintensive 2-Jahres-Vertrag. Oft schneit nach zwei Wochen eine saftige Rechnung ins Haus und nicht nur die Eltern sind geschockt: Müssen die hohen Gebühren tatsächlich bezahlt werden?

Leider ist das Internet mittlerweile reich bestückt mit solchen unsicheren Angeboten, die es sich zum Ziel gesetzt haben, nichtsahnende Surfer abzuzocken und ihnen das Geld aus der Tasche zu ziehen. Davor sind Erwachsene nicht geschützt, aber gerade Kinder werden besonders häufig Opfer der Abzocke-Masche.

Kinder und Jugendliche [...] sind mit ‚kostenlosen' Angeboten leicht zu ködern. [...] Der Wunsch, die heiß begehrte Musikdatei sofort auf die Festplatte zu laden, online SMS verschicken zu können oder schnell das Test-Ergebnis zur eigenen Intelligenz zu erhalten, ist übermächtig und besiegt die Vernunft.

www.internet-abc.de (28.5.2013)

H zu Aufgabe 4

Im Recht-Kapitel findet ihr Hilfen.

Aufgaben

1. Formuliere eine allgemeine Definition von Spielsucht. (M6)
2. Führe den Selbsttest zur Spielsucht durch. Wenn du mehr als sechsmal „Ja" angekreuzt hast, solltest du dein Spielverhalten unbedingt hinterfragen. (Randspalte)
3. Trage in einer Mindmap zusammen, welche Motive „happy slapping" haben kann. (M7)
4. Entwerft und spielt ein Rollenspiel, in dem die Eltern ihr 13-jähriges Kind befragen, was es mit einem teuren Klingelton-Vertrag auf sich hat, dessen Rechnung in der Post liegt. (M8)

Grund-wissen

Was sind eigentlich „Massenmedien“?

Unter dem Begriff „Massenmedien“ versteht man heute solche Medien, die durch technische Vervielfältigung und Verbreitung Nachrichten und Unterhaltung in Form von Schrift, Ton und Bild übermitteln.

Das Internet

Aus dem täglichen Leben ist vor allem das Internet nicht mehr wegzudenken. Miteinander kommunizieren und spielen, Musik hören, einkaufen, Bankgeschäfte erledigen usw. – all das und noch viel mehr kann man online tun. Jugendliche nutzen das Internet vor allem, um zu kommunizieren, und zur Unterhaltung.

Die Masse an Informationen ist allerdings nicht einfach zu beherrschen. Bei der Suche nach Informationen muss man gründlich vorgehen und vor allem auf den Autor und die Quelle der Seiten achten.

Computerspiele und Suchtgefahr

Computerspiele machen Spaß. Immer wieder kann man in neue und andere Welten eintauchen, Rollen übernehmen, Herausforderungen bestehen. Vor allem Online-Rollenspiele eröffnen die Möglichkeit zum gemeinsamen Spiel in der Clique oder der Familie.

Das Spielen oder Kommunizieren mit dem Computer kann aber auch zur Sucht werden. Suchtverhalten liegt vor, wenn jemand die Erlebnisse am Computer braucht, um sich gute Gefühle wie Freude, Stolz oder Spannung zu verschaffen. Um diese Glücksgefühle zu erreichen, muss er oder sie immer länger am Computer sein. Trotz negativer Folgen (schlechte Schulleistungen, schlechte Ernährung, mangelnde Bewegung, fehlende Freundschaften) können Betroffene ihr Verhalten ohne Hilfe häufig nicht ändern.

Gewalt und Betrug im Internet

Über das Internet kommen Kinder und Jugendliche auch mit Gewaltdarstellungen in Kontakt. In Filmen, Videos oder Computerspielen erscheint diese normal und kann die Einschätzung der Jugendlichen beeinflussen. Eine Mode sind mit dem Handy aufgenommene Gewaltvideos von Prügeleien Jugendlicher. Fachleute nennen Langeweile hierfür als eine Ursache. Sie sorgen sich, dass die jugendlichen Täter ihre Opfer scheinbar nicht mehr als reale Menschen wahrnehmen.

Schließlich sind Kinder und Jugendliche auch gefährdet, im Internet Opfer von Betrügern zu werden. Für sie sind vorgetäuscht günstige Angebote besonders interessant. Die Folgen können teure Verträge oder Zahlungsverpflichtungen sein. Deswegen müssen bei Internetgeschäften unbedingt gründlich die AGB (allgemeinen Geschäftsbedingungen) gelesen werden.

3.2 Vorsicht beim Umgang mit eigenen und fremden Daten

3.2.1 Welche persönlichen Daten gehören ins Netz?

M1 Gefangen im Netz?

Thomas Plaßmann, Baaske Cartoons

soziales Netzwerk
Beziehungsgefüge zwischen einzelnen Personen bzw. einzelnen Personen und Gruppen
Im Internet bezeichnen soziale Netzwerke spezielle Plattformen, auf deren Webseiten Personen ein eigenes Nutzerprofil anlegen können. Für berufliche oder private Zwecke kann man sich dann mit Freunden, Bekannten oder auch Geschäftspartnern vernetzen und so leicht Kontakte pflegen oder neu knüpfen.

M2 Welche persönlichen Daten stellen Jugendliche ins Netz?

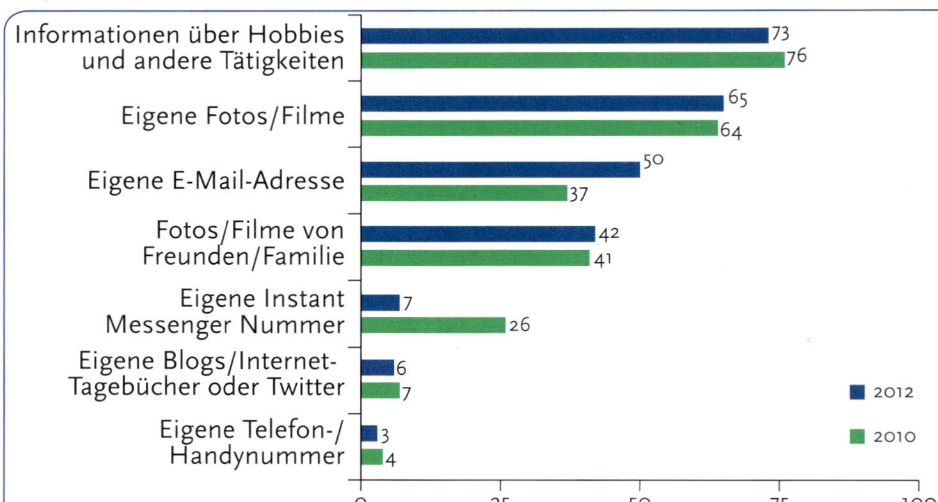

Quelle: JIM 2012-JIM 2010, Angaben in Prozent; Basis: Internet-Nutzer

Sabine Feierabend, Ulrike Karg, Thomas Rathgeb, Medienpädagogischer Forschungsverbund Südwest, JIM-Studie 2012, S. 46, www.mpfs.de

M3 Was bringen soziale Netzwerke?

a „Ich habe schon öfter Freundschaftsanträge von Leuten erhalten, denen man bestenfalls auf dem Schulflur einmal begegnet ist. Aber so hat man immer wieder die Möglichkeit, neue Mitschülerinnen oder Mitschüler kennenzulernen. Manche zählen auf ihren Seiten über 300 ‚Freunde' auf, aber ich glaube nicht, dass man so viele Freunde haben kann."

b „Facebook hat es mir ermöglicht, mit den Freunden, die ich während meines einjährigen Auslandsaufenthalts in Italien kennengelernt habe, weiter in Kontakt zu bleiben. Somit habe ich jetzt auch ein Jahr danach noch ausgiebigen Kontakt nach Italien."

c „Ich habe alte Bekannte über soziale Netzwerke wiedergefunden, was früher schwierig gewesen wäre. Ich habe auch schon für bestimmte Zwecke Leute mit den gleichen Interessen zusammengetrommelt."

Texte b, c, nach: Mark Roller, Jochen Wilhelm, Der Spiegel, 9.3.2009

M4 „Wir wissen sehr viel über dich"

Der Artikel fängt nett an: „Herzlichen Glückwunsch zum Geburtstag", wünscht der Verfasser. „Wir dürfen doch du sagen, Michel, nicht wahr? Gewiss, du kennst uns nicht. Aber wir wissen sehr viel über dich. Du bist heterosexuell und Single. Im Frühjahr 2008 hattest du eine Geschichte mit Claudia, charmant, kleine Brüste, kurzes Haar, schöne Beine." Dazu druckte das Magazin Bilder: Eine Umarmung am 31. Mai, Händchenhalten am 22. Juni.

Als der 29-jährige Michel aus Mérignac seine Geschichte im Magazin „Le Tigre" gelesen hatte, konnte er mehrere Nächte nicht schlafen. Danach entschloss er sich, gegen das Medium, das so ungeniert aus seiner Privatsphäre geplaudert hatte, zu klagen. Doch die Anwälte machten ihm wenig Hoffnung: Denn alles, was „Le Tigre" verbreitet hatte, war zuvor von Michel selbst ins Netz gestellt worden; auf Seiten wie „YouTube", „Facebook" und „Flickr". [...] Die Redakteure von „Le Tigre" haben es sich in der Rubrik „Das Google-Porträt" zur Aufgabe gemacht, ihre Leser für das Thema Datenschutz zu sensibilisieren. Bei Michel hat die Lektion gewirkt, er versuchte anschließend, im Internet so viel wie möglich von sich zu löschen.

Nach: Constantin Wißmann, in: fluter, Juli 2009, S. 13

Erklärfilm zu Gefahren sozialer Netzwerke (Mediencode 70021-01)

ungeniert
ohne Hemmungen, ohne sich zu schämen

Aufgaben

1. Analysiere die Karikatur. (M1)
2. a. Notiere, welche Informationen du ins Internet gestellt hast.
   b. Sortiere, welche dir negativ ausgelegt werden könnten. (M2)
3. Arbeite die Vor- und Nachteile sozialer Netzwerke heraus. (M1-M4)
4. „Jugendliche achten zu wenig auf private Daten im Internet.". (M1-M4)
   a. Erarbeite eine Pro- oder eine Kontra-Position zu dieser These.
   b. Führt in der Klasse eine Diskussion zu der These durch.

3.2.2 Mobbing im Internet

M5 Der Fall Amanda Todd

Ausschnitt aus dem Internet-Video von Amanda.

„Ich habe niemanden", steht in schwarzer Mädchen-Schrift auf einer weißen Karteikarte. „Ich brauche jemanden." Darunter hat das junge Mädchen einen traurig guckenden Smiley gemalt. Dann wird der nächste Zettel in die Kamera gehalten. „Mein Name ist Amanda Todd."

Das Video ist der neun Minuten lange Hilferuf eines Mobbingopfers. [...] Und kaum einen Monat nach der Veröffentlichung ist sie tot. Die 15-Jährige aus der Nähe der westkanadischen Stadt Vancouver hat sich das Leben genommen, nachdem es zum Martyrium geworden war. Und zwar wegen eines Nacktfotos, das im Internet kursierte.

kursieren
im Umlauf sein, die Runde machen

„Ich habe mich entschieden, Euch von meiner niemals endenden Geschichte zu erzählen", heißt es auf Todds erster Karteikarte. In der siebten Klasse fing sie demnach damit an, im Internet zu chatten. Dabei trifft sie auf Männer, die ihr Komplimente machen. Einer bittet sie um ein Foto ihrer nackten Brüste. Todd schickt es ihm völlig unbedarft per E-Mail. Der Mann aber schickt es an ihre ganze Schule und lädt es bei Facebook hoch, erpresst sie weiter. Danach wird das Leben für Amanda Todd nie mehr, wie es vorher war. „Ich kann das Foto nie zurückholen. Es wird immer irgendwo da draußen sein", schreibt Todd auf einer ihrer Karten. Ihre Mitschüler hänseln sie, werden sogar gewalttätig, rufen ihr nach: „Merkst Du nicht, dass Dich hier niemand mag". „Ich habe jede Nacht geweint und alle Freunde verloren", schreibt Amanda. Mehrmals wechselt sie die Schule, doch die Mobbing-Attacken wird sie nicht mehr los, genauso wenig wie sie das Foto löschen kann. Die Hetzjagd geht immer weiter. Amanda nimmt Drogen, Alkohol, verletzt sich selbst, ritzt sich die Arme auf. Ein Selbstmordversuch scheitert, der zweite am 10. Oktober gelingt.

Die Betroffenheit über Amandas Fall ist groß: Mehr als zwei Millionen Menschen haben ihr Video mittlerweile gesehen, in Kanada trauerten Hunderte öffentlich um die 15-Jährige, sie zündeten Kerzen an und gedachten ihr in Schweigeminuten. „Sie [...] wollte nicht, dass andere das durchmachen müssen, was sie durchmachen musste", sagte ihr Vater Norm der Zeitung „Vancouver Sun".

Katja Mitic, www.welt.de, 22.10.2012

Aufgaben

1. a. Arbeite die einzelnen Stationen, die zum tragischen Tod von Amanda Todd führten heraus. (M5)
   (W) b. Formuliere einen Tagebucheintrag aus der Sicht von Amanda **ODER** aus der Sicht eines mobbenden Mitschülers.
2. Formuliere fünf Regeln, an die man sich als Nutzer eines sozialen Netzwerks halten sollte.
3. Überprüft eure Profile in sozialen Netzwerken und setzt gegebenenfalls die Regeln um.

3.2.3 Welchen Zweck erfüllt das Urheberrecht?

M6 Was bedeutet „Copyright“?

Roger, www.karikatur-cartoon.de

M7 Soll Musik im Internet kostenlos sein?

In einem SPIEGEL-Gespräch diskutierten der HipHop-Musiker Jan Delay und der Berliner Abgeordnete der Piratenpartei Christopher Lauer die Frage, ob Musik im Internet kostenlos zur Verfügung stehen sollte.

SPIEGEL: Herr Lauer, die Piratenpartei fordert die Legalisierung von Musiktauschbörsen im Internet. Das bedeutet, dass nie wieder jemand nur einen Cent für ein Lied von Jan Delay bezahlen müsste.

Lauer: Wir Piraten sagen, dass es keinen Sinn hat, Menschen, die sich Musik im Netz herunterladen, zu kriminalisieren. Es geht doch um den 15-Jährigen, der kaum Geld hat. Jan, du solltest schon genug Phantasie haben, dir vorzustellen, dass dieser 15-Jährige, der sich heute dein Album herunterlädt oder sich etwas von dir umsonst auf YouTube ansieht, denkt: Okay, das ist gute Musik, und später, wenn ich einmal Geld habe, kaufe ich mir eine CD oder gehe zu einem Konzert von Jan Delay.

Delay: Ach ja? Komisch. Die CD-Verkäufe haben sich in den letzten Jahren fast halbiert. Und jetzt kommt einer von der Piratenpartei und sagt, das soll Werbung für die Musiker sein? Ich verstehe jeden 15-Jährigen, der kein Geld hat. Es ist trotz-

legalisieren
anerkennen, für richtig / rechtens erklären

Jan Delay bei einem Auftritt in Berlin.

dem eine komische Argumentation. Wenn der 15-Jährige sich im Supermarkt eine Flasche Wodka klaut, soll man das dann auch erlauben, weil der Junge kein Geld hat? [...]

Lauer: Wenn ich dir die Kappe vom Kopf klaue, Jan, dann ist die weg. Wenn ich einen Song von dir im Netz kopiere, dann ist der aber noch da.

Delay: Dieser Song ist noch da. Aber der Musiker, der ihn gemacht hat, wird keinen zweiten aufnehmen können, weil er mit dem ersten kein Geld verdient hat. Insofern nehmt ihr den Leuten durchaus etwas weg. Meine eigene Biografie als Künstler veranschaulicht das gut: Mit 15 habe ich angefangen, Musik zu machen, nur so. Ich ging noch zur Schule, dann Zivildienst, habe weitergemacht mit der Musik, weil es gut lief, dann Studium, und plötzlich hatte ich einen Hit und keine Zeit mehr fürs Studium. Das heißt, ich habe nur weitergemacht, weil es, jetzt mal krass formuliert, damals kein Internet gab. Hätten sich alle meine Musik einfach umsonst runtergesaugt, hätte ich aufgehört. Dann hätte ich Jura studiert oder BWL oder wäre jetzt ein Junkie.

SPIEGEL: Ein junger Künstler kann heute nicht mehr von seinen Platten leben?

Delay: Jedenfalls nicht, wenn man wie ich Wert auf eine hochwertige Produktion und aufwändige Videos legt. [...] Als ich von meinem letzten Album 100.000 Stück verkauft und damit Goldstatus erreicht hatte, war ich immer noch im Minus.

Interview: Thomas Hüetlin, Philipp Oehmke, in: Der Spiegel 16/2012, S. 116 ff.

M8 Das Urheberrecht in der Schülerzeitung

Auch beim Herstellen einer Schülerzeitung müssen die Urheberrechte beachtet werden. [...]

Wenn zur optischen Aufwertung Fotos aus dem Internet genommen werden, muss sichergestellt sein, dass die Fotografin oder der Fotograf dem auch zugestimmt hat. Das gleiche gilt für übernommene Texte. Verstößt man gegen diese Bestimmungen, besteht theoretisch die Gefahr, dass die Urheberin oder der Urheber des Bildes nachträglich Lizenzgebühren verlangt und durch seine Anwältin oder seinen Anwalt eine teure Abmahnung an die Redaktion schickt. Es ändert nichts an den Problemen, wenn man nachträglich das Foto von der Homepage entfernt. [...]

Bilder oder Texte von Fotografen und Fotografinnen oder Autoren und Autorinnen, die seit mehr als 70 Jahren tot sind, können verwendet werden, da der Schutz nach dem Urheberrecht nach dieser Zeit abgelaufen ist.

Philipp Otto, www.irights.info, 15.11.2007

H zu Aufgabe 3

Weitere Informationen findest du auf der Internetseite *http://irights.info/am-besten-alles-selber-machen/5038*.

Aufgaben

1. Analysiere die Karikatur. (M6)
2. a. Arbeite heraus, aus welchen Gründen Jan Delay Gratis-Downloads ablehnt. (M7)
   b. Sollten Musiktauschbörsen erlaubt sein? Formuliere deine eigene Meinung.
3. Formuliere einen Leitfaden für die Redaktion eurer Schülerzeitung, welche Punkte sie zum Urheberrecht beachten muss. (M8)

Grund-Wissen

Kommunikation in sozialen Netzwerken

Mit dem Medium Internet hat sich ein neues Kommunikationsmittel entwickelt, das die Menschen immer öfter zur Pflege und Bildung ihrer sozialen Kontakte nutzen. Mit sozialen Netzwerken lassen sich im Vergleich zu anderen Kommunikationsmöglichkeiten wie z. B. dem Brief sehr viele Kontakte pflegen und gewinnen – und das mit geringem Aufwand.

Datenschutz im Internet

Häufig gehen Menschen sehr sorglos mit der Veröffentlichung privater Daten um. Diese können leicht für wirtschaftliche Zwecke oder für Beleidigungen und Belästigungen (Mobbing) missbraucht werden. Sich dagegen zu wehren, ist sehr schwierig. Deshalb sollte man bei der Veröffentlichung persönlicher Daten und persönlicher Informationen im Netz sehr vorsichtig sein.

Medienkompetenz

Aufgrund der Gefahren, die bei der Benutzung der Medien lauern, ist es wichtig, dass gerade junge Menschen „Medienkompetenz" erlangen. Sie müssen lernen, wie man mit den verschiedenen Medien umgeht. Dazu gehört neben dem Wissen um die Anwendung auch ein kritischer und überlegter Umgang.

Urheberrecht

Seitdem Musik, Bilder, Filme und Bücher auch digital und im Internet verfügbar sind, ist die Frage des Urheberrechts zu einem Problem geworden. Ganz einfach und schnell kann man Daten vervielfältigen und an anderer Stelle veröffentlichen, auch ohne dass der Eigentümer dies merkt. Wie können also die Rechte derjenigen geschützt werden, die Geld und ihren Lebensunterhalt damit verdienen, Musik oder Fotos zu machen? Die Gesetze entwickeln sich hier ständig weiter. Jeder Nutzer sollte sich die Rechte der Urheber bewusst machen und beachten.

3.3 Die Bedeutung von Meinungs- und Pressefreiheit für die Demokratie

3.3.1 Pressefreiheit – wozu eigentlich?

M1 Wenn die Presse nicht frei ist …

Die russische Journalistin Anna Politkowskaja, die kritische Artikel über die Regierung und den Krieg in Tschetschenien schrieb, wurde 2006 unter bis heute ungeklärten Umständen ermordet.

Seit Mitte 2009 sind alle chinesischen Computer mit einem Programm namens „Grüner Damm“ ausgestattet, das den Internetverkehr kontrolliert und kritische Seiten sperrt.

Presse- und Meinungsfreiheit im Grundgesetz

(1) „Jeder hat das Recht, seine Meinung in Wort, Schrift und Bild frei zu äußern und zu verbreiten und sich aus allgemein zugänglichen Quellen ungehindert zu unterrichten. Die Pressefreiheit und die Freiheit der Berichterstattung durch Rundfunk und Film werden gewährleistet. Eine Zensur findet nicht statt.“

(2) „Diese Rechte finden ihre Schranken in den Vorschriften der allgemeinen Gesetze, den gesetzlichen Bestimmungen zum Schutze der Jugend und dem Recht der persönlichen Ehre.“

Artikel 5, Grundgesetz

M2 Die Aufgaben der Medien in der Demokratie

Informationsfunktion

Die Massenmedien sollen so vollständig, sachlich und verständlich wie möglich informieren, damit ihre Nutzerinnen und Nutzer in der Lage sind, das öffentliche Geschehen zu verfolgen. […] Wir als Einzelne und die vielfältigen Gruppen, die in dieser Gesellschaft bestehen, sind darauf angewiesen, miteinander ins Gespräch gebracht zu werden – dafür sollen die Massenmedien sorgen. […]

Meinungsbildungsfunktion

[Es herrscht die] Überzeugung, in der Demokratie sei allen am meisten damit gedient, wenn Fragen von öffentlichem Interesse in freier und offener Diskussion erörtert werden. Es besteht dann die Hoffnung, dass im Kampf der Meinungen das Vernünftige die Chance hat, sich durchzusetzen. […]

Kritik- und Kontrollfunktion

[…] Ohne Journalisten, die Missstände aufspüren und durch ihre Berichte unter anderem parlamentarische Anfragen und Untersuchungsausschüsse anregen, liefe die Demokratie Gefahr, der Korruption oder der bürokratischen Willkür zu erliegen. […]

Thematisierungsfunktion

Diese „agenda setting function“, wie sie in den USA heißt, bedeutet, dass diejenigen, die die unterschiedlichen Medien lesen, hören und sehen, genau die Themen für wichtig halten, die darin behandelt werden. Die Medien sind jedoch nicht nur verantwortlich, welche Themen auf der Tagesordnung stehen, sondern auch, in welcher Rangfolge der Dringlichkeit sie behandelt werden.

Nach: Hanni Chill, Hermann Meyn, bpb, Informationen zur politischen Bildung Nr. 260, Massenmedien, Bonn, 3/1998

M3 Mit der Pressefreiheit beginnt die Demokratie

Anlässlich einer Feier zur Pressefreiheit, die 1832 während einer Demonstration auf Schloss Hambach (Bild) erstmalig gefordert wurde, äußert sich der Journalist Heribert Prantl.

politikorange: Welche Bedeutung hat die Pressefreiheit allgemein für die Demokratie?

Heribert Prantl: Ich glaube, lebendige und wirkliche Demokratie kann es wirklich nur dann geben, wenn Pressefreiheit funktioniert. Pressefreiheit ist Voraussetzung für einen demokratischen Streit. Streit ist nichts Negatives – Streit ist da wirklich etwas Positives. In einer Demokratie ist Streitkultur Leitkultur. Und diese Streitkultur braucht Pressefreiheit. Es geht darum, dass Informationen laufen können, dass die Informationen wirklich da sind und dass ich mich dann über die Informationen unterhalten kann, diese diskutieren kann. [...]

Und wie können Bürger das Recht der Pressefreiheit schützen?

Der Bürger [...] sollte durchaus darauf achten, wo journalistische Qualität zu Hause ist. Das heißt nicht, dass er sich quälen muss und irgendetwas antun muss, was ihm partout nicht gefällt. Wir müssen Zeitungen so anbieten, dass auch komplizierte Dinge verständlich sind und dass es Spaß macht, sie zu lesen. Aber ich kann auf der Seite des lesenden Bürgers nicht einerseits billigen Journalismus kritisieren und mich gleichzeitig als Käufer und Konsument auf diesen billigen Journalismus stürzen. Da gibt es manchmal eine kleine Heuchelei.

Interview: Franziska Walther, in: politikorange frei?, Winter 2007/08, S. 10*

Mediendemokratie
eine Form der Demokratie, in der sich die Diskussion über Politik v. a. in den Medien abspielt

Aufgaben

1. Erläutere mithilfe des Textes (M2), wann und warum die Demokratie auf den Bildern (M1) in Gefahr ist.
2. Strukturiere die Aufgaben der Medien in der Demokratie in einer Mindmap. (M2)
3. Fasse in eigenen Worten zusammen, welche grundlegende Aufgabe freie Medien für die Demokratie haben und wie Bürger die Pressefreiheit schützen können. (M3)

3.3.2 Fernsehen – wandern die Zuschauer ins Web?

M4 Programmangebote im Fernsehen

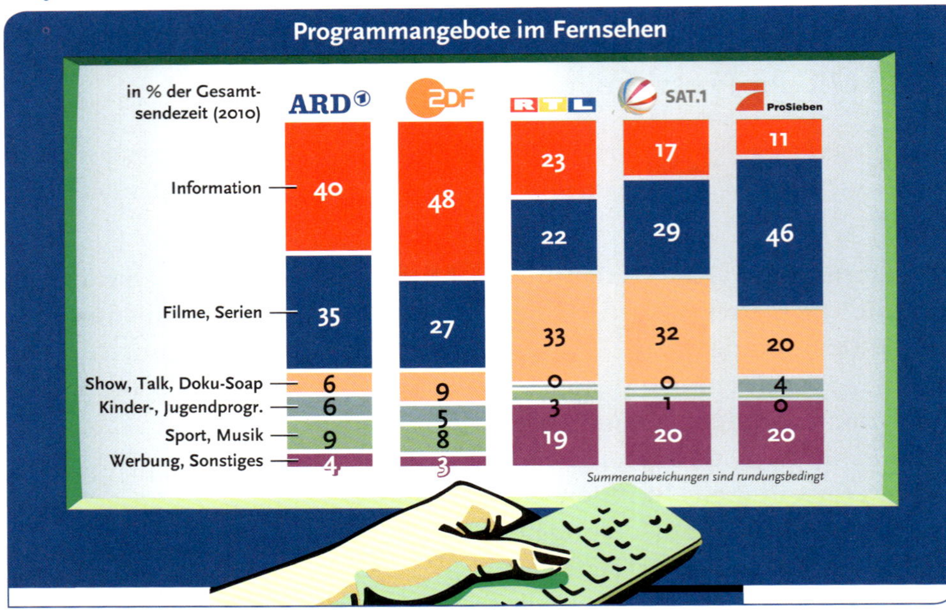

© Bergmoser + Höller Verlag AG, Zahlenbilder 538 102; Quelle: Media Perspektiven

RTL GROUP

ProSiebenSat.1 Media AG

ARD, ZDF, KiKA, DSF, EUROSPORT, 3sat, arte, VIVA

H

Ordne die Sender den öffentlich-rechtlichen oder privaten Programmen zu.

M5 Das duale Rundfunksystem in Deutschland

Mit der Einführung des Privatfernsehens im Jahr 1985 etablierte sich in Deutschland ein **duales Fernsehsystem**, in dem **öffentlich-rechtliche und private Programme** um die Gunst der Zuschauer konkurrieren. Die Tabelle zeigt die wichtigsten Unterschiede:

	Öffentlich-rechtliche Sendeanstalten	Private Sendeanstalten
Zielsetzung	Gesetzlicher Informations- und Bildungsauftrag	Gewinnerwirtschaftung für die privaten Investoren
Kontrolle	Rundfunkräte, die sich aus Vertretern unterschiedlicher gesellschaftlicher Gruppen (z. B. Kirchen, Frauenverbände, Gewerkschaften, Parteien usw.) zusammensetzen	Keine Kontrolleinrichtungen
Finanzierung	Gebühren aller Rundfunkteilnehmer, (wenn sie nicht aus sozialen Gründen davon befreit sind) und begrenzte Werbefinanzierung	Werbeeinnahmen
Programmangebot	Orientiert sich am Programmauftrag, Programme sollen gleichermaßen bilden, informieren und unterhalten	Orientiert sich an den Vorlieben der Zuschauer und der Werbung

M6 Das Fernsehen im Wandel – die Jugend wandert ins Web

Nach einer repräsentativen Erhebung, in der das Marktforschungsinstitut IPSOS 1.000 Personen ab 14 Jahren befragt hat, sind vier von zehn Bundesbürgern (41 %) mittlerweile davon überzeugt, dass die klassischen Fernsehsender in den nächsten zehn bis zwanzig Jahren verschwinden. Die Begründung dafür lautet: „Die Menschen werden sich in Zukunft überwiegend über das Internet ihr persönliches Programm aus Nachrichten, Filmen und Sport selbst zusammenstellen“. Nicht einmal jeder dritte Befragte unter 35 Jahren (31 %) sieht Fernsehen heute als das wichtigste Medium im Lebensalltag der Menschen. Zukunftsforscher Opaschowski: „Was für die demografische Entwicklung in Deutschland gilt – die Bevölkerung altert und schrumpft – spiegelt sich auch im TV-Konsum wider: Das Fernsehen altert und schrumpft. Das Fernsehen verliert seine junge werberelevante Zielgruppe. Die Jugend wandert ins Web. Und die Fernsehanstalten müssen umdenken: TV braucht Web – Web braucht kein TV“.

Der Anspruchswandel der TV-Zuschauer wird einen Strukturwandel der Programm-Macher notwendig machen. Denn die nächste Mediengeneration hat keinen langen Atem für langweilige Sendungen mehr. Den Programm-Mix will sie selbst bestimmen. „Fernsehen stirbt nicht“, so Opaschowski, „sondern bleibt auch in Zukunft ein wichtiges und unverzichtbares Alltagsmedium für Information und Unterhaltung. Fernsehen wird aber weniger programmatisch sein. Die Zuschauer basteln sich ihre Programmzeitschrift selbst – und wollen nichts mehr vorgesetzt bekommen.“ […]

Gut zwei Drittel der Bevölkerung (70 %) sind davon überzeugt, dass „das Internet zunehmend unser Leben bestimmt und unseren Lebensstil prägt“. Eine neue Nutzergeneration von „Viewsern“ (Viewern und Usern zugleich) lebt dann ganz selbstverständlich mit den Alleskönnern TV und PC, Smartphone und Internet.

Horst W. Opaschowski, http://www.ipsos.de/publikationen-und-presse/pressemitteilungen/2013/web-frisst-fernsehen (12.4.2013)

Aufgaben

1. Vergleicht das Programmangebot der Fernsehsender und erklärt die Unterschiede (M4, M5).
2. Erläutere, wie sich das Fernsehverhalten in Zukunft verändern wird (M6).
3. Immer wieder wird die Forderung erhoben, die öffentlich-rechtlichen Rundfunkanstalten zu privatisieren. Diskutiert die Vor- und Nachteile dieser Forderung (M4 – M6).

3.3.3 Wohin führt die Medienkonzentration?

M7 Konzentration im Bereich der Tagespresse

Coburger Tageblatt
DNS-Test führt nicht zum Mörder
Straßenschlachten in Athen

Fränkischer Tag
DNS-Test führt nicht zum Mörder
Straßenschlachten in Athen

Bayerische Rundschau
DNS-Test führt nicht zum Mörder
Straßenschlachten in Athen

Früher gab es nahezu ausschließlich Vollredaktionen, die alle Beiträge für ihre Publikation selbst geschrieben und erstellt haben. Viele Regional- und Lokalzeitungen haben heute nur noch eine eigene Lokalredaktion, jedoch keine Vollredaktion mehr. Das heißt, sie bedienen für die weiteren Ressorts außerhalb des Lokalressorts aus Kosten- und Rationalisierungsgründen so genannte Mantelredaktionen.

Der Mantel ist der überregionale Teil einer Tageszeitung. Er besteht in der Regel aus der Titelseite, Politik, Wirtschaftsnachrichten, überregionalem Feuilleton und Sport sowie gelegentlich Meinungsseiten.

Regional- oder Lokalzeitungen lassen sich die Mantelseiten häufig zuliefern. Gerade kleine Lokalblätter sind häufig finanziell und personell nicht in der Lage, eine so genannte Vollzeitung zu produzieren. Ebenso ist es üblich, dass verschiedene kleinere Blätter aus demselben Verlagshaus mit den gleichen Mantelseiten erscheinen. Durch die Praxis, solche Mantelseiten einzukaufen, kommt es vor, dass selbst konkurrierende Lokalzeitungen zu einem Großteil inhaltlich identisch sind. Ein Gutteil des Mantels besteht meist aus Meldungen der großen Nachrichtenagenturen oder Korrespondentenberichten. Der Einkauf eines Mantels geht nicht selten mit einer Anzeigenkooperation zwischen einer Lokalzeitung und einer überregionalen Zeitung einher und ist damit auch ein Mittel, die Reichweite und Marktmacht zu steigern. Das ist oft mit einem Verlust an Meinungsvielfalt verbunden.

Überregionale Zeitungen betreiben noch ihre eigenen Vollredaktionen, diese Zeitungen mit eigenem Mantel bezeichnet man als publizistische Einheiten. Alle Titel, die den gleichen Zeitungsmantel haben, gelten zusammen als eine einzige publizistische Einheit, diese haben sich in dem Zeitraum von 1954 bis 2004 von 225 auf 138 verringert.

Nach: http://de.wikipedia.org/wiki/Mantelredaktion, und http://de.wikipedia.org/wiki/Mantel-Journalismus, Abruf am 14.11.2010

Medienkonzentration: Zusammenschluss von Zeitungen, Zeitschriften oder Rundfunkanbietern zu wenigen großen Unternehmen mit dem Ziel, sich im ökonomischen Wettbewerb Marktvorteile zu verschaffen.

M8 Medienkonzentration am Beispiel des Bertelsmann-Konzerns

Medienaktivitäten der Bertelsmann SE & Co. KGaA in Deutschland

TV – RTL Group

Programme

- ***Free-TV***
  - RTL Television
  - RTL NITRO
  - VOX
  - n-tv
  - SUPER RTL (50 %)
  - RTL II (35,9 %)
- ***Pay-TV***
  - RTL Crime
  - RTL Living
  - Passion
  - GEO Television
  - auto motor und sport channel (51 % über Gruner+Jahr)
- ***Regionalfenster***
  - RTL Nord (HH, SH, NI, HB)
  - RTL WEST (NW; 75 %)
  - RTL Hessen (60 %)

Rechte

- FremantleMedia
- CLT-UFA International
- UFA Sports

Produktion

- UFA Film & TV Produktion
  - UFA FICTION
  - UFA SERIAL DRAMA
  - UFA SHOW & FACTUAL
- infoNetwork
- NORDDEICH TV

Online – RTL Group/Gruner+Jahr

- über 40 Angebote der Mediengruppe RTL Deutschland, u.a.:
- Online-Auftritte der RTL-TV-Programme (RTL.de, RTLNITRO.de, VOX.de, n-tv.de, Toggo.de (SUPER RTL), RTL2.de)
- Video-on-Demand-Angebote („NOW"-Angebote zu den RTL-TV-Programmen, clipfish.de)
- Communities, Information (wer-kennt-wen, GZSZ.de, frauenzimmer.de, elementgirls.de, kochbar.de, VIP.de, wetter.de, sport.de)
- Online-Auftritte der RTL-Radioprogramme
- Online-Auftritte Gruner+Jahr-Printtitel

Musik – Bertelsmann

- BMG Rights Management

Radio – RTL Group

- RTL Radio (bundesweit)
- 104,6 RTL
- 105.5 Spreeradio
- HITRADIO RTL Sachsen (86 %)
- 89,0 RTL (57 %)
- Radio Brocken (57 %)
- Hit-Radio Antenne (49,7 %)
- Sachsen-Funkpaket (39,9 %) (Leipzig, Dresden, Chemnitz, Zwickau, Lausitz, Vogtland, Erzgebirge)
- Radio Hamburg (29,2 %)
- radio NRW (16,1 %)
- Antenne Bayern (16 %)
- Rock Antenne (Antenne Bayern hält 100 %)
- Radio Regenbogen (15,8 %)
- Antenne Thüringen (15 %)
- radio top 40 (15 %)
- Radio 21 (9,8 % + weitere indirekte Anteile)
- \+ weitere indirekte Beteiligungen an bigFM, Oldie 95, Radio NORA, Radio Galaxy, Radio TON, apollo Radio, Radio 21

Print – Gruner+Jahr/Bertelsmann

Zeitungen

- Sächsische Zeitung (60 %)
- Morgenpost Sachsen (60 %)
- Döbelner Anzeiger (Sächsische Zeitung hält 100 %)

Zeitschriften

- Art
- Beef
- Brigitte
- Brigitte Mom
- Brigitte Woman
- Business Punk
- Capital
- Chefkoch Magazin
- Couch
- deli
- Dogs
- Eltern
- Eltern Family
- Essen und Trinken
- Essen und Trinken für jeden Tag
- Flow
- Gala (Men, Style)
- Geo (Epoche, mini, kompakt, Saison, Special, Wissen)
- Geolino /Extra)
- Grazia
- Häuser
- Jamie
- Living at Home
- National Geographic
- Neon
- Nido
- P.M.-Hefte
- Schöner Wohnen
- Spiegel (25,25 %)
- Stern (Fotografie, gesund leben)
- View
- Viva!
- Wunderwelt Wissen
- 11 Freunde (51 %)
- Titel des Motor-Presse-Verlags (59,9 %; z.B. auto motor sport) und von dessen Gemeinschaftsunternehmen (u.a. Men's Health (50 %))

Buchverlage

- 45 Verlage (Random House Gruppe), u.a. Blessing, C. Bertelsmann, Heyne, Knaus, Luchterhand, Siedler

Beteiligungen ohne %-Angabe bezeichnen 100%ige bzw. geringfügig darunter liegende Beteiligungen (bezogen auf die angegebene Obergesellschaft). Zu Beteiligungsverhältnissen bei Bertelsmann und der RTL Group siehe **RTL Group.**
Quelle: Unternehmensangaben, KEK
Stand: 10/2014

Nach: www.kek-online.de, Abruf am 25.82015

M9 Medienkonzentration am Beispiel des Bertelsmann-Konzerns

Anfang 2006 untersagte das Bundeskartellamt der Axel Springer AG, die Stammaktien an ProSieben/Sat1 zu erwerben. Die beherrschende Stellung des größten deutschen Zeitungsverlages und eines der beiden größten privaten deutschen Rundfunkveranstalter wäre – so das Kartellamt – durch den Zusammenschluss auf drei Märkten verstärkt worden, nämlich auf dem bundesweiten Fernsehmarkt, auf dem Lesermarkt für Straßenverkaufszeitungen und auf dem bundesweiten Zeitungsanzeigenmarkt. (...)
Der Konzern hätte u.a. über fast ein Viertel der TV-Zuschauer-Marktanteile verfügt, ca. 90 Prozent der Boulevardzeitungs-Auflagen besessen, mit seinen Zeitschriften fast die Hälfte aller Leser erreicht, etwa ein Viertel aller verkauften deutschen Zeitungen herausgegeben. (...)
Medien sind ein entscheidender Faktor bei der Meinungsbildung. Die Meinungsvielfalt ist ein wesentlicher Pfeiler des demokratischen Systems. Meinungen müssen frei und ungestört nebeneinander entstehen, bestehen und verbreitet werden können.

Nach: Rolf Schwartmann, in: http://www.lto.de, Abruf am 15.11.2010

BGH-Urteil vom 08.06.2010:
Der Bundesgerichtshof (BGH) hat am 08.06.2010 in letzter Instanz entschieden, dass die Entscheidung des Bundeskartellamts, die geplante Übernahme zu untersagen, rechtens war.

Aufgaben

1. Erläutere die Probleme der Medienkonzentration am Beispiel der Tagespresse (M7) sowie an der Struktur des Bertelsmann-Konzerns (M8).
2. Erschließt die Begründung, mit der der Zusammenschluss von Springer und Sat1 verboten wurde (M9) und diskutiert, inwieweit dieses Verbot mit den Prinzipien der freien Marktwirtschaft vereinbar ist.

3.3.4 Medien zwischen Information und Sensation

M10 Medienberichterstattung heute?

Gerhard Mester, Baaske Cartoons

M11 Aufgaben der Massenmedien – und wirtschaftliche Zwänge

Medien sollen umfassende, sachgerechte und verständliche Informationen liefern, damit die Bürger sich eine politische Meinung bilden und sachkundig an politischen Entscheidungen mitwirken können. Dazu garantiert das Grundgesetz den Medien die Freiheit der Berichterstattung und verbietet jede Zensur (Artikel 5 GG).

Im Alltagsgeschäft spielen jedoch auch noch andere Gesichtspunkte eine wesentliche Rolle. Die vielen einzelnen Zeitungs-, Radio- und Fernsehunternehmen stehen in harter Konkurrenz zueinander und müssen zunächst einmal alle Geld verdienen. (Ausnahme: ARD und ZDF, die sich weithin aus gesetzlich festgelegten Zwangsbeiträgen aller Haushalte, Unternehmen und Institutionen finanzieren.) Haupteinnahmequelle ist die Werbung [...]. Für diese Werbung kann ein Medienunternehmen desto höhere Preise erzielen, je höher die Verkaufsziffern seiner Zeitung oder Zeitschrift bzw. die Einschaltquoten seines Radio- oder Fernsehsenders sind. Wer aber hohe Verkaufsziffern oder hohe Einschaltquoten will, kann es sich nicht leisten, einfach nur trockene Informationen zu liefern. Er muss zugleich auch unterhalten, Neugier wecken, ständig Aufmerksamkeit erregen – und dazu seine Nachrichten entsprechend auswählen.

Eckart Thurich, pocket politik. Demokratie in Deutschland, Bonn 2011, S. 96 f., (bearbeitet)

Einschaltquote
Hierzu wird durch Messgeräte in ausgewählten Haushalten ermittelt, wie viele Zuschauer welche Sendungen wie lange sehen. Die so ermittelte Einschaltquote ist Maßstab für den Erfolg einer Sendung und dafür, wie viel Geld die Sender für Werbeeinblendungen verlangen können.

M12 Was sind die wichtigen Nachrichten des Tages?

Mit der Fernbedienung kann sich [der Fernsehzuschauer] jeden Abend um acht Uhr zwischen der ARD-Tagesschau und den RTL 2-News entscheiden:

Wählt er den Privatsender, ist er jung, dynamisch und cool – diesen Eindruck versuchen die RTL 2-News zumindest zu vermitteln. Dass zwei der weltbesten Surfer in arktischen Gewässern auf einer „Tsunami-Welle" reiten und dabei „um ihr Leben rasen", ist der Redaktion einen zweiminütigen Beitrag wert. Dass die US-Sänger R. Kelly und Usher [...] eine gemeinsame Platte aufgenommen haben, obwohl Kelly normalerweise keinen anderen Sänger an seiner Seite akzeptiert, würdigt der Privatsender ebenfalls zwei Minuten lang. [...]

Bei all diesen brandheißen Neuigkeiten verpasst der RTL 2-Zuschauer mit schöner Regelmäßigkeit die wirklich relevanten Informationen des Tages. Denn um Politik und Wirtschaft macht die Redaktion einen großen Bogen. Den wichtigen politischen Ereignissen der vergangenen Tage – dem Koalitionsgipfel im Kanzleramt, den Debatten über Kinderarmut und den Mangel an Fachkräften in Deutschland – widmet sie insgesamt kaum mehr als eine Minute Sendezeit.

Dennis Kremer, www.welt.de, 22.8.2007

Ausschnitt aus RTL 2-News (19.8.2011)

M13 Infotainment – Nachrichtensendungen zwischen Information und Unterhaltung

Infotainment, gebildet aus den beiden Begriffen „Information" und „Entertainment", ist die Kombination von Information mit Elementen der Unterhaltung. Gut gemachte Informationssendungen zeichnen sich auch dadurch aus, dass sie interessant gestaltet sind und den Zuschauer nicht langweilen. Problematisch ist es, wenn die Berichterstattung über wichtige Ereignisse auf Kosten von Unterhaltung geschmälert wird – wenn also der sogenannte Nachrichtenwert durch den Unterhaltungswert ersetzt wird. Dies ergibt sich, wenn man z. B. Nachrichten hauptsächlich danach auswählt und gestaltet, dass sie die Sensationslust oder die Gefühle der Zuschauer befriedigen. So können zwar die Einschaltquoten verbessert werden, aber eine gründliche Aufklärung, die der Bürger zur Orientierung benötigt, wird erschwert.

Aufgaben

1. Erläutere die Aussage der Karikatur. (M10)
2. Erkläre den „Kampf um die Quote", dem private Medienunternehmen ausgesetzt sind, in eigenen Worten. (M10, M11)
3. Erkläre, für wen oder warum es problematisch ist, wenn die RTL 2-News die einzige Nachrichtengrundlage für jemanden sind (M12, M13).

H zu Aufgabe 1

Berücksichtige dabei die Kapitelüberschrift „Medien zwischen Information und Sensation".

M14 Zwei Nachrichtensendungen

Links: Judith Rakers, Sprecherin der tagesschau; rechts: Sandra Thier von den RTL 2-News

Kompetenz: Urteilen

Nachrichtensendungen analysieren

Jeder Fernseh- oder Radiosender legt Wert auf ein eigenes Nachrichtenformat. Der Wert an Information und an Unterhaltung ist dabei unterschiedlich.

Leitfaden

Nachrichtensendungen können unter folgenden Aspekten untersucht werden:

Vorspann:
- Welche Bild- und Toneffekte gibt es?
- Wie wird Interesse geweckt?
- Erfährt man, was einen in der Sendung erwartet?

Nachrichten:
- Welche Nachricht steht an erster Stelle und warum?
- Sind die Nachrichten verständlich?

Bilder:
- Werden vom Sprecher vorgetragene Meldungen durch Fotos, Karten, Filme unterstützt?
- Sind Sprache und Bilder sachlich, ohne Wertungen?

Kommentare:
- Gibt es Kommentare, Interviews?

Aufbau:
- Wie ist die Sendung insgesamt aufgebaut (Anteile von Moderation und Beiträgen, Verteilung der Themen, Aufmacher, Schwerpunkte)?

Gesamturteil:
Überwiegt insgesamt die Information oder die Unterhaltung in der Nachrichtensendung? Wie ist dein Gesamturteil zur Nachrichtensendung?

H zu Aufgabe 2

Auf der Internetseite *www.tagesschau.de* kannst du dir ansehen, wie eine Nachrichtensendung gemacht wird.

Aufgaben

1. Teilt die Klasse in zwei Gruppen. Am selben Abend schaut die eine Hälfte die tagesschau, die andere Hälfte RTL 2-News. Protokolliert die Sendungen mithilfe des Leitfadens. (M14)
2. Gestaltet eine Nachrichtensendung nach eurem Geschmack als szenische Darstellung. Dazu könnt ihr z. B. einige Nachrichten, Meldungen oder Interviews aus der Tageszeitung auswählen und als Textgrundlage für eure Sendung nutzen.

3.3.5 Internet und politische Beteiligung der Bürger

M15 Jugendmanifest Rheinland-Pfalz

www.jugendforum.rlp.de

M16 Direkte Beteiligung an kommunalen Projekten über Neue Medien

Als zentrale, politisch neutrale Internetplattform möchte OffeneKommune.de einen öffentlichen Diskurs ermöglichen, in dem alle Bürger mit kommunalen Vertretern über ihre Bedürfnisse, Ziele und Erwartungen beraten und versuchen können, gemeinsam Lösungen zu finden.
Kommunale Vertreter erhalten mit OffeneKommune wiederum die Möglichkeit, die Bürger transparent über kommunale Projekte und aktuelle Gesetzesvorhaben zu informieren. Darüber hinaus können die Bürger aktiv in die Planung und Gesetzesentwicklung einbezogen werden. [...]
Die Bürger haben auf OffeneKommune.de die Chance, sich aus erster Hand über aktuelle Gesetzesvorhaben und Projekte in ihrer Kommune zu informieren. Darüber hinaus steht ihnen die Möglichkeit offen, zu jedem beliebigen Zeitpunkt selbst Vorschläge und Initiativen in die aktuelle Debatte auf der Plattform einzubringen. Das Besondere dabei ist, dass die Vorschläge der Bürger direkt an die zuständigen Adressaten (beispielsweise die Stadträte) gerichtet werden.

https://offenekommune.de/_pages/das_projekt/uber-offenekommune-de (16.8.2013)

M17 „Es ist einfach etwas ins Rollen geraten“

Auf der Internetseite des Petitionsausschusses des Bundestages unterschrieb der 50.000. Bürger mit seinem Namen seine Zustimmung zur Einführung eines bedingungslosen Grundeinkommens. Die Petition von Susanne Wiest ist damit [eine der] erfolgreichste[n] der letzten Jahre. Seit 2005 gibt es die Möglichkeit, Petitionen online zu stellen. [...] Das Reglement sieht vor, dass der Petitionsausschuss den Initiator hören muss, wenn sich innerhalb von drei Wochen 50.000 Unterzeichner finden. Susanne Wiest brauchte sechs Wochen. „Ich hoffe aber, dass ich gehört werde, schließlich hat die Seite des Bundestages den Ansturm technisch nicht gepackt, das ist nicht unsere Schuld“, sagt sie. [...]

Die Geschichte der Petition ist ein Lehrstück darüber, wie sich Formen direkter Demokratie im Multimedia-Zeitalter durchsetzen können und wie mit Hilfe des Internets aus einem privaten Ansinnen eine kleine Bürgerbewegung werden kann.

Susanne Wiest ist Tagesmutter. Deshalb wollte sie sich ursprünglich beim Petitionsausschuss nur darüber beklagen, dass sie seit Januar ihr Einkommen anders versteuern muss als zuvor. Dadurch verdient sie weniger. Doch diese Petition wurde nicht akzeptiert. Die Vision eines bedingungslosen Grundeinkommens von bis zu 1.500 Euro pro Bürger wurde hingegen angenommen und zwei Tage vor Silvester freigeschaltet. Susanne Wiest schickte daraufhin einige Mails an Freunde und Bekannte, wünschte sich ein wenig Unterstützung. Doch passierte erst einmal kaum etwas.

Im Laufe der kommenden beiden Wochen wurden aber mehrere Blogger auf die Idee aufmerksam. Am 15. Januar berichtete die Schweizer „Initiative Grundeinkommen“ auf ihrer Internetseite davon. Es folgte die deutsche Seite „freiheitstattvollbeschaeftigung.de“. Drei Tage später stieg die Zahl der Unterzeichner plötzlich rasant an. Am 18. Januar hatte der Gründer der Drogeriemarkt-Kette dm, Götz Werner, die Petition in einem Newsletter verschickt, der an Tausende Menschen ging; [...] Ende Januar sprach Wiest auf einem Kongress in Hannover über ihre Idee. Die Rede landete als Film auf YouTube, wurde fast 12.000 Mal geklickt. Im späteren Verlauf hat sich der Hinweis auf die Petition rasant über das soziale Netzwerk von „Twitter“ verbreitet. „Ich bin wirklich keine Internetaktivistin“, sagt Susanne Wiest. „Es ist einfach etwas ins Rollen geraten.“

Thomas Vitzthum, www.welt.de, 18.2.2009

Aufgaben

1. Recherchiere, wie und wozu das Jugendforum RLP an Ideen für die Zukunft von Rheinland-Pfalz gearbeitet hat. (M15)
2. a. Beschreibe den Beitrag der Neuen Medien zum Erfolg der Initiative zum Grundeinkommen. (M17)
   b. „Mithilfe der Neuen Medien wird sich die Bürgerbeteiligung an der Politik bald deutlich steigern.“ Formuliere knapp deine Meinung zu dieser These.
3. (W) Formuliere einen eigenen Diskussionsbeitrag zu einem Thema deiner Wahl aus deiner Kommune. (M16) **ODER** Recherchiere auf den Seiten *https://epetitionen.bundestag.de/* aktuelle E-Petitionen und begründe in einem kurzen Statement, welcher du am ehesten zustimmen würdest.

Grundwissen

Die Aufgaben der Massenmedien in der Demokratie

Die Massenmedien haben in einem demokratischen Staat eine wichtige Aufgabe zu erfüllen: Sie sollen die Bürger so umfassend informieren, dass diese in der Lage sind, sich über alle wichtigen politischen Vorgänge eine eigene Meinung zu bilden und an politischen Entscheidungen mitzuwirken. Deshalb garantiert ihnen Artikel 5 des Grundgesetzes eine freie Berichterstattung und verbietet jede Zensur, solange keine demokratiefeindlichen Inhalte vermittelt werden.
Die Berichterstattung darf nicht gegen Gesetze und den Schutz der Jugend verstoßen. Vor allem Persönlichkeitsrechte und Würde von anderen Personen dürfen nicht beschädigt werden.

Der Unterschied von öffentlich-rechtlichen und privaten Medienunternehmen

Während die öffentlich-rechtlichen Fernseh- und Radiosender über die Rundfunkgebühren der Zuschauer und Zuhörer finanziert werden, benötigen die privaten dafür Einnahmen aus der Werbung. Um nun möglichst hohe Einschaltquoten und damit hohe Werbeeinnahmen zu erreichen, stehen bei RTL, Sat 1, ProSieben und Co. oft Unterhaltungsthemen und eine auf Sensationen ausgerichtete Berichterstattung im Vordergrund. Da diese Programmgestaltung also vor allem am Kommerz, einem anderen Wort für Handel und Geschäftsverkehr, orientiert ist, nennt man es auch „Kommerzialisierung". Es führt dazu, dass gerade Jugendliche als Hauptkonsumenten dieser Medien nur unzureichend politisch informiert werden.

Neue Medien – Chance für mehr politische Beteiligung?

In Deutschland hat jeder das Grundrecht, über sogenannte Petitionen, also schriftlich formulierte Bitten oder Beschwerden, sich an Behörden oder die Volksvertretung zu wenden. Die Neuen Medien vereinfachen die Möglichkeit für Bürger, direkt auf die Politik einzuwirken. Auf Plattformen können Argumente ausgetauscht und Diskussionen angestoßen werden. Es wird auch die Möglichkeit diskutiert, Wahlen (auch) online durchzuführen.
All diese Möglichkeiten sind jedoch nur für die Menschen interessant, die die Neuen Medien selbstverständlich und gerne nutzen.

Kompetenztraining

M1 Angela Merkel zur digitalen Welt

BILD am SONNTAG: Wie oft surfen Sie eigentlich im Internet und was interessiert Sie dort besonders?

Merkel: Soweit ich Zeit habe, schaue ich mir Online-Ausgaben einiger Zeitungen und Magazine an. Ich verfolge auch den Stand des Deutschen Aktienindexes und die Zinssätze für die verschiedenen Euro-Länder.

Ihr Parteifreund Peter Altmaier, der ein eifriger Twitterer ist, gibt zu, dass ihn die Pflege der Netzgemeinde ein bis zwei Stunden täglich kostet...

Merkel: Ich habe ein Facebook-Profil als CDU-Vorsitzende und da auch viele „Freunde", aber diese Seite selbst zu pflegen, ist mir zeitlich nicht möglich. Über Twitter ist der Regierungssprecher mit mittlerweile fast 50 000 Followern erreichbar. [...]

Was ist für Sie das Wichtigste in der digitalen Welt?

Merkel: Dass man sehr schnell auf Informationen zugreifen kann. Wenn ich am Wochenende am Frühstückstisch über eine anstehende Reise nach Kanton in China nachdenke, kann ich im Internet nachschauen, welche Städte da in der Nähe sind und im Internet auch gleich alles über die Gegend nachlesen. Aber die digitale Welt hat auch ihre Schattenseiten.

An was denken Sie?

Merkel: Wenn wir alles in Sekunden irgendwo digital abrufen können, besteht die Gefahr, dass wir immer weniger davon dauerhaft im Kopf behalten, weil uns die schiere Informationsmenge überfordert. Ich hatte mal einen Mathematik-Professor, der immer sagte: Wenn Sie gar nichts mehr wissen, womit wollen Sie dann denken? Interessante Gedanken brauchen Basiswissen.

Interview: Michael Backhaus, Martin S. Kambeck, Roman Eichinger, www.bild.de, 29.1.2012

M2 Die Rolle der Neuen Medien im arabischen Frühling

Demonstranten in Kairo fotografieren die Ereignisse, 25.1.2011.

Facebook war anfänglich das wichtigste Medium zur Mobilisierung der Bevölkerung. Über Twitter und YouTube sendeten junge Araberinnen und Araber Informationen über Massenproteste um die Welt. [...] Während das ägyptische Staatsfernsehen in einer [...] Propagandainszenierung inmitten des Volksaufstandes Bilder eines angeblich leeren Tahrir-Platzes sendete, zeigte [der Fernsehsender aus Katar] al-Jazeera die tatsächlichen Ereignisse [der Massenproteste].

Nach: Asiem El Difraoui, www.bpb.de, 3.11.2011

Kompetenztraining

M3 Eine Woche Medien-Diät

An einem Montag wurde es ernst: Handy um Handy sowie 13 MP3-Player wanderten in den Schultresor, zu Hause blieben Fernseher und Spielekonsolen aus. „Das war schon ziemlich komisch“, sagt Antonia, und Sven, Panagiotis und Olivia nicken heftig. „Die 12-Jährigen waren der erste Jahrgang, der mit dem Handy aufgewachsen ist“, sagt Klassenlehrer Marc Bürkle. „Das ist, als käme plötzlich kein Warmwasser mehr aus dem Hahn.“ [...]
Deshalb waren die Schüler bei der Projektwoche „One week. No media!“ nicht sich selbst überlassen, sondern bekamen Alternativangebote: Natur erleben, mit Ton Masken formen, Blätter zeichnen. Mit einem Profi Trommeln lernen, ein Musikstück für ein kleines Orchester einüben. Und das größte für die Jugendlichen: Mit Rapper William Ponzetta von Duap MC einen Rap-Song einzuspielen sowie einen Dokumentarfilm über die Projektwoche zu drehen. Was bleibt? Panagiotis sagt: „Ich spiel nicht mehr so oft an der Playstation. Ich gehe stattdessen öfter raus.“ Sven redet zu Hause wieder mehr, Olivia staunt darüber, „wo man überall Natur erleben kann in Stuttgart“, und Antonias Verlangen nach Telefonaten ist nicht mehr so groß: „Wir haben viel Zeit mit Elektronik verplempert.“

Nach: Barbara Czimmer-Gauss, www.stuttgarter-nachrichten.de, 21.1.2008

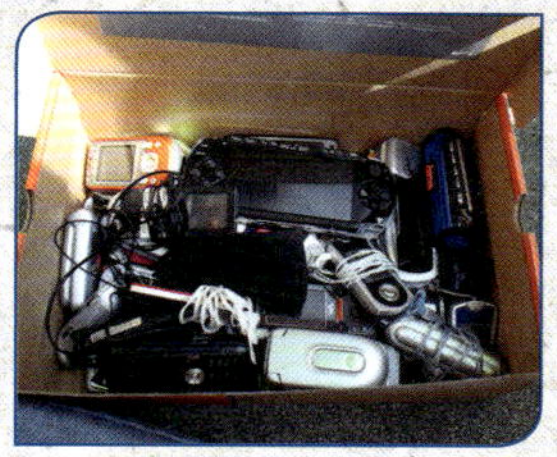

An der Initiative kann jeder teilnehmen. Informationen und Medienprotokolle unter www.one-week-no-media.de

M4 Ratgeber erstellen

Eine Möglichkeit, euer Wissen für andere nutzbar zu machen, ist die Erstellung eines Ratgebers, z. B. zum Thema „Spielsucht“ oder „Umgang mit persönlichen Daten in sozialen Netzwerken“. Führt hierzu zunächst eine Internetrecherche durch.

Internet-Tipps:
www.klicksafe.de
www.seitenstark.de

Verschafft euch einen Überblick über das Thema, und sammelt die Informationen, die in den Ratgeber sollen, wie z. B. wichtige Adressen und Verhaltensregeln. Legt gemeinsam fest, was in eurem Ratgeber stehen soll. Einigt euch auf die Gestaltung der Broschüre.

Aufgaben

1. Erläutere die Möglichkeiten und die Schattenseiten des Internets, die ihr in diesem Kapitel kennen gelernt habt.
2. Vergleiche die Mediennutzung von Frau Merkel mit deiner eigenen. (M1)
3. Erläutere die Bedeutung einer freien Presse für die Demokratie. (M2)
4. Tragt zusammen, welche Erfahrungen die Schüler beim Projekt „One week. No media!“ machten. (M3)
5. Diskutiert in der Klasse, ob auch ihr oder gar die ganze Schule an einem derartigen Projekt teilnehmen sollte. (M3)

Was kannst du schon?

1. Für welches der beiden „Angebote“ würdest du dich entscheiden?
2. Was glaubst du, wie kommen diese extrem unterschiedlichen Preise bei einem fast identisch aussehenden Kleidungsstück zustande?
3. Nenne Aspekte, die du bei einem Klamottenkauf üblicherweise berücksichtigst. Überlege insbesondere, ob bzw. inwiefern du in deine Kaufentscheidungen Überlegungen zur Nachhaltigkeit oder zu den Arbeitsbedingungen der Arbeiterinnen und Arbeiter mit einbeziehst.
4. Diskutiert in der Klasse mögliche Gründe für die Gemeinsamkeiten und die Unterschiede, die sich in euren Ergebnissen aus Aufgabe 3 zeigen.

4

Der jugendliche Konsument

Kompetenzen

Am Ende des Kapitels solltest du Folgendes können:

- das ökonomische Prinzip vor dem Hintergrund deines eigenen Konsumentenverhaltens erklären
- das Zusammenspiel von Angebot und Nachfrage sowie die Preisbildung darstellen
- Merkmale der Sozialen Marktwirtschaft beschreiben
- die Zukunftsfähigkeit der Sozialen Marktwirtschaft beurteilen
- die Rolle des Staates in der Sozialen Marktwirtschaft erläutern
- das Spannungsverhältnis von Ökonomie und Ökologie an einem Beispiel erläutern
- den jugendlichen Arbeitnehmer und seine Rechte darstellen

4.1 (Warum) Betrifft Wirtschaften jeden?

4.1.1 Warum wirtschaften wir?

M1 Familie Maier unter Druck

Familie Maier ist eine deutsche Durchschnittsfamilie. Herr Maier bringt als Angestellter eines mittelständischen Unternehmens monatlich rund 2000 Euro nach Hause. Frau Maier verdient als selbstständige Fitnesstrainerin etwa 400 Euro im Monat. Zusammen mit dem Kindergeld für die beiden Kinder Chris (15) und Jana (12) kommt Familie Maier so auf ein verfügbares Einkommen von 2.800 Euro.

Bei der Durchsicht ihrer Kontoauszüge und Rechnungen der letzten Monate ist den Eltern aufgefallen, dass die Ausgaben der Familie in den letzten Monaten zugenommen haben, sodass im kommenden Monat voraussichtlich Ausgaben in Höhe von 3.363 Euro anstehen. Da die Eltern nicht auf die Ersparnisse zurückgreifen wollen, muss die Familie entscheiden, auf welche Ausgaben verzichtet werden soll.

1	Grundnahrungsmittel	470 €	11	Grippemittel für Frau Maier	20 €	21	Gemeinsames Pizza-Essen	50 €
2	Turnschuhe für Chris	140 €	12	Autoversicherung, -steuer und Benzin	300 €	22	Telefon/Internet	40 €
3	Wohnung/Heizung/Wasser	950 €	13	2 Schülermonatskarten	80 €	23	Handys für alle Familienmitglieder	15 €
4	Reparatur der Waschmaschine	123 €	14	Kabelanschluss	17 €	24	Mitgliedschaft im Sportverein (Familie)	30 €
5	Hygieneprodukte	30 €	15	GEZ-Gebühren	18 €	25	Mitgliedschaft im Naturschutzbund	5 €
6	Janas Geburtstagsfeier	100 €	16	Abonnement einer Tageszeitung	30 €	26	2 Theaterkarten	60 €
7	Rücklage für Geschenke	40 €	17	Schulmaterial von Jana	20 €	27	2 Kinokarten	15 €
8	Taschengeld für Kinder	40 €	18	Teilnahme von Chris am Schulausflug	20 €	28	Eintritte (z.B. Museum/Zoo)	20 €
9	Geld zur freien Verfügung für die Eltern	100 €	19	Rücklage für den Jahresurlaub	100 €	29	Spenden	5 €
10	Haftpflichtversicherung	15 €	20	Rechtsschutzversicherung	10 €	30	Sparen	250 €

Idee: Kai Metzger, Politik betrifft uns 5/2012, Zahlen: Statistisches Bundesamt 2008

M2 Der Mensch und das ökonomische Prinzip

Ebenso wie Familie Maier muss jeder Mensch für sich entscheiden, welche (Geld-)Mittel er wofür einsetzt. Schon Robinson musste als Schiffsbrüchiger auf einer vermeintlich menschenleeren Insel entscheiden, was er zum (Über-)Leben benötigt. Er möchte (gut?) leben und seine Bedürfnisse stillen. Dabei sind bestimmte Güter wie z. B. Trinkwasser knapp. Er beginnt, sich Dinge zu organisieren, die seiner Bedürfnisbefriedigung dienen. Wirtschaften bezieht sich eigentlich auf nichts anderes als auf die Organisation unserer Bedürfnisbefriedigung. Und die Bedürfnisse der Menschen sind unendlich. Gleichzeitig sind die Güter, die unsere Bedürfnisse befriedigen, endlich, also begrenzt. Deshalb müssen Entscheidungen darüber getroffen werden, wie die vorhandenen Mittel, z. B. Geld, möglichst effizient (ökonomisches Prinzip) eingesetzt werden. Das ökonomische Prinzip geht vom Modell des „Homo oeconomicus" aus. Dieses Modell versucht vorherzusagen, wie sich der Einzelne in solchen Entscheidungssituationen verhalten wird. Eine wichtige Annahme ist, dass sich der Mensch immer für den Weg entscheiden wird, der ihm das beste Kosten-Nutzen-Verhältnis bietet. Daraus folgt, dass der Mensch als rationaler Nutzenmaximierer zwei Möglichkeiten hat, sich zu entscheiden: Entweder er entscheidet sich dafür, seine Mittel so einzusetzen, dass er möglichst viele Bedürfnisse befriedigen kann (Maximalprinzip) oder er versucht ein gegebenes Ziel durch den Einsatz möglichst weniger Mittel (Minimalprinzip) zu erreichen.

maximieren
größtmöglich steigern

M3 Minimal- oder Maximalprinzip?

Das ökonomische Prinzip besagt, dass der Mensch seinen persönlichen Nutzen immer maximieren möchte. Dazu hat er zwei Möglichkeiten:
Entweder er handelt nach dem Maximalprinzip. Dann setzt er (alle) ihm zur Verfügung stehenden Mittel so ein, dass er möglichst viele seiner Bedürfnisse befriedigt.
Oder er handelt nach dem Minimalprinzip. Dann setzt er möglichst wenige seiner verfügbaren Mittel ein, nämlich gerade so viel, wie er zur Befriedigung seines Bedürfnisses benötigt.

Situation 1: Du hast 200 EURO zur Verfügung und möchtest ein Smartphone. Deine Eltern wären mit einem Kauf einverstanden.

Situation 2: Du hast am Nachmittag zwei Stunden Zeit. In dieser Zeit musst du dringend eine aufwändige Hausaufgabe für den nächsten Tag erledigen. Eigentlich möchtest du aber gern deinen Freund/deine Freundin treffen.

Situation 3: Du möchtest ins Kino gehen, das sich ca. 10 Kilometer von deinem Wohnort entfernt in der nächstgrößeren Stadt befindet. Die Hin- und Rückfahrt mit dem Bus kostet 7,50 €. Für eine Strecke braucht der Bus ca. 20 Minuten. Mit dem Fahrrad brauchst du für eine Strecke ca. eine Stunde, dafür sparst du aber das Geld für das Busticket.

Kompetenz: Methode

Begriffslandkarte (concept map)

Um sich an Informationen aus Sachtexten besser erinnern zu können, hilft es, diese zu strukturieren und zu veranschaulichen.

Leitfaden

Eine Begriffslandschaft (concept map) eignet sich dazu, Begriffe und ihre Beziehung zueinander wie Orte und Wege auf einer Landkarte darzustellen.
Dazu werden die Beziehungen zwischen Begriffen durch Verbindungslinien veranschaulicht. Wenn zwei Begriffe zusammengehören, könnten sie z. B. nahe beeinander stehen. Besteht ein Gegensatz oder ein großer Abstand zwischen zwei Begriffen, könnten sie an verschiedenen Enden der Landkarte platziert werden. Auch durch Pfeile können Gegensätze oder logische Folgen ausgedrückt werden. Pfeile und Linien zwischen den Begriffen sollten beschriftet werden.
Begriffslandschaften eignen sich besonders zur Wissenserschließung, aber auch zum Lernen und Wiederholen. Sie können auch in Gruppenarbeit an einer Tafel erarbeitet werden. Dazu werden zunächst gemeinsam Begriffe gesammelt, mithilfe von einzelnen Karten oder Notizzetteln geordnet und anschließend verknüpft.

Beispiel: Anfang einer Begriffslandschaft

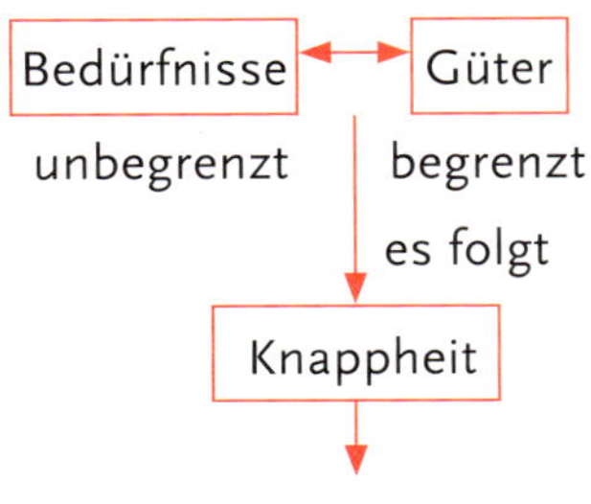

Knappheit

Geld

Güter

Bedürfnisse

ökonomisches Prinzip

homo oeconomicus

Nutzenmaximierung

H zu Aufgabe 3

Konkret heißt das für die Situation 1: Kaufst du dir ein etwas günstigeres Smartphone, um noch etwas Geld zu sparen (Minimalprinzip) oder gibst du alles Geld aus?

Aufgaben

1. Familie Maier (M1) kann monatlich über 2.800 € verfügen. Stelle ihren Haushaltsplan (Einnahmen / Ausgaben) auf: Wähle dazu aus den Ausgabenposten in M1 diejenigen aus, die du in jedem Fall tätigen möchtest und diejenigen, auf die du verzichten würdest. Begründe deine Entscheidung.
2. (W) Beschreibe, warum Menschen gezwungen sind zu wirtschaften. Verwende dabei die Begriffe „Bedürfnis“ und „knappes Gut“. (M2) **ODER** Stelle den Zusammenhang zwischen „Bedürfnis“, „knappes Gut“ und „Wirtschaften“ in einem Schaubild dar. (M2)
3. Stelle für die Situationen 1-3 (M3) dar, nach welchem Prinzip (Minimal- oder Maximalprinzip) du dich jeweils verhalten würdest. Begründe deine Entscheidungen.
4. Entwirf eine Begriffslandschaft zum Thema „Warum wir wirtschaften“. Verwende die Begriffe aus der Randspalte, ergänze gegebenenfalls weitere. (M1-M3)

4.1.2 Konsumieren ohne Grenzen?

M4 Der letzte Schrei

Topmodels präsentieren Schuhe aus dem Fell von sehr seltenen Kaninchen.

konsumieren
verbrauchen

M5 Kaufen, anziehen, wegwerfen?

Der irische Textildiscounter Primark wirbt mit niedrigsten Preisen für Trend-Klamotten. Damit verführt er zum hemmungslosen Shoppen und sorgt für Müllberge.

Primark ist nicht der erste Billigklamottenanbieter auf deutschem Boden. Kik, Takko, die alten Größen H&M und C&A, sowie die Discounter Aldi und Lidl verkaufen seit Jahren billige Bekleidung. Doch Primark treibt es ins Extreme: Noch modischer und noch billiger zu sein als die Konkurrenz ist der Anspruch. Bei den Konsumenten schlagen Billigangebote ein wie eine Bombe. [...] Kaufen, anziehen, wegwerfen. [...] „Billige Kleidung wird mit hoher Wahrscheinlichkeit nach kurzer Zeit weggeworfen, denn sie wird als wenig haltbar wahrgenommen", hält eine Studie im Auftrag der britischen Regierung fest. [...] Das bedeutet, immer mehr Bekleidung für immer weniger Geld. Die Indizien häufen sich, dass dies nicht ohne Folgen für die Umwelt bleibt. [...]

Daniel Baumann, Frankfurter Rundschau, 28.7.2012

Junge Käuferinnen sitzen mit ihren Einkaufstaschen vor einer Primark-Filiale in London.

Arbeiter in einer pakistanischen Textilfabrik.

Verhaltenskodex
Leitlinien, wie sich ein Unternehmen (hier kik) verhalten will. Unternehmen sind nicht zur Einhaltung gezwungen; es handelt sich um eine Form der freiwilligen Selbstkontrolle.

M6 Billigjeans für kik aus Pakistan

In einem schlecht gesicherten Fabrikgebäude des Unternehmens Ali Enterprises in Karachi starben bei einem Brand 300 Menschen. Hier wurden Jeans für kik produziert.

Verschlossene Notausgänge, vergitterte Fenster und versperrte Treppenhäuser hatten [...] dazu geführt, dass bei dem Feuer fast die Hälfte der Arbeiter starb. Weitere verletzten sich, als sie aus dem obersten Stockwerk des Gebäudes sprangen. [...] Die Kampagne für Saubere Kleidung/Clean Clothes Campaign zeigte sich empört, dass kik in seinen Zulieferfabriken die Sicherheit der Beschäftigten nicht garantieren konnte. „Diese Arbeiter haben auf grausamst vorstellbare Weise während der Produktion von Jeans für europäische Konsumenten ihr Leben verloren", sagte ein Sprecher. [...] Es ist nicht das erste Mal, dass kik wegen den Produktionsbedingungen seiner Zulieferer in Asien in der Kritik steht. Das Unternehmen hat sich deswegen einen Verhaltenskodex für Zulieferer auferlegt.

dpa, www.zeit.de, 18.9.2012

M7 „Die Verbraucher nutzen ihre Macht nicht"

Interview mit Peter Schwartze, der seit 2010 Präsident des Gesamtverbandes Textil und Mode ist.

Herr Schwartze, kann man ein T-Shirt für 4,99 Euro so herstellen, dass die Näherinnen fair verdienen und menschenwürdig arbeiten können?

Peter Schwartze: Nicht jedes preiswerte Kleidungsstück wird unter so schlimmen Bedingungen produziert wie in der abgebrannten Fabrik in Bangladesch. Dort waren offenbar Kriminelle am Werk, denen alle Vorschriften egal waren.

Lausiger Brandschutz, mickrige Löhne, lange Arbeitszeiten: Ist das die Globalisierung, die wir wollen?

Die Globalisierung hat Wachstum und Wohlstand in die ärmsten Länder gebracht. Ohne die weltweite Arbeitsteilung gäbe es viel mehr Armut und Hunger. [...]

In den vergangenen sechs Jahren sollen allein in Bangladesch 500 Menschen bei Fabrikbränden umgekommen sein. Zahlen die Entwicklungsländer den Preis für unseren Wohlstand?

Nicht jeder, der in Asien produzieren lässt, zahlt Billiglöhne und missachtet Vorschriften. [...]

Adidas, Seidensticker, Hugo Boss sind über jeden Zweifel erhaben?

Die deutsche Textilindustrie beschäftigt weltweit 400.000 Menschen. In jedem dieser Werke, sei es in Asien oder in Europa, herrschen deutsche Arbeits- und Sicherheitsstandards. Es gibt freiwillige Verhaltensrichtlinien, die alle unterschrieben haben. [...]

Wäre das Problem der Arbeitsbedingungen aus der Welt, wenn die Verbraucher für jede Jeans ein paar Euro mehr zahlten?

Am immensen Preisdruck in der

Branche ist auch der Verbraucher schuld. Mir ist klar, dass nicht jeder 19,95 Euro für ein T-Shirt ausgeben kann, aber diese Geiz-ist-geil-Mentalität kann auf Dauer so nicht weitergehen. [...]

Einige lieben es, sich jeden Trend leisten zu können. Andere können von Markenklamotten nur träumen.

Sicher, ein Hartz-IV-Empfänger muss auf jeden Cent achten. Aber die Verbraucher nutzen ihre Macht nicht. Wenn es mehr um Qualität als nur um den Preis ginge, hätten auch die Näherinnen bessere Bedingungen.

Interview: Carsten Brönstrup, Tagesspiegel, 3.12.2012

Aufgaben

W
1. Topmodels präsentieren Schuhe aus dem Fell von sehr seltenen Kaninchen. (M4) Beschreibe, was in Folge dieser Präsentation voraussichtlich passieren wird. **ODER** Stelle zeichnerisch die Folgen der Pariser Modenschau dar.
2. Wie entscheidest du, ob du etwas kaufst oder nicht? Nenne mögliche Kriterien.
3. Wissenschaftler sagen, Jugendliche würden in dem Irrglauben leben, es sei wirklich alles unbegrenzt. Beschreibe mögliche Folgen dieser Annahme. (M4, M5, M6)
4. Erläutere den Zusammenhang zwischen billig angebotener Kleidung bei uns und Katastrophen wie denen in der Fabrikhalle von Karachi. (M6, M7)
5. „Verbraucher nutzen ihre Macht nicht“. Beurteile diese Aussage, indem du eine Stellungnahme aus der Sicht eines jugendlichen Konsumenten formulierst. (M5, M6, M7)

4.1.3 Verbraucherschutz – Orientierung für den Konsumenten?

M8 Der Kunde: König oder Bittsteller?

M9 Stiftung Warentest testet Multimediahandys

Hier ist ein Tabellenausschnitt eines aufwändigen Tests von Multimediahandys abgedruckt. Durch die Gewichtung der Prüfkriterien kommt die Stiftung Warentest zu einem Gesamt-Qualitätsurteil.

test Multimediahandys

	Gewichtung	Samsung Corby S3650	Samsung S5620	Nokia C5	Nokia X3
Mittlerer Preis in Euro ca.		229	259	169	149
test-QUALITÄTSURTEIL	100%	GUT (2,2)	GUT (2,2)	GUT (2,3)	GUT (2,3)
TELEFON	20%	gut (2,3)	gut (2,2)	gut (2,4)	gut (2,4)
Sprachqualität		+	+	○	+
Funktion im GSM-/UMTS-Netz		+/Entfällt	+/+	+/+	+/Entfällt
SMS		○	+	○	○
KAMERA	15%	befried. (2,8)	befried. (2,9)	befried. (3,0)	befried. (2,7)
Bild bei normaler/geringer Beleuchtung		+/⊖	+/⊖	○/○	+/⊖
Auslöseverzögerung		+	+	++	++
MUSIKSPIELER	15%	gut (2,5)	gut (2,3)	befried. (2,8)	gut (2,2)
Klang/Kompatibilität		○/+	+/+	○/+	+/+
GPS	5%	Entfällt	gut (2,4)	gut (1,8)	Entfällt
HANDHABUNG	20%	gut (2,2)	gut (2,2)	gut (2,1)	gut (2,2)
Gebrauchsanleitung und Inbetriebnahme		○	○	+	+
Display/Tastatur		○/+	+/+	○/+	○/○
Bedienung Telefon/Kamera/Musikspieler		+/+/+	+/+/+	+/+/+	+/+/++
Transport		+	+	+	+
STABILITÄT	5%	sehr gut (1,4)	sehr gut (1,5)	gut (2,5)	gut (2,5)
AKKU	20%	gut (1,7)	gut (1,7)	gut (1,7)	gut (1,8)
AUSSTATTUNG/TECHNISCHE MERKMALE					
Länge x Breite x Dicke in cm		10,3 x 5,7 x 1,4	10,9 x 5,4 x 1,5	11,3 x 4,6 x 1,4	9,6 x 4,9 x 1,5
Gewicht in g		92	94	90	104
Musikformate: MP3/AAC/WMA		■/■/■	■/■/■	■/■/■	■/■/■
Kopfhörerbuchse 3,5 mm/2,5 mm		■/❑	■/❑	■/❑	■/❑

Ausschnitt aus: Stiftung Warentest, test 9/2010, S. 38

M10 Hilfreiche Verbraucherzentralen

verbraucherzentrale Rheinland-Pfalz

Smartphones verfügen nicht nur über eine Telefonfunktion, eine digitale Kamera und meist auch über ein Navigationsgerät. Wem die Adress- und Terminverwaltung nicht reicht [...], der kann sich aus dem Internet zusätzliche Programme, die sogenannten „Apps", auf seinen mobilen Mini-Computer laden. Die eifrige Online-Nutzung verursacht häufig erhebliche Kosten, was vielen Kunden erst mit Blick auf die erste Telefonrechnung auffällt. Folgende Tipps helfen, vom Handy zum Smartphone ohne Kostenfallen zu wechseln: [...]

- Voreinstellungen checken [...]
- Betriebssystem und Handytarife prüfen [...]
- Vorsicht bei Navigationsfunktion und Auslandseinsatz [...]

www.verbraucherzentrale-rlp.de, 28.11.2012

Aufgaben

1. Welcher Position würdest du eher zustimmen, Position a) oder Position b). Begründe deine Entscheidung. (M8)
2. a. Tausche dich mit einem Partner aus, wie du die Testergebnisse bei bevorstehendem Kauf eines Multimediahandys nutzen könntest. (M9)
   b. Erkläre, für welches Gerät von den vieren du dich entscheiden solltest, wenn du ein begrenztes Budget hast und dir der Musikspieler besonders wichtig ist.
3. Tausche dich mit einem Partner aus, ob du dich schon einmal an eine Verbraucherzentrale gewendet hast bzw. erkläre in welchem Fall du es tun würdest. (M10)
4. Z Beurteile die Notwendigkeit von Verbraucherzentralen. (M8, M10)

Grund-Wissen

Warum müssen wir wirtschaften?	Unsere unzähligen Bedürfnisse können wir nicht ohne eigene Anstrengung stillen. Auch sind die Güter knapp, die wir zu unserer Bedürfnisbefriedigung benötigen. Aus diesem Grund müssen wir unsere materiellen Wünsche unseren individuellen wirtschaftlichen Bedingungen anpassen.
Ökonomisches Prinzip	Häufig handeln wir nach dem ökonomischen Prinzip, d. h. wir setzen vorhandene Mittel wie z. B. Geld so ein, dass wir einen möglichst hohen Nutzen damit erzielen. Deshalb spricht man in diesem Zusammenhang vom Menschen auch als homo oeconomicus.
Minimal-/ Maximalprinzip	Dabei folgen wir entweder dem Minimalprinzip, d. h. ein vorgegebenes Ziel mit möglichst wenig Mitteln zu erreichen. Oder wir handeln entsprechend dem Maximalprinzip, d. h. mit den gegebenen Mitteln das bestmögliche Ziel zu erreichen.
Konsumieren ohne Grenzen?	In die Entscheidung für den Kauf eines bestimmten Produkts fließen unterschiedliche Aspekte ein. Der Preis hat häufig den größten Einfluss auf die Kaufentscheidung – gerade bei Jugendlichen, die in der Regel nicht über viel eigenes Geld verfügen. Der niedrige Preis eines Produkts verschleiert jedoch, dass Kosten an anderer Stelle anfallen und Schäden anrichten, z. B. bei schlechten Arbeitsbedingungen in der Herstellung und bei Umweltschäden. Als „nachhaltig" bezeichnet man Entscheidungen, die diese Faktoren berücksichtigen. Die Konsumenten könnten durch ihren Kauf oder Nichtkauf letztlich darüber entscheiden, was produziert wird. Entschließen sie sich zum Kauf ökologisch vertretbarer Produkte, werden auch solche produziert. In der Realität haben jedoch häufig andere Kaufkriterien (Preis, Prestige) Vorrang.
Verbraucherschutz	Die 16 Verbraucherzentralen in den Bundesländern beraten und informieren zu Fragen des Verbraucherschutzes und helfen bei Rechtsproblemen. Sie liefern wertvolle Hinweise und Tipps z. B. auch für einen sicheren Umgang bei Einkäufen im Internet.

4.2 Wie funktioniert ein Markt?

4.2.1 Wo sich Anbieter und Nachfrager treffen …

Wie viel ist die Jacke wert – 119 Euro oder 49 Euro?

M1 Angebot und Nachfrage auf dem Markt

Unter dem Markt verstehen wir den Ort, an dem Verkäufer und Käufer aufeinander treffen: der Verkäufer bietet Waren oder Dienstleistungen an, der Käufer fragt Güter oder Dienstleistungen nach. Insofern ordnet der Markt das wirtschaftliche Verhalten der Menschen zueinander und unterscheidet sie in Anbieter (Angebotsseite) und Konsumenten (Nachfrageseite). Es werden ganz unterschiedliche Märkte unterschieden, z. B. Gütermarkt, Arbeitsmarkt oder der Geldmarkt.

Kompetenz: Methode

Simulation zum Marktgeschehen

Häufig wirkt das Marktgeschehen auf Außenstehende kompliziert und schwer durchschaubar, obwohl es einfachen Gesetzmäßigkeiten folgt. Mit Hilfe der Simulation bekommt ihr ein Gefühl dafür, wie der Markt funktioniert und wie sich durch das Zusammenspiel von Angebot und Nachfrage der Preis bildet.

Leitfaden

Simulation vorbereiten (Tag vorher)

- Ihr benötigt folgende Rollen: Verkäufer (entsprechend der Anzahl der anzubietenden Waren, hier 9), Käufer (die übrigen Schüler).
- Die Verkäufer bringen folgende Gegenstände zum Handeln am Markt mit und bestimmen zuvor deren Preis (Preisschild schreiben!):
  3 besonders begehrte Gegenstände (z. B. iPod oder Handy)
  6 gleiche Schulbücher

Simulation durchführen (ca. 20 Min.)

- Die anzubietenden Waren werden auf „Verkaufstischen" ausgestellt.
- Die übrigen Schüler spazieren im Klassenzimmer als Kunden herum, informieren sich über das Warenangebot und erwerben – je nach Bedarf – einzelne Produkte.

Achtung: Es handelt sich um eine Simulation, erworbene Waren und gegebenenfalls Geld werden nach Spielende zurückgegeben!

Simulation auswerten (ca. 20 Min.)

- Beschreibt, was aus eurer Sicht auf „eurem" Markt passiert ist: Sind alle Waren verkauft worden? Was ist mit den vom Verkäufer festgelegten Preisen passiert? Sind sie eingehalten worden?
- Erklärt jeweils die Strategien, die ihr während des Handelns entweder als Käufer oder aber als Verkäufer am Markt verfolgt habt.
- Gab es Probleme? Wenn ja, welche? Wie könnten diese gelöst werden?

M2 Wie viele Brötchen soll ein Bäcker backen?

Wer wissen will, wie ein Markt funktioniert, muss wissen, welche Faktoren Angebot und Nachfrage beeinflussen. Denn beide zusammen bestimmen den Preis jedes Gutes.

Im Idealfall deckt das Angebot des Bäckers genau die Nachfrage seiner Kunden, sodass er am Abend kein Brötchen wegwerfen muss. Das gelingt ihm aber nur, wenn seine Brötchen nicht allein den Geschmack der Kunden treffen, sondern wenn diese auch bereit sind, den geforderten Preis zu zahlen. Das werden sie nur tun, wenn der Bäcker nicht teurer ist als sein Konkurrent nebenan. Und wenn die Ausgabe für die Brötchen noch genügend Spielraum im Einkommen lässt, um andere lebensnotwendige Güter zu kaufen. [...]

Das Hauptproblem jedes Marktes sind mangelnde Informationen, vor allem auch über die anderen Marktteilnehmer. Um beim Beispiel des Bäckers zu bleiben: [...] Will er als Kaufmann erfolgreich sein, muss er wissen, wie er an preisgünstiges Mehl kommt, was seine Konkurrenten gerade anbieten und welche Wünsche seine Kunden haben. Viele Dinge kann er nur ahnen, doch aus all diesen Faktoren bestimmt er seinen Preis.

Für die Nachfrage – ob nach Brötchen oder den meisten anderen Gütern – gilt dabei im Regelfall die Annahme: Sinkt der Preis, finden sich mehr Käufer, steigt er, lässt die Nachfrage nach. [...]

Gibt es für ein Gut nur einen Anbieter, haben die Kunden das Nachsehen: In einem solchen Monopol diktiert der Anbieter die Preise und erzielt dadurch eine höhere Gewinnspanne, denn seine Kunden können nicht zur Konkurrenz ausweichen. [...]

Es ist für die Kunden aber auch von Nachteil, wenn sich der Staat in den Markt einmischt, etwa indem er Preisgrenzen festlegt – vermeintlich zu ihren Gunsten. Doch kein Unternehmer bietet seine Waren längere Zeit zu Preisen an, die seine Kosten nicht decken. Entweder sinkt das Angebot, oder seine Qualität verschlechtert sich.

Heike Göbel, Frankfurter Allgemeine Sonntagszeitung, 25.2.2007, S. 50

Aufgaben

1. a. Spielt in der Klasse das Geschehen am Markt nach. Orientiert euch dabei am Leitfaden. (M1)
   b. Wertet im Anschluss eure Simulation entsprechend des Leitfadens aus. Diskutiert dabei insbesondere die Frage, ob bzw. inwiefern euer „Marktgeschehen" mit dem Ablauf an realen Märkten übereinstimmt.
2. Beschreibe auf der Grundlage eurer Simulation die (Markt-) Preisbildung.
3. Arbeite aus M2 Faktoren heraus, die das Zusammenspiel von Angebot und Nachfrage beeinflussen.
4. (Z) In einigen Städten gibt es inzwischen den sogenannten „Vortagsbäcker": Brot- und Backwaren vom Vortag werden zum reduzierten Preis angeboten. Erkläre diese Entwicklung.

4.2.2 Der Wirtschaftskreislauf

M3 Tauschwirtschaft

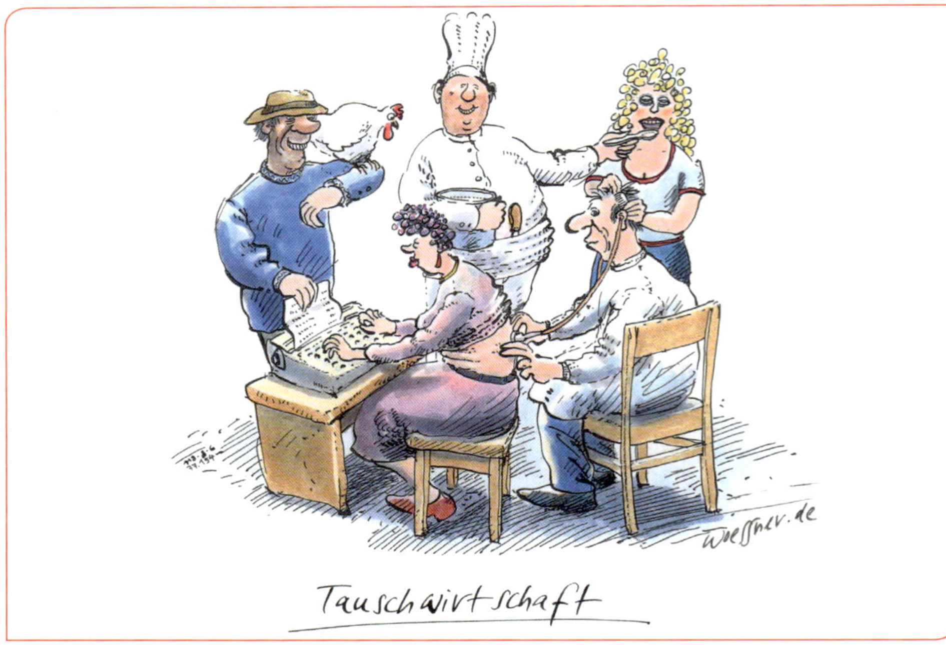

Wössner, Baaske Cartoons

M4 Wirtschaftskreislauf: Wer ist beteiligt?

Deine Eltern kaufen ein Auto. Das klingt ganz einfach, aber was passiert da genau? Deine Eltern tauschen ihr Geld gegen eine Sache ein, die in einer Fabrik hergestellt wurde. Das Geld für das Auto haben deine Mutter, dein Vater vorher im Normalfall durch ihre Arbeit auf einer Arbeitsstelle verdient.

So funktioniert es viele tausend Mal: Die Unternehmen bezahlen für die Arbeitskraft der Menschen. Diese wiederum bezahlen mit ihrem Verdienst die Güter des täglichen Lebens, die in vielen Unternehmen (in unserem Fall die Autofirma) hergestellt werden. Es hat sozusagen ein Austausch zwischen den Unternehmen und den privaten Haushalten stattgefunden. Das lässt sich grafisch in einem Kreis darstellen und das Ganze nennt man den „einfachen Wirtschaftskreislauf“.

Und nun für Expertinnen und Experten: Wenn man den „erweiterten Wirtschaftskreislauf“ darstellt, werden noch andere Dinge mit einbezogen. In den Haushalten wird natürlich nicht das ganze Einkommen für Dinge des täglichen Lebens ausgegeben, sondern Teile des Geldes werden zur Bank gebracht. Die Banken verleihen das Geld an Firmen, die wiederum neue Maschinen anschaffen können. Beim erweiterten Wirtschaftskreislauf werden also vor allem die Geldumläufe in einer Volkswirtschaft berücksichtigt. Dazu zählen auch Steuern, Schulden, Versicherungen und anderes, das mit Finanzen zu tun hat. Diese wirtschaftlichen Abläufe sind sehr kompliziert, weil auch die Geschäfte des Staates mit dem Ausland dabei eine Rolle spielen.

Gerd Schneider, Christiane Toyka-Seid, Hanisauland, Lexikon (auf: www.hanisauland.de/lexikon)

M5 Der Staat im Wirtschaftskreislauf

Im einfachen Wirtschaftskreislauf wird davon ausgegangen, dass die Haushalte ihre Einkünfte vollständig für den Konsum ausgeben und die Unternehmen ihren Gewinn für Löhne und Gehälter. Das entspricht natürlich nicht der Realität.

Daneben beeinflusst auch der Staat den Wirtschaftskreislauf:

1. Er zieht Steuern, Abgaben und Sozialleistungen von den Haushalten und Unternehmen ein.
2. Mit dem Geld zahlt er Löhne und Gehälter, zum Beispiel an die Beamten.
3. Natürlich kauft er auch ein, zum Beispiel Papier für die Beamten, aber auch Baumaterial für Schulen, Autobahnen usw.
4. Der Staat fördert gelegentlich Unternehmen oder Wirtschaftszweige, zum Beispiel neue Energien (das sind sogenannte Subventionen).
5. Schließlich finanziert der Staat die Renten, Arbeitslosengeld und sonstige Sozialleistungen, das nennt man Transferzahlungen.

A) Konsumausgaben

B) Transferzahlungen

C) Löhne

D) Subventionen

E) Steuern (2x)

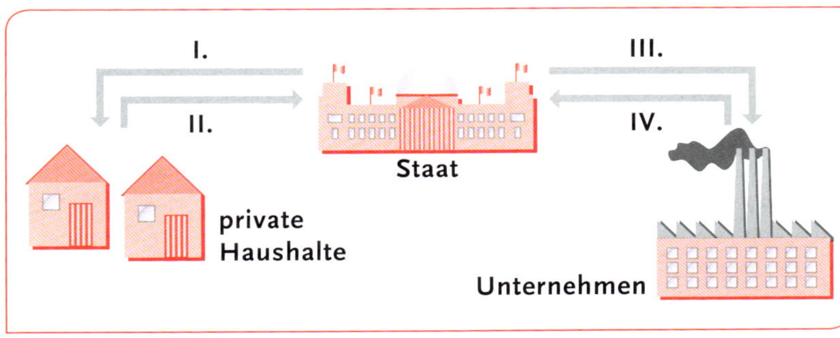

Aufgaben

1. Erkläre, ob ein wie in M3 dargestellter Tauschhandel für uns auch möglich wäre.
2. (W) Nenne die am einfachen Wirtschaftskreislauf beteiligten Subjekte. (M4)
   ODER
   Stelle den „einfachen Wirtschaftskreislauf" grafisch dar. (M4)
3. a. Ordne zunächst die Beschreibungen im Text (1-5) den Bezeichnungen der Geldflüsse auf den Kärtchen (A-E) zu. (M5)
   b. Ordne dann die Kärtchen den Strömen im Wirtschaftskreislauf (I-IV) zu.
4. (Z) Entwirf ein Modell des „erweiterten Wirtschaftskreislaufs", indem du neben dem Staat auch Banken / Versicherungen als Wirtschaftssubjekt berücksichtigst.

4.2.3 Ökonomie und Ökologie: Nachhaltigkeit als Chance für die Marktteilnehmer?

M6 Wirtschaft und Umwelt – geht das zusammen?

Horst Haitzinger

Ökonomie
Wirtschaft(en)

Ökologie
Wechselbeziehung / Verhältnis von Menschen zu ihrer Umwelt

M7 Nachhaltige Entwicklung

Eine nachhaltige Entwicklung sollte alle drei Dimensionen berücksichtigen.

Das Konzept der Nachhaltigkeit lässt sich bis ins 14. Jahrhundert zurückverfolgen. Schon damals existierte eine „nachhaltige" Forstwirtschaft, die darauf basierte, „nicht mehr Holz zu schlagen, als nachwächst". 1795 formulierte Georg Ludwig Hartig: Die Wälder sind so zu nutzen, „dass die Nachkommenschaft ebensoviel Vorteile daraus ziehen kann, als sich die jetzt lebende Generation zueignet."
1987 legte die „World Commission on Environment and Development" (WCED) („Weltkommission für Umwelt und Entwicklung") unter der Leitung der damaligen norwegischen Ministerpräsidentin Gro Harlem Brundtland ihren Abschlussbericht „Our Common Future" vor. Darin heißt es: „Ohne Absicht und Aussicht auf Rückzahlung borgen wir heute von künftigen Generationen unser ‚Umweltkapital'. Unsere Nachfahren mögen uns ob unseres verschwenderischen Vorgehens verfluchen – unsere Schulden werden sie nicht mehr eintreiben können. Unser Verhalten ist bestimmt von dem Bewusstsein, dass uns keiner zur Rechenschaft ziehen kann. Künftige

Generationen haben heute kein Wahlrecht, sie verfügen über keine politische oder finanzielle Macht und sind uns daher ohnmächtig ausgeliefert.“
Im Zentrum der Debatten über Nachhaltigkeit steht deshalb in der Regel das Begriffsdreieck (die Trias) Ökologie – Ökonomie – Soziales. Damit ist gemeint, dass alle Umweltmaßnahmen zugleich sozial verträglich sein und die wirtschaftliche Entwicklung fördern sollen.

Stephan Podes, in: Politik & Co, Bamberg 2012, S. 320

Erklärfilm zur Nachhaltigkeit (Mediencode 70021-02)

M8 Perspektive eines Unternehmers: Nachhaltiges Wirtschaften lohnt sich!

Herr Schulz, Sie sind mittelständischer Unternehmer und führen Ihre Spedition seit fünf Jahren. Welche Gründe haben Sie dazu bewegt, Ihr Unternehmen im Sinne des Umweltschutzes nachhaltig umzustrukturieren?
Als ich die Firma von meinen Eltern übernommen habe, waren die Betriebskosten außerordentlich hoch. Ich musste in diesem Bereich Maßnahmen durchführen, um auf dem Markt weiter bestehen zu können.
Wie haben Sie die Kosten senken können?
Zuerst habe ich damit begonnen, das Altöl der LKWs nicht mehr zu entsorgen, sondern selber aufzuarbeiten. Dadurch spare ich schon 70 Prozent der Kosten für neues Öl ein. Nach und nach wechselte ich unsere alten LKWs dann gegen schadstoffarme und spritsparende Modelle aus. Dadurch konnte ich zum einen wieder Kunden in den Umweltzonen beliefern. Zum anderen spare ich an den Benzinkosten zwischen 30 und 40 Prozent.
Haben Sie auch noch an anderer Stelle Maßnahmen getroffen?
Unsere Fahrer sollen darauf achten, möglichst spritsparend zu fahren. An den Einsparungen werden sie beteiligt. Die meisten finden das richtig gut: Einige freuen sich über das Geld, andere finden den Umweltschutz richtig und wichtig und sind stolz und motiviert, in diesem Unternehmen zu arbeiten. Die Auswirkungen lassen sich vielleicht nicht sofort in Geld umrechnen, aber das Unternehmen profitiert von der Zufriedenheit der Mitarbeiter.
Was ist jetzt daran nachhaltig?
Nachhaltig ist einerseits die Schonung der Umwelt und andererseits werden dadurch unsere Betriebskosten genügend reduziert. Wir sind wieder konkurrenzfähig. Außerdem haben wir vielleicht die Chance, den Deutschen Nachhaltigkeitspreis zu gewinnen.
Ich bedanke mich für das Interview und wünsche Ihnen viel Glück für den Nachhaltigkeitspreis.

Guido Quint, in: politik.21 NRW, Bamberg 2013, S. 208

Kompetenz: Kommunikation

Verbalisieren von Grafiken, Schaubildern und Diagrammen

Leitfaden

1. **Fragestellung / Thema bestimmen**
Was ist das Thema des Diagramms / Schaubilds? Lies genau die Überschrift der Darstellung.

2. **Darstellungsform bestimmen**
Um welche Darstellungsform (Schaubild, welche Art von Diagramm) handelt es sich? Diagramme sind gezeichnete Zahlenwerte. Es gibt verschiedene Arten von Diagrammen:
a) in **Balkendiagrammen** lassen sich verschiedene Zahlenwerte gut miteinander vergleichen,
b) durch **Kurvendiagramme** können zeitliche Entwicklungen gut dargestellt werden,
c) **Kreisdiagramme** lassen die jeweiligen Anteile an der Gesamtmenge gut erkennen.

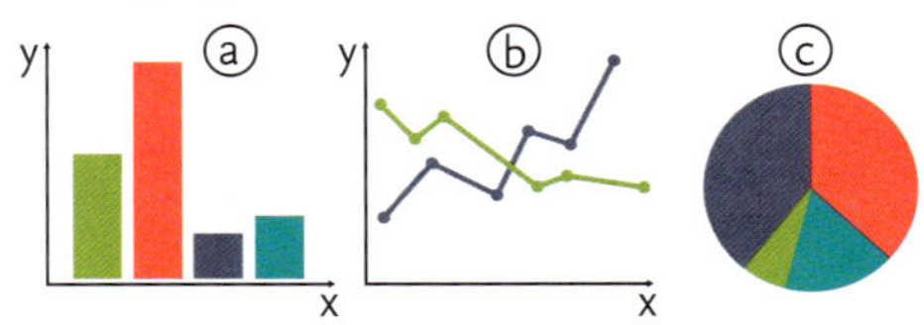

In Schaubildern sind die Zahlendiagramme mit grafischen Elementen und Bildern verbunden. Dadurch soll die Aussage der Zahlen deutlicher gemacht und veranschaulicht werden – damit sie sich besser und schneller einprägt.

3. **Diagramm / Schaubild beschreiben**
– In welcher Maßeinheit sind die Zahlenwerte angegeben? Handelt es sich um absolute Zahlen? Dann steht dort z. B. „in tausend“ oder „in Millionen“. Oder sind relative Zahlen dargestellt? Diese Angaben erfolgen in Prozent (%) oder „von 100“ und geben den Anteil der betrachteten Gruppe an.
– Woher kommen die Zahlen, was ist als Quelle der Darstellung angegeben?
– Ist die Form der Darstellung korrekt? Passen die Abstände im Koordinatensystem, sind die Einheiten nicht gestreckt oder gestaucht, sondern vergleichbar?

4. **Aussagen formulieren**
– Welcher Zeitpunkt oder Zeitraum ist dargestellt?
– Was zeigen die Zahlen und Daten? Ist eine (zeitliche) Entwicklung zu erkennen?
– Gibt es Besonderheiten oder Auffälligkeiten? Können Höchst-, Tiefst- oder Durchschnittswerte abgelesen werden?
– Was ist die Gesamtaussage des Diagramms? Versuche diese in einem Satz zu formulieren.

5. **Schaubild erklären**
Wie ist die Aussage des Schaubilds / Diagramms in das Thema einzuordnen? Berücksichtige hierbei, was du schon alles zu dem Thema gelernt hast. Bestätigen sich deine Vorkenntnisse oder sind Widersprüche oder neue Aspekte zu erkennen?

M9 Die Perspektive privater Haushalte: Heizkosten und Energiesparverhalten

In einer Umfrage zum Energiesparverhalten antworten Bewohner der Städte Bern und München:

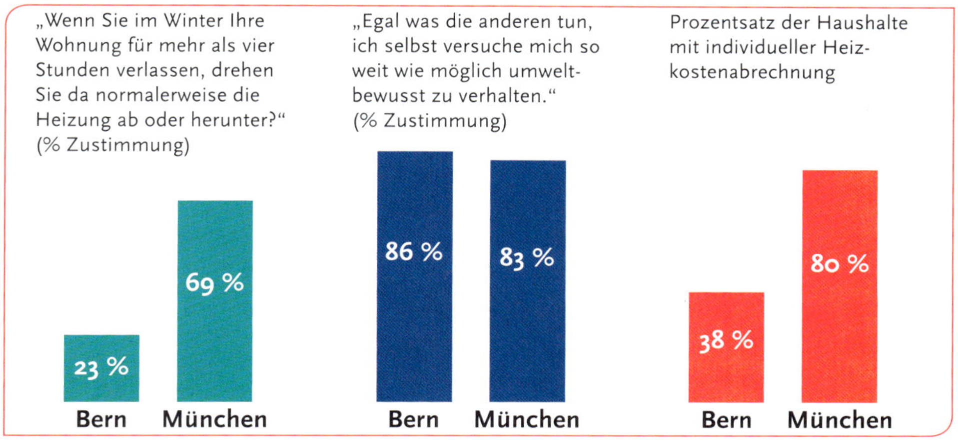

Nach: Andreas Diekmann/Peter Preisendörfer, Umweltsoziologie, Reinbek 2001, S. 80 ff.

M10 Schädliche Nebeneffekte und ein Lösungsansatz: Der Markt für Verschmutzungsrechte

Manchmal hat die wirtschaftliche Aktivität von Unternehmen und Privatleuten Nebeneffekte für Dritte. Ein solcher Effekt kann die Umweltverschmutzung sein. Autos und Fabriken blasen zum Beispiel das klimaschädliche Gas Kohlendioxid in die Luft. [...]

Der Schaden für die Umwelt spielt für den Unternehmer zunächst keine unmittelbare Rolle. Er ist auch schwierig zu ermitteln. Aber der Staat hat ein Interesse, dass diese Schäden nicht zu groß werden. Deshalb muss der Staat Regeln erlassen, um Umweltverschmutzung zu verringern oder zu verhindern. [...]

Aber es gibt inzwischen auch moderne Ideen, die Verbote und Marktwirtschaft miteinander verbinden. Das geht über den Handel von Verschmutzungsrechten. Jedes Unternehmen, das Dreck in die Luft pusten will, muss dafür ein Verschmutzungsrecht vom Staat kaufen. Diese Rechte werden von der Regierung knapp gehalten. Wenn ein Unternehmen nun eine Filteranlage einbaut, die den Dreck aus der Abluft herausfiltert und deswegen weniger Kohlendioxid ausstößt, kann sie ihr Verschmutzungsrecht an einen Betrieb verkaufen, der noch nicht so sauber produziert. Der darf dann zwar weiterhin Abgase im alten Maße ausstoßen, aber muss für dieses Recht teuer bezahlen.

[...] So wird die Verschmutzung zum Teil der Kalkulation. Dieses System wird in Europa ungefähr so praktiziert.

Winand von Petersdorff, Das Geld reicht nie, Frankfurt a. M., 2. Aufl., 2008, S. 111 ff.

Kohlekraftwerke emittieren große Mengen des klimaschädlichen Gases CO_2.

M11 Staatliche Perspektive: Was tut die Politik für den Umweltschutz?

Umweltpolitisches Instrument	Beispiele
Instrumente, die auf Freiwilligkeit beruhen, wie z. B. moralische Appelle	• Aufforderung zur Mülltrennung • Informationen durch Gütesiegel
Marktwirtschaftliche Instrumente, d. h. unerwünschtes Verhalten (z. B. Umweltverschmutzung) mit einem Preis belegen bzw. verteuern, erwünschtes Verhalten bezuschussen. Politisch erwünschtes Verhalten lohnt sich für Unternehmen und private Haushalte, wenn dadurch Kosten gesenkt (und Gewinne erhöht) werden können.	• Umweltsteuern wie die Ökosteuern • Subventionen wie bei Einführung des geregelten Drei-Wege-Katalysators • Umweltzertifikate und deren Handel, z. B. das europäische Emissionshandelssystem
Bürokratische Instrumente, d. h. Gebote und Verbote werden gesetzlich verankert	• das gesetzliche Verbot der Verwendung bestimmter Stoffe, wie von FCKW • Umweltzonen in Städten

Aufgaben

1. Erkläre, warum die Nachhaltigkeit besonders ein Anliegen der jungen bzw. der nächsten Generation ist. (M6, M7)
2. Arbeite heraus, weshalb sich für den Unternehmer eine Investition in den Umweltschutz gelohnt hat. (M8)
3. Verbalisiere das Schaubild (M9) entsprechend des Leitfadens.
4. (W) Zum Zeitpunkt der Befragung war die Art der Heizkostenabrechnung unterschiedlich. (M9) Nenne stichpunktartig mögliche Ursachen für das unterschiedliche Energiesparverhalten in Bern und München. **ODER** Erkläre in Form eines Zeitungsartikels das unterschiedliche Energiesparverhalten der Verbraucher.
5. Beschreibe die Wirkweise des Emissionshandels als Instrument zur Lösung von Umweltproblemen. (M10)
6. (W) Stelle Vor- und Nachteile umweltpolitischer Instrumente tabellarisch einander gegenüber. (M11) **ODER** Erläutere einem Grundschulkind die Vor- und Nachteile eines umweltpolitischen Instruments deiner Wahl.

Grund-wissen

Was ist ein Markt?	Märkte helfen, Bedürfnisse zu befriedigen. Es treffen Anbieter und Nachfrager aufeinander. Dabei werden zum einen Güter und Dienstleistungen zum Tausch angeboten. Zum Anderen werden auf dem Markt Güter und Dienstleistungen nachgefragt. Geld ist das übliche Tauschmittel.
Wie bildet sich der Preis?	Der Preis bildet sich in aller Regel auf dem Markt, er ist abhängig von Angebot und Nachfrage: Angebot bezeichnet eine Ware oder Dienstleistung, die jemand verkaufen möchte und den Preis, den er dafür bekommen will. Nachfrage bezeichnet die Ware oder Dienstleistung, die jemand kaufen möchte sowie den Preis, den er bereit ist dafür auszugeben. Gibt es gleich mehrere Anbieter und ebenso mehrere Käufer, stellt sich auf dem Markt ein sogenannter (theoretischer!) Gleichgewichtspreis ein, zu dem die Käufer am meisten zu kaufen und die Verkäufer am meisten zu verkaufen bereit sind. Bei einem Überangebot an Waren sinkt der Preis. Wenn es dagegen zu viele Käufer für eine kleine Menge von Waren gibt, wird der Preis weiter steigen.
Wer ist am Wirtschaftsgeschehen beteiligt?	Welche Wirtschaftssubjekte konkret am Marktgeschehen beteiligt sind, lässt sich z. B. mithilfe des Kreislaufmodells abbilden: Der einfache Wirtschaftskreislauf ist ein Modell, in dem die Wirtschaftssubjekte (Pole) Haushalte und Unternehmen unterschieden werden. Im erweiterten Wirtschaftskreislauf kommen der Staat (öffentliche Haushalte) sowie Banken und das Ausland als Wirtschaftssubjekte hinzu.
Nachhaltigkeit	Häufig wird wirtschaftliches Wachstum als Gefahr für die Umwelt gesehen. Das Leitbild der Nachhaltigkeit fordert daher, dass Wirtschaftswachstum, Umweltschutz und soziale Gerechtigkeit in einem guten Verhältnis stehen. Der Umgang mit der Natur soll es der heutigen Generation erlauben, ihre Bedürfnisse zu befriedigen, ohne die Möglichkeiten künftiger Generationen zu gefährden, ihren Lebensstil zu wählen.
Ökonomie und Ökologie im Spannungsverhältnis?	In vielen Bereichen decken sich die wirtschaftlichen Interessen von Unternehmen aber auch mit ökologischen. Gemäß dem ökonomischen Prinzip sind diese nämlich daran interessiert, Kosten zu senken. Sie achten deshalb darauf, sorgsam mit ihren Ressourcen umzugehen. Andererseits besteht auch ein Anreiz, anfallende Kosten (z. B. für Luftreinhaltung) auf die Allgemeinheit abzuwälzen. Um dies zu verhindern, muss der Staat mit umweltpolitischen Regelungen eingreifen.

4.3 (Warum) Braucht der Markt eine Ordnung?

4.3.1 Warum benötigen wir eine Wirtschaftsordnung?

M1 Braucht der Markt eine Ordnung?

M2 Wirtschaftsordnung konkret: Wer soll was regeln?

Eine Marktordnung regelt das Zusammenspiel auf einem Wochenmarkt. Entsprechend dazu regelt eine Wirtschaftsordnung das Zusammenspiel auf verschiedenen Märkten, das allerdings wesentlich komplexer ist.

Eine Wirtschaftsordnung muss Entscheidungen in Bezug auf den Einsatz der vorhandenen Ressourcen aber auch hinsichtlich der Verteilung der Ergebnisse treffen.

Wer soll was regeln?	
a) Wem sollen die Unternehmen gehören?	
b) Wer soll die Preise für Güter und Dienstleistungen bestimmen? (Sollen Grundnahrungsmittel einen einheitlichen Preis haben?)	
c) Wie hoch sollen die Löhne sein? Wer handelt die Lohnhöhe aus?	Ins Heft
d) Wer soll entscheiden, was und in welchen Mengen produziert bzw. welche Dienstleistung angeboten wird?	
e) Welche Regeln soll der Staat vorgeben? Soll er sich überhaupt einmischen?	

M3 Warum benötigen wir eine Wirtschaftsordnung?

In Deutschland gibt es rund 80 Millionen Menschen. Sie wollen essen, trinken, benötigen Kleidung, der eine will Jeans, der andere einen Frack. Frau Meyer möchte Kinderkleidung oder sie sucht eine Bluse für ein Fest, Herr Wenger kauft sich eine CD, benötigt einen Schlagbohrer für seine Hobbyarbeiten am Wochenende, Jenny kauft eine Zeitschrift, um endlich die Reportage über ihre Lieblingsgruppe zu lesen. Eine Unternehmerin besucht eine Messe, um sich dort über die neueste technische Ausstattung für ihren Druckereibetrieb zu informieren. Morgens gehen wir zum Bäcker, um Brötchen, Milch und Brot zu kaufen. Diese Reihe ließe sich beliebig fortsetzen.

Hunderttausende unterschiedlicher Produkte und Dienstleistungen werden von den 80 Millionen Menschen benötigt. Zählt man die vielen Rohstoffe und Betriebsstoffe hinzu, die Unternehmen für ihre Produktion benötigen, sind es noch wesentlich mehr.

Diese werden nicht von einem Betrieb hergestellt und verteilt, sondern von vielen Tausenden:

Es herrscht Arbeitsteilung, wer etwas haben will, muss tauschen, z. B. Arbeitskraft gegen Einkommen, Werkzeugmaschinen oder Brötchen gegen Geld.

Woher aber weiß z. B. ein Bäcker, wie viele Leute seine Brötchen kaufen wollen, woher ein Müller, dass der Bäcker ihm Mehl von einer bestimmten Qualität abkaufen wird?

Güter müssen produziert, verkauft, transportiert und immer zur richtigen Zeit am richtigen Ort zur Verfügung stehen, damit die Menschen ihre Bedürfnisse befriedigen oder Unternehmen z. B. die benötigten Maschinen kaufen können. Wie ärgerlich jemand sein kann, der das, was er benötigt, nicht findet und darauf warten muss, weiß jeder aus eigener Erfahrung.

Für uns ergibt sich daraus die zentrale wirtschaftliche Frage: Wie muss eine Wirtschaft organisiert sein, wie werden die unzähligen wirtschaftlichen Handlungen durch Regeln aufeinander abgestimmt, damit alle Menschen mit Sachgütern und Dienstleistungen versorgt werden können, die benötigten Arbeitskräfte zur Verfügung stehen, sie so viel Einkommen erzielen, dass sie ein menschenwürdiges Leben führen können?

Hans Kaminski u. a., in: Handelsblatt macht Schule, Wirtschaftsordnung, S. 50

Aufgaben

1. Nenne Regeln, die in einer Marktordnung unbedingt enthalten sein sollten. (M1)
2. Wie stellst du dir eine „gute“ Wirtschaftsordnung vor? Die Fragen a-e sollen dir bei deinen Überlegungen helfen. (M2)
3. (Z) a. Entwerft auf der Grundlage eurer Antworten aus 2. eine Wirtschaftsordnung.
   b. Präsentiert „eure“ Wirtschaftsordnung im Plenum.
   c. Diskutiert eure Entwürfe im Plenum in Bezug auf Umsetzbarkeit und mögliche Probleme.
4. Stelle Gründe dar, weshalb wir eine Wirtschaftsordnung brauchen. (M3)

4.3.2 Die Soziale Marktwirtschaft in Deutschland

M4 Die Soziale Marktwirtschaft als Schülerzeichnung

Schülerergebnis aus einer Schule in Reutlingen

M5 Elemente der Sozialen Marktwirtschaft

1. Die Soziale Marktwirtschaft basiert auf den Funktionen eines beweglichen und sich dynamisch entwickelnden Marktes.

2. Die Soziale Marktwirtschaft ist angetreten mit dem Anspruch, durch den marktwirtschaftlichen Prozess nicht nur die Gütererzeugung anzuheben, den Bereich persönlicher freier Gestaltungsmöglichkeiten für die Einzelnen zu erweitern, sondern auch soziale Fortschritte zu bringen. [...]

4. Garant des sozialen Anspruchs der Marktwirtschaft ist nicht nur der Markt [...]. Der Staat hat vielmehr die unbestrittene Aufgabe, über den Staatshaushalt und die öffentlichen Versicherungen die aus dem Markt resultierenden Einkommensströme umzuleiten und soziale Leistungen, wie Kindergeld, Mietbeihilfen, Renten, Pensionen, Sozialsubventionen und so weiter, zu ermöglichen.

Alfred Müller-Armack, Unser Jahrhundert der Ordnungsexperimente, zitiert nach: Genealogie der sozialen Marktwirtschaft, Bern, Stuttgart 1981, S. 150 f.

Alfred Müller-Armack entwarf die Idee und den Begriff der Sozialen Marktwirtschaft, die ab 1949 vom ersten deutschen Bundeswirtschaftsminister Ludwig Erhard (Bild) umgesetzt wurde.

M6 Schafft die Soziale Marktwirtschaft Wohlstand, Freiheit und Gerechtigkeit?

Der FDP-Ehrenvorsitzende Otto Graf Lambsdorff und der SPD-Linke Ottmar Schreiner stritten nach 60 Jahren Soziale Marktwirtschaft über die Bilanz.

Herr Schreiner, haben Sie die Soziale Marktwirtschaft positiv oder negativ empfunden?

Schreiner: Ich konnte als erstes Kind einer großen Familie in den Fünfzigerjahren ein Gymnasium besuchen. Die Soziale Marktwirtschaft war ohne Zweifel die ökonomische Grundlage für eine Gesellschaft, die sozialen Aufstieg für die anbot, die wollten und die geistigen Voraussetzungen mitbrachten. […]

Lambsdorff: In der Einschätzung der damaligen Chancen liegen Herr Schreiner und ich nicht weit auseinander. […] Im Gegensatz zu Herrn Schreiner bin ich jedoch der Ansicht, dass diese Gesellschaftsordnung heute zu sozial geworden ist. Der Sozialstaat hat die Marktwirtschaft in weiten Teilen außer Kraft gesetzt.

Zu sozial oder zu unsozial, was gilt denn nun?

Schreiner: Unsozial ist die hohe Arbeitslosigkeit. Unsozial ist, dass Millionen Menschen arbeiten, ohne selbst ihr Existenzminimum erwirtschaften zu können. Unsozial ist auch das wachsende Gefälle zwischen Arm und Reich. Und dass die Arbeitnehmerschaft seit zehn, zwölf Jahren von der allgemeinen Wirtschaftsentwicklung abgekoppelt wird. […]

Lambsdorff: Wir können uns Sozialpolitik nur leisten, wenn wir erfolgreich wirtschaften. Ohne eine erfolgreiche Wirtschaftspolitik gibt es auch nicht genügend Arbeitsplätze. Zu viel Sozialleistungen belasten dagegen die Unternehmen und nehmen den Bürgern auch den Antrieb, sich selbst zu helfen.

Interview: Michael Inacker, Christian Ramthun, www.wiwo.de, 30.6.2008

5.000 BIP/Kopf in Euro 1952

BIP/Kopf in Euro 2009 **33.000**

Wirtschaftswoche Global Nr. 1, 2009, S. 29

Anteil der deutschen Bevölkerung, die von Armut bedroht ist

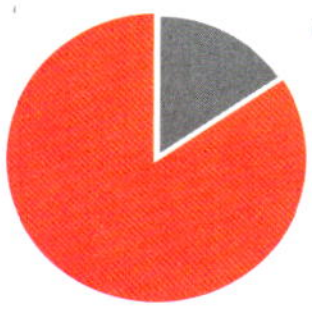

Bruttoinlandsprodukt (BIP)
Messgröße, mit der die Wirtschaftskraft eines Landes dargestellt wird. Das BIP umfasst den Geldwert aller in einem Jahr innerhalb der Landesgrenzen produzierten Waren und Dienstleistungen.

Erklärfilm zum Bruttoinlandsprodukt (Mediencode 70021-03)

Aufgaben

1. Beschreibe die Schülerillustration (M4) zur Sozialen Marktwirtschaft (SMW).
2. a. Arbeite die wesentlichen Elemente der Sozialen Marktwirtschaft nach Müller-Armack heraus. (M5) Berücksichtige hierbei insbesondere die Rolle des Staates.
   b. Überprüfe, welche Merkmale der SMW in dem Schülerbeispiel (M4) dargestellt wurden und welche fehlen.
3. Formuliere eine Definition zum Begriff der Sozialen Marktwirtschaft. (M5)
4. Wessen Einschätzung der SMW würdest du eher zustimmen? Begründe. (M6)
5. Bewerte die Fähigkeit der Sozialen Marktwirtschaft, Freiheit und Gerechtigkeit zu gewährleisten.
6. (Z) Formuliere eine Stellungnahme zur Zukunft der Sozialen Marktwirtschaft.

4.3.3 Wettbewerb – damit die Marktwirtschaft funktioniert

M7 Vielfalt durch Wettbewerb

Regalgänge voller abgepackter Lebensmittel in einem Verbrauchergroßmarkt in Portland, USA.

M8 Niedrigere Preise durch Wettbewerb?

„Sprit so teuer wie noch nie. Dabei sind Ölpreise auf dem Weltmarkt weit von den Höchstständen entfernt. [...] Wettbewerb belebt das Geschäft – bei Aral, Shell und Co. aber gilt: von wegen!“

Mal wieder können sich Verbraucher in Deutschland davon überzeugen, dass dieses simple Gesetz der Marktwirtschaft offenbar leicht auszuhebeln ist. [...]

Markus Balser, Süddeutsche Zeitung, 29.3.2012

M9 (Warum) Sind Monopole gefährlich für die Wirtschaft?

Was ist nun eigentlich so schlimm an Monopolisten? Ganz einfach: Sie verlangen praktisch immer überhöhte Preise, gemessen an den tatsächlichen Kosten. Das geht nicht nur zu Lasten der Verbraucher, es mindert auch den Zwang, sich um Effizienz und gute Qualität der Produkte zu bemühen. Wenn es um die marktbeherrschende Stellung eines Software-Unternehmens wie Microsoft geht, hört der Spaß auf. [...]
Die Wettbewerbshüter sind dabei allerdings oft in schwieriger Beweislage. Ein Problem besteht darin, überhöhte Preise von ganz normalen Marktreaktionen abzugrenzen. Wenn etwa wieder einmal das Benzin an der Tankstelle teurer wird, kann das ja auch an steigenden Rohölpreisen, einem höheren Dollarkurs oder höheren Steuern liegen. Auch dass alle Tankstellen mehr oder weniger gleichzeitig die Preisschilder auswechseln, ist noch kein Beweis für Preisabsprachen. In einem echten Wettbewerbsmarkt würde bei steigenden Einkaufspreisen nämlich genau das Gleiche passieren.

Nach: Ulrich van Suntum, Frankfurter Allgemeine Sonntagszeitung, 4.2.2007

Effizienz
Wirtschaftlichkeit

M10 Durch Wettbewerb entsteht Neues

Der österreichische Ökonom Josef Schumpeter hat schon 1911 darauf hingewiesen, dass im Grunde jeder Erfinder eines neuen Produktes zunächst eine Monopolstellung gewinnt. Darin bestehe ja gerade der Anreiz, als Pionierunternehmer immer wieder neue Güter auf den Markt zu bringen. Im Laufe der Zeit werden allerdings zunehmend Imitatoren auftreten, so dass die anfänglichen Gewinne im Konkurrenzkampf schmelzen. Dieser ständige Wettlauf zwischen Innovation und Imitation, den Schumpeter als „Prozess der schöpferischen Zerstörung" bezeichnete, ist wohl das Wichtigste an der Wettbewerbsidee. [...]

Nach: Ulrich van Suntum, Frankfurter Allgemeine Sonntagszeitung, 4.2.2007

Imitator
Nachahmer

Innovation
Neuentwicklung, Erfindung

Aufgaben

1. Beschreibe die Bedeutung von Wettbewerb auf dem Markt für den Verbraucher. (M7)
2. Stelle am Beispiel der Benzinpreise mögliche Unternehmensstrategien dar, den Wettbewerb stellenweise auszuhebeln. (M8)
3. Nenne mögliche Gefahren von fehlendem Wettbewerb. (M8, M9)
4. Erkläre, inwiefern Wettbewerb ein „Garant einer funktionierenden Marktwirtschaft" sein kann. (M7-M10)
5. Z
   a. Nenne dir aus deinem Alltag bekannte Monopole.
   b. Beschreibe, inwiefern der fehlende Wettbewerb bei deinen Alltagsbeispielen für dich als Verbraucher von Nachteil ist.

4.3.4 Globalisierung – eine Herausforderung für die Soziale Marktwirtschaft

M11 Standortverlagerung bei Nokia

Im Januar 2008 kündigte die Unternehmensleitung von Nokia überraschend an, die Produktion komplett von Deutschland nach Rumänien zu verlegen und das Werk in Bochum zu schließen. Dies stieß auf Unverständnis und Wut bei Mitarbeitern und Politikern.
Mitte November 2011 verkündete Nokia, das neue Werk in Rumänien zu schließen und die Produktion nach Asien zu verlegen.

Nokia hatte mitgeteilt, Mitte des Jahres 2008 das Werk mit 2.300 Mitarbeitern aus Kostengründen schließen zu wollen. „Wir folgen der globalen Nokia-Strategie, die auf Kosteneffizienz und Flexibilität in der Logistik setzt", hatte der Aufsichtsratschef der Nokia GmbH, Veli Sundbäck, das Vorgehen begründet. [Er] verwies auf den Standort Rumänien, wo die Arbeitskosten nur ein Zehntel des deutschen Niveaus ausmachten.

Alfons Frese (mit Material der dpa), Der Tagesspiegel, 17.1.2008

M12 Sieg im Standortwettbewerb

Stundenlang blockierten empörte Beschäftigte die Einfahrt, als die Schockbotschaft die Runde machte. Doch der Protest ließ die Unternehmensleitung ungerührt: Der neue Standort bot ganz einfach die besseren Bedingungen.
Die Rede ist indes nicht von Nokia, sondern von der Frachttochter der Deutschen Post, DHL. Doch anders als beim finnischen Handyhersteller, der sein Bochumer Werk nach Rumänien verlegt, sorgte die 2004 verkündete DHL-Entscheidung in Deutschland für keinerlei negative Schlagzeilen, ganz im Gegenteil. Denn DHL hatte schließlich den Umzug nach Deutschland beschlossen, weg von Belgien. Dass am Brüsseler Flughafen, dem bisherigen DHL-Nachtdrehkreuz, von 2008 an mehr als 1.500 Menschen arbeitslos werden würden und verzweifelt protestierten, interessierte Politik und Öffentlichkeit hierzulande nicht. Stattdessen wurde lautstark der Sieg bejubelt, den der Flughafen Leipzig/Halle im „harten, aber fairen" Standortwettbewerb gegen Brüssel-Zaventem errungen hatte.

Hannelore Crolly und Viktoria Unterreiner unter Mitarbeit von Stefan von Borstel, Die Welt, 20.1.2008

M13 Standortwettbewerb in der Sozialen Marktwirtschaft

Eine wichtige Auswirkung der Globalisierung ist der größer werdende Standortwettbewerb: Viele große Unternehmen sind weltweit tätig und haben Produktionsstätten in verschiedenen Ländern der Welt. Für ein Unternehmen macht es manchmal keinen großen Unterschied, in welchem Land es seinen Firmensitz oder seine Produktion ansiedelt.

Für ein Land und seine Arbeitnehmer ist es aber sehr wohl wichtig: Von den Arbeitsplätzen hängt ab, ob die Erwerbstätigen ein Einkommen haben und sich versorgen können. Für den Staat hängen davon die Steuereinnahmen ab. Der Staat zahlt mit dem eingenommenen Geld z. B. die Straßen, Spielplätze und Schwimmbäder des Landes und natürlich die Sozialleistungen für seine Bürger, zum Beispiel Kindergeld oder Sozialhilfe.

Wenn das Unternehmen genauso gut in einem anderen Land produzieren kann, stehen deutsche Arbeitnehmer in Konkurrenz mit deutlich niedrigeren Löhnen in anderen Ländern, in denen der Staat häufig auch weniger Geld für die soziale Sicherung der Bürger ausgibt.

Die zunehmende weltweite Verflechtung setzt den hohen Standard des deutschen Sozialstaates also unter Druck. Auf der anderen Seite profitiert Deutschland stark von der Globalisierung, da gleichzeitig andere neue Arbeitsplätze entstehen.

Globalisierung
wachsende Verflechtung der Weltwirtschaft, ermöglicht u. a. durch die Ausweitung der Kommunikationsmedien und engere Verkehrsverbindungen

Spiegel-Titelbild 44/2004

M14 Arbeitsplätze gehen verloren, andere entstehen

Die Globalisierung ist zweifellos dafür verantwortlich, dass in den Industrieländern viele einfache Produktionsjobs verloren gegangen sind.

Andererseits entstehen aber in modernen und wissensintensiven Bereichen neue Beschäftigungsmöglichkeiten für höher qualifizierte Mitarbeiter. Diese sind meist produktiver und technologisch anspruchsvoller, sodass mit ihnen häufig ein höheres Einkommen verbunden ist. Der so steigende Wohlstand stärkt zugleich die Nachfrage innerhalb dieser Länder, was wiederum in der Regel zu neuer Beschäftigung führt.

Nach: Institut der deutschen Wirtschaft Köln e.V., IW-Dossier 4, Globalisierung 08/2010, S. 16

Aufgaben

1. Beschreibe die Überlegungen und Entscheidungen zu Standortfragen bei Nokia und DHL. (M11, M12)
2. Erkläre, warum der weltweite Standortwettbewerb eine Herausforderung für die Soziale Marktwirtschaft ist. (M11-M14)

H zu Aufgabe 2
Beachte hierbei besonders den Zusammenhang von Wohlstand und Arbeit.

Grund-wissen

Wirtschaftsordnung – wozu eigentlich?

Eine Wirtschaftsordnung muss Entscheidungen in Bezug auf den Einsatz der vorhandenen Ressourcen treffen, aber auch hinsichtlich der Verteilung der Ergebnisse. Dabei gilt die Annahme, dass Güter grundsätzlich knapp, aber notwendig zur Bedürfnisbefriedigung sind.
Es geht in einer Wirtschaft vor allem um Verteilungsfragen: der Verteilung von Gütern und Dienstleistungen, von Arbeit, von Einkommen, etc. Die Wirtschaftsordnung gibt den Rahmen vor, innerhalb dessen über diese Verteilungsfragen entschieden wird. In unserem Fall ist es die Soziale Marktwirtschaft.

Soziale Marktwirtschaft

Grundsätzlich finden sich im Grundgesetz, der Verfassung der Bundesrepublik Deutschland, keine unmittelbaren Aussagen zur Festlegung auf eine bestimmte Wirtschaftsordnung. Der Weg der Sozialen Marktwirtschaft wird aber ganz großteilig unterstützt. Sie hat zum Ziel, den Grundsatz der Freiheit auf dem Markt mit dem Gedanken der sozialen Sicherung des Einzelnen zu verbinden.
In der Sozialen Marktwirtschaft besteht – ebenso wie in der freien Marktwirtschaft – Privateigentum an Produktionsmitteln. Die Regelung von Angebot und Nachfrage erfolgt überwiegend durch den Markt. Anders jedoch als in der freien Marktwirtschaft mildert der Staat durch entsprechende Maßnahmen (z. B. Hartz IV, gesetzliche Sozialversicherungen, Verbot von Monopolen) die sozial nicht vertretbaren Folgen des Marktes.

Wettbewerb

Wettbewerb schafft den Anreiz, durch neue Güter und Dienstleistungen besser zu sein als die Konkurrenz. Fehlender Wettbewerb würde zu steigenden Preisen, geringerer Qualität und weniger Erfindungen führen. Deshalb sichert der Staat den Wettbewerb auf dem Markt, indem er z. B. Preisabsprachen verbietet.

Soziale Marktwirtschaft in der Bewährung

Durch den Standortwettbewerb im Zusammenhang der Globalisierung und sinkende Steuereinnahmen gerät der Sozialstaat Deutschland jedoch unter Druck; Sozialgesetze werden entsprechend reformiert (vgl. Agenda 2010, Hartz-Gesetzgebung). Es bleibt abzuwarten, inwiefern der Staat seine Aufgabe, die Teilhabe der sozial Schwächeren am gesellschaftlichen Leben zu ermöglichen, auch zukünftig wahrnehmen kann.

4.4 Der Arbeitsmarkt im Wandel

4.4.1 Wie funktioniert der Arbeitsmarkt?

M1 Der Arbeitsmarkt – ein besonderer Markt?

MAI 2013:
2,9 Mio. Arbeitslose in Deutschland gemeldet

M2 Arbeitsmarkt – Preisbildung über Angebot und Nachfrage?

Wie auf dem Dienstleistungs- und Gütermarkt auch, treffen auf dem Arbeitsmarkt Anbieter (Arbeitnehmer bieten ihre Arbeitskraft an) und Nachfrager (Arbeitgeber fragen eine Arbeitskraft nach) aufeinander. Folgt man weiterhin den Gesetzen des Marktes, so bildet sich der Preis durch das Aufeinandertreffen von Angebot und Nachfrage. Der Preis einer Ware oder Dienstleistung hängt zunächst einmal davon ab, was der Nachfrager (hier: Arbeitgeber) bereit ist, dafür zu bezahlen. Je begehrter und seltener die Ware oder Dienstleistung (hier: Arbeitskraft), desto höher kann der Preis sein – und umgekehrt.

Theoretisch gilt auf dem Arbeitsmarkt also auch das Prinzip von Angebot und Nachfrage: Ein Arbeitnehmer „verkauft" nur dann seine Arbeitskraft, wenn seine Kosten (z. B. Lebenshaltungskosten, Teilhabe am gesellschaftlichen Leben, Reisen etc.) abgedeckt sind und ein gewisser Gewinn erkennbar ist.

In der Realität funktioniert das Prinzip Angebot und Nachfrage auf dem Arbeitsmarkt nicht: Eine freie Entscheidung des Einzelnen ist hier nicht gegeben, denn jeder muss arbeiten, um seinen Lebensunterhalt zu verdienen.

Daraus folgt für die Politik: Arbeitnehmer, die ihren Lebensunterhalt aus eigenen Mitteln nicht bestreiten können, müssen durch Transferleistungen unterstützt werden (z. B. Hartz IV).

M3 Ein Tarifkonflikt im Spiegel der Presse

a

Rückschlag im Öffentlichen Dienst: Die Tarifverhandlungen für die 1,3 Millionen Angestellten des Bundes und der Kommunen sind gescheitert. Arbeitgeber und die Gewerkschaft Ver.di konnten sich nicht einigen – jetzt haben sie ein Schlichtungsverfahren eingeleitet.

b

Arbeitgeber und Gewerkschaften haben sich geeinigt: Der Tarifstreit im Öffentlichen Dienst von Bund und Kommunen ist beigelegt. Beide Seiten akzeptierten den Schlichterspruch, wonach die Gehälter bis 2011 um 2,3 Prozent steigen sollen.

c

Der Müll wird nicht abgeholt, Kitas bleiben geschlossen, Busse stehen still: Wegen Warnstreiks müssen Bürger in mindestens fünf Bundesländern mit Behinderungen rechnen. Die Dienstleistungsgewerkschaft Ver.di fordert Lohnerhöhungen für zwei Millionen Mitarbeiter im Öffentlichen Dienst. [...]

Mit den Streiks will Ver.di der Forderung nach einer fünfprozentigen Einkommensverbesserung für die rund zwei Millionen Beschäftigten von Bund und Kommunen Nachdruck verleihen. Die Arbeitgeber hatten diese Forderung unter Hinweis auf die hohe Staatsverschuldung sowie die Rezession als überhöht und unbezahlbar zurückgewiesen. Sie verweisen auf die leeren öffentlichen Kassen. Ein Gegenangebot haben sie bislang nicht vorgelegt. Die zweite Gesprächsrunde war am Montag in Potsdam ohne Ergebnis beendet worden.

Ver.di-Chef Frank Bsirske hat die Forderungen seiner Gewerkschaft [...] noch einmal verteidigt. Deutschland sei noch „mitten in der Krise", daher müsse „gegengesteuert" werden, um diese Krise zu überwinden, sagte Bsirske [...] im ARD-„Morgenmagazin".

Der Präsident der Vereinigung der kommunalen Arbeitgeberverbände, Thomas Böhle, sagte dagegen im Deutschlandfunk, es sei unklar, „was sich hinter den fünf Prozent der Gewerkschaften verbirgt". [...] Fünf Prozent sei eine „unrealistische Zahl", da es den meisten Kommunen „richtig schlecht" gehe.

d

[...] Velen – Nach 31 Stunden Verhandlungsmarathon ohne Pause war es am Donnerstagnachmittag endlich geschafft. Im Tarifstreit des Öffentlichen Dienstes ist die Schlichtung erfolgreich abgeschlossen. Mit dem einvernehmlichen Schlichterspruch für die Angestellten bei den Kommunen und beim Bund bleiben den Bürgern voraussichtlich weitere Streiks erspart.

Den Kompromiss präsentierten der ehemalige sächsische Ministerpräsident Georg Milbradt (CDU) und der frühere Bürgermeister von Hannover Herbert Schmalstieg (SPD) [...]. Die beiden Schlichter empfehlen einen Tarifabschluss für 26 Monate. Zudem soll es zum 1. Januar eine Einmalzahlung „als soziale Komponente" von 240 Euro geben. Die kommunalen Arbeitgeber bezifferten die Erhöhung auf 2,3 Prozent über 26 Monate. „Es ist ein Gesamtkunstwerk, das wir zusammen mit den Tarifpartnern entwickelt haben", sagte Milbradt.

Arbeitgeber und Gewerkschaften sehen in dem Schlichterspruch für den Öffentlichen Dienst einen guten Kompromiss. [...] Die kommunalen Arbeitgeber (VKA) äußerten sich demgegenüber verhaltener [...]. Die Bürger würden die Auswirkungen durch saftige Gebührenerhöhungen bei Kitas und Schwimmbädern sowie durch Leistungsminderungen zu spüren bekommen, heißt es bei einigen Kommunalvertretern.

Alle Artikel auf: www.spiegel.de im Frühjahr 2010

1 *Tarifstreit im Öffentlichen Dienst beigelegt*

3 Tarifstreit nach Schlichterspruch so gut wie beigelegt

2 ***Tarifstreit im Öffentlichen Dienst***

4 **Verhandlungen geplatzt: Tarifparteien im Öffentlichen Dienst rufen Schlichter an**

M4 Tarifverträge in der Arbeitswelt

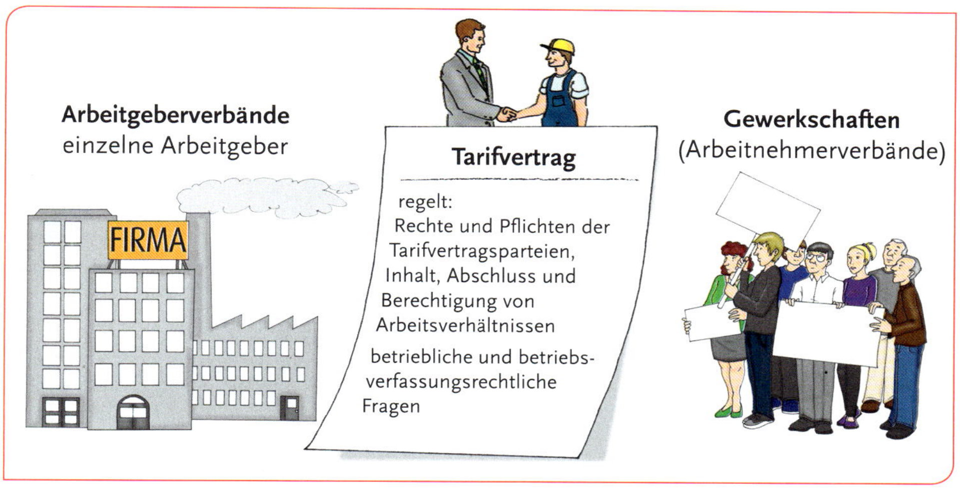

Aufgaben

1. Offene Stellen bei gleichzeitiger Arbeitslosigkeit? Erkläre diesen scheinbaren Widerspruch. (M1)
2. Beschreibe, in welchen Aspekten sich der Arbeitsmarkt möglicherweise von anderen Märkten (z. B. vom Güter- und Dienstleistungsmarkt) unterscheidet. (M2)
3. Stelle auf Grundlage der Pressemitteilungen (M3) die einzelnen Stationen des Tarifstreits im Öffentlichen Dienst im Jahre 2010 dar:
   a. Bringe dazu die Zeitungsartikel (a-d) in die richtige Reihenfolge.
   b. Ordne anschließend die richtigen Schlagzeilen (1-4) zu.
4. (W) Benenne die Positionen der Tarifparteien auf der Grundlage der Pressemitteilungen. (M3, M4) **ODER**
   Bewerte die Forderung einzelner Tarifparteien nach mehr Geld (M3, M4) in einer wirtschaftlich angespannten Lage.

4.4.2 Wie verändert sich die Wirtschaft?

Wirtschaftssektoren
Die Wirtschaftswissenschaften unterteilen die Produktionsbereiche einer Volkswirtschaft in drei Wirtschaftssektoren:
Der **Primäre Sektor** beinhaltet die Produktgewinnung der Land- und Forstwirtschaft sowie Fischerei.
Im **Sekundären Sektor** werden Produkte verarbeitet (Industrie und Handwerk, Bergbau und Baugewerbe).
Der **Tertiäre Sektor** umfasst die Dienstleistungen, z. B. Handel, Verkehr, Kultur Kommunikation, Verwaltung, Bildung, Wissenschaft, Beratung, Gesundheits- und Sozialwesen.
Mit dieser Einteilung kann man die langfristigen Veränderungen einer Volkswirtschaft beschreiben und erklären.

M5 Strukturwandel – ein dauerhaftes Phänomen

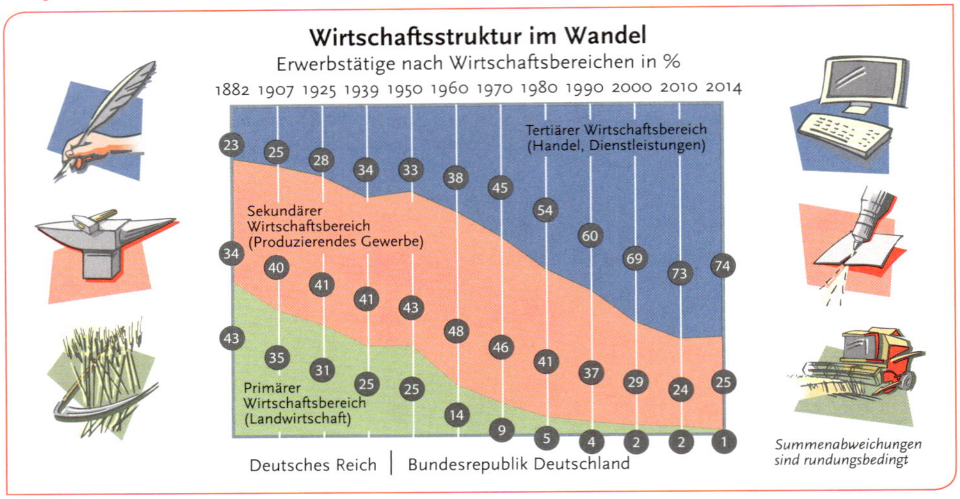

Nach: Bergmoser + Höller Verlag AG Zahlenbilder 220 020, (aktualisiert]

M6 Strukturwandel – was ist das?

Globalisierung, technologische Innovationen und veränderte Verteilungsstrukturen für Waren und Dienstleistungen sind wesentliche Ursachen für den wirtschaftsstrukturellen Wandel. Eine wesentliche Rolle spielt auch die Tertiärisierung – der Wandel von der Produktions- zur Dienstleistungsgesellschaft. Der wirtschaftsstrukturelle Wandel führt zu Arbeitsplatzverlusten, Standortschließungen sowie Verlagerungen in traditionellen Branchen und schafft neue Beschäftigungsmöglichkeiten in jungen Branchen und Dienstleistungsunternehmen. Der Strukturwandel darf nicht als vorübergehendes Phänomen begriffen, sondern muss aufgrund immer kürzerer Innovationszyklen als dauerhafter Prozess betrachtet werden.Strukturwandel führt in vielen Fällen zur Aufgabe von Betrieben und Standorten. Neue und wachsende Branchen haben ihre eigenen Standortpräferenzen, die sich häufig nicht mit brach gefallenen Altstandorten decken. [...] Während Ballungsräume mit guter Verkehrs- und Bildungsinfrastruktur über gute Voraussetzungen zur Bewältigung des Strukturwandels verfügen, sind insbesondere in ländlich-peripheren Räumen innovative Konzepte und ein langer Atem bei der wirtschaftsstrukturellen Neuausrichtung erforderlich.

Karin Krökel, Henning Schwarting, in: Hessisches Ministerium für Wirtschaft, Verkehr und Landesplanung (Hg.), Gemeinschaftsinitiative Stadtumbau in Hessen – Interkommunale Kooperation, Wiesbaden 2006, S. 7 ff.

M7 Wie sich Arbeitsplätze verändern – auf der Datenautobahn zum Arbeitsplatz

Moderne Kommunikationsmittel machen es möglich: Arbeiten ist nicht mehr an ein Büro im Unternehmen gebunden. 1,8 Millionen Beschäftigte – darunter 42 Prozent Angestellte und 51 Prozent Selbständige – arbeiten laut Statistischem Bundesamt von zu Hause aus.

Um den Austausch mit Kollegen, Vorgesetzten, Kunden und Geschäftspartnern zu gewährleisten, ist eine gute technische Infrastruktur nötig. Telefon und Computer sind für die meisten „mobilen Beschäftigten“ mittlerweile selbstverständlich – doch die Entwicklung geht weiter.

Vielen Unternehmen reichen die Standardkommunikationswege nicht mehr aus. Sie bieten ihren Mitarbeitern modernste Techniken, sodass diese immer und überall erreichbar sind. So zum Beispiel Hewlett Packard (HP), internationales IT-Unternehmen aus Böblingen: Über ein Intranetportal haben alle Mitarbeiter Zugriff auf das komplette System von HP – von der Reisekostenabrechnung über Gesprächsprotokolle bis zur Ticketbuchung für die nächste Dienstfahrt.

„Da ich mit Kollegen aus der ganzen Welt und damit aus verschiedenen Zeitzonen zusammenarbeite, ist es gut, dass ich stets erreichbar bin“, so Jennifer Amanquah-Sauter, Managerin für Neue Medien bei HP und seit sechs Jahren im Home-Office in Herrenberg. „Reise- und Anfahrtszeiten fallen weg. Wenn ich meine Kinder ins Bett gebracht habe, kann ich noch mal schnell mit meinem Kollegen im kalifornischen Palo Alto telefonieren.“

Für die schnelle Kommunikation zwischen den HP-Kollegen hat sich das Instant Messaging bewährt, ein System, das wie ein Chat in Echtzeit funktioniert. Darüber hinaus gibt es einen „virtuellen Klassenraum“: Mitglieder eines Teams können auf ihren Computerbildschirmen gleichzeitig zum Beispiel Präsentationen anschauen und miteinander diskutieren.

Geplant sind für die Zukunft auch Videokonferenzen, zu denen sich Kollegen aus aller Welt zuschalten können – ein Gefühl, als würde man tatsächlich miteinander in einem Raum sitzen. Führungskräfte verbreiten zudem ihre Ansprachen via Webcasts, einer Art Fernsehsendung im Internet.

Sabine Olschner, Focus, 20.2.2007

M8 Flexibilität ist gefragt

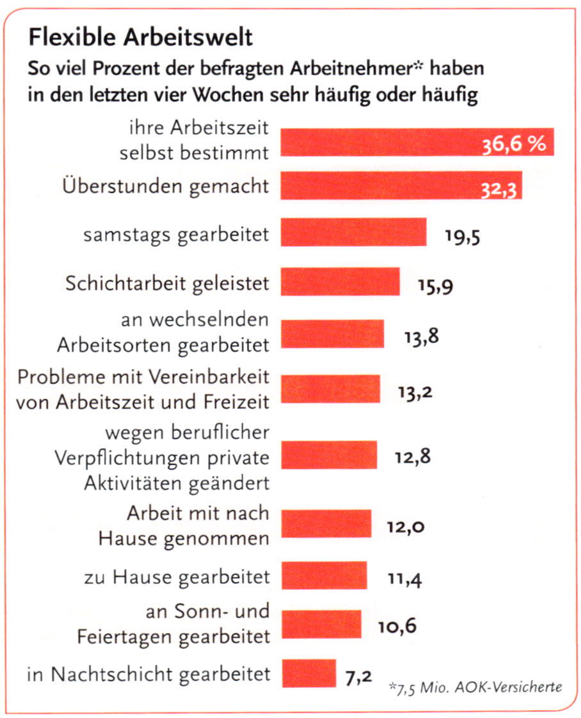

dpa-Grafik 17299; Quelle: Fehlzeiten Report 2012

M9 Beschäftigungsverhältnisse: Normalarbeitsverhältnis und atypische Beschäftigung

Auch wenn das „Normalarbeitsverhältnis“ in Deutschland immer noch die Regel ist und auch in Zukunft noch viele Menschen einer „geregelten“ Tätigkeit zum Beispiel als Arzt, Lehrer, Richter usw. nachgehen, so haben sich in den letzten Jahrzehnten viele neue Formen der Beschäftigung entwickelt. Diese bezeichnet man als „atypische Beschäftigungen“. Der Anteil der Frauen, die in atypischen Beschäftigungsverhältnissen arbeiten, ist deutlich höher als der der Männer. Weiterhin sind junge Menschen und Menschen mit Migrationshintergrund am ehesten atypisch beschäftigt.

Normalarbeitsverhältnis
Dies ist ein unbefristetes Arbeitsverhältnis, das mit geregeltem Lohn oder Gehalt entlohnt wird und voll sozialversicherungspflichtig ist. Der „Normalarbeitnehmer“ arbeitet in dem Betrieb des Arbeitgebers, mit dem er den Arbeitsvertrag abgeschlossen hat.

Teilzeitarbeit
Ein Teilzeitbeschäftigungsverhältnis liegt dann vor, wenn die Arbeitszeit, die ein Arbeitnehmer regelmäßig arbeitet, kürzer ist als die Arbeitszeit bei Vollzeitbeschäftigung. Die Arbeitszeit kann dabei innerhalb der Woche unterschiedlich verteilt sein. So kann täglich kürzer oder nur an bestimmten Tagen in der Woche gearbeitet werden.

Leih- oder Zeitarbeit
Bei der Leiharbeit „überlässt“ der Arbeitgeber den Arbeitnehmer für einen gewissen Zeitraum einem anderen Arbeitgeber. Deshalb spricht man auch von „Arbeitnehmerüberlassung“.

Projektarbeit auf Zeit
Der Arbeitnehmer wird nur für die Dauer eines bestimmten Projektes eingestellt oder er führt als Selbständiger für ein Unternehmen ein Projekt durch.

Befristete Beschäftigung
Arbeitnehmer und Arbeitgeber vereinbaren von Anbeginn eines Beschäftigungsverhältnisses, dieses zu einem bestimmten Datum oder mit einem bestimmten Ereignis ohne Kündigung zu beenden.

(Tele-)Heimarbeit
Als Telearbeit wird eine Tätigkeit bezeichnet, die sich auf die moderne Informations- und Kommunikationstechnik stützt und ausschließlich oder zumindest zeitweise an einem Arbeitsplatz erledigt wird, der außerhalb des Betriebes liegt. Telearbeiter können an beliebigen Orten tätig sein: Unterwegs im Zug, zu Hause oder beim Kunden. Über Laptop, PC, Internet und Handy sind sie mit dem Betrieb verbunden.

Mini-Jobs oder geringfügige Beschäftigung
Mini-Jobber haben einen sogenannten 400-Euro-Job. Da für diese Jobs weniger Steuern und Sozialversicherungsabgaben bezahlt werden, dürfen Beschäftigte maximal nur 400 Euro im Monat verdienen. Sie können diesen Betrag aber auch bei mehreren Arbeitgebern verdienen. Man bezeichnet diese Arbeitsverhältnisse auch als „geringfügige Beschäftigung“.

M10 Die Schattenseiten der neuen Arbeitswelt

Auch wenn der Freiraum zur individuellen Gestaltbarkeit der Arbeitsphasen im Verlauf des Tages zunächst als wohltuende Befreiung [...] empfunden werden kann, birgt er auch die Gefahr der Selbstausbeutung und Überlastung in sich, da der klar vorgegebene Feierabend entfällt und die Kopplung von Wohnen und Arbeit die Überschneidung gegensätzlicher Interessen und Anforderungen mit sich bringt.

Einerseits müssen klare Grenzen zwischen Arbeitsphasen und familiären / häuslichen Tätigkeiten und Störfaktoren gezogen werden, andererseits erfordern betriebliche Abläufe eine generelle Erreichbarkeit über weitgehend technische Kommunikationswege. Belastbarkeit und die Fähigkeit zum Umgang mit Stress sind unabdingbar, da die psychischen Belastungen aufgrund der generellen Verfügbarkeit zunehmen.

Auch für Mitarbeiter an dezentralen Arbeitsplätzen mit einem hohen Technisierungsgrad entfällt die Motivation durch direkte Reaktionen von Vorgesetzten und Kollegen. Somit müssen solche Mitarbeiter in der Lage sein, sich durch konkrete Hinweise auf ihre Arbeit und durch „Nachfragen" Anerkennung abzuholen und ihre Arbeitsleistungen selbst zu beurteilen.

Moderne Kommunikationstechnologien ermöglichen es, an jedem Ort ein komplettes Büro zu betreiben.

Karin Kühlwetter, IT-Medienberufe: Zukünftige Anforderungen an berufliche Qualifikationen und Kompetenzen, in: Neue Berufswege für Frauen in das 21. Jahrhundert, Bundesinstitut für Berufsbildung (Hg.), Berlin 1999, S. 27 f.

Aufgaben

1. Beschreibe, über welche Fähigkeiten ein Schriftsetzer bzw. ein Mediengestalter verfügen muss. Erläutere an diesem Beispiel den Wandel der Berufswelt und benenne mögliche Ursachen für diese Entwicklung (M5, M6).
2. Mache eine kleine Zeitreise: Wie hätte das Beschäftigungsverhältnis von Jennifer Amanquah-Sauter im Jahr 1980 ausgesehen (M7)?
3. Wählt eines der atypischen Beschäftigungsverhältnisse aus M9 aus und erläutert, was aus Sicht der Arbeitnehmer und Arbeitgeber dafür bzw. dagegen spricht (M9, M10).

H

Werte die Grafik M8 aus und nenne die auffälligsten Entwicklungstrends.

Kompetenz: Methode

Praxiskontakte: „Die Verantwortung von Unternehmen für jugendliche Arbeitnehmer"

Unternehmen sind zentrale Akteure im Wirtschaftsgeschehen und müssen in unserer Sozialen Marktwirtschaft, wie es der ehemalige Bundespräsident Johannes Rau einmal formulierte, „das freiheitliche und soziale Fundament unserer Gesellschaft" stärken.

Mit Hilfe von Praxiskontakten könnt ihr euch ein Bild verschaffen, wie es Unternehmen in eurer Region gelingt, diesem Anspruch gerecht zu werden. Ein solcher Praxiskontakt unterscheidet sich von den häufig üblichen Betriebserkundungen vor allem dadurch, dass er eingebettet ist in eine zentrale Problemstellung.

Leitfaden

1. Unternehmen in der Region finden
- (mittelständische) Unternehmen in der näheren Umgebung ausfindig machen, eine Liste erstellen

2. Problemstellung festlegen
- Problemstellung, die sich unmittelbar aus den vorherigen Unterrichtsstunden ergibt, für den Praxiskontakt in der Gruppe formulieren und entsprechende Inhalte festlegen: z. B. Umgang mit jugendlichen Arbeitnehmern während der Ausbildung, Übernahmechancen, spezielle Hilfsangebote, Bildungs- und Fortbildungsangebote, Mitwirkungsmöglichkeiten, Freizeitangebote, besondere Arbeitsbedingungen, Maßnahmen zur Einhaltung des Jugendarbeitsschutzes, Probleme mit jugendlichen Arbeitnehmern, ...

3. Aufgaben innerhalb der Gruppe verteilen
- einen Plan über den organisatorischen (zeitlich und räumlich) und inhaltlichen (Verknüpfung mit der selbstgewählten Problemstellung) Ablauf des Praxiskontakts erstellen
- Fragekatalog erstellen
- Ansprechpartner im Unternehmen herausfinden und Bereitschaft zum Praxiskontakt erfragen
- Ansprechpartner über inhaltliche Schwerpunktsetzung / Problemstellung informieren
- für rechtzeitige Terminabsprache sorgen
- unmittelbar vor dem Praxiskontakt: Termine und evtl. Raumzusagen überprüfen

4. Praxiskontakt durchführen
- Adressaten – sachgerechte Kommunikation mit dem Praxispartner beachten

5. Praxiskontakt nachbereiten
- Präsentation erstellen
- Bezug zur Problemstellung herausarbeiten

6. Präsentationen halten, besprechen und bewerten

Grund-wissen

Arbeitsmarkt – ein besonderer Markt

Zunächst lässt sich der Arbeitsmarkt als ein Markt wie jeder andere beschreiben: Es gibt Anbieter (Arbeitnehmer) und Nachfrager (Arbeitgeber), die auf dem (Arbeits-)Markt zusammentreffen. Der Arbeitnehmer wird seine Arbeitskraft nur dann „verkaufen", wenn z. B. seine Lebenshaltungskosten durch den Preis (Lohn / Gehalt) abgedeckt sind und auch ein gewisser Gewinn zu erkennen ist.

Bei der Aushandlung des Preises der Arbeitskraft (Lohn / Gehalt) kommt für den Arbeitsmarkt eine Besonderheit hinzu: Ohne entsprechendes Einkommen können die Menschen weder ihren Lebensunterhalt bestreiten noch am gesellschaftlichen Leben teilhaben. Die Menschen haben also keine Wahl, nachzufragen oder eben auch nicht, wie z. B. auf dem Gütermarkt. Diese Position berücksichtigen Gewerkschaften und versuchen, die Situation der Beschäftigten zu verbessern.

Gewerkschaften unter Druck?

Gewerkschaften sind Interessensvertreter von abhängig Beschäftigten (z. B. Arbeitern, Angestellten). Sie verfolgen das Ziel, die Arbeitsbedingungen wie z. B. Lohnhöhe oder Kündigungsschutz für die in ihnen Organisierten zu verbessern. Im Jahr 2013 unterliegt nur noch jeder zweite in Deutschland Beschäftigte entsprechenden Regeln. Die einst starke Rolle von Gewerkschaften ist schwächer geworden. Rahmenvereinbarungen werden heute von den Betriebsparteien vor Ort konkretisiert. Zeitpunkt und Höhe von Lohnerhöhungen sind also zunehmend von den wirtschaftlichen Verhältnissen der Firma abhängig. Kritiker sehen hier die Gefahr des Lohndumpings, Befürworter eine größere Flexibilität der Einzelunternehmen, um z. B. auf die Wirtschaftskrise angemessen reagieren zu können.

Arbeitsmarkt im Wandel

Die Arbeitswelt hat sich durch den Strukturwandel der Wirtschaft völlig verändert: Mehr als 70 % aller Beschäftigten arbeiten mittlerweile im Dienstleistungssektor, die Tendenz ist steigend. Ursache des Strukturwandels sind vor allem die rasante technologische Entwicklung und die Globalisierung. Für die Arbeitswelt bedeutet dies zum Beispiel, dass viele Berufe mittlerweile verschwunden sind oder sich vollkommen verändert haben. Wo früher viele Menschen tätig waren, haben mittlerweile Computer oder computergestützte Maschinen die Arbeit übernommen. Dies hat dazu geführt, dass im Zuge des Strukturwandels viele Menschen ihre Arbeit verloren haben, andererseits aber auch viele moderne Arbeitsplätze neu entstanden sind und dadurch die Arbeitsbedingungen verbessert werden konnten.

Kompetenztraining

M1 Wirtschaftskreislauf im Alltag

a Frau Schmidt arbeitet bei der Entertainment AG und verdient damit ihren Lebensunterhalt.

b Clemens kauft sich fast jeden Monat ein neues Computerspiel von seinem Taschengeld.

c Die DCB-Bank hat der Entertainment AG einen Kredit über 250.000 Euro gewährt, damit sie neue Investitionen tätigen und expandieren kann.

d Die Entertainment AG führt monatlich 13.000 Euro Umsatzsteuer und 7.000 Euro Gewerbesteuer ab.

e Clemens erhält 2,5 Prozent Zinsen für sein auf dem Sparbuch angelegtes Geld.

f Die Entertainment AG zahlt für ihren Kredit jeden Monat Zinsen an die DCB-Bank.

M2 Angebot und Nachfrage im Preis-Mengen-Diagramm

Gutes | Kosten | Menge | Preis | links

rechts | Menge | Preis | Nachfrage

Bei einem niedrigen ____ ist ein Unternehmer nicht bereit, eine größere Menge seines ____ anzubieten. Entweder weil er nicht auf seine ____ kommt oder ihm der Gewinn zu niedrig ist. Die angebotene ____ steigt erst, wenn sich der Preis erhöht. Die Angebotskurve verläuft daher von ____ unten nach rechts oben.

Bei einem hohen ____ kann oder will ein Kunde nicht kaufen. Seine nachgefragte ____ ist damit sehr klein. Erst wenn der Preis fällt, steigt seine ____. Die Nachfragekurve verläuft daher von links oben nach ____ unten.

Wilfried Dorsch, Heinz Klippert, Wirtschaftslehre mit Pfiff, Bd. 2, Stuttgart 2010, S. 18

M3 Angebot und Nachfrage im Preis-Mengen-Diagramm

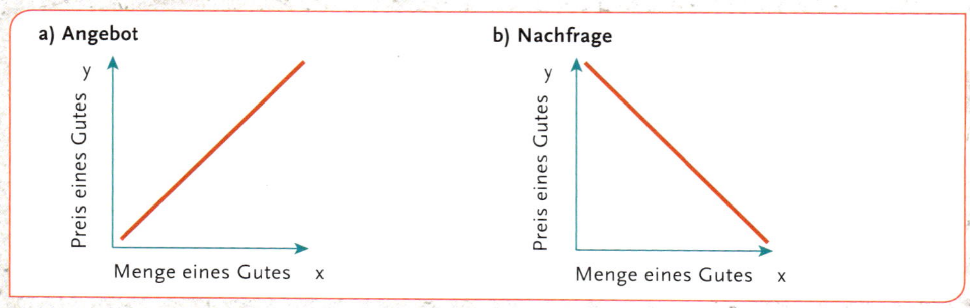

Den Zusammenhang zwischen Angebot, Nachfrage und Preis kann man grafisch in einem Koordinatensystem mit einer Mengen- und einer Preisachse darstellen.

Kompetenztraining

M4 Arm trotz Arbeit in Deutschland

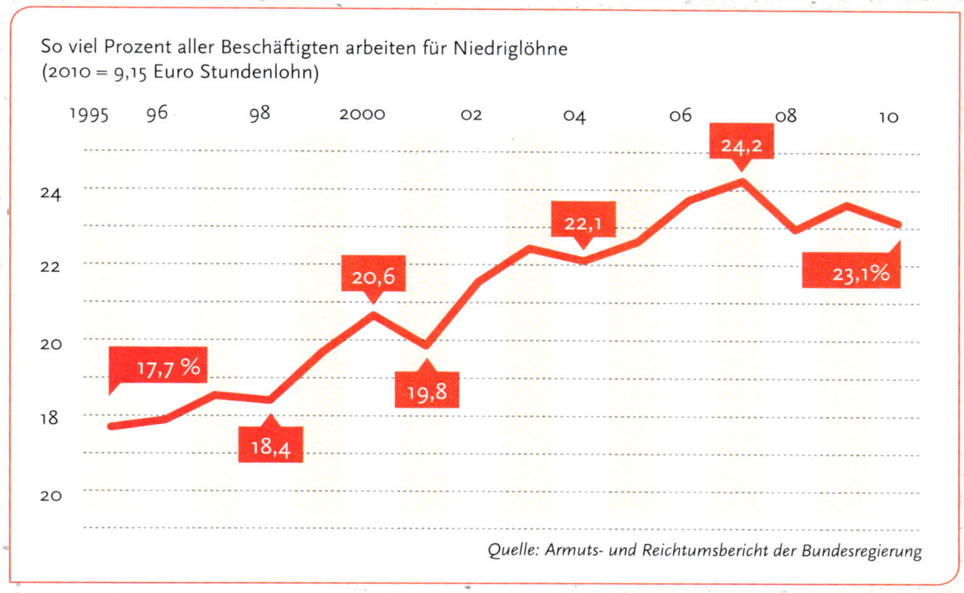

dpa-Infografik 18743; Zahlen: Armuts- und Reichtumsbericht der Bundesregierung 2013

Lösungen am Ende des Buches.

Aufgaben

1. „(Jugendliche) Konsumenten haben Macht." Erläutere diese Aussage vor dem Hintergrund der Fotos der Auftaktseite und nach allem, was du in diesem Kapitel über Wirtschaft(en) erfahren hast.
2. Die Entertainment AG verkauft u. a. PC-Spiele. Ordne die Aussagen (M1)
   a. den Strömen des einfachen und
   b. denen des erweiterten Wirtschaftskreislaufs zu.
3. Ergänze den Lückentext. (M2)
4. Beschreibe die Grafik zum Verhältnis von Angebot und Nachfrage und dem Preis an einem Beispiel deiner Wahl. (M3)
5. a. Analysiere die Grafik. (M4)
   b. Vergleiche den Erhardschen Anspruch an die SMW („Wohlstand für alle") mit der Realität bei uns heute. (M4)
6. Beurteile die Zukunftsfähigkeit der Sozialen Markwirtschaft. Gestalte entweder ein Werbeplakat zur Sozialen Marktwirtschaft oder ein „Warnplakat" zu den negativen Auswirkungen der Sozialen Marktwirtschaft.

Stellt euch vor, eure Klasse ist auf einem Kreuzfahrtschiff unterwegs in der Karibik. Während der Fahrt habt ihr gemeinsam viel Spaß. Plötzlich passiert ein Unglück: Ein Wetterumsturz bringt euer Schiff in Seenot und es sinkt. Doch ihr habt Glück im Unglück: Ihr könnt euch verteilt auf mehrere Boote retten und erreicht eine Insel.
Nachdem das Unwetter vorüber ist und die Sonne euch wieder getrocknet hat, verschafft ihr euch einen Überblick über eure Lage. Die Insel ist unbewohnt, wilde Tiere habt ihr keine entdecken können. Aber einen Notruf konntet ihr nicht mehr absetzen. Und außer einer Schachtel Streichhölzer und einem Taschenmesser konntet ihr nichts auf die Insel retten.
Ihr müsst jetzt euer Überleben und euren zukünftigen Alltag selbst organisieren.

Was kannst du schon?

1. a. Notiere drei Sofortmaßnahmen, die du auf der Insel als erstes unternehmen würdest.
   b. Diskutiert eure Vorschläge in der Gruppe und einigt euch auf die drei wichtigsten Sofortmaßnahmen.
2. Wie geht es nun weiter?
   a. Aufgabenverteilung: Wer soll wofür Verantwortung übernehmen?
   b. Nach welchen Kriterien habt ihr euch entschieden?

5

Die politische Ordnung der Bundesrepublik Deutschland

Kompetenzen

Am Ende des Kapitels solltest du Folgendes können:

- Ziele und Formen politischer Beteiligung benennen
- Typen von Demokratie sowie deren Vor- und Nachteile darstellen
- das Spannungsfeld zwischen Volkssouveränität und repräsentativer Demokratie erklären
- die Forderung nach mehr direkter Demokratie beurteilen
- das Zusammenwirken der Verfassungsorgane im Gesetzgebungsprozess beschreiben und visualisieren
- die Rolle des Bundeslandes Rheinland-Pfalz im föderalen System begründen

5.1 Das politische System in Deutschland: Geht alle Macht vom Volke aus?

5.1.1 Ein Staat – wozu eigentlich?

M1 Inselspiel: Wie kommen Gruppen zu tragfähigen Entscheidungen?

Nach einem Schiffsunglück können sich die Passagiere auf eine Insel retten. Sie müssen ihr Überleben gemeinsam organisieren.

1. Spielt das Inselspiel von der Auftaktseite in Gruppen weiter. Arbeitet als Kleingruppe, aber achtet darauf, dass eure Ergebnisse alle geretteten Personen betreffen.
2. Eure Vorstellungen davon, wie das Zusammenleben auf der Insel von nun an ablaufen soll, sind verschieden. Deshalb müsst ihr Vereinbarungen und Regeln aufstellen: Formuliert zuerst eine Regel, wie künftig auf der Insel Entscheidungen getroffen werden sollen.
3. Das Zusammenleben auf eurer Insel geht nicht immer harmonisch zu.
a. Nennt mögliche Konflikte, die auftreten können und gelöst werden müssen.
b. Formuliert vier weitere Inselregeln, die für das Zusammenleben auf der Insel wichtig sind.

a Eine(r) aus eurer Gruppe hat keine Lust mehr, seine/ihre ihm übertragene Aufgabe zu übernehmen. Stattdessen geht er/sie stundenlang baden. Auch am nächsten Tag weigert er/sie sich, die Aufgabe zu übernehmen.

b Die Nahrungsmittel werden knapp. Zwei aus eurer Gruppe prügeln sich um einen Fisch und zwei Kokosnüsse. Die Gruppe muss nun überlegen, ob und wenn ja, wie die Streithähne bestraft werden sollen.

c Mittlerweile ist mehr als ein Monat auf der Insel vergangen. Die Stimmung auf der Insel ist niedergeschlagen, da immer häufiger die Frage auftaucht, ob ihr überhaupt noch gerettet werdet. Ihr trefft euch als Gesamtgruppe zu einer Aussprache. Ein paar wollen das Lager verlassen, ein eigenes aufschlagen und an einem Boot bauen, um die Insel verlassen zu können.

Inselspiel

- Sofortmaßnahmen:
  1. ______
  2. ______
  3. ______
- Aufgabenverteilung:
  ______
- Regel, wonach künftig Entscheidungen getroffen werden:
  ______
- Mögliche Konflikte, die auftreten können:
  - ______
  - ______
  - ______
  - …
- Vier Regeln, die das Zusammenleben regeln:
  1. ______
  2. ______
  3. ______
  4. ______
- Umgang mit schwierigen Situationen:
  ______

M2 Meine Idee vom besten Staat

1. Wie sollen meine Interessen vertreten werden?
2. Wer soll Macht besitzen?
3. Wer soll entscheiden?
4. Wie sollen Entscheidungen zustande kommen?
5. (Wie) Kann ich mich einbringen? ...

M3 Verschiedene Vorstellungen vom besten Staat

Staatstheoretiker haben unterschiedliche Vorstellungen vom Menschen und kommen zu verschiedenen Überzeugungen, wie Entscheidungen getroffen werden sollen:

a Mein Name ist **Platon**, geboren 427 v. Chr. in Athen. In meinem Staat soll Gerechtigkeit herrschen. Im Staat leisten alle Teile ihren Beitrag, je nach dem welche Fähigkeiten ihnen von Natur aus mitgegeben sind. Die besonders intelligenten Philosophen entscheiden über die Aufgabenverteilung. Ihr könnt euch den Idealstaat, die Politeia, am besten als großen Menschen vorstellen: Der Kopf steht für Vernunft und Weisheit (Philosophenkönige), der Oberkörper für Mut und Tapferkeit (Wächter) und der Unterleib für die arbeitenden Menschen: die Bauern, Handwerker. Damit es keinen Streit gibt und alle Kraft dem Gemeinwesen gewidmet wird, sollen die Philosophenkönige keinen Privatbesitz haben.

b Mein Name ist **Niccolò Machiavelli** (geboren 1469). Ich bin Philosoph, Außen- und Verteidigungsminister des Stadtstaates Florenz. Durch die ständigen Kriege zwischen den verfeindeten Kleinstaaten Oberitaliens bin ich zu der Einsicht gekommen, dass die Menschen von Natur aus schlecht sind. Nur die Kraft eines starken Fürsten kann das Volk einen und das Land vor Eroberern schützen. Der Fürst darf jedoch nur grausam sein, um an die Macht zu kommen oder an der Macht zu bleiben. Wenn möglich aber soll er barmherzig sein und sich nicht am Besitz seiner Untertanen vergreifen.

a

b

H zu Aufgabe 3

Macht / Machtverteilung: Welche Person(en) besitzen die Macht im Staat?
Menschenbild: Mit welchen Eigenschaften werden die Menschen charakterisiert?
Entscheidungsfindung: Wer entscheidet? Wie kommen Entscheidungen zustande?

Aufgaben

1. a. Gestaltet ein Plakat, auf dem ihr eure Ergebnisse vom Inselspiel festhaltet und den anderen Gruppen vorstellt. (M1)
   b. Vergleicht eure Ideen und eure Plakate.
2. Beschreibe deine Vorstellungen vom besten Staat. (M2)
3. a. Stelle die zentralen Aussagen der Staatsmodelle einander gegenüber. (M3)
   b. Überprüfe, welche Staatsvorstellung am ehesten eurem Inselstaat entspricht.

5.1.2 Nach welchen Prinzipien ist Deutschland organisiert?

M4 Demokratie bedeutet für mich …

„Unter Demokratie verstehe ich, dass sie dem Schwächsten die gleiche Chance einräumt wie dem Starken."
Mahatma Gandhi (1869-1948), indischer Politiker und Philosoph, (Übersetzung: Karl Pichler)

„Demokratie lebt vom Streit, von der Diskussion um den richtigen Weg. Deshalb gehört zu ihr der Respekt vor der Meinung des anderen."
*Richard von Weizsäcker (*1920), ehemaliger deutscher Bundespräsident*

„Unter Demokratie verstehe ich …"

M5 Demokratie und andere Staatsstrukturprinzipien

Demokratie
demos (griech.) = Volk, kratia (griech.) = Herrschaft

Verfassung
grundlegende Rechtsregeln für das Zusammenleben in einem Staat, meistens in einer Verfassungsurkunde festgeschrieben; in Deutschland heißt die Verfassung Grundgesetz.

Die Staatsstrukturprinzipien sind im Grundgesetz (GG) festgeschrieben:

- Art. 20 GG (1): Die Bundesrepublik Deutschland ist ein demokratischer und sozialer Bundesstaat.
- Art. 20 GG (2): Alle Staatsgewalt geht vom Volke aus. Sie wird vom Volke in Wahlen und Abstimmungen und durch besondere Organe der Gesetzgebung, der vollziehenden Gewalt und der Rechtsprechung ausgeübt.
- Art. 20 GG (3): Die Gesetzgebung ist an die verfassungsmäßige Ordnung, die vollziehende Gewalt und die Rechtsprechung sind an Gesetz und Recht gebunden.

Während im ersten Absatz die Staatsstrukturprinzipien Republik, Demokratie, Sozial- und Bundesstaat genannt werden, bezieht sich Absatz 3 auf den Rechtsstaat. Der zweite Absatz beinhaltet die Volkssouveränität und die Gewaltenteilung.

- Art. 79 (3) GG garantiert, dass die Staatsstrukturprinzipien nicht auf dem Wege einer Verfassungsänderung beseitigt werden können. Man spricht daher von der „Ewigkeitsklausel".

1	Republik
2	Demokratie
3	Bundesstaat
4	Sozialstaat
5	Rechtsstaat

a Keine Monarchie, also kein gekröntes oder fürstliches Staatsoberhaupt

b Alle Macht geht vom Volke aus

c Föderativer Staatsaufbau, Bund und Bundesländer mit unterschiedlichen Kompetenzen

d Soziale Gerechtigkeit – die Lebensbedingungen der Staatsbürger sollen ähnlich sein

e Rechtssicherheit, Gesetzlichkeit: Exekutive, Legislative und Judikative sind an Recht und Gesetz gebunden

M6 Das Prinzip der Gewaltenteilung

Lange Zeit haben die Menschen darunter gelitten, dass sie von Monarchen oder Diktatoren regiert wurden, die alle Macht im Staat einnahmen. Der französische König Ludwig der XIV. (1643-1715) zum Beispiel beanspruchte in der absoluten Monarchie die alleinige Macht („Der Staat bin ich“).

In den heutigen demokratischen Staaten ist die Gewaltenteilung in den Verfassungen verankert. Bei uns ist das der Artikel 20 im Grundgesetz (vgl. M5). Die Teilung der Macht ist ein Hauptmerkmal der Demokratie.

Um Missbrauch der staatlichen Gewalt zu verhindern, wird die Macht des Staates auf drei verschiedene Ebenen aufgeteilt. Damit soll verhindert werden, dass eine einzelne Partei (wie z. B. zur Zeit der Nationalsozialisten, 1933-1945) oder eine einzelne Person alles alleine bestimmen kann.

Die drei Gewalten in der Demokratie sind folgende:

Die **Legislative** ist die gesetzgebende Gewalt. Sie beschließt die Gesetze. In Deutschland besteht die Legislative aus dem vom Volk gewählten Bundestag und dem Bundesrat.

Die **Exekutive** ist die ausführende Gewalt. Hierfür sind die Regierung und die Verwaltung zuständig. Sie führen die von der Legislative beschlossenen Gesetze aus. Im Alltag ist das zum Beispiel die Polizei, die die Einhaltung der Gesetze überwacht.

Die **Judikative** ist die rechtsprechende Gewalt. Verstößt jemand gegen ein Gesetz, dann muss er sich vor dem Gericht verantworten. Die Richter bestrafen dann nach den geltenden Gesetzen die Straftäter. Das höchste Gericht, das Bundesverfassungsgericht, überprüft, ob die Gesetze und Entscheidungen mit dem Grundgesetz übereinstimmen.

Guido Quint, politik.21 NRW 2, Bamberg 2012, S. 12

Bergmoser + Höller Verlag AG, Zahlenbilder 61 110

Aufgaben

1. Vervollständige den Satz „Meine Vorstellung von Demokratie ist ...“. (M4)
2. Formuliert vier Aussagen zur Demokratie und führt das Vier-Ecken-Spiel durch. (M4)
3. a. Ordne den Begriffen 1-5 die Beschreibungen a-e zu. (M5)
   b. Welches Staatsstrukturprinzip ist für dich das wichtigste? Bringe sie in eine Reihenfolge (1: sehr wichtig für mich, u.s.w.).
4. Entwickele Vorschläge, wie sich die drei Gewalten gegenseitig kontrollieren können. (M6)

5.1.3 Brauchen wir mehr direkte Demokratie?

M7 Zwei Formen der Demokratie

Namentliche Abstimmung im Deutschen Bundestag (rechte Abbildung) bzw. direkte Demokratie unter freiem Himmel: Volksabstimmung im Schweizer Kanton Appenzell-Innerrhoden (linke Abbildung)

Es gibt unterschiedliche Formen der Demokratie. Eine Form ist die **direkte Demokratie**, bei der das Volk (z. B. in Gestalt einer Volksversammlung) die Staatsgewalt unmittelbar (das heißt direkt) ausübt. Es entscheidet mit Volksabstimmungen („Plebiszit") über alle politisch wichtigen Anliegen, einschließlich der Wahl und Abwahl wichtiger Amtsträger in Staat und Gesellschaft.

Im Gegensatz zur direkten Demokratie wird die Herrschaft in der **repräsentativen Demokratie** mittelbar (das heißt indirekt) über vom Volk gewählte „Abgeordnete" ausgeübt. Diese sind „Repräsentanten" des Volkes und sollen für dieses in eigener Verantwortung zeitlich befristet handeln, wobei ihr Auftrag sich in regelmäßig stattfindenden Wahlen bewähren muss und erneuert werden kann.

M8 Soll das Volk in der repräsentativen Demokratie mehr mitentscheiden?

In Bayern wurde darüber abgestimmt, ob ein besonders strenges Rauchverbot eingeführt werden soll.

In Hamburg wurde darüber abgestimmt, ob die gemeinsame Grundschule vier oder sechs Jahre gehen soll.

M9 Direkte Demokratie, Volksbegehren und Volksentscheid

Mit dem Begriff direkte Demokratie oder unmittelbare Demokratie werden mittlerweile eine Vielzahl von Formen der politischen Beteiligung des Volkes bezeichnet. Sie gewährt dem Volk die Möglichkeit, auch während der Legislaturperiode auf konkrete Sachfragen bezogen Einfluss zu nehmen.

Bei einem Volksbegehren zum Beispiel sammeln die Bürger in einer bestimmten Frist eine festgelegte Zahl an Unterschriften von Wahlberechtigten. Wenn dies geschafft wurde, muss sich das Parlament mit dem Thema beschäftigen, bleibt aber in seiner Entscheidung frei.

Wird die Vorlage abgelehnt, besteht für die Bürger die Möglichkeit, einen Volksentscheid und damit eine direkte Abstimmung der Wahlberechtigten zu verlangen.

Legislaturperiode
Bezeichnung für die Amtszeit einer Regierung; Zeitspanne zwischen zwei Wahlen

M10 Mehr direkte Demokratie?

a) Bloß nicht!

Volksentscheide sind eine der gefährlichsten Mittel, die auch eine Demokratie, die ja vom Volke ausgeht, zugrunde richten kann.

Wir leben in einer Republik, und diese ist auch dadurch definiert, dass wir bestimmte Personen wählen, von denen wir glauben, dass sie uns am besten vertreten. Nun, wo liegt der Unterschied, ob ich nun selbst meine Meinung kundtue, indem ich zum Volksentscheid gehe, oder ob ich jemanden beauftrage, für mich zu reden und abzustimmen (im kleineren Kreis)?

Der Unterschied liegt schlicht und ergreifend darin, dass Politiker [...] sich ständig mit der Politik auseinandersetzen [...]. Als Normalbürger hat man diese Zeit schon gar nicht! Fehlentscheidungen, die auf unwissenschaftlicher Basis, Emotionalität, Unwissenheit und Populismus basieren [...] sind die Folge. Lassen Sie mich ein Beispiel nennen: Würden wir abstimmen, ob Kinderschänder, Terroristen oder sonstige in vielerlei Augen „Unpersonen" misshandelt, gefoltert oder mit der Todesstrafe bestraft werden sollten, so wären die Ergebnisse mehr als bedenklich [...].

Lucas Müller, Kennzeichen Digital, Das Blog, 18.7.2010

Populismus
eine Politik, die durch Übertreibung und starke Vereinfachung versucht, die Unterstützung breiter Massen zu erlangen

b) Eine super Idee

Es gibt ein Land, welches erfolgreich vom Volk regiert wird – die Schweiz. Wir haben unsere Rechte an das Parlament abgegeben, die Schweizer können von der Politik Gesetze verlangen und einfordern. Ist die Schweiz damit schlechter dran als Deutschland? Nein. In der Schweiz steht das Volk über allem und es regiert gut. Die Politiker sind nur Beauftragte des Volkes, denen notfalls die Gesetze diktiert werden. In Deutschland sind wir nur Stimmvieh, welches seine Rechte bei der Wahl abgibt. Wir sollten uns die einzige vollendete Demokratie der Welt als Vorbild nehmen.

Stefan Thien, Kennzeichen Digital, Das Blog, 18.7.2010

M11 Auszug aus der Landesverfassung Rheinland-Pfalz

III. Abschnitt:
Die Gesetzgebung

Artikel 107
Die Gesetzgebung wird ausgeübt
1. durch das Volk im Wege des Volksentscheids,
2. durch den Landtag.

Artikel 108
Gesetzesvorlagen können im Wege des Volksbegehrens, aus der Mitte des Landtags oder durch die Landesregierung eingebracht werden.

Artikel 108 a
(1) Staatsbürger haben das Recht, den Landtag im Rahmen seiner Entscheidungszuständigkeit mit bestimmten Gegenständen der politischen Willensbildung zu befassen (Volksinitiative). [...]

Artikel 109
(1) Volksbegehren können darauf gerichtet werden
1. Gesetze zu erlassen, zu ändern oder aufzuheben,
2. den Landtag aufzulösen.

Landesverfassung Rheinland-Pfalz, Stand: letzte Änderung vom 16.12.2005

M12 Mehr (direkte) Demokratie nötig in Rheinland-Pfalz?

Im bundesweiten Vergleich zählt Rheinland-Pfalz trotz Artikel 107 der Landesverfassung zu den Schlusslichtern, was die Anwendung direktdemokratischer Elemente auf kommunaler und auf Länderebene anbelangt. Seit der Gründung des Landes im Jahre 1947 ist es weder zu einem Volksbegehren noch zu einem Volksentscheid gekommen.

Aufgaben

1. a. Entscheide dich spontan für einen Demokratietyp. (M7)
   b. Nenne das Argument, das für deine Entscheidung ausschlaggebend ist.
2. Nenne Themen, über die Bürgerinnen und Bürger in Rheinland-Pfalz deiner Meinung nach direkt mitentscheiden sollten. (M8, M9)
3. Sollte es in Deutschland mehr direkte Demokratie geben? Formuliere einen eigenen Blogeintrag.
4. a. Erkläre, welche Möglichkeiten der direkten Demokratie es in Rheinland-Pfalz gibt. (M10-M12)
5. (Z) Präsentiere in der Klasse den Verein „Mehr Demokratie“ (*http://rlp.mehr-demokratie.de*).

5.1.4 Wie kann sich die Demokratie gegen Angriffe wehren?

M13 Rechtsterrorismus in Deutschland

13 Jahre lang haben die Neonazis Uwe Mundlos, Beate Zschäpe und Uwe Bönhardt aus dem Untergrund heraus gemordet, gebombt und dutzende Banken überfallen. Kurz nach dem Selbstmord ihrer beiden Komplizen im November 2011 zündete Zschäpe das Versteck der Gruppe in Zwickau an und stellt sich wenige Tage später der Polizei. Bald stellen die Ermittler fest: Die blutige Spur der Terrorgruppe „Nationalsozialistischer Untergrund" (NSU) zieht sich quer durch die ganze Republik. Acht türkische und ein griechisch-stämmiger Kleinunternehmer sowie eine Polizistin wurden von dem Trio innerhalb von sieben Jahren erschossen. [...]

In den Trümmern der Zwickauer Wohnung entdecken die Ermittler kurz nach dem Brand eine Bekenner-DVD. Der 15-minütige Film zeigt deutlich den menschenverachtenden Hass, der die Täter antrieb. [...]

Die Ermittler gehen inzwischen von einem Unterstützerkreis von bis zu 20 Personen aus. [...] Gleichzeitig werden immer neue Ermittlungspannen aus den vergangenen Jahren bekannt. Weder Polizei noch Verfassungsschutz sahen hinter den Taten ein rechtsextremes Motiv. Hunderte Beamte ermittelten jahrelang in die falsche Richtung.

nach: Johannes Radke, Rechtsterrorismus in Deutschland, auf: www.bpb.de vom 5.12.2011

Die Bundesanwaltschaft zeigt Waffen, die bei den Ermittlungen gegen die terroristische Vereinigung „Nationalsozialistischer Untergrund" (NSU) gefunden wurden.

M14 Planung eines Anschlages

„Youssef hat mir gesagt, dass zwei deutsche Zeitungen die Mohammed-Karikaturen veröffentlicht haben. Er hat mir gesagt, wir dürfen nicht untätig bleiben. Wir kommen in die Hölle, wenn wir nichts tun", sagte Hamad in einem Interview des NDR-Magazins „Panorama". [...] Er habe nicht, wie in einer früheren Aussage angegeben, „möglichst viele Menschen töten", sondern lediglich „den Leuten Furcht einflößen" und „Aufsehen erregen" wollen, sagte der Libanese Hamad weiter. Es sei nicht geplant gewesen, dass die Bomben explodieren. [...] Hamad und el-Hajdip sollen am 31. Juli in Köln in zwei Regionalzügen auf den Strecken Aachen-Hamm und Mönchengladbach-Koblenz Kofferbomben deponiert haben. Die Sprengsätze waren nach Erkenntnissen der Ermittler wegen handwerklicher Fehler nicht explodiert. Nach „Panorama"-Recherchen verkehrte Jihad Hamad schon vor seiner Einreise nach Deutschland in islamistischen Kreisen.

dpa, u. a., Wir wollten Furcht einflösen, auf: www.spiegel.de, 8.6.2006

Islamismus

In Deutschland leben zwischen 3,8 und 4,3 Millionen Muslime. Der weitaus größte Teil aller Muslime verhält sich unauffällig; lediglich eine Minderheit hat sich islamistischen Organisationen angeschlossen. Etwa 37.470 Personen waren Ende 2010 Mitglieder oder Anhänger einer der 29 islamistischen Gruppierungen in Deutschland.

Bundesamt für Verfassungsschutz

M15 Wie der Staat die Demokratie schützt

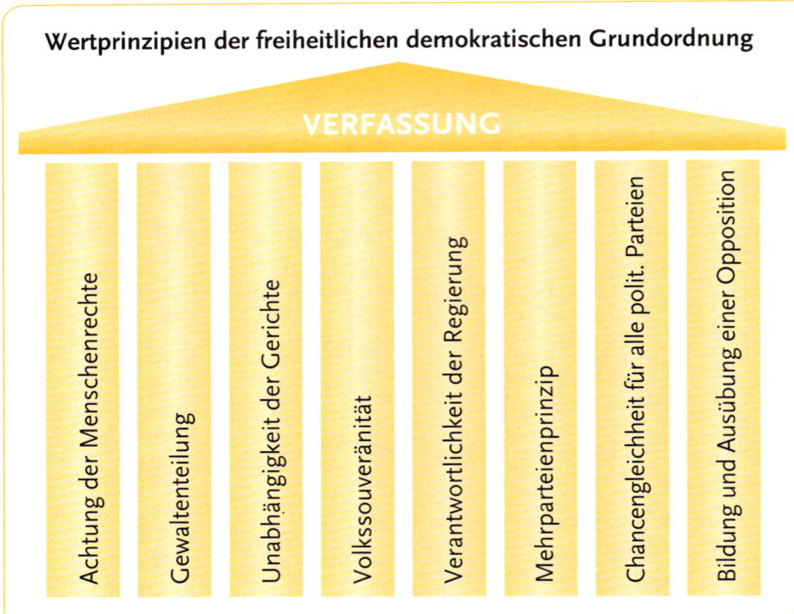

In einer streitbaren Demokratie wird die freiheitliche Ordnung vom Staat geschützt und kann nicht auf legalem Weg oder mithilfe legaler Mittel aufgehoben werden. Im Zentrum der streitbaren Demokratie steht die sogenannte Ewigkeitsgarantie des Art. 79 Abs. 3. Darin heißt es: „Eine Änderung dieses Grundgesetzes, durch welche die Gliederung des Bundes in Länder, die grundsätzliche Mitwirkung der Länder bei der Gesetzgebung oder die in den Artikeln 1 und 20 niedergelegten Grundsätze berührt werden, ist unzulässig."
Zu den Grundsätzen gehören die Menschenwürde, die Rechts-, Sozial- und Bundesstaatlichkeit sowie das Demokratieprinzip.

M16 Mittel zum Schutz der Grundwerte

Artikel 21
(2) Parteien, die nach ihren Zielen oder nach dem Verhalten ihrer Anhänger darauf ausgehen, die freiheitliche demokratische Grundordnung zu beeinträchtigen oder zu beseitigen oder den Bestand der Bundesrepublik Deutschland zu gefährden, sind verfassungswidrig. Über die Frage der Verfassungswidrigkeit entscheidet das Bundesverfassungsgericht. [...]

Artikel 20
(1) Die Bundesrepublik Deutschland ist ein demokratischer und sozialer Bundesstaat.
(2) Alle Staatsgewalt geht vom Volke aus. Sie wird vom Volke in Wahlen und Abstimmungen und durch besondere Organe der Gesetzgebung, der vollziehenden Gewalt und der Rechtsprechung ausgeübt. [...]
(4) Gegen jeden, der es unternimmt, diese Ordnung zu beseitigen, haben alle Deutschen das Recht zum Widerstand, wenn andere Abhilfe nicht möglich ist.

Artikel 9
(2) Vereinigungen, deren Zwecke oder deren Tätigkeit den Strafgesetzen zuwiderlaufen oder die sich gegen die verfassungsmäßige Ordnung oder gegen den Gedanken der Völkerverständigung richten, sind verboten. [...]

Grundgesetz für die Bundesrepublik Deutschland

Aufgaben

1. Erläutere, inwiefern es sich bei den Anschlägen um Angriffe auf die freiheitliche demokratische Grundordnung handelt (M13 – M14).
2. Sammelt in Gruppen Lösungsvorschläge, wie man gegen Extremismus vorgehen könnte. Erstellt dann eine Rangliste der Vorschläge und entscheidet, welchen Vorschlag ihr persönlich unterstützen würdet (M13 – M15).

Grund-wissen

Demokratie, Volkssouveränität und Gewaltenteilung

Spätestens seit Anfang des 20. Jahrhunderts hat sich in Europa die Überzeugung durchgesetzt, dass die Demokratie die beste Staatsform ist. Demokratie ist eine politische Ordnung, die von Freiheit, Gleichheit und Menschenwürde ausgeht und versucht, den Anspruch der „Regierung des Volkes durch das Volk und für das Volk" (Abraham Lincoln) zu verwirklichen. Zentrales Wesensmerkmal der Demokratie ist die Volkssouveränität. Das bedeutet, dass alle politische Herrschaft vom Volk ausgeht. Zur Ausübung der Volkssouveränität ist die Partizipation, d. h. die Teilnahme der Bürger am politischen Leben, notwendig. Ein weiteres wichtiges Merkmal unserer Demokratie ist die Gewaltenteilung. Die Macht des Staates wird in Bund, Land und Kommune sowie auf verschiedene Organe verteilt: das Parlament (Legislative), die Regierung (Exekutive) und die Gerichte (Judikative).

Direkte und repräsentative Demokratie

Im Gegensatz zur direkten oder plebiszitären Demokratie werden in der repräsentativen Demokratie die politischen Entscheidungen nicht direkt von den Bürgern, sondern von gewählten Politikern, den Repräsentanten, im Parlament getroffen. Die Abgeordneten werden in freien Wahlen bestimmt und können bei der nächsten Wahl auch wieder abgewählt werden.
Durch direkte Bürgerbeteiligung – z. B. in den Gemeinden – kann unmittelbar auf die politischen Entscheidungsprozesse Einfluss genommen werden. In Deutschland sind die Möglichkeiten direkter Demokratie auf Bundesebene allerdings äußerst begrenzt. Deshalb wird immer wieder gefordert, auch hier direktdemokratische Elemente einzuführen.

Gibt es Gemeinsamkeiten der politisch-extremistischen Ideologien?

Schaut man genauer auf die verschiedenen Merkmale des politischen Extremismus, erkennt man viele Gemeinsamkeiten von Islamismus, Rechts- und Linksterrorismus. Hierzu gehören vor allem:

- Intolerantes Beharren auf der eigenen Weltsicht (Dogmatismus)
- Unterteilung der Welt in Freund und Feind
- Glaube an Verschwörungstheorien
- Orientierung an einer Weltanschauung, nicht an politischen Programmen (Glaube an die Nation, Arbeiterklasse, Diktatur des Proletariats, islamischer Gottesstaat)
- Immunisierung gegen Kritik
- Vorstellung eines „ewigen Überlebenskampfes" gegen die „Verräter", „Ungläubigen", „Kapitalisten", „jüdisch bolschewistische Weltverschwörung", „Imperialisten"
- Glaube an eine homogene Gesellschaft („Volksgemeinschaft", „klassenlose Gesellschaft" oder „Gottesstaat")

5.2 Bürger in unserer Demokratie: Zuschauer oder Aktivbürger?

5.2.1 Jugendliche und (Partei-)Politik

M1 Wenn ich groß bin ...

Calvin und Hobbes, Bill Watterson

M2 Wie politisch ist die Jugend?

a) Interesse an Politik nach Alter

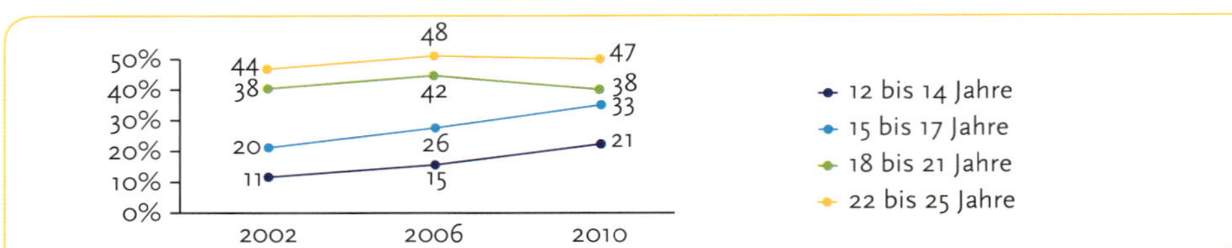

b) Wo man sich selber aktiv über Politik informiert
(Mehrfachnennungen möglich)

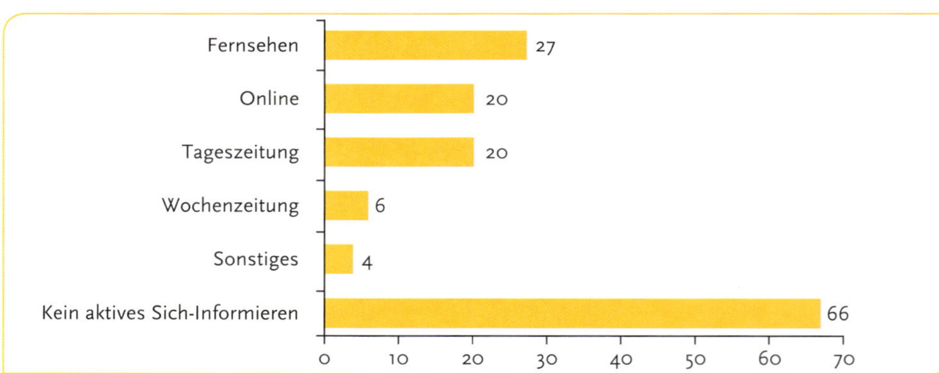

Zahlen: Ulrich Schneekloth, 16. Shell-Jugendstudie. Jugend 2010. Umfrage unter Jugendlichen im Alter von 12 bis 25 Jahren (alle Angaben in %)

M3 Engagement ist die Lebenskraft der Gesellschaft

Herr Keupp ist Professor für Psychologie und forscht viel zur Bedeutung von sozialen Netzwerken und freiwilligem Engagement.

fluter: Herr Keupp, was genau ist Partizipation?

Teilhabe und Teilnahme an den Prozessen, die die Gesellschaft beeinflussen und verändern. Man kann das auch bürgerschaftliches Engagement nennen.

Ich bin Mitglied bei Bayern München. Bin ich damit schon engagiert?

Natürlich nehmen Sie an etwas teil, aber das ist nicht das, was man unter Partizipation versteht. Sie interessieren sich für die Mannschaft, gehen ins Stadion, feuern sie an, aber Sie spüren dabei sicher auch die Ohnmacht. Sie können ja nichts verändern. Etwas anderes wäre es, wenn Sie selbst zum Beispiel ein Jugendfußballteam betreuen oder sich zum Kassenwart wählen lassen. Das wäre dann Teilnahme und Teilhabe im Sinne einer Partizipation. Teilhaben kann man aber natürlich auch außerhalb von Vereinen, zum Beispiel bei einer Schülerzeitung, in der Schülermitverwaltung, in seiner Kommune, im Jugendzentrum. Und natürlich durch etwas, woran man bei Partizipation oft zuerst denkt: indem man wählen geht, sich politisch engagiert.

Gerade beim politischen Engagement wird Jugendlichen oft mangelndes Interesse vorgeworfen.

Ja, das hört man manchmal. Es herrscht aber gar kein Mangel an politischer Interessiertheit. Das Interesse ist allgemein möglicherweise nicht mehr so groß, wie es zur Zeit der Studentenproteste in den 60er Jahren war, aber von einem Mangel kann man nicht sprechen. [...]

Und wofür engagieren [die Jugendlichen] sich dann?

Es muss mit ihrer eigenen Lebenswelt zu tun haben, es muss greifbar sein, losgelöst von einem abstrakten Zusammenhang. Es muss ihren Alltag betreffen, ihre eigenen Wünsche. [...]

Was würde der Gesellschaft passieren, ohne Engagement?

Sie wäre langweilig, vieles, was uns Freude macht, würde nicht mehr stattfinden, ob das Sommerfeste sind oder gemeinsame Wochenendausflüge. Es gäbe keine neuen Ideen mehr, die Institutionen würden endgültig in ihrem eigenen Saft eintrocknen. [...] Die Zivilgesellschaft ist all das, was unter Teilhabe, Teilnahme, bürgerlichem Engagement zu verstehen ist. Große Teile der Gesellschaft funktionieren nur und leben von dem oft gar nicht erkannten Teil der Beteiligung der Bürger. Ohne dieses Engagement hätte eine Gesellschaft gar keine echte Lebenskraft.

Interview: Dirk Schönlebe, Julia Landvogt, fluter Nr. 11, Juni 2004, S. 7 ff.

Ehrenamt
eine meist freiwillige, am Gemeinwohl orientierte, unbezahlte Tätigkeit für die Gesellschaft. Ehrenämter kann man in Vereinen, sozialen Diensten oder auch in der Gemeinde übernehmen.

M4 Wie sich junge Menschen politisch engagieren

a **Jessica Saam (17):**

„Ich finde Politik interessant. Deshalb engagiere ich mich im Jugendgemeinderat. Ich überlege gerne, was es für Möglichkeiten geben könnte, und diskutiere mit anderen darüber. Seit zwei Jahren bin ich Mitglied im Jugendgemeinderat. Wir wollen was Interessantes für die Jugendlichen in unserer Stadt hier machen, Konzerte zum Beispiel. Unser größter Erfolg ist wahrscheinlich der Partybus. Er sammelt die Jugendlichen aus unserer Gemeinde und der Umgebung zu verschiedenen Uhrzeiten ein, um sie auf Veranstaltungen in die größeren Städte zu bringen."

b *Interview mit Thomas Bareiß (31), Mitglied der Jungen Union (JU)*

Wie kann man sich bei der Jungen Union engagieren und ist man dann gleich auch Mitglied der „großen CDU"?

Mitglied der Jungen Union kann jeder im Alter zwischen 14 und 35 Jahren werden, der sich zu unseren Grundsätzen und Zielen bekennt. Wir sind zwar eine Vereinigung der jungen Generation der CDU, aber wir sind politisch und organisatorisch selbstständig. [...]

Gerade vor Ort kann man einiges erreichen, in einem Ausschuss des Gemeinderats oder als Ratsmitglied. JU-Mitglieder bringen z. B. Ideen ein, wenn um das Kulturangebot oder um Sportstätten gestritten wird. Auch im Landtag wirken Freunde aus der JU mit. Gerade in der Schul- und Hochschulpolitik geht es um die Anliegen junger Leute.

Nach: Politik & Unterricht 2/3 2006, S. 29

c *Interview mit Iris Britta Weible (26), Mitglied bei der Grünen Jugend*

Was hat Sie dazu gebracht, sich politisch zu engagieren?

Ich engagiere mich persönlich, weil es um die Zukunft von uns jungen Menschen geht. Was heute entschieden wird, damit müssen wir morgen leben. Deshalb müssen wir jungen Menschen uns einmischen und mitentscheiden. Auch wenn es manchmal nicht so scheint, aber es lässt sich doch viel in der Politik bewegen, wenn man sich zusammenschließt. Es ist wichtig, sich in einer Demokratie politisch zu engagieren, auch um rechtsextremen Bewegungen entgegenzutreten. Im Vordergrund steht für mich aber der Umweltschutz, weil die Natur unser wichtigstes Gut ist. Genauso wichtig ist die Gleichberechtigung zwischen den Geschlechtern. [...] Zeit für Partys, neue Leute kennenlernen, gute Unterhaltungen und auch mal einfach nur zusammen in die Kneipe – das gehört natürlich dazu. Und auch Bildungsfahrten lassen sich mit Spaß verbinden!

Nach: Politik & Unterricht 2/3 2006, S. 30

M5 Wie kann ich mich einbringen?

Aufgaben

W

1. Gestalte das nächste Comic-Bild. ODER
   Vervollständige den Satz „Wenn ich groß bin …“. (M1)
2. Überprüfe, wie politisch die Jugend ist. (M1-M3)
3. Lege eine Tabelle an und ordne die Formen der Beteiligung (M4, M5) folgenden Kategorien zu: a) sich informieren; b) seine eigene Meinung zum Ausdruck bringen; c) sich organisieren und aktiv werden
4. Welche Formen der Beteiligung eignen sich für dich als Jugendliche(n) besonders? Begründe. (M3-M5)
5. a. Könntest du dir vorstellen, dich in der Jugendorganisation einer Partei zu engagieren? Schreibe eine kurze Stellungnahme. (M4)
   b. Was spricht aus deiner Sicht für und was gegen das Engagement in einer Partei? Liste deine Argumente in einer Tabelle auf.

5.2.2 Wofür stehen die Parteien?

M6 Parteien als Bindeglied zwischen Staat und Gesellschaft

Parteien im GG

Art. 21 (1): „Die Parteien wirken bei der politischen Willensbildung des Volkes mit. Ihre Gründung ist frei. Ihre innere Ordnung muss demokratischen Grundsätzen entsprechen. […]“

a) Verankerung im Grundgesetz

In Artikel 21 (1) GG ist die zentrale Rolle der Parteien in unserer Gesellschaft und damit deren besondere verfassungsrechtliche Stellung verankert. Weitere Aufgaben sind im Parteiengesetz konkretisiert, z. B. dass sie die Interessen der Bürger bündeln und ausdrücken sollen und an Wahlen teilnehmen.

b) Warum entstehen Parteien?

Die Parteien stehen für unterschiedliche Interessen in großen Konflikten der Gesellschaft. Ein solcher Konflikt ist zum Beispiel die Auseinandersetzung zwischen Arbeitnehmern und Arbeitgebern. Eine andere Grundfrage ist, ob der Staat eine starke Rolle einnehmen soll, oder ob er sich aus den Angelegenheiten der Bürger eher zurückhalten soll. Wenn ein neues Thema entsteht, für das noch keine Partei eintritt (in den 1980er Jahren zum Beispiel der Umweltschutz), gründet sich eine neue Partei.

Kompetenz: Kommunikation

Ein Parteiprogramm entwerfen

Leitfaden

1. Partei gründen:
Gründet in Kleingruppen eine Partei.

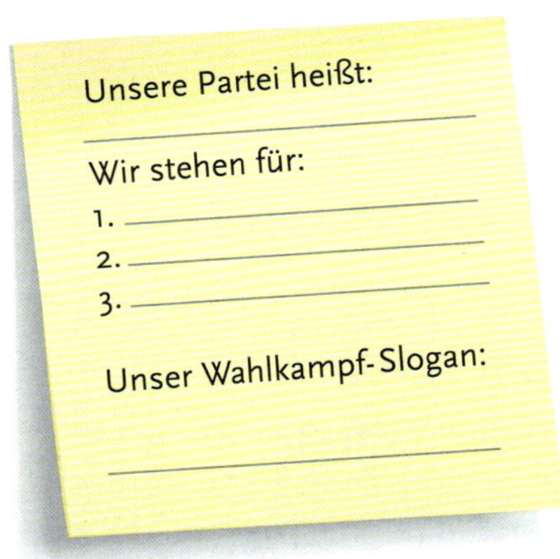

2. Themen und Konflikte diskutieren:
Überlegt, entlang welcher Themen oder Konflikte ihr euch engagieren möchtet. Jeder notiert sich zunächst eigene Ideen und Gedanken dazu. Tauscht euch anschließend aus. Könnt ihr euch auf einen zentralen Konflikt / ein zentrales Problem einigen? Nennt die Kriterien, die ihr für eure Entscheidung im nächsten Schritt heranziehen möchtet.

3. Entscheidung treffen und Parteiprogramm entwerfen:
Entscheidet euch für einen für euch zentralen Konflikt, zu dem eure Partei eine Meinung hat und sich engagieren möchte. Entwerft dazu euer Parteiprogramm. Entscheidet euch für drei zentrale Aspekte. Formuliert einen Slogan für den Wahlkampf. Achtet darauf, dass ihr den Artikel 21 (1) GG berücksichtigt.

M7 Was wollen die Parteien?

CDU CSU	Die Christlich Demokratische Union (CDU) ist die konservative Volkspartei in Deutschland. Zusammen mit der Schwesterpartei Christlich-Soziale Union (CSU) (die nur in Bayern antritt) bildet die CDU eine gemeinsame Bundestagsfraktion. In der Wirtschaftspolitik bekennt sie sich zur Sozialen Marktwirtschaft. Sozialpolitisch setzt sie auf eine stärkere Eigenverantwortung, wobei Familien jedoch finanziell gefördert werden sollen.
SPD	Die Sozialdemokratische Partei Deutschlands (SPD) wurde 1875 als Sozialistische Arbeiterpartei gegründet. Basis der SPD-Politik sind die Grundwerte Freiheit, Gerechtigkeit und Solidarität. Sie betont den Vorrang der Politik gegenüber der Wirtschaft. Der Gedanke der Solidarität soll das Handeln der Menschen prägen.
DIE LINKE.	DIE LINKE entstand aus dem Zusammenschluss der PDS (Partei des Demokratischen Sozialismus) und der WASG (Wahlalternative Arbeit und Soziale Gerechtigkeit). Sie vertritt das Ziel eines demokratischen Sozialismus. Eine Umverteilung von oben nach unten wird angestrebt.
BÜNDNIS 90 DIE GRÜNEN	Die Partei Bündnis 90/Die Grünen entstand 1993 durch die Fusion der westdeutschen Grünen und des ostdeutschen Bündnis 90. Die Umwelt steht im Zentrum grüner Politik – heute eng mit dem Begriff der Nachhaltigkeit verbunden. Andere Ziele sind Gewaltfreiheit, Demokratie und Menschenrechte. Neben der Verteilungsgerechtigkeit sind die Geschlechter- und Generationengerechtigkeit zentrale Anliegen.
FDP Die Liberalen	Die Freie Demokratische Partei (FDP) vertritt liberale (freiheitliche) Positionen, wie die persönliche Freiheit und Verantwortung des Einzelnen. Der Bürger soll seine Interessen in einem Staat mit möglichst wenig Vorschriften und Bürokratie verfolgen können. Im Zweifel stimmen Liberale für Freiheit vor Sicherheit und Gleichheit, für Markt statt Staat, für das Individuum anstelle der Gemeinschaft.

Aufgaben

1. a. Gründet eine Partei entsprechend des Leitfadens. (M6)
   b. Führt in der Klasse einen Wahlkampf durch, indem ihr eure Partei vorstellt und für eure Ziele werbt.
   c. Welche Partei hat dich am meisten überzeugt? Begründe deine Entscheidung anhand eigener Kriterien.
2. Vergleicht eure neu gegründeten Parteien mit den etablierten. (M6, M7)
3. Arbeite aus den Grundsatzprogrammen der Parteien (M7) gesellschaftliche Konflikte heraus, die für Jugendliche besonders relevant / weniger relevant sind.

konservativ
bewahren, erhalten einer bestehenden Ordnung

Sozialismus
politische Weltanschauung, die eine solidarische Gesellschaft anstrebt, in der es kein Privateigentum in der Wirtschaft gibt und damit keine wirtschaftliche Abhängigkeit der Menschen

Link
Vor Wahlen gibt es unter www.bpb.de den „Wahl-O-Mat“. Gib deine Antworten zu den verschiedenen Fragen ein – der Wahl-O-Mat vergleicht diese mit den Programmen der Parteien und zeigt dir, mit welchen Parteien du die größten inhaltlichen Übereinstimmungen bzw. Unterschiede hast.

5.2.3 Was macht Wahlen demokratisch?

M8 Demokratisch? Wahlen auf dem Prüfstand

Fall 1
Der Chef der YUKA-Milch&Co KG unterhält sich mit seinen Auszubildenden über die bevorstehende Bundestagswahl. Anschließend ärgert er sich über deren Meinung und kommt zu dem Schluss, dass ihm, im Vergleich zu gering qualifizierten Mitarbeitern, aufgrund seiner umfassenden Erfahrung in Wirtschaftsfragen ein höheres Stimmengewicht zustehen sollte.

Fall 2
Abernico Bhebe deutet auf die frische Narbe am Kopf. Dort hat ihn eine Axt getroffen. „Wir waren auf Wahlkampftour", erzählt der Parlamentsabgeordnete, als am helllichten Tage Geheimpolizisten, Soldaten, Polizisten und Schläger der Regierungspartei Zanu über sie herfielen. [...] Als Oppositionspolitiker in Simbabwe ist er Freiwild für die Gehilfen des Präsidenten.
Frank Räther, www.focus.de (Stand: 2002)

Fall 3
Berlin 1919 – Wahl zur Nationalversammlung.
Wilhelmine Schmidt freut sich auf den nächsten Sonntag, denn zum ersten Mal in der Geschichte des Deutschen Reiches darf auch sie als Frau zur Wahl gehen.

M9 Wählen – aber wie? Wahlrechtsgrundsätze

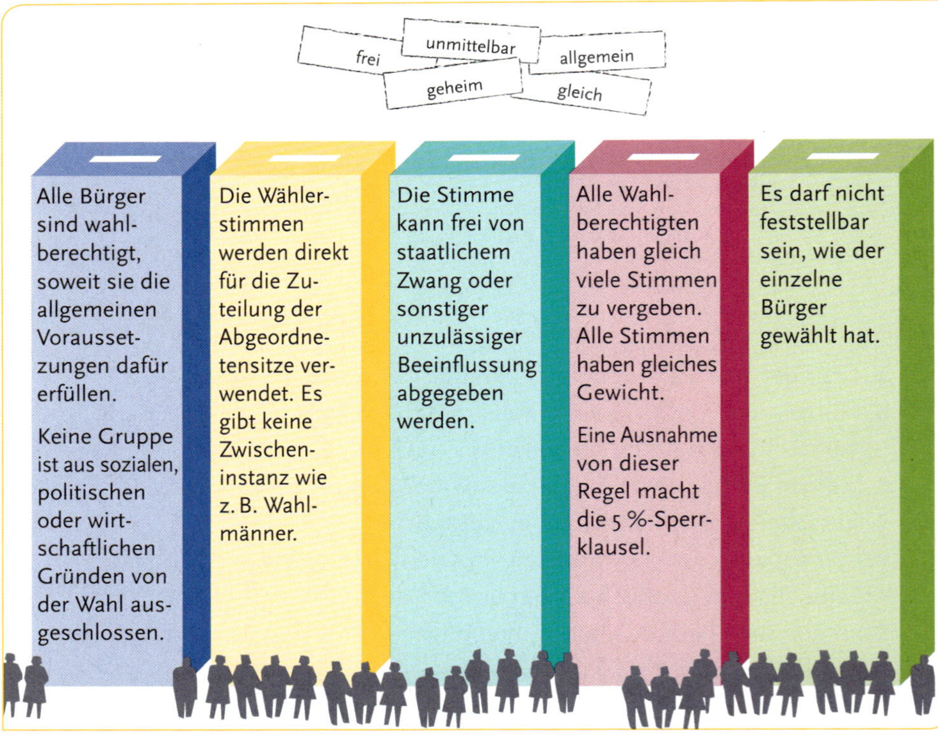

Nach: Bergmoser + Höller Verlag AG, Zahlenbilder 086030

Laut Artikel 38 GG werden die Abgeordneten des Deutschen Bundestages in „allgemeiner, unmittelbarer, freier, gleicher und geheimer Wahl gewählt".

M10 Wahlrecht zum deutschen Bundestag: die personalisierte Verhältniswahl

Bergmoser + Höller Verlag AG, Zahlenbilder 86010

Ergebnis der Bundestagswahl 2013

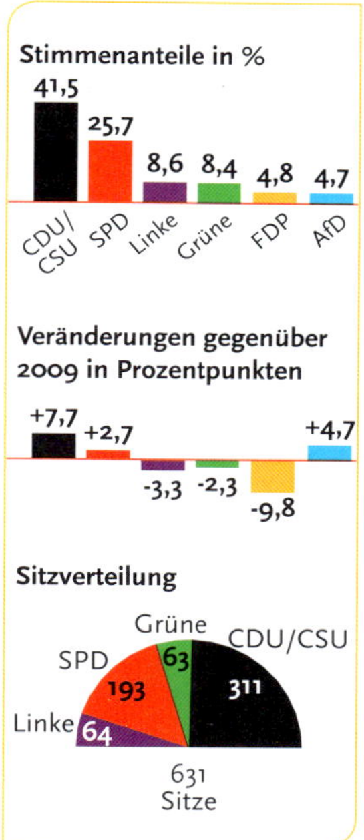

dpa 19054, 9.10.2013

M11 Der Bürger hat die Wahl

Peter Leger

Erklärfilm zur Bundestagswahl (Mediencode 70021-04)

Kompetenz: Methode

Eine Karikatur analysieren

Karikaturen sind Zeichnungen, die ein Problem zugespitzt und übertrieben darstellen. Meist handelt es sich um ein politisches oder gesellschaftliches Problem, das vom Zeichner dadurch kritisch beleuchtet wird. Die Karikatur ist ein wichtiges Mittel zum Aufzeigen von Missständen in Politik und Gesellschaft.

Leitfaden

1. Beschreibe die Karikatur möglichst genau:
- Was ist zu erkennen? Personen, Orte, Symbole ...
- Was wird gesagt?
- Was fällt auf? Was wird besonders übertrieben dargestellt?
- Oft erkennt man wichtige Details erst beim genauen Beschreiben.

Ich sehe ...

2. Deute nun die Aussage der Karikatur:
- Um welches Thema geht es?
- Was bedeuten die Symbole?
- Auf welches Problem möchte der Karikaturist hinweisen?
- Welche Meinung hat der Zeichner?
- Welche Fragen hast du noch an die Karikatur?

Ich denke ..., Ich glaube ..., Ich frage ...

3. Beurteile:
- Teilst du die Sichtweise des Zeichners oder bist du anderer Meinung? Nimm begründet Stellung.
- Wie ist deine Meinung zu dem Thema?
- Wie ist deine Meinung zur Aussage des Karikaturisten?

Ich finde ...

Aufgaben

1. Ordne die Wahlrechtsgrundsätze den entsprechenden Beschreibungen zu. (M9)
2. Erkläre, inwiefern die bei uns gültigen Wahlrechtsgrundsätze in den Fällen 1-3 eingehalten bzw. verletzt werden. (M8, M9)
3. Bei der Wahl zum Deutschen Bundestag haben alle Wahlberechtigten zwei Stimmen. Erkläre, ob eine davon wichtiger ist. (M10)
4. (W) Analysiere die Karikatur. (M11)

Grund-wissen

Formen politischer Partizipation

Die Bürgerinnen und Bürger der Bundesrepublik Deutschland können sich auf vielfältige Weise politisch engagieren. Der informierte Bürger kann sich an der öffentlichen Debatte beteiligen (Leserbriefe, Internetforen, Podiumsdiskussionen etc.), Vereine und Bürgerinitiativen gründen oder ihnen beitreten und sich in Parteien einbringen. Die wichtigste Beteiligungsform bleibt jedoch die Teilnahme an Wahlen.

Parteien

Die Bundesrepublik Deutschland ist eine sogenannte Parteiendemokratie. In Artikel 21 des Grundgesetzes heißt es: „Die Parteien wirken bei der politischen Willensbildung des Volkes mit." Sie sind ein „verfassungsrechtlich notwendiger Bestandteil der freiheitlichen demokratischen Grundordnung", so formuliert es §1 des Parteiengesetzes.
Ihre Aufgaben bestehen darin, unterschiedliche Interessen in der Bevölkerung zu bündeln und in Politik umzusetzen. Dabei übernehmen die Parteien eine Mittlerfunktion zwischen Bevölkerung und Regierung und bieten den Bürgern bei Wahlen eine Auswahl zwischen Parteien und Personen.

Wahlen und Wahlrechtsgrundsätze

In repräsentativen Demokratien sind Wahlen der entscheidende Akt, mit dem die wahlberechtigten Bürger für eine bestimmte Zeitspanne (die Legislaturperiode) Kandidaten und Parteien ihr Vertrauen aussprechen. Diese kümmern sich im Folgenden um die öffentlichen Angelegenheiten, zum Beispiel indem sie Gesetze ausarbeiten und verabschieden. In Deutschland ist jeder Deutsche wahlberechtigt, der das 18. Lebensjahr vollendet hat. Man unterscheidet in das aktive (wählen gehen dürfen) und das passive (kandidieren und gewählt werden dürfen) Wahlrecht. In Artikel 38 des Grundgesetzes ist mit den sogenannten Wahlrechtsgrundsätzen festgelegt, dass die Vertretung des Volkes aus allgemeinen, unmittelbaren, freien, gleichen und geheimen Wahlen hervorgehen muss.

5.3 Machtverteilung nach der Wahl: Regierung, Parlament, Abgeordnete

5.3.1 Wie mächtig sind Kanzlerin und Regierung?

M1 Alltag einer Bundeskanzlerin

1

2

3

4

M2 Die Kanzlerin und ihre Regierung

Der Bundeskanzler (oder die Kanzlerin) ist der deutsche Regierungschef und ist als solcher für alles verantwortlich, was die Regierung tut. Damit gehört der Bundeskanzler zu den mächtigsten deutschen Amtsträgern.

Für diese schwere Aufgabe sucht sich der Bundeskanzler ein eigenes Team aus, das ihm beim Regieren hilft. Die Mitglieder des Teams nennt man auch Minister. Seinen Ministern gibt er vor, welche Richtung die Politik in den nächsten Jahren seiner Amtszeit nehmen soll. Dadurch bestimmt er die Richtlinien der Politik, die dem Wohl des deutschen Volkes dienen sollen. Das nennt man auch Richtlinienkompetenz.

Das Grundgesetz sieht vor, dass der Vorschlag für einen Kandidaten vom Bundespräsidenten kommt. Rechtlich steht es dem Bundespräsidenten dabei frei, wen er vorschlägt. In der Regel ist es so, dass der vorgeschlagene Kandidat des Bundespräsidenten zu einer der Parteien gehört, die bei der Wahl die meisten Stimmen bekommen haben und gemeinsam regieren wollen.

Der Bundeskanzler wird vom Bundestag immer für eine Amtszeit

(4 Jahre) gewählt. Dabei müssen mehr als die Hälfte der Mitglieder des Bundestags für den Bundeskanzler stimmen.

Tahmee Theiler u. a, www.lernspass-fuer-kinder.de (24.10.2013)

Die Wiederwahl von Angela Merkel zur Bundeskanzlerin im Bundestag, Oktober 2009.

M3 Regierung und Parlament im Grundgesetz

Artikel 62

Die Bundesregierung besteht aus dem Bundeskanzler und aus den Bundesministern.

Artikel 64

(1) Die Bundesminister werden auf Vorschlag des Bundeskanzlers vom Bundespräsidenten ernannt und entlassen.

Artikel 65

Der Bundeskanzler bestimmt die Richtlinien der Politik und trägt dafür die Verantwortung. Innerhalb dieser Richtlinien leitet jeder Bundesminister seinen Geschäftsbereich selbstständig und unter eigener Verantwortung. Über Meinungsverschiedenheiten zwischen den Bundesministern entscheidet die Bundesregierung. Der Bundeskanzler leitet ihre Geschäfte nach einer von der Bundesregierung beschlossenen und vom Bundespräsidenten genehmigten Geschäftsordnung.

Artikel 67

(1) Der Bundestag kann dem Bundeskanzler das Misstrauen nur dadurch aussprechen, dass er mit der Mehrheit seiner Mitglieder einen Nachfolger wählt und den Bundespräsidenten ersucht, den Bundeskanzler zu entlassen. Der Bundespräsident muss dem Ersuchen entsprechen und den Gewählten ernennen. [...]

Artikel 68

(1) Findet ein Antrag des Bundeskanzlers, ihm das Vertrauen auszusprechen, nicht die Zustimmung der Mehrheit der Mitglieder des Bundestages, so kann der Bundespräsident auf Vorschlag des Bundeskanzlers binnen einundzwanzig Tagen den Bundestag auflösen. Das Recht zur Auflösung erlischt, sobald der Bundestag mit der Mehrheit seiner Mitglieder einen anderen Bundeskanzler wählt.

Grundgesetz für die Bundesrepublik Deutschland

Aufgaben

1. Formuliere Untertitel zu der Bilderserie „Alltag einer Bundeskanzlerin". (M1)
2. Stelle mithilfe der Grundgesetzartikel das Gefüge der Verfassungsorgane der Bundesrepublik Deutschland in einem Schaubild dar. (M2, M3)
3. Erkläre in eigenen Worten die Prinzipien, nach denen die Bundesregierung arbeitet: Kanzlerprinzip, Kollegialprinzip, Ressortprinzip. (M3)

5.3.2 Wie frei kann ein Abgeordneter entscheiden?

M4 Die Streitfrage: Mopedfahren schon ab 15 Jahren?

Nehmen wir an, ein Gesetzentwurf der Bundesregierung sieht vor, dass künftig bereits 15-Jährige einen Führerschein der Klasse M erwerben dürfen. Dieser erlaubt das Fahren von Mopeds und kleineren vierrädrigen Gefährten wie Quads mit einer Höchstgeschwindigkeit von bis zu 45 Stundenkilometern. Bislang durften 15-Jährige nur auf 25 Stundenkilometer gedrosselte Mofas fahren. Die Regierung will damit die Mobilität von Jugendlichen vor allem auf dem Land verbessern. Die Entscheidung ist umstritten und in vielen Internet-Foren wird darüber diskutiert, ob Jugendliche damit nicht überfordert sind.

Stephan (8.7.2013 16:04)
Na endlich ... Ich sehe das mal aus Sicht der schnelleren Verkehrsteilnehmer: Mofas sind extreme Verkehrsbehinderer (weil sie nicht mal auf den Fahrradweg dürfen!). Man kann sie oft nur mit hohem Risiko oder längere Zeit gar nicht überholen. Gut, dass das bald ein Ende hat. Davon abgesehen reizt es die Jugendlichen dann auch sicher deutlich weniger, ihr Fahrzeug zu frisieren.

Heidi (7.7.2013 19:08)
Ich finde die Idee absolut super. Ich muss sonst meine Tochter noch ein Jahr lang zum Reiten fahren (12 Kilometer Landstraße). Mit dem langsamen Mofa ist es deutlich gefährlicher.

Gerd (7.7.2013 17:34)
Es ist doch unverantwortlich, dass die Jugend, die sich sonst auch kaum an Regeln hält, jetzt eine Lizenz zum Schnellfahren bekommt.

M5 Zwischen freiem Mandat und Fraktionszwang

In Artikel 38 (1) GG ist das sogenannte freie Mandat festgeschrieben. Es besagt, dass die Abgeordneten des Bundestages „an Aufträge und Weisungen nicht gebunden und nur ihrem Gewissen unterworfen“ sind.

In der Realität spielt im politischen Alltag dagegen die Fraktionsdisziplin eine große Rolle: Die Mitglieder einer Fraktion verständigen sich vor einer Abstimmung auf eine gemeinsame Linie, um dann geschlossen abzustimmen. Ein abweichendes Stimmverhalten soll auf wenige Ausnahmefälle (z. B. wenn es sich um Gewissensentscheidungen handelt) beschränkt bleiben. Die Abgeordneten können jedoch nicht zu einem bestimmten Stimmverhalten gezwungen werden.

Fraktion
alle Abgeordneten einer Partei im Parlament, z. B. die Fraktion der SPD

M6 Der Abgeordnete – wie soll er entscheiden?

Der Deutsche Bundestag soll entscheiden, ob der Mopedführerschein bereits für 15-Jährige eingeführt werden soll. Diese Entscheidung ist nicht unumstritten und die Abgeordneten werden von unterschiedlicher Seite beeinflusst. Irgendwann muss der Abgeordnete aber wissen, ob er dem Gesetz zustimmt oder nicht. Sein Problem ist dabei, dass er es nicht allen recht machen kann.

Elterngruppe
Du vertrittst eine Gruppe von Eltern aus dem Wahlkreis des Abgeordneten. Ihr habt euch zusammengeschlossen, da ihr davon überzeugt seid, dass es viel zu gefährlich ist, eure Kinder schnelle Mopeds fahren zu lassen. Erfahrungen aus Österreich haben gezeigt, dass es zu vielen schweren Unfällen kommt. Der Abgeordnete will kommendes Wochenende in den Wahlkreis kommen und ihr plant bereits eine Kundgebung auf dem Marktplatz, um auf eure Forderung aufmerksam zu machen.

Fraktionsführer der Regierungspartei
Die Mehrheit der Abgeordneten und auch die Regierung sind dafür, die Altersgrenze abzusenken. Innerhalb der Fraktion gibt es aber einige Abgeordnete, die sich nicht sicher sind, ob sie dem Vorschlag zustimmen. Der Bundeskanzler hat mit dir telefoniert und er wünscht sich, dass die Fraktion im Bundestag geschlossen zustimmt und das Thema damit endlich erledigt ist.

einfacher Abgeordneter der Regierungsfraktion
Du bist Mitglied des Verkehrsausschusses und musst bald entscheiden, ob du für oder gegen den Gesetzentwurf stimmst. Im Vorfeld setzen sich verschiedene Menschen mit dir in Verbindung, um deine Entscheidung zu beeinflussen.

Azubi in einem Betrieb auf dem Land
Du bist 15 Jahre alt und um in die Berufsschule zu kommen, musst du sehr weit fahren. Mit dem Bus ist das fast nicht zu schaffen. Ein Moped würde dir sehr helfen. Du hast bereits mit den anderen Berufsschülern gesprochen und dabei gemerkt, dass es sehr vielen von ihnen auch so geht wie dir.

Vorsitzender der Handwerkskammer der ländlichen Region
Viele eurer Auszubildenden haben große Schwierigkeiten, den Ausbildungsbetrieb oder die Berufsschule mit öffentlichen Verkehrsmitteln zu erreichen. Deine Hoffnung ist, dass sich diese Situation entspannen würde, wenn 15-Jährige bereits Moped fahren dürften.

M7 Aufgaben und Funktionen des Bundestages

Der Bundestag wird vom Volk gewählt und ist der Ort, an dem unterschiedliche Auffassungen über den richtigen politischen Weg formuliert und diskutiert werden.

Die wichtigsten Aufgaben des Bundestages sind die Gesetzgebung und die Kontrolle der Regierungsarbeit.

Die Abgeordneten entscheiden auch über den Bundeshaushalt und die Einsätze der Bundeswehr im Ausland.

Eine weitere wichtige Aufgabe des Bundestages ist die Wahl der Bundeskanzlerin oder des Bundeskanzlers.

Die Gesetzgebung ist in Deutschland Aufgabe der Parlamente. Der Bundestag ist somit das wichtigste Organ der Legislative im Bund. Da die Länder im föderalen Staatssystem Deutschlands einen wesentlichen Anteil an der Staatsgewalt haben, ist auch die Länderkammer (Bundesrat) am Gesetzgebungsverfahren beteiligt.

www.bundestag.de/bundestag/aufgaben

Aufgaben

1. „Mopedfahren schon mit 15 Jahren?“
   a. Formuliere deine Meinung als Eintrag in einem Internetforum.
   b. Stelle Pro- und Kontra-Argumente in einer Tabelle einander gegenüber. Ergänze eigene Argumente. (M4-M6)
2. Erläutere, inwieweit der Abgeordnete frei entscheiden kann. (M5, M6)
3. Bildet Gruppen und teilt die fünf Rollen untereinander auf. Stellt euch vor, der Abgeordnete hat euch alle in seine Bürgersprechstunde eingeladen. In einem Rollenspiel müsst ihr versuchen, ihn von eurer Position zu überzeugen. Im Anschluss muss der Abgeordnete sich entscheiden und seine Entscheidung vor der Klasse begründen. (M6)
4. Z Wer hat mehr Macht, der Bundestag oder die Regierung? Begründe deine Meinung. (M1-M7)

5.3.3 Der Bundespräsident – Makler oder Mahner in der Politik?

M8 Die verfassungsrechtliche Stellung des Bundespräsidenten

Erklärfilm zur „Bundespräsidentenwahl“ (Mediencode 70021-05)

M9 Der Bundespräsident – ein politisches Amt?

SZ: Welchen politischen Handlungsspielraum gibt das Grundgesetz dem Bundespräsidenten?

Benda: Er kann die notwendigen politischen Entscheidungen selbst nicht fällen. Die sind Sache des Gesetzgebers. Der Bundespräsident kann politische Tätigkeiten anregen und unterstützen. Er kann als ehrlicher Makler zwischen den politischen Parteien vermitteln und sie veranlassen, sich den gemeinsamen Fragen zu stellen.

SZ: Wie weit kann und darf der Makler auch als Mahner auftreten?

Benda: Der Makler ist immer auch ein Mahner. Selbstverständlich kann und soll er mahnen. Es gehört gerade zu den wichtigsten Aufgaben des Bundespräsidenten, die politisch Handelnden auf die großen Probleme des Landes hinzuweisen.

SZ: Wie konkret kann der Mahner werden?

Benda: Der Bundespräsident kann auch Anregungen geben, wie die großen Probleme gelöst werden können.

Ernst Benda (CDU) war von 1971 bis 1983 Präsident des Bundesverfassungsgerichts.

Die Präsidenten der Bundesrepublik Deutschland

Theodor Heuss (FDP) 1949 – 1959

Heinrich Lübke (CDU) 1959 – 1969

Gustav Heinemann (SPD) 1969 – 1974

Walter Scheel (FDP) 1974 – 1979

Karl Carstens (CDU) 1979 – 1984

Richard v. Weizsäcker (CDU) 1984 – 1994

Roman Herzog (CDU) 1994 – 1999

Johannes Rau (SPD) 1999 – 2004

Horst Köhler (CDU) 2004 – 2010

Christian Wulff (CDU) 2010 – 2012

Joachim Gauck (parteilos) seit März 2012

dpa-Grafik 16197

SZ: Haben die bisherigen Bundespräsidenten diese Mahner-Rolle ausgefüllt?

Benda: Dies hängt natürlich sehr von den einzelnen Persönlichkeiten ab. Unvergessen ist die so genannte Ruck-Rede des Bundespräsidenten Herzog im Jahr 1997. Sie hat bisher keine unmittelbaren Aktionen ausgelöst, obwohl sie der Sache nach eine dringende Mahnung an alle politisch Aktiven gewesen ist, tätig zu werden.

Interview: Helmut Kerscher, Süddeutsche Zeitung, 15.3.2005

M10 Soll der Bundespräsident vom Volk gewählt werden?

Sollte der Bundespräsident direkt vom Volk gewählt werden? Darüber streiten die Politiker Dieter Wiefelspütz (SPD) und Jörg van Essen (FDP).

Blickpunkt: Herr van Essen, warum will die FDP eine Direktwahl des Präsidenten? Sind wir mit dem bisherigen Verfahren nicht gut gefahren?

van Essen: Durchaus. Es war ja auch nach den Erfahrungen der Weimarer Republik, in der der Reichspräsident fast so etwas wie ein Ersatzkaiser mit weitgehenden Befugnissen war, eine sehr bewusste Entscheidung unserer Verfassungsmütter und -väter. Sie wollten eine repräsentative Figur mit eingeschränkten Rechten. Daran wollen wir auch keine Änderungen vornehmen. Aber wir glauben, nach fünfzig Jahren stabiler Demokratie sollten wir darüber nachdenken, wie wir die Menschen stärker in die politischen Entscheidungen einbeziehen können. Wir halten die Wahl des Bundespräsidenten für ein solches Feld. [...]

Wiefelspütz: [...] Wir haben mit dem bisherigen Verfahren immer sehr überzeugende Personen in das Amt des Bundespräsidenten gewählt. Sie waren immer Persönlichkeiten, die das ganze Volk repräsentiert haben. [...] [E]ine Direktwahl des Bundespräsidenten passt nicht in unser Staatsgefüge, weil es dann Spitzenpolitiker unterschiedlicher Legitimation gäbe: der eine, der Bundespräsident, vom Volk gewählt, der andere, der eigentlich politisch mächtigere Bundeskanzler, indirekt vom Parlament gewählt. Das passt nicht zusammen.

www.bundestag.de, 19.12.2007

Aufgaben

1. Der Bundespräsident – ein politisches Amt? Erläutere, wie der Bundespräsident die Politik beeinflussen kann (M8, M9).
2. Beurteile, ob der Bundespräsident direkt gewählt werden sollte (M10).

5.3.4 Wer kontrolliert die Regierung?

M11 Die Opposition – Gegenspielerin der Regierung

Die politische Grenzlinie verläuft in erster Linie nicht mehr zwischen dem Parlament auf der einen und der Regierung auf der anderen Seite. Die entscheidende Trennungslinie liegt in einem parlamentarischen System zwischen der Parlamentsmehrheit und der Regierung auf der einen sowie der Opposition auf der anderen Seite.

Die Regierungsmehrheit, die heute einen Regierungschef wählt, kann morgen nicht so tun, als ob sie mit dessen Person und Regierung nichts verbinde. Dann würde sie sich selbst einen Fehler bescheinigen – nämlich denjenigen, den falschen Kanzler gewählt zu haben.

Die Parteien bilden die Brücke, über die Parlamentsmehrheit und Regierung im heutigen parlamentarischen Regierungssystem verbunden sind. Wie eng die Beziehungen dieser beiden Organe sind, hängt in erster Linie ab von der Anzahl der Parteien, die zur Bildung einer Regierung notwendig sind.

nach: Emil Hübner, Informationen zur politischen Bildung Nr. 227, Parlamentarische Demokratie 1, Neudruck 1993, S. 26 f.

nach: Bergmoser + Höller Verlag AG, Zahlenbilder 67 260, ¹über Ausschüsse, evtl. Bundesrat

M12 Wie können Abgeordnete die Regierung kontrollieren?

Stelle dir folgende Situation vor: Die Regierung möchte eine allgemeine Maut für PKW einführen und bringt einen entsprechenden Gesetzesvorschlag in den Bundestag ein. Doch viele Abgeordnete, auch der Regierungsparteien, sind damit nicht einverstanden. Wie sollen sie ihre Kritik äußern?

Folgende Maßnahmen stehen den Abgeordneten zur Verfügung:

- ✓ in einer nicht-öffentlichen Versammlung Bedenken gegenüber der Parteispitze äußern
- ✓ in einer Fernsehtalkshow die Regierung offen und hart kritisieren
- ✓ noch nicht veröffentlichte Informationen heimlich und anonym an die Presse geben
- ✓ in einem Fachausschuss des Bundestages hinter verschlossenen Türen Kritik üben
- ✓ im Kreis aller Abgeordneten ihrer Partei (Fraktion) Bedenken äußern
- ✓ eine Aktuelle Stunde im Bundestag beantragen, in der in aller Breite und öffentlich Mitglieder der Regierung Stellung zu ihrer Kritik nehmen müssen; die Debatte wird sogar im Fernsehen übertragen
- ✓ auf einem Parteitag eine Rede halten, in der sie die Politik der Regierung kritisieren

M13 Interview mit dem Bundestagsabgeordneten Ernst-Reinhard Beck

anonym = ohne Nennung des Namens

Untersuchungsausschuss
Die Abgeordneten des Bundestages können einen Untersuchungsausschuss bilden, wenn mindestens ein Viertel aller Abgeordneten zustimmen. Ziel des Ausschusses ist die Aufklärung politischer Missstände.

Herr Beck, braucht die Regierung eine Kontrolle durch den Bundestag?
Das System der Gewaltenteilung in Legislative, Exekutive und Judikative bedeutet die Aufteilung staatlicher Gewalt in sich gegenseitig kontrollierende und beschränkende Gewalten. Eine der Hauptaufgaben des Bundestages ist die Kontrolle der Bundesregierung, denn Machtmissbrauch wird am besten durch Machtkontrolle verhindert.

Dem Bundestag stehen verschiedene Kontrollinstrumente zur Verfügung. Welche dieser Instrumente halten Sie für besonders wirkungsvoll?
Neben einer „Aktuellen Stunde" haben die Fraktionen die Möglichkeit, die Regierung mittels „Kleiner Anfragen" und „Großer Anfragen" zu kontrollieren. Darüber hinaus können Fraktionen die Einsetzung von Untersuchungsausschüssen beantragen, in denen Verfehlungen geklärt werden sollen. Dem einzelnen Abgeordneten steht die Möglichkeit offen, vier schriftliche Anfragen pro Monat und bis zu zwei

mündliche Fragen pro Sitzungswoche zu stellen. Als schärfste Form der Kontrolle steht dem Parlament das konstruktive Misstrauensvotum zur Verfügung. In diesem Fall wählt die Mehrheit der Mitglieder des Bundestages einen neuen Kanzler. All diese Instrumente werden vorwiegend von der Opposition eingesetzt. Die Regierungsfraktionen kontrollieren eher nicht in der Öffentlichkeit.

Nehmen aus Ihrer Sicht auch die Regierungsfraktionen ihr Recht, die Regierung zu kontrollieren, wahr?

Die Mitglieder der Regierungsfraktionen üben ihr Kontrollrecht über ihre eigene Regierung eher intern – in Fraktions- und Arbeitsgruppensitzungen – aus. Selten sind daher schriftliche oder mündliche Fragen an die Regierung.

Bei der Auswahl der Instrumente ist die öffentliche Wirkung von entscheidender Bedeutung. Die größte Wirkung erzielt man, wenn das Fernsehen das Thema aufgreift.

Interview des Autors mit Ernst-Reinhard Beck über die Wahrnehmung der Kontrollrechte des Bundestags durch die Abgeordneten

Ernst-Reinhard Beck war von 2002-2013 Abgeordneter für die CDU im Deutschen Bundestag.

M14 Die Teilung der Staatsgewalt in Legislative, Exekutive und Judikative

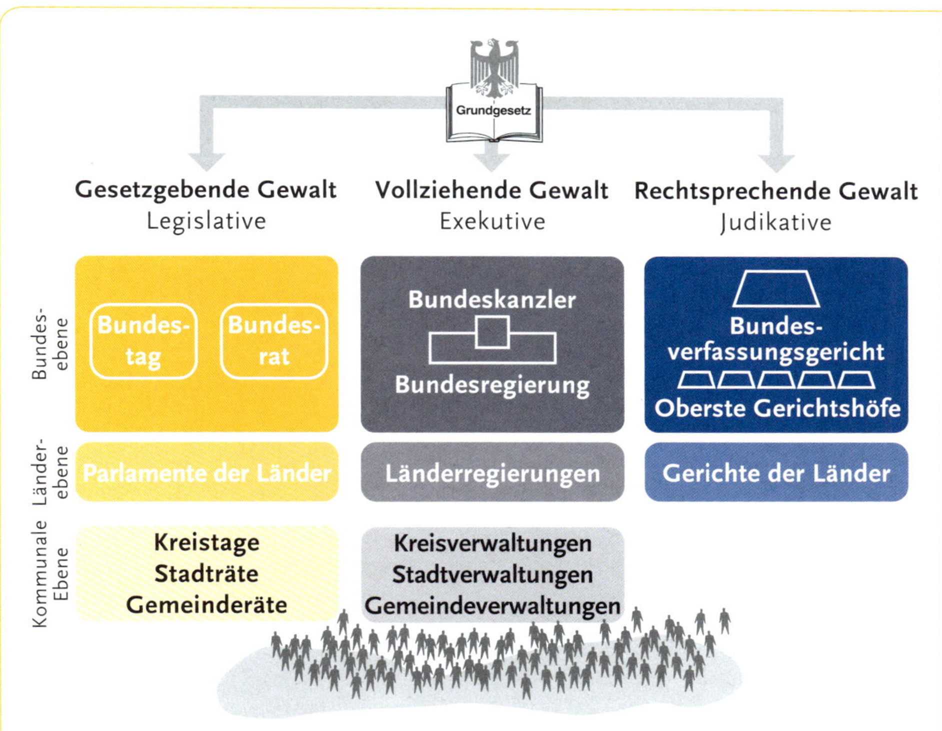

Bergmoser + Höller Verlag, Zahlenbilder 61110

M15 Welche Kontrollrechte hat das Parlament?

Fragerechte des Bundestags

Große Anfrage

Schriftliche Anfrage zu einem größeren politischen Themenkomplex durch eine Fraktion bzw. mindestens 5 % der Abgeordneten

An die Beantwortung durch die Bundesregierung schließt sich in der Regel eine Debatte vor dem Bundestag an.

Kleine Anfrage

Schriftliche Anfrage zu konkreten Einzelthemen durch eine Fraktion bzw. mindestens 5 % der Abgeordneten

Die Antwort erfolgt schriftlich durch das jeweils zuständige Bundesministerium.

Fragestunde

Einzelfragen zur mündlichen oder schriftlichen Beantwortung, von einzelnen Abgeordneten eingebracht

Mündliche Beantwortung in den beiden wöchentlichen Fragestunden des Bundestages

Möglichkeit für die Abgeordneten, mit Zusatzfragen nachzuhaken

Hauptfunktionen:

- **Beschaffung von Informationen**
- **öffentliche Herausforderung der Regierung durch die Opposition**
- **Gelegenheit, die Haltung der Opposition darzulegen**

Aktuelle Stunde

Politische Debatte mit Kurzbeiträgen zu einem aktuellen Thema auf Verlangen einer Fraktion bzw. von mindestens 5 % der Abgeordneten oder nach Vereinbarung

Redezeit für die Abgeordneten: 5 min; Gesamtdauer: 1 Stunde + Redezeit der Regierung

nach: Bergmoser + Höller Verlag AG, Zahlenbilder 66 250

Aufgaben

1. Erkläre mithilfe von M11 und M14, weshalb man in Deutschland auch von einer „Verschränkung der Gewalten“ und einer „Parteiendemokratie“ spricht.
2. Versetze dich in einen Abgeordneten der Regierungsfraktion und einen der Opposition. Entscheide auch mithilfe von M12, welche Maßnahmen die beiden treffen sollen, um Kritik an der Regierung zu üben. Wähle dazu die Maßnahmen aus, die dir am sinnvollsten erscheinen, und begründe deine Auswahl (M15).
3. Überprüfe die folgenden Aussagen zur Kontrolle der Regierung. Stimmen sie? Begründe deine Entscheidungen (M11 – M15).
   - Hauptaufgabe des Bundestages ist die Kontrolle der Regierung.
   - Bei der Auswahl der Kontrollmöglichkeiten ist die öffentliche Wirkung von entscheidender Bedeutung.
   - Nur die Opposition kontrolliert die Regierung.
   - Regierung und Parlament sind nicht vollständig voneinander getrennt.

H zu Aufgabe 2

Entwirf weitere Aussagen zur Kontrolle der Regierung und lasse sie von deinem Nachbarn überprüfen.

Grund-wissen

Stellung des Bundeskanzlers

In der Regierung hat der Bundeskanzler bzw. die Bundeskanzlerin eine hervorgehobene Stellung. Er bestimmt nach Art. 65 GG „die Richtlinien der Politik und trägt dafür die Verantwortung“ (Kanzlerprinzip), d. h. er legt umfassende Ziele fest (wie z. B. große Reformvorhaben). Darüber hinaus macht er dem Bundespräsidenten Vorschläge zur Ernennung und Entlassung von Kabinettsmitgliedern. Innerhalb der Richtlinien leiten die Minister ihr Ministerium selbstständig (Ressortprinzip). Abgeschwächt wird das Kanzlerprinzip auch durch das Kabinettsprinzip. So berät und beschließt das Kabinett als Ganzes über alle Gesetzentwürfe und entscheidet bei Streitfragen über die Zuständigkeit zwischen einzelnen Ministerien.

Stellung der Abgeordneten

Abgeordnete, die derselben Partei angehören, schließen sich im Bundestag zu einer Fraktion zusammen. Bei Abstimmungen folgen die Abgeordneten in der Regel der von der Fraktion festgelegten Linie (Fraktionsdisziplin), obwohl sie eigentlich nach Art. 38 GG in ihren Entscheidungen frei sind (freies Mandat).

Arbeitsweise des Bundestages

Die Hauptarbeit der Abgeordneten findet nicht im Plenum des Bundestages statt, sondern in den Fachausschüssen, die sich mit der Ausarbeitung von Gesetzen beschäftigen. Dort beraten die Abgeordneten, hören Fachleute an, diskutieren die Gesetzentwürfe und verändern diese.

Kontrolle der Regierung und Gewaltenverschränkung

Eine wichtige Aufgabe des Bundestages ist die Kontrolle der Regierung. Dies ist die Hauptaufgabe der Abgeordneten, deren Parteien nicht an der Regierung sind (Opposition). In der Praxis der Parteiendemokratie bilden nämlich die Regierung mit dem Bundeskanzler und die Regierungsparteien, die ja die Mehrheit im Parlament haben, eine Handlungseinheit (Gewaltenverschränkung).

Der Bundespräsident

Der Bundespräsident wird von der Bundesversammlung (durch Vertreter des Bundestags und der Länder) auf fünf Jahre gewählt. Zu seinen Aufgaben gehören:

- völkerrechtliche Vertretung des Bundes und Abschluss von Verträgen mit anderen Staaten im Namen des Bundes
- Prüfung, Unterzeichnung und Verkündung von Gesetzen
- Vorschlag, Ernennung und Entlassung des Bundeskanzlers
- Ernennung und Entlassung der Bundesminister
- Begnadigungsrecht

5.4 Die Verfassungsorgane im Gesetzgebungsprozess

5.4.1 Die Entstehung des Luftsicherheitsgesetzes

M1 Das Problem: Steigende Terrorgefahr

Terroranschlag auf das World Trade Center in New York am 11. September 2001: Terroristen entführten vier Flugzeuge, zwei flogen in das World Trade Center, eines ins Pentagon und ein weiteres stürzte ab.

Der geistig verwirrte S. drohte damit, mit einem Motorsegler in ein Frankfurter Bankenhochhaus zu fliegen. Der Staat reagierte mit Abfangjägern, es hätte aber die gesetzliche Grundlage für einen Abschuss gefehlt. S. drehte ab.

M2 Die Lösung: Ein neues Gesetz

Wie weit darf der Staat gehen, um seine Bürger zu schützen? Darf er gezielt unschuldige Menschen töten, um das Leben anderer zu retten? [...] Es ist nur ein Szenario, spätestens nach den Angriffen vom 11. September 2001 aber keine völlig absurde Vorstellung: Eine von Terroristen gekaperte, voll besetzte Passagiermaschine steuert auf ein Atomkraftwerk zu – oder auf den Reichstag, in dem die Mitglieder des Bundestags tagen. Darf die Bundeswehr ein Flugzeug in einem solchen Extremfall abschießen und unschuldige Menschen töten, um einen Anschlag zu verhindern, dem noch mehr Menschen zum Opfer fallen könnten? [...] Mit dem auf Initiative des damaligen Bundesinnenministers Otto Schily (SPD) eingebrachten Gesetz reagierte die damalige Bundesregierung auf die Terrorangriffe vom 11. September 2001 auf die Vereinigten Staaten und den glimpflich beendeten Irrflug eines geistig verwirrten Mannes. Der [...] hatte mit einem gezielten Flug in das Hochhaus der Europäischen Zentralbank gedroht. Eine „unmittelbare Einwirkung mit Waffengewalt" sei nur dann zulässig, „wenn nach den Umständen davon auszugehen ist, dass das Luftfahrzeug gegen das Leben von Menschen eingesetzt werden soll und sie das einzige Mittel zur Abwehr dieser gegenwärtigen Gefahr ist", heißt es in Paragraf 14, Absatz 3 des Luftsicherheitsgesetzes.

Nach: Björn Hengst, Leben gegen Leben, www.spiegel.de, 15.2.2006

M3 Der Weg eines Gesetzes

1. Gesetzesinitiative
Bundestag, Bundesrat und Bundesregierung können Gesetzentwürfe in den Bundestag einbringen.

2. Beratung
Im Bundestag wird über die Gesetzentwürfe beraten. Zu den Gesetzentwürfen finden im Bundestag drei Lesungen statt.

3. Beschlussfassung
Der Beschluss der dritten Lesung wird dem Bundesrat mitgeteilt.

Stimmen Bundesrat und Bundestag überein, kommt das Gesetz zustande.

Stimmen Bundesrat und Bundestag nicht überein, kann der Vermittlungsausschuss angerufen werden. Welchen Einfluss der Bundesrat hat, hängt davon ab, ob es sich um ein Zustimmungsgesetz (links) oder ein Einspruchsgesetz (rechts) handelt.

4. Unterzeichnung und Veröffentlichung
Stimmen Bundesrat und Bundestag überein, wird das Gesetz von der Bundesregierung gegengezeichnet, vom Bundespräsidenten unterschrieben und im Bundesgesetzblatt verkündet. Im Gesetz steht, ab wann es gilt.

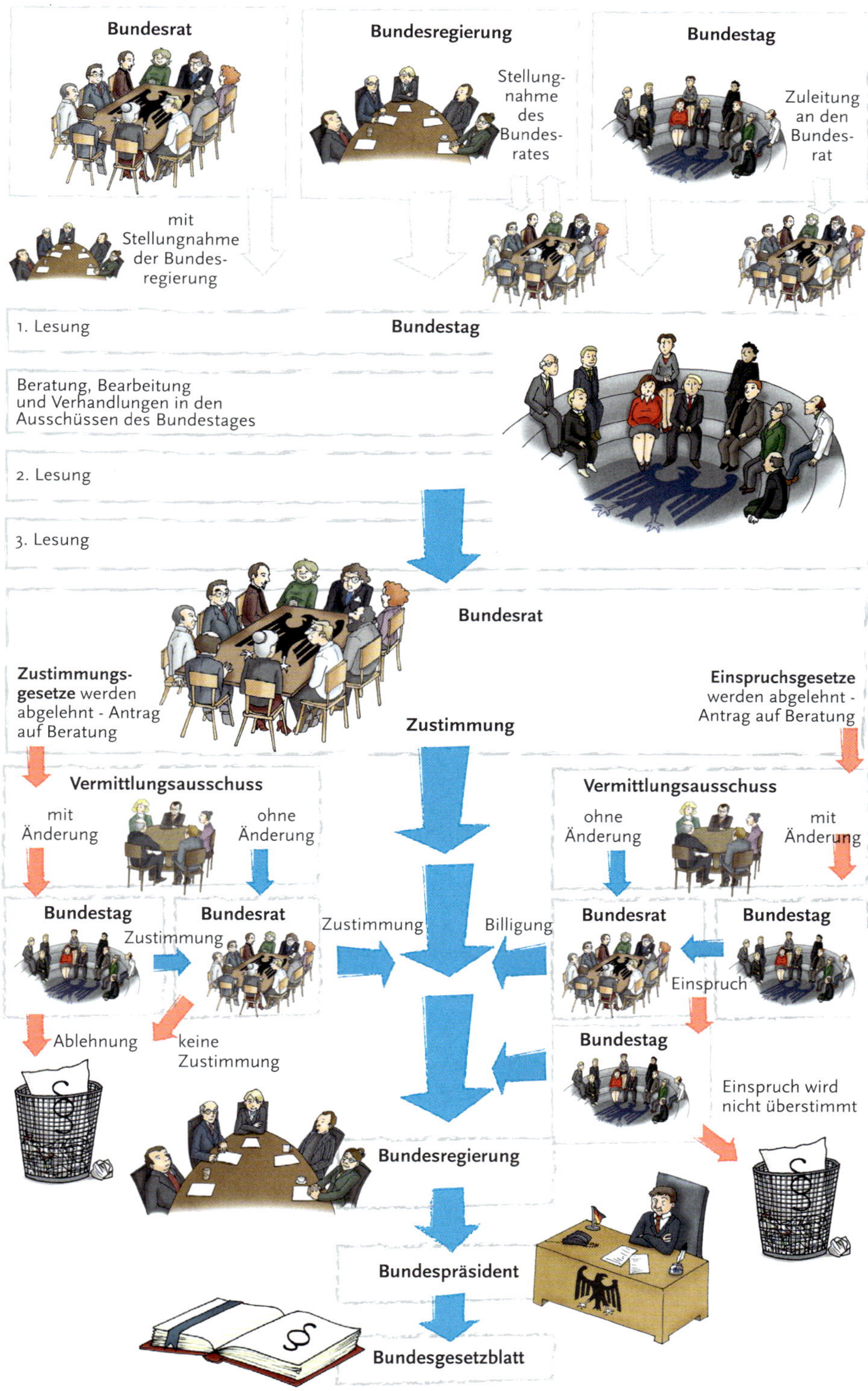

Nach Idee: Klaus Schubert, Martina Klein, in: Gerd Schneider, Christiane Toyka-Seid, Politik-Lexikon für Kinder, Bonn 2011, S. 114

M4 Die Etappen des Luftsicherheitsgesetzes

1. Der Bundesrat hat in seiner 795. Sitzung beschlossen, zu dem Gesetz wie folgt Stellung zu nehmen ...

2. Im Kabinett diskutieren die Bundesminister über den Gesetzentwurf.

3. Das Gesetz wird im Bundesgesetzblatt veröffentlicht.

4. Innenminister Schily stellt dem Bundestag den Gesetzentwurf zur Neuregelung von Luftsicherheitsaufgaben vor.

5. Der Bundespräsident unterzeichnet das Luftsicherheitsgesetz, meldet aber Bedenken an.

6. In dieser Sitzungswoche beraten verschiedene Fachausschüsse über die Einzelheiten des Luftsicherheitsgesetzes.

7. Die FDP-Abgeordneten Baum und Hirsch klagen gegen das Luftsicherheitsgesetz vor dem Bundesverfassungsgericht.

8. Gegen den Ausschussbericht gibt es kurz vor der Abstimmung erneut Widerstand einiger Abgeordneter.

In Fachausschüssen beraten die Abgeordneten des Bundestages in kleinerer Runde. Die Parteien sind zu gleichen Teilen vertreten wie im Plenum.

Erklärfilm zur Gesetzgebung (Mediencode 70021-06)

Aufgaben

1. a. Beschreibe, welche Interessen in einem Konflikt stehen. (M1, M2)
   b. Erkläre, warum ein neues Gesetz nötig war. (M1, M2)
2. a. Ordne die Pressemeldungen (M4) den vier zentralen Schritten im Ablaufschema der Gesetzgebung (M3) zu.
   b. Bildet das Schaubild (M3) alle wichtigen Schritte im Gesetzgebungsprozess ab? Gleiche die Pressemeldungen (M4) mit dem Schaubild ab und ergänze das Bild, wenn nötig, in dein Heft.
3. Erstelle eine Liste der an der Gesetzgebung beteiligten Verfassungsorgane. (M4, Kap 5.3, M3)

5.4.2 Das neue Gesetz vor dem Bundesverfassungsgericht: Machen Richter Politik?

M5 Sollen Flugzeuge abgeschossen werden dürfen?

Man muss sich etwa vorstellen, dass ein Flugzeug mit Passagieren gekidnappt wird, die Maschine Kurs auf Berlin nimmt und dort zum Absturz gebracht werden soll. Unten sitzt der Bundesverteidigungsminister und gibt den Streitkräften der Bundeswehr den Befehl, das Flugzeug abzudrängen, erfolglos. Der Minister schreckt vor weiterer Eskalation zurück. Die zur Bombe umfunktionierte Maschine stürzt ins Zentrum und tötet Tausende von Menschen. [...] Hätte der verantwortliche Minister Maschine und Passagiere über Wäldern abschießen lassen, wären dann nicht zumindest die anderen am Leben geblieben? Oder anders herum: Der Minister zögert nicht, die Maschine wird über unbesiedeltem Gebiet abgeschossen. Passagiere und Besatzungsmitglieder werden durch den Staat getötet. Aber wäre die Maschine überhaupt gezielt zum Absturz gebracht worden? Vielleicht hätten Passagiere die Entführer überwältigt.

Für die sechs Männer, die gegen das Luftsicherheitsgesetz Verfassungsbeschwerde eingelegt haben, steht fest: Leben darf niemals gegen Leben abgewogen werden. Aber rettet nicht auch der Katastrophenschutz zunächst die Vielen, bevor er sich um die Wenigen kümmern kann? [...] Bei einer Naturkatastrophe hat der Staat jedoch nicht selbst Hand angelegt und Menschen getötet.

Nach: Ursula Knapp, Grausige Szenarien, Frankfurter Rundschau online, 9.11.2005

M6 Das Bundesverfassungsgericht: Hüter der Verfassung

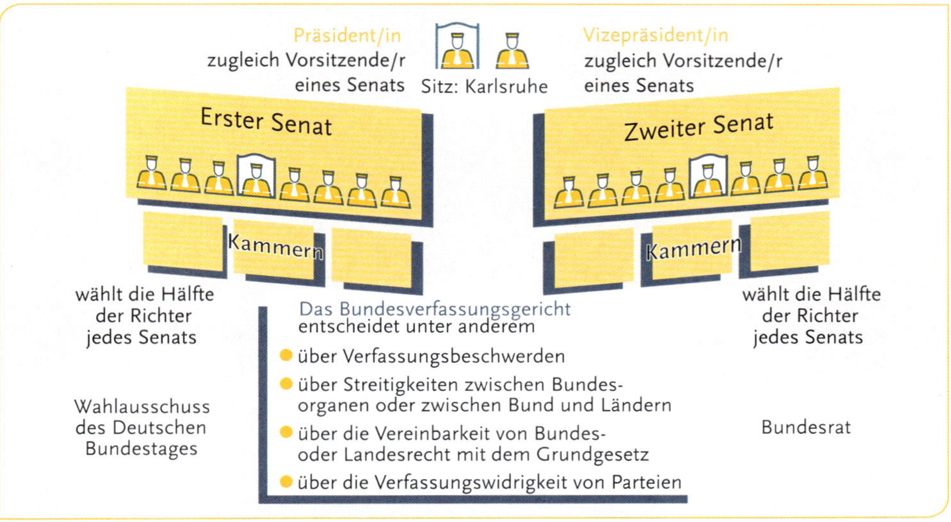

Bergmoser + Höller Verlag AG, Zahlenbilder 129 015

M7 Das Bundesverfassungsgericht entscheidet

Richter des BVerfG bei der Urteilsverkündung

Aufgrund einer Verfassungsbeschwerde hat sich das Bundesverfassungsgericht (BVerfG) mit dem Luftsicherheitsgesetz befasst und am 15.2.2006 folgendes Urteil gesprochen (Auszüge):

§ 14 Abs. 3 Luftsicherheitsgesetz (LuftSiG), der die Streitkräfte ermächtigt, Luftfahrzeuge, die als Tatwaffe gegen das Leben von Menschen eingesetzt werden sollen, abzuschießen, ist mit dem Grundgesetz unvereinbar und nichtig.

§ 14 Abs. 3 LuftSiG ist auch mit dem Recht auf Leben (Art. 2 Abs. 2 Satz 1 GG) in Verbindung mit der Menschenwürdegarantie (Art. 1 Abs. 1 GG) nicht vereinbar, soweit von dem Einsatz der Waffengewalt tatunbeteiligte Menschen an Bord des Luftfahrzeugs betroffen werden. [...] [Es] missachtet die Betroffenen als Subjekte mit Würde und unveräußerlichen Rechten. Sie werden dadurch, dass ihre Tötung als Mittel zur Rettung anderer benutzt wird, verdinglicht und zugleich entrechtlicht.

BVerfG, Pressemitteilung Nr. 11/2006

M8 Wo wird eigentlich Politik gemacht, in Karlsruhe oder in Berlin?

Gleiches Adoptionsrecht für alle
Das BVerfG hat entschieden: Schwule und Lesben dürfen zumindest vorerst die Adoptivkinder ihrer Partner auch adoptieren.
Dietmar Hipp, Spiegel online, 19.2.2013

Sicherungsverwahrung ist verfassungswidrig
Das Bundesverfassungsgericht hat alle bestehenden Regelungen zur Sicherungsverwahrung für verfassungswidrig erklärt. Sämtliche Vorschriften seien mit dem Freiheitsgrundrecht der Untergebrachten nicht vereinbar, begründeten die Karlsruher Richter.
www.tagesschau.de, 4.5.2011

Karlsruhe erklärt Wahlrecht für verfassungswidrig
Das BVerG hat das erst 2011 beschlossene Bundestags-Wahlrecht gekippt. Das Gesetz muss nun noch vor der Wahl im kommenden Jahr geändert werden. Die Richter sähen „keine Möglichkeit, den verfassungswidrigen Zustand erneut für eine Übergangszeit zu akzeptieren", stellte Gerichtspräsident Voßkuhle klar.
AFP/dapd/dpa/Reuters/gal, Süddeutsche Zeitung, 25.7.2012

Aufgaben

1. Positioniert euch entlang einer Streitlinie zur Fragestellung „Sollen Flugzeuge zur Not abgeschossen werden, die als Tatwaffe gegen das Leben von Menschen eingesetzt werden". (M5)
2. a. Arbeite Pro- und Kontra-Argumente heraus. (M5)
   b. Ergänze die Liste um eigene Argumente.
3. Nenne die Argumente, mit denen das Bundesverfassungsgericht die Ablehnung des Luftsicherheitsgesetzes begründet. (M7)
4. Bewerte das Urteil des Bundesverfassungsgerichts. (M7) Beachte die Schritte zur politischen Urteilsbildung.
5. (Z) Erläutere den häufig geäußerten Vorwurf an das BVerfG, es würde Politik betreiben. (M6-M8)

Grundwissen

Von der Gesetzesinitiative zum Gesetz

Ein Gesetz entsteht dann, wenn im öffentlichen Leben ein Problem auftritt oder erkannt wird, das eine Regelung erfordert.
Als Fallbeispiel wurde das neue Gesetz zur Luftsicherheit behandelt: Durch die Anschläge auf das World Trade Center in New York stieg Anfang des Jahrtausends weltweit die Sorge vor terroristischen Anschlägen. Die Situation, dass ein Flugzeugpilot mit einem Anschlag droht, war neu. Es war nicht geregelt, mit welchen Maßnahmen der Staat darauf reagieren darf. Die Mehrheit der Bundesregierung wollte deshalb ein Gesetz verabschieden.
Der erste Schritt auf dem formellen Weg zu einem neuen Gesetz ist die Gesetzesinitiative. Bundestag, Bundesregierung oder Bundesrat können Gesetzesinitiativen einbringen. Es folgen drei Lesungen im Parlament, die durch intensive Beratungen in den entsprechenden parlamentarischen Ausschüssen begleitet werden und mit der Beschlussfassung im Bundestag enden.
Zustimmungspflichtige Gesetze müssen zudem im Bundesrat mit einer Mehrheit beschlossen werden. Bei Widerspruch können sie im Vermittlungsausschuss noch einmal überarbeitet werden. Bei anderen Gesetzen hat der Bundesrat nur ein Einspruchsrecht. Abschließend unterzeichnen der Bundeskanzler, der zuständige Fachminister und der Bundespräsident das Gesetz.

Das Bundesverfassungsgericht: Hüter der Verfassung

Das Bundesverfassungsgericht wird auch als Hüter der Verfassung bezeichnet und interpretiert die Grundrechte, wenn diese im Konflikt miteinander stehen.
Es entscheidet bei Kompetenzstreitigkeiten zwischen den Verfassungsorganen, und nach einer Klage (Verfassungsbeschwerde) überprüft es die Verfassungsmäßigkeit von Gesetzen. Wie im Falle der Auseinandersetzung um das Luftsicherheitsgesetz kann das Bundesverfassungsgericht aufgrund einer Verfassungsbeschwerde in seinem Urteil ein Gesetz wegen Verfassungswidrigkeit aufheben.
Die konkrete Änderung des Gesetzes muss vom Gesetzgeber selber vorgenommen werden. Dadurch beeinflussen die Karlsruher Richter zwar den politischen Prozess. Sie selber aber sind unabhängig und in den Gesetzgebungsprozess nicht eingebunden.
Außerdem entscheidet das Bundesverfassungsgericht über das Verbot von Parteien.

5.5 Rheinland-Pfalz – ein Bundesland im föderalen Gefüge

5.5.1 Warum gibt es Bundesländer?

M1 Jedem sein eigenes Gesetz … ?!

Gerhard Mester, Baaske Cartoons

M2 Wer soll regeln …

- a ob in eurer Stadt eine neue Sporthalle gebaut werden soll?
- b ob das Wahlalter von 18 auf 16 Jahre herabgesetzt wird?
- c welche Lehrpläne z. B. in Rheinland-Pfalz gelten sollen.
- d wie die Müllabfuhr organisiert ist?
- e ob das Jugendstrafrecht verschärft werden soll?
- f ob der Schulbus alle 5 oder doch nur alle 25 Minuten fährt?
- g ob die Bundeswehr im Ausland eingesetzt werden soll?
- h ob die Steuern erhöht werden sollen?

M3 Sechszehnmal Deutschland

Deutschland ist eine „Bundesrepublik“, was heißt: das Land „Deutschland“ ist ein Bund (eine Gemeinschaft) verschiedener Deutschländer. Denn Deutschland ist ja unterteilt in insgesamt 16 Bundesländer, zum Beispiel Thüringen, Nordrhein-Westfalen, Hessen, Sachsen usw. Drei Bundesländer sind sogenannte „Stadtstaaten“, weil sie nur aus je einer Stadt bestehen: Berlin, Hamburg und Bremen. Jedes Bundesland darf und soll möglichst viel selbst regeln und beschließen. Dafür gibt es eine Landesregierung (Chef ist der jeweilige Ministerpräsident, in Stadtstaaten der Erste Bürgermeister) und Landesparlamente. Alle Bundesländer sind wiederum in weitere kleinere Einheiten geteilt: Bezirke, Kreise, Gemeinden. Da Probleme, wenn möglich, vor Ort gelöst werden sollen, gibt es dort sozusagen Mini-Parlamente. [...]

Wenn es nicht nur eine zentrale Regierung gibt, sondern Bundesländer mit einer eigenen Verwaltung, nennt man das Föderalismus.

Im Gemeinderat, Kreistag oder Landtag haben Nachwuchspolitiker die Möglichkeit zu zeigen, was sie können. Wichtig daran ist, dass im Grunde alles erst mal auf der niedrigsten möglichen Ebene behandelt werden soll. Denn warum sollte man in Berlin wissen, was gut für Mainz ist? [...]

Dass der Föderalismus eingeführt wurde, als 1949 die Bundesrepublik gegründet wurde, hat [...] historische Gründe. Man wollte nach den Erfahrungen mit Adolf Hitler sichergehen, dass nie wieder so viel Macht in einer Hand konzentriert sein kann. Viele Bundesländer mit eigenen Landesregierungen und Landtagswahlen schienen ideal, um die demokratische Kontrolle innerhalb Deutschlands zu garantieren. [...]

Der Bundestag soll vor sich hin arbeiten, der Bundesrat hat eine Kontrollfunktion. Diese ist im Grundgesetz durch die sogenannte „Ewigkeitsklausel“ vor einer Abschaffung geschützt. [...] Bundespolitik ist das, was Kanzler machen. Landespolitik wird in Deutschland von Ministerpräsidenten gemacht.

Nach: Marietta Slomka, Daniel Westland, Kanzler lieben Gummistiefel, München 2009, S. 64 f.

Bundesländer

Brandenburg
Hessen
Niedersachsen
Schleswig-Holstein
Berlin
Sachsen-Anhalt
Bremen
Bayern
Rheinland-Pfalz
Mecklenburg-Vorpommern
Thüringen
Nordrhein-Westfalen
Saarland
Baden-Württemberg
Hamburg
Sachsen

M4 Argumente für und gegen den Föderalismus

a In den verschiedenen Bundesländern wird zu unterschiedlichen Zeiten gewählt, die Mehrheitsverhältnisse im Bundesrat verändern sich ständig. Das macht es schwierig, große und komplizierte Gesetzesvorhaben zu bearbeiten und durchzusetzen.

b Der Gesetzgebungsprozess ist sehr langsam und aufwändig, da sehr viele verschiedene Akteure und Interessen zustimmen müssen.

c Durch die Wahlen zum Landtag und auf kommunaler Ebene haben die Bürger mehr Möglichkeiten, sich politisch zu beteiligen und ihre Meinung zu äußern.

d Der Föderalismus erhöht das Gefühl der Zugehörigkeit der Menschen zum Staat. Die Entscheidungen werden näher an ihrem Heimatort getroffen.

e Weil die Entscheidungen näher am Bürger getroffen werden, kann besser auf die Bedürfnisse der Menschen eingegangen werden. Regionale Besonderheiten können besser berücksichtigt werden.

f Weil die Entscheidungen auf verschiedenen Ebenen gefällt werden, wird die Anhäufung von Macht verhindert.

g Im Kleinen, also z. B. in einem Bundesland, kann eine Lösung für ein Problem getestet werden, die bei Erfolg auch in anderen Ländern übernommen werden kann. Dadurch entstehen viele gute Ideen.

h Jedes Land hat seinen eigenen Landtag, seine Verwaltung... das kostet viel Geld und ist doppelte Arbeit.

Erklärfilm zum Föderalismus (Mediencode 70021-07)

Aufgaben

1. Analysiere die Karikatur. (M1)
2. Welche Entscheidungsinstanz (Gemeinde, Land, Bund) soll die Themen regeln? (M2)
   a. Nimm zuerst eine eigene Zuordnung vor.
   b. Tauscht euch in der Klasse aus und begründet euren Vorschlag.
3. Kannst du alle Bundesländer richtig verorten? (Randspalte)
4. Erkläre einem Grundschulkind die Begriffe „Bundesrepublik“ und „Föderalismus“. (M3)
5. Ordne die Argumente zum Föderalismus nach Pro und Kontra. (M4)
6. (Z) Beurteile, was aus deiner Sicht für und was gegen den Föderalismus spricht. Verwende die Argumente aus M4, die für dich besonders ausschlaggebend sind.

5.5.2 Das Bundesland Rheinland-Pfalz

M5 Welcher Abgeordnete sitzt für meinen Wahlkreis im Landtag?

Das Unterkapitel kann als Ausgangspunkt für ein gemeinschaftliches Projekt zum Lernfeld „Rheinland-Pfalz“ dienen.

In den 51 Wahlkreisen werden die Mandate aufgrund der Erststimme (Wahlkreisstimme) direkt vergeben. 50 Abgeordnete werden über die Zweitstimmen (Landesstimmen) ermittelt. Für die Wahl ist das Land in vier Bezirke mit insgesamt 51 Wahlkreisen eingeteilt.

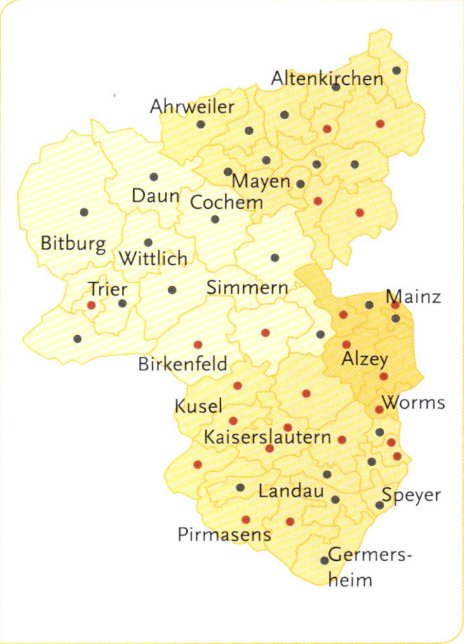

www.landtag.rlp.de/Abgeordnete/Wahlkreise

Ministerpräsidentin Malu Dreyer bei der Regierungserklärung im rheinland-pfälzischen Landtag, 30.1.2013

M6 Wie ist die Macht im Landtag verteilt?

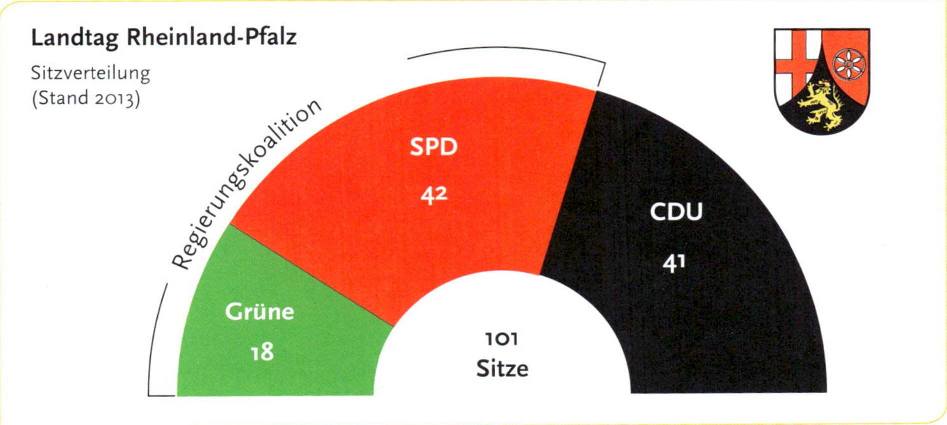

dpa-Grafik 17374

M7 Der Landtag in Rheinland Pfalz: Aufgaben und Arbeitsweisen

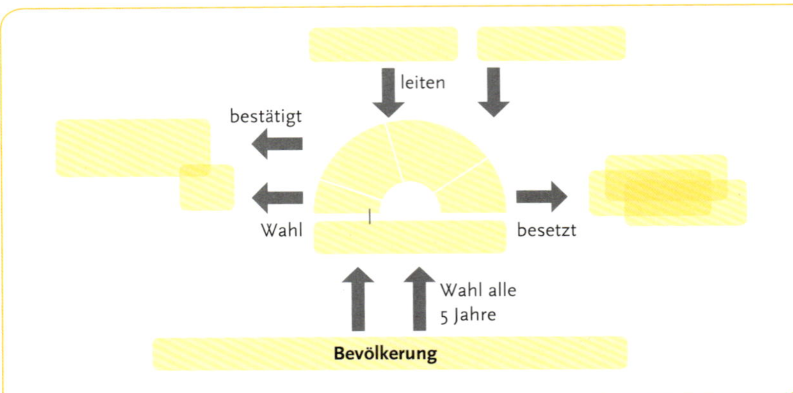

Der **Landtag** Rheinland-Pfalz ist das oberste Organ der politischen Willensbildung im Land. Seine 101 Mitglieder werden alle fünf Jahre vom Volk gewählt.

Die wichtigsten Aufgaben des Landtags sind:

- die öffentliche Diskussion der unterschiedlichen Interessen der Bevölkerung
- die Wahl des **Ministerpräsidenten** und die Bestätigung der **Landesregierung**
- die parlamentarische Kontrolle der Landesregierung und der ihr nachgeordneten Verwaltung
- die Festlegung des Landeshaushalts und die Landesgesetzgebung

Die wichtigsten Gebiete, auf denen das Land Gesetze erlassen kann, sind:

Polizei, Bildung, Kultur, Rundfunk, Recht der Kommunen (Gemeinden, Städte und Landkreise), Organisation der Verwaltung

Einmal im Monat tagt der Landtag zwei oder drei Tage als Ganzes (Plenum), um Gesetze und Anträge zu beraten und zu beschließen, aktuelle Themen zu erörtern und Fragen an die Regierung zu stellen.

In der Zeit zwischen den Plenarsitzungen tagen die **Ausschüsse**. Sie sind kleine, spezialisierte Arbeitsgremien, in denen die Abgeordneten die Detailarbeit leisten und Empfehlungen für das Plenum erarbeiten.

Vorstand und **Ältestenrat** sind die Leitungsgremien des Landtags. Sie bereiten den Arbeitsplan des Landtags, die Tagesordnung und den Ablauf der Plenarsitzungen vor.

Die Abgeordneten der gleichen Partei schließen sich zu **Fraktionen** zusammen. Die Fraktionen sind also die politischen Gliederungen des Landtags. Die Fraktionen koordinieren die Arbeit ihrer Mitglieder. Sie ermöglichen ihnen, sich auf bestimmte Politikbereiche zu spezialisieren, sie führen die Auffassungen der Fraktionsmitglieder zu den Themen, die im Landtag behandelt werden, zu gemeinsamen Standpunkten zusammen. Sie bringen gemeinsame Initiativen, Anträge und Anfragen im Landtag ein.

www.landtag.rlp.de/Parlament/Aufgaben-und-Arbeitsweise/

H zu Aufgabe 2

Artikel 79 (1) der Landesverfassung hilft euch.

Aufgaben

1. a. Nenne deinen Wahlkreis. (M5)
   b. Recherchiere, welche(r) Abgeordnete(r) deinen Wahlkreis vertritt.
2. a. Nenne Aufgaben, die ein Landtag deiner Meinung nach erfüllen sollte.
   b. Überprüfe deine Ideen vor dem Hintergrund von M7 sowie mit Hilfe der Landesverfassung von Rheinland-Pfalz.
3. Übertrage die Skizze in dein Heft und ergänze die Bezeichnung der Landesorgane. (M7)

Grundwissen

Deutschland, ein Bundesstaat

Einen Staat, der sich wie Deutschland aus mehreren Ländern zusammensetzt, nennt man föderalistisch oder Bundesstaat. Mit der Formulierung „Die Bundesrepublik Deutschland ist ein demokratischer und sozialer Bundesstaat" (Art. 20 Abs. 1 GG) wird die Bundesstaatlichkeit als verfassungsrechtliches Struktur- und Organisationsprinzip festgelegt. Als einige der wenigen Rahmenbedingungen ist dieses Prinzip unveränderbar (Art. 79 Abs. 3 GG). Geschützt ist damit der Bestand der Bundesländer (allerdings können Ländergrenzen verändert werden). Heute ist die Bundesrepublik Deutschland in 16 Bundesländer aufgeteilt.

Mitwirkung und Subsidiarität

In der Gesetzgebung gilt: Erst wenn die kleinere Einheit (Gemeinde, Kreis, Land) die Aufgabe nicht mehr erfüllen kann, ist die nächste Ebene zuständig. Dieses Prinzip nennt man Subsidiaritätsprinzip. Die Mitwirkung der Länder an der Bundesgesetzgebung ist in Deutschland über die Landtage und den Bundesrat, die Vertretung der Länder auf Bundesebene, geregelt. Bei einem Großteil der Bundesgesetze muss der Bundesrat zustimmen, damit diese in Kraft treten.

Rheinland-Pfalz

Das Bundesland Rheinland-Pfalz ist im Bundesrat entsprechend seiner Einwohnerzahl mit vier Sitzen vertreten.
Alle fünf Jahre finden Wahlen zum Landtag statt. Er wird nach den gleichen Wahlrechtsgrundsätzen gewählt wie der Bundestag. Für Rheinland-Pfalz sind diese in der Landesverfassung in Artikel 76 Absatz 1 verankert. Das Bundesland gliedert sich in 51 Wahlkreise, der Landtag besteht im Regelfall aus 101 Abgeordneten. Über die Sitzverteilung im Landtag entscheidet die Zweitstimme. Sitz des Landtags ist das Deutschhaus in Mainz.

Kompetenztraining

M1 Mehr politische Beteiligung in unserer repräsentativen Demokratie?

Bertelsmann-Stiftung, www.welt.de, 13.6.2011

M2 Mehr Beteiligung = mehr Demokratie?

Horst Haitzinger

M3 Demonstration für Wahlen

Kompetenztraining

M4 Verfassungsorgane zuordnen

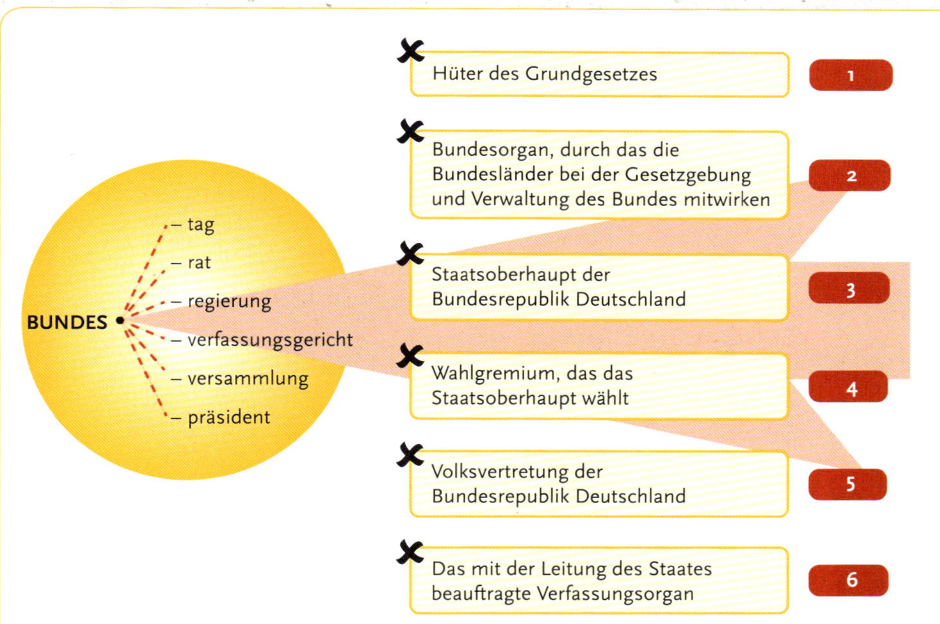

Lothar Scholz, Grundgesetz für Einsteiger und Fortgeschrittene, in: Thema im Unterricht (bpb), Bonn 2010, S. 16

Lösung am Ende des Buches.

M5 Jugendforum Rheinland-Pfalz

Aufgaben

1. a. Beschreibe drei Formen der politischen Beteiligung, die du für besonders effizient hältst.
   b. Arbeite die Hauptaussage der Grafik heraus. (M1)
2. Stelle wesentliche Merkmale der beiden grundsätzlichen Typen von Demokratie dar.
3. a. Analysiere die Karikatur. (M2)
   b. Beurteile, ob es in Deutschland mehr direkte Demokratie geben sollte.
4. Erläutere die Bedeutung von Wahlen in Demokratien. (M3)
5. Ordne die Verfassungsorgane den kurzen Umschreibungen zu. (M4)
6. Wähle eine politische Beteiligungsform aus, für die du gerne werben möchtest. Gestalte dazu einen Flyer zum Thema „Mitgestalten, was bewegen".

Was kannst du schon?

Auf den Bildern 1-5 sind Situationen dargestellt, die verschiedene Regelverstöße abbilden.

1. a. Wie schwer wiegen jeweils diese Regelverstöße? Ordne die Bilder in einer Rangliste (1 – gravierender Regelverstoß, 5 – Regelverstoß von geringster Bedeutung). Begründe die Reihenfolge.
   b. Vergleiche deine Ergebnisse mit denen eines Partners.
2. Wie würde dein Bild von einem Regelverstoß aussehen (6)? Beschreibe dein Bild.
3. Nenne für die Situationen mögliche Folgen, die der jeweilige Regelverstoß nach sich ziehen könnte / sollte.
4. Beschreibe, warum Regeln wie z. B. das Jugendschutzgesetz für das Zusammenleben von Menschen in einer Gesellschaft wichtig sind.

6

Recht und Rechtsprechung

Kompetenzen

Am Ende des Kapitels solltest du Folgendes können:

- ... Rechte und Pflichten von Jugendlichen beschreiben.
- ... Strafrechtsprozess und Zivilrechtsprozess voneinander unterscheiden.
- ... beurteilen, ob bzw. inwiefern Recht Gerechtigkeit schaffen kann.
- ... rechtsstaatliche Prinzipien darstellen sowie deren Bedeutung für die Sicherheit und Freiheit des Einzelnen und der Gesellschaft bewerten.
- ... die besondere Rechtsstellung von Jugendlichen im Jugendstrafrecht an einem Beispiel erläutern.

6.1 (Wie) Bestimmt das Recht unser Leben?

6.1.1 Rechte und Pflichten von Jugendlichen

M1 Was ist erlaubt?

Die Rechtsvorschriften, die speziell Jugendliche betreffen, sind im Jugendschutzgesetz (JuSchG) festgeschrieben.

1. Der Aufenthalt von Kindern in Gaststätten ist grundsätzlich verboten.	stimmt	stimmt nicht
2. Videoshops dürfen im Schaufenster Kassetten / DVDs ausstellen, die ab 18 freigegeben sind.	stimmt	stimmt nicht
3. Kinder und Jugendliche dürfen sich in Begleitung ihrer Erziehungsberechtigten in öffentlichen Spielhallen aufhalten.	stimmt	stimmt nicht
4. Jugendlicher ist, wer 14, aber noch nicht 18 Jahre alt ist.	stimmt	stimmt nicht
5. Jugendlichen ist das Rauchen in der Öffentlichkeit erlaubt.	stimmt	stimmt nicht
6. Werbefilme oder Werbeprogramme für Tabakwaren dürfen nur nach 18 Uhr vorgeführt werden.	stimmt	stimmt nicht

Ins Heft

M2 Rechtsvorschriften für Jugendliche

§ 1 Begriffsbestimmungen
(1) Im Sinne dieses Gesetzes
1. sind Kinder Personen, die noch nicht 14 Jahre alt sind,
2. sind Jugendliche Personen, die 14, aber noch nicht 18 Jahre alt sind [...].

§ 6 Spielhallen, Glücksspiele
(1) Die Anwesenheit in öffentlichen Spielhallen [...] darf Kindern und Jugendlichen nicht gestattet werden. [...]

§ 4 Gaststätten
(1) Der Aufenthalt in Gaststätten darf Kindern und Jugendlichen unter 16 Jahren nur gestattet werden, wenn eine personensorgeberechtigte oder erziehungsbeauftragte Person sie begleitet oder wenn sie in der Zeit zwischen 5 Uhr und 23 Uhr eine Mahlzeit oder ein Getränk einnehmen. Jugendlichen ab 16 Jahren darf der Aufenthalt in Gaststätten ohne Begleitung einer personensorgeberechtigten oder erziehungsbeauftragten Person in der Zeit von 24 Uhr und 5 Uhr morgens nicht gestattet werden. [...]

§ 11 Filmveranstaltungen
[...] (5) Werbefilme oder Werbeprogramme, die für Tabakwaren oder alkoholische Getränke werben, dürfen [...] nur nach 18 Uhr vorgeführt werden.

§ 12 Bildträger mit Filmen oder Spielen
[...] (3) Bildträger, die nicht oder mit „Keine Jugendfreigabe“ [...] gekennzeichnet sind, dürfen
1. einem Kind oder einer jugendlichen Person nicht angeboten, überlassen oder sonst zugänglich gemacht werden [...].

Das Jugendschutzgesetz (JuSchG) – Auszüge – vom 23. Juli 2002 (BGBl. I S. 2730, 2003 I S. 476), zuletzt geändert am 20. Juli 2007 (BGBl. I S. 1595)

M3 Killerspiele verbieten?

Nach dem Amoklauf durch jugendliche Täter von Erfurt 2002 und dem von Emsdetten im Jahre 2006 wurde von Pädagogen, Eltern und anderen Fachleuten immer wieder gefordert, das Jugendschutzgesetz zu verschärfen. Sogenannte „Killerspiele“ sollten für Kinder und Jugendliche verboten werden.

Seit 2003 werden die Spiele daher von der „Unterhaltungssoftware Selbstkontrolle“ begutachtet und eingestuft. Zudem wurde das Jugendschutzgesetz im Hinblick auf Computerspiele verschärft. Die Änderung trat am 1. Juli 2008 in Kraft und verbessert den Schutz von Kindern und Jugendlichen insbesondere vor gewaltbeherrschten Computerspielen.

Für den Kriminologen Christian Pfeiffer steht der Zusammenhang zwischen gewaltverherrlichenden Computerspielen und den Schulamokläufen fest. Selbst wenn nicht jeder, der diese Spiele spielt, selber zum Amokläufer wird: Der Konsum dieser Art von Computerspielen geht nicht spurlos an Kindern und Jugendlichen vorüber.

Der Amoklauf von Winnenden (2009) hat die Diskussion erneut entfacht. Der Attentäter hatte regelmäßig Killerspiele gespielt. Die strengeren Gesetze waren dabei längst in Kraft.

Nach: Britta Scholtys, www.tagesschau.de, 22.11.2006 (aktualisiert)

Bildschirmansicht aus einem Ego-Shooter-Spiel

M4 Verbote bringen gar nichts!

Experten meinen, dass staatliche Verbote von Computerspielen nichts bringen, sondern eher für einen noch größeren Boom solcher Spiele sorgen. Auch Jugendforscher Klaus Hurrelmann sieht die Ursachen für den Gewaltexzess der beiden Amokläufer von Erfurt und Emsdetten genau darin, dass es der Schule und dem Elternhaus nicht gelungen sei, diesen beiden jungen Männern reale Herausforderungen zu vermitteln.

Grundsätzlich steht fest, dass Kinder und Jugendliche sich verbotene Spiele ohne jede Altersprüfung aus dem Internet herunterladen können. Besitz und Herstellung sind nicht verboten. Somit löst eine Verschärfung von Gesetzen nicht das eigentliche Problem: Immer mehr Spiele landen nicht mehr in Form von DVDs oder CDs in den Kinderzimmern, sondern praktisch und bequem per Internetverbindung.

Nach: Britta Scholtys, www.tagesschau.de, 22.11.2006 (aktualisiert)

Aufgaben

1. a. Entscheide, welche der Antworten 1-6 zutreffen bzw. nicht zutreffen. (M1)
   b. Überprüfe deine Antworten mit Hilfe von M2.
2. a. Beurteile den Vorschlag, das Jugendschutzgesetz zu verschärfen, indem „Killerspiele“ verboten werden. Wende die Methode „Good Angel / Bad Angel” entsprechend des Leitfadens an. (M3, M4)
   b. Entscheide, ob du persönlich lieber dem „Good Angel“ oder dem „Bad Angel“ Recht geben möchtest. Begründe.
3. (Z) Bewerte die Aussage „Das Jugendschutzgesetz ist lebensfremd und altmodisch“.

Urteilen mit „Good Angel" und „Bad Angel"

Häufig muss man sich mit Problemen auseinandersetzen, bei denen man nicht so recht weiß, ob man eher dafür oder eher dagegen ist. Eine Möglichkeit, sich einer Antwort anzunähern und dennoch nicht den Überblick zu verlieren ist, sich möglichst frei von Gefühlen Vor- und Nachteile eines Sachverhalts gegenüber zu stellen. Bei der Methode „Good Angel – Bad Angel" werden die Argumente von zwei Personen einem neutralen Zuhörer vorgetragen, der sich ein Urteil bilden soll.

Leitfaden

- **Gruppen bilden:** Bildet Gruppen von jeweils drei Schülern und setzt euch entsprechend der Abbildung zusammen.
- **Rollen verteilen:** In jeder Dreiergruppe übernimmt einer von euch die Rolle des „Good Angel", einer die Rolle des „Bad Angel" und einer ist der Zuhörer.
- **Rollen erarbeiten:** „Good Angel" bzw. „Bad Angel" arbeiten die Argumente heraus, ergänzen diese und überlegen, wie sie diese möglichst überzeugend vortragen können. Der Zuhörer kann sich bei Bedarf zu beiden Positionen informieren. (ca. 10 Min.)
- **Argumente vortragen:** Im Wechsel tragen „Good Angel" und „Bad Angel" ihre Argumente vor. Der Zuhörer hört sich die Argumente an. Er darf nicht nachfragen oder kommentieren, kann sich aber Stichpunkte machen.

„Good Angel"

„Bad Angel"

Zuhörer

Lösung zu M1, Kap 6.1.1

Stimmt: 4, 6

Stimmt nicht: 1, 2, 3, 5

6.1.2 Jugendliche und Rechtsgeschäfte

M5 „Endlich ist das coole Handy meins!“

Seit gestern ist Tim 13. Eltern und Verwandte haben ihm Geld geschenkt – für einen Herzenswunsch, wie sie ihm versichert haben. Was keiner weiß: seit vielen Monaten spart er schon auf ein cooles Handy, so eines, wie auch sein Freund Emre hat. Nun endlich hat er die 150 EURO zusammen. Am Nachmittag geht er in das Handy-Geschäft und kauft sich das lang ersehnte Handy. Voller Stolz zeigt er es seinen Eltern. Aber statt sich mit ihm zu freuen, ist sein Vater entsetzt. Er behauptet sogar, er hätte sich das Handy ohne die Erlaubnis seiner Eltern gar nicht kaufen dürfen und fordert ihn auf, das Handy zum Händler zurück zu bringen. Tim versteht die Welt nicht mehr. Gestern noch haben sie ihm doch Geld „für einen Herzenswunsch“ geschenkt ...

M6 Beschränkte Geschäftsfähigkeit im BGB

Tim hört von einem Freund, dass er im Bürgerlichen Gesetzbuch (BGB) Antworten auf seine Frage findet. Hier sind ein paar Auszüge:

§1 **Rechtsfähigkeit des Menschen** Die Rechtsfähigkeit des Menschen beginnt mit der Vollendung der Geburt, d. h. jeder Mensch ist Träger von Rechten und Pflichten.

§106 **Beschränkte Geschäftsfähigkeit Minderjähriger** Ein Minderjähriger, der das siebente Lebensjahr vollendet hat, ist nach Maßgabe der §§107-113 in der Geschäftsfähigkeit beschränkt.

§107 **Einwilligung des gesetzlichen Vertreters** Der Minderjährige bedarf zu einer Willenserklärung, durch die er nicht lediglich einen rechtlichen Vorteil erlangt, der Einwilligung seines gesetzlichen Vertreters.

§108 **Vertragsschluss ohne Einwilligung** (1) Schließt der Minderjährige einen Vertrag ohne die erforderliche Zustimmung des gesetzlichen Vertreters, so hängt die Wirksamkeit des Vertrags von der Genehmigung des Vertreters ab.

§ 110 **„Taschengeldparagraf“** Ein von Minderjährigen ohne Zustimmung des gesetzlichen Vertreters abgeschlossener Vertrag gilt von Anfang an als wirksam, wenn der Minderjährige die vertragsmäßige Leistung mit Mitteln bewirkt, die ihm zu diesem Zwecke zur freien Verfügung von dem Vertreter oder mit dessen Zustimmung von einem Dritten überlassen worden sind.

Geschäftsfähigkeit nach Alter

Kinder unter 7 Jahren: *geschäftsunfähig*

Kinder und Jugendliche von 7 bis 18 Jahren: *beschränkt geschäftsfähig*

Volljährige: *voll geschäftsfähig*

§516 **Begriff der Schenkung**
(1) Eine Zuwendung, durch die jemand aus seinem Vermögen einen anderen bereichert, ist Schenkung, wenn beide Teile darüber einig sind, dass die Zuwendung unentgeltlich erfolgt.

M7 Dürfen Kinder alles geschenkt bekommen?

Helenas Opa hat sich einen schönen Neuwagen gekauft und will jetzt sein altes Auto loswerden. Aber nicht einmal der Autoverkäufer will den Altwagen in Zahlung nehmen. Helena gefällt das Auto aber so sehr, dass sie den Opa fragt, ob sie den Wagen nicht geschenkt bekommen könne. Der Opa stimmt freudig zu. Er ist die alte Kiste als Geschenk einfach und billig losgeworden, brauchte keine Verschrottungsgebühr zahlen und hat noch dazu seiner Enkelin eine Freude gemacht. Gehört der 6-jährigen Helena jetzt das alte Auto?
Achtung: Auch eine Schenkung ist ein Vertrag.

M8 Fallanalyse: Darf ...

a ... Lena (5) allein Brötchen vom Bäcker holen?

b ... Tim mit 13 Jahren von seinem ersparten Taschengeld einen Computer kaufen?

c ... Hatice (17) sich einen schicken, 246 Euro teuren Mantel kaufen?

d ... Thomas (14) sich ein Handy kaufen?

e ... Rolf (3) die Eigentumswohnung seiner verstorbenen Oma erben?

f ... Ahmed (16) ein Handy geschenkt bekommen, das an einen 24-Monate-Vertrag gebunden ist?

g ... Nevil (15) sich CDs kaufen von dem Geld, das ihm seine Eltern eigentlich für eine neue Jacke gegeben haben?

Aufgaben

1. Beschreibe, wie du dich anstelle von Tim verhalten würdest. (M5)
2. Erkläre auf der Grundlage des BGB (M6), wie sich Tim laut Gesetzeslage verhalten muss.
   ODER Überprüfe vor dem Hintergrund des BGB (M6), ob Helena das alte Auto behalten darf. (M7)
3. Jetzt bist du Experte! Entscheide für die Fälle a-g (M8), wie sich die Kinder bzw. Jugendlichen auf der Grundlage des BGB (M6) verhalten müssen.

6.1.3 Eigene Grundrechte für Kinder und Jugendliche?

M9 UN-Kinderrechtskonvention

M10 Welche Kinderrechte sind euch besonders wichtig?

Diese Frage hat eine Zeitschrift Kindern und Jugendlichen gestellt. Hier sind ein paar Antworten:

Ich finde die Regel: „Jedes Kind hat das Recht seine Meinung zu sagen" am wichtigsten, da oft über die Köpfe der Kinder hinaus diskutiert wird, zum Beispiel bei der Scheidung der Eltern. Auch wichtig finde ich die Regel: „Kinder dürfen spielen und sich erholen". Wenn Kinder von morgens bis abends arbeiten und Geld verdienen müssen und keine Zeit zum Ausruhen haben, strapaziert es die Nerven des Kindes extrem, denke ich. Wenn man dann trotz der schweren Arbeit kaum was zu Essen bekommt, ist die Gesundheit des Kindes akut gefährdet.

Marc Busch, 12 Jahre, aus Leer

Für mich ist das Gebot, Kinder sollen ohne Gewalt aufwachsen, sehr wichtig. In den Schulen gibt es leider Gewalt. Und auch in manchen Elternhäusern. Deshalb sollte für das erste Recht für Kinder mehr getan werden.

Lisa Guzek, 10 Jahre, aus Hamburg

Ich finde eigentlich alle Rechte super wichtig, denn die Kinder sind ein Teil der Bevölkerung und müssen genauso geachtet werden wie Erwachsene. Eigentlich ist es genauso schlimm, ob man seinen Mitmenschen mit Gewalt oder Worten wehtut. Außerdem ist es sehr wichtig, wenn Kinder sich erholen oder nur mit irgendjemandem spielen.

Alexandra Römer, 12 Jahre, aus Mühldorf

www.geo.de

M11 Die Universalität der UN-Kinderrechtskonvention

Kinder sind Träger eigener Rechte: Dies ist die zentrale Botschaft des Übereinkommens über die Rechte des Kindes – der UN-Kinderrechtskonvention –, das erstmals in der Geschichte der Menschheit weltweit Menschenrechte für Kinder verbindlich formuliert. Kinderrechte müssen nicht erworben oder verdient werden, sie sind nicht abhängig von bestimmten Eigenschaften des Kindes, sondern unmittelbarer Ausdruck der jedem jungen Menschen innewohnenden menschlichen Würde. Mit der Unterzeichnung der UN-Kinderrechtskonvention hat Deutschland sich verpflichtet, die Kinderrechte innerstaatlich umzusetzen. [...]
Kinder als Rechtsträger zu behandeln, ist nicht selbstverständlich. [...] Oft wird ein Ansatz vertreten, Kindern zwar Schutzrechte einzuräumen, ihnen Mitsprache- und Mitgestaltungsrechte jedoch vorzuenthalten. Kinderrechtsschutz ist aber viel mehr als Kinderschutz. Es geht darum, Kinder von Beginn an als Träger umfassender Schutz-, Förder- und Beteiligungsrechte zu respektieren.

Jörg Maywald, Kinder haben Rechte!, Weinheim / Basel 2012

M12 Die Perspektive von Kindern außerhalb Europas

Abraham, 12 Jahre, Tamale/Ghana:
Kinderrechte müssen eingehalten werden. Jungen und Mädchen hier bei uns in Ghana sollen viel zu oft Arbeit machen, die viel zu schwer für sie ist. Die Erwachsenen sollen sie gut behandeln. Ich wünsche mir, dass alle Kinder Erfolg haben können. Dafür müssen alle Kinder zur Schule gehen können.

Jihan Azar, 15 Jahre, Jerusalem:
Ich heiße Jihan Azar und bin eine 15-jährige Palästinenserin. Ich lebe in Jerusalem hinter einer Mauer, die mich von meinen Freunden, Bekannten und Verwandten trennt. Für mich heißt Frieden, ohne Mauern, ohne Grenzen und ohne Feinde zu leben. Ich möchte die Freiheit mit allen Menschen genießen und teilen. Auch das Recht auf Bildung ist für mich eines der wichtigsten Kinderrechte. [...] Alle Menschen sollen dieselben Rechte haben, auf ein Leben in Freiheit und Frieden.

Judith Arnold, missio konkret, 1/2011, S. 23

Aufgaben

1. Überprüfe, ob und wo genau du in deinem Alltag Rechte der UN-Kinderrechtskonvention wiederfindest. (M9)
2. a. Wie beantwortest du die Frage: „Welche Kinderrechte sind dir besonders wichtig?“ (M10)
   b. Vergleiche dein Ergebnis mit den Aussagen in M10.
   c. Diskutiere dein Ergebnis anschließend mit einem Partner. Wo gibt es Gemeinsamkeiten bzw. Unterschiede?
3. (W) Arbeite die besondere Bedeutung der UN-Kinderrechtskonvention (M9) heraus. (M11) **ODER**
   Erkläre einem jüngeren Geschwister die Universalität der Kinderrechte.
4. (Z) a. Vergleiche die Lebensbedingungen eines der Jugendlichen in M12 mit deinen eigenen. Recherchiere dazu im Internet.
   b. Stelle dar, inwiefern die Jugendlichen in „deinem“ Land als Träger eigener Rechte wahrgenommen werden.

Grund-wissen

Die besondere Rechtsstellung von Kindern und Jugendlichen

Kinder und Jugendliche müssen vor Gefahren, die sie selbst noch nicht richtig einschätzen oder gar abwehren können, besonders geschützt werden. Das ist zunächst einmal Aufgabe der Eltern. Es ist aber auch Aufgabe des Staates, der eine sogenannte Fürsorgepflicht Kindern und Jugendlichen gegenüber hat. Dieser Grundsatz spiegelt sich besonders im Jugendschutzgesetz, aber auch im Bürgerlichen Gesetzbuch (BGB) wider.

Das Jugendschutzgesetz

Das Jugendschutzgesetz regelt zum Beispiel, unter welchen Bedingungen sich ein Kind oder ein Jugendlicher in Gaststätten aufhalten darf. Und es verbietet allen unter 18 Jahren in der Öffentlichkeit zu rauchen. Die Regelungen des Jugendschutzgesetzes sollen vor Gefahren schützen.

Rechtsgeschäfte von Kindern und Jugendlichen: Eingeschränkte Geschäftsfähigkeit

Grundsätzlich unterliegen Jugendliche den gleichen Gesetzen wie Erwachsene. Man geht aber davon aus, dass ein Kind erst ab einem gewissen Alter das Bewusstsein für bestimmte Sachverhalte hat. Daher schränkt das Bürgerliche Gesetzbuch einige Rechte von Kindern und Jugendlichen zu deren Schutz ein.
So ist das Kind zwar von Geburt an rechtsfähig, d. h. es kann erben. Allerdings darf kein Kind unter 7 Jahren einen Vertrag abschließen. Eingeschränkt geschäftfähig ist es ab 7 Jahren, die Eltern müssen zuvor eingewilligt haben. Eine Ausnahme dieser Regelung ist der sogenannte „Taschengeldparagraph". Er gilt nur für den beschränkt geschäftsfähigen Minderjährigen (also ab 7 Jahren). Der Gesetzgeber geht davon aus, dass das Taschengeld – ein geringer Geldbetrag – dem Kind gegeben wurde, damit es sich bestimmte Wünsche erfüllen kann. Im Streitfall jedoch gilt auch hier: Der Vertrag ist ungültig, wenn die Eltern nicht zustimmen.

Grundrechte für Kinder und Jugendliche

Das weltweite Grundgesetz der Kinder ist die UN-Kinderrechtskonvention von 1989, die allen Kindern dieser Erde die gleichen Rechte einräumt. Dabei geht es darum, Kinder von Beginn an als Träger umfassender Rechte zu respektieren. Darunter wird nicht nur deren Schutz verstanden, sondern auch das Recht auf Mitsprache und Beteiligung.
Mit der Unterzeichnung der Konvention hat Deutschland sich verpflichtet, die Kinderrechte innerstaatlich umzusetzen.

6.2 Der deutsche Rechtsstaat: (Wann) Ist Recht gerecht?

6.2.1 Was kennzeichnet den deutschen Rechtsstaat?

Grundgesetz
Das Grundgesetz regelt als deutsche Verfassung den Aufbau, die Aufgaben und das Zusammenspiel der Staatsorgane und garantiert die Grundrechte.

M1 Grundrechte – ist ein Ranking möglich?

Auszug aus den Grundrechten des Grundgesetzes der Bundesrepublik Deutschland

Schulwesen
(1) Das gesamte Schulwesen steht unter Aufsicht des Staates. […]

Persönliche Freiheitsrechte
(1) Jeder hat das Recht auf freie Entfaltung seiner Persönlichkeit […].

Ehe, Familie, Kinder
(1) Ehe und Familie stehen unter einem besonderen Schutze der staatlichen Ordnung. […]

Glaubens-, Gewissens- und Bekenntnisfreiheit
(1) Die Freiheit des Glaubens, des Gewissens und die Freiheit des religiösen und weltanschaulichen Bekenntnisses sind unverletzlich. […]

Vereinigung-, Koalitionsfreiheit
(1) Alle Deutschen haben das Recht, Vereine und Gesellschaften zu bilden. […]

Meinungs-, Informations-, und Pressefreiheit; Kunst- und Wissenschaft
(1) Jeder hat das Recht, seine Meinung in Wort, Schrift und Bild frei zu äußern und zu verbreiten […].

Menschenwürde
(1) Die Würde des Menschen ist unantastbar. […]

Unverletzlichkeit der Wohnung
(1) Die Wohnung ist unverletzlich. […]

Gleichheitsgrundsatz
(1) Alle Menschen sind vor dem Gesetz gleich. […]

Versammlungsfreiheit
(1) Alle Deutschen haben das Recht, sich ohne Anmeldung oder Erlaubnis friedlich und ohne Waffen zu versammeln.

Brief-, Post- und Fernmeldegeheimnis
(1) Das Briefgeheimnis, sowie das Post- und Fernmeldegeheimnis sind unverletzlich. […]

M2 Entscheidungsspiel: Sind Grundrechte berührt?

Fall 1
In der letzten Zeit gibt es in der Klasse 10c häufig Streit, einzelne Cliquen haben sich gebildet. Die Konflikte spitzen sich zu. Peinliche Fotos Einzelner von der letzten Klassenparty werden in ein soziales Netzwerk gestellt, um die Betroffenen zu schädigen.

Fall 2
Alle Kinder der Klasse sind zum evangelischen Religionsunterricht angemeldet, mit Ausnahme von Mattis (12). Die Schule hätte ein Problem mit ihrer Aufsichtspflicht, daher bestimmt der Schulleiter, dass auch Mattis am evangelischen Religionsunterricht teilnehmen muss.

Fall 3
Malina hat sich für einen Aushilfsjob in einer Druckerei beworben. In einem Telefonat teilt ihr der Chef mit, dass seine Druckerei auf dem neuesten technischen Stand sei, man für diese Aushilfstätigkeit viel technisches Verständnis mitbringen müsse und er an eine männliche Aushilfe gedacht hatte.

Fall 4
Ein schwerer Verkehrsunfall mit Toten und Verletzten hat sich ereignet. Reporter kommen und fotografieren die Szenerie.

Dörthe Hecht, Politik betrifft uns, 3/2012

M3 Schafft Recht Gerechtigkeit?

Das Grundgesetz garantiert in einer Reihe von Verfassungsbestimmungen eine Rechtsprechung nach den Prinzipien des Rechtsstaates.

Richterliche Unabhängigkeit
Die Rechtsprechung ist nach Art. 92 GG den Richtern anvertraut. Richter sind unabhängig und nur dem Gesetz unterworfen (Art. 97 GG). Sie unterliegen bei der Wahrnehmung ihrer Aufgaben keinerlei Weisungen. [...] Nur bei schweren Dienstpflichtverletzungen, etwa Unterschlagung von Beweismaterial, kann ein Richter entlassen werden. [...]

Recht auf den gesetzlichen Richter (Art. 101 GG)
[...] Das Grundgesetz verbietet Ausnahmegerichte. Es darf beispielsweise keine Sondergerichte geben, die nur politische Straftaten oder nur Sittlichkeitsdelikte aburteilen. Durch Gesetz ist geregelt, welches Gericht für eine Sache zuständig ist, zum Beispiel das Amtsgericht, das Verwaltungsgericht, das Arbeitsgericht. [...]

Anspruch auf rechtliches Gehör (Art. 103 GG)
Wer vor Gericht steht, als Partei in einem Zivilprozess oder als Angeklagter in einem Strafverfahren, muss Gelegenheit haben, sich zu dem Sachverhalt zu äußern. Das Gericht darf nur solche Tatsachen berücksichtigen, zu denen alle Beteiligten Stellung nehmen konnten. [...]

Garantien für das Strafverfahren (Art. 103 GG)
Zu den elementaren Grundsätzen eines Rechtsstaates gehören zwei Garantien, die für das Strafverfahren gelten: das Verbot der Rückwirkung und das Verbot der Doppelbestrafung. [...]
Das Rückwirkungsverbot hatte und hat eine zentrale Bedeutung bei der Ahndung von Verbrechen des nationalsozialistischen Herrschaftssystems und des SED-Staates. Täter können nur wegen solcher Verbrechen zur Rechenschaft gezogen werden, die auch damals schon strafbar waren, das gilt zum Beispiel für Mord. [...]

Rechtsgarantien bei Freiheitsentziehung (Art. 104 GG)
Freiheitsentziehung, das Festhalten

„Verdächtiger wurde tagelang von der Polizei festgehalten"

„Angeklagter hatte keine Möglichkeit, sich zu den Anschuldigungen zu äußern"

„Die Verurteilung stand eigentlich schon früh fest, die Meinung der Regierung war ja allen bekannt ..."

Statue der Justitia, Symbol / Personifizierung von Gerechtigkeit

einer Person, kann nur von einem Richter angeordnet werden. Die Polizei benötigt zur Verhaftung eines Verdächtigen einen richterlichen Haftbefehl. Sie kann ihn vorläufig festnehmen, wenn er auf frischer Tat ertappt wurde oder Fluchtgefahr besteht. Spätestens am folgenden Tage muss der Festgenommene einem Richter vorgeführt werden, der über Freilassung oder Fortdauer der Haft entscheidet.

Horst Pötzsch, Die deutsche Demokratie, Bonn 2009, S. 134 ff.

M4 Prinzipien der Rechtsstaatlichkeit

Im Grundgesetz der Bundesrepublik Deutschland werden die Grundrechte (Artikel 1-19 GG) allen anderen Regelungen vorangestellt: Artikel 1 GG besagt, dass die Würde des Menschen unantastbar ist. Daraus ergibt sich, dass die Grundrechte als unmittelbar geltendes Recht sowohl die Legislative (gesetzgebende Gewalt), die Exekutive (ausführende Gewalt) als auch die Judikative (rechtsprechende Gewalt) binden. Durch diese Grundrechtsbindung sollen alle Bürgerinnen und Bürger vor staatlicher Willkür geschützt sein.
Jeder staatliche Eingriff braucht eine gesetzliche Grundlage (Gesetzesvorbehalt). Das heißt konkret, dass der deutsche Rechtsstaat seinen Bürgerinnen und Bürgern neben Rechtsgleichheit (alle Bürger sind vor dem Gesetz gleich) auch unbedingte Rechtssicherheit gewährt. Jede Entscheidung kann gegebenenfalls von unabhängigen Gerichten überprüft werden.

Aufgaben

1. a. Erstelle ein Grundrechte-Ranking. Beginne dabei mit dem für dich wichtigsten Grundrecht. Begründe jeweils deine Entscheidung. (M1)
   b. Vergleiche dein „Ranking" mit der Reihenfolge der Grundrechte im Grundgesetz.
2. a. Erkläre für die Fälle 1-4, welche Grundrechte möglicherweise gefährdet werden. (M2)
   b. Stelle dar, in welchen der Beispiele 1-4 Grundrechte möglicherweise im Konflikt miteinander stehen. Begründe, welchem Grundrecht du jeweils den Vorrang geben würdest.
3. Begründe mit dem Grundgesetz (M3), warum es Schlagzeilen wie in der Randspalte in Deutschland eigentlich nicht geben kann / darf.
4. Erkläre die Bedeutung der Grundrechtsbindung des Staates in einfachen Worten. (M4)
5. (Z) Erläutere drei Grundrechte jeweils mithilfe eines selbst gewählten Beispiels aus deinem Alltag. (M1)

6.2.2 Wenn Grundrechte im Konflikt stehen ...

M5 Darf man foltern, um zu retten? Grundrechte im Konflikt

Am 27. September 2002 wurde der 11-jährige Bankierssohn Jakob von Metzler entführt und – wie sich später herausstellt – ermordet. Schnell wird der Jurastudent Magnus Gäfgen festgenommen und von Polizisten verhört. Er war dringend tatverdächtig. Die Polizisten gingen davon aus, dass Gäfgen den Aufenthaltsort des Jungen kannte. Sie drohten ihm Gewalt an, falls er das Versteck des Jungen nicht verraten würde. Der zuständige Frankfurter Polizeivizepräsident Wolfgang Daschner hatte die Androhung von Gewalt angeordnet. Gäfgen lenkte daraufhin ein und nannte das Versteck des entführten Jungen. Man fand allerdings nur noch dessen Leiche.

Am 28.7.2003 wurde Magnus Gäfgen „wegen Mordes in Tateinheit mit erpresserischem Menschenraub mit Todesfolge [...] zu lebenslanger Freiheitsstrafe als Gesamtstrafe verurteilt“ (LG Frankfurt am Main, Az. 5/22 Ks 2/03 3490 Js 230118/02).

Polizeipräsident Daschner informierte die Staatsanwaltschaft über sein Vorgehen.

M6 Entschädigung für einen Kindermörder? Das Urteil

Das Land Hessen muss dem Kindsmörder Magnus Gäfgen wegen der Folterdrohung im Polizeiverhör eine Entschädigung von 3.000 Euro zahlen. Das hat das Oberlandesgericht Frankfurt zehn Jahre nach Gäfgens Mord entschieden. [...] Das Landgericht hatte sich in seinem Urteil auf die Vorgaben des Europäischen Gerichtshofs für Menschenrechte (EGMR) stützen müssen. Dieser hatte 2010 festgestellt, dass die Androhung von Folter eine unmenschliche Behandlung im Sinne der Europäischen Menschenrechtskonvention war und ausnahmslos verboten ist. [...]

ZEIT ONLINE, dpa, 10.10.2012

legal
einem Gesetz bzw. der Rechtsordnung entsprechend

legitim
rechtmäßig, allgemein anerkannt

M7 „Recht und Gesetz für Gäfgen“ – ein Kommentar

„Der Mann hat ein Kind entführt und getötet. Er hat viel Schlimmeres getan, als ihm selbst widerfuhr. Er, der Mörder, musste nicht mehr als die Drohung eines Polizisten ertragen, ihm Schmerzen zuzufügen. 3.000 Euro für so einen? Und doch ist es eine gute Nachricht. Der Polizist hat das Unantastbarste verletzt, was der Staat, den er vertrat, garantiert: die Menschenwürde.“

Stephan Hebel, Frankfurter Rundschau, 5.8.2011

Kompetenz: Urteilen

Vom Spontan- zum Sach- und Werturteil

Bei strittigen politischen Fragen urteilt man häufig spontan und aus dem Bauch heraus. Ein gründliches politisches Urteil setzt jedoch einen Urteilsbildungsprozess voraus und ist stark abhängig von der Perspektive. Es müssen Kriterien offen gelegt und ihre Auswahl begründet werden. Sachurteil und Werturteil lassen sich voneinander trennen. Das politische Urteil umfasst meist beide Ebenen.

Leitfaden

1. Ein *spontanes Urteil* fällen: Angenommen, eine kontroverse politische Entscheidung zwingt dich, Position zu beziehen. Du fällst ein spontanes Urteil.
2. Das spontane Urteil anhand von *Kriterien* überprüfen, die allen bekannt sind:

Sachurteil	Werturteil
• Ist ein politisches Programm/eine Forderung mit bestehenden Gesetzen (insbesondere Grundgesetz) vereinbar (**Verfassungsmäßigkeit, Legalität**)? • Ist ein politisches Programm/eine Forderung geeignet, ein vorhandenes politisches Problem zu lösen (**Effizienz**)? Wird dabei die Entstehung neuer Probleme vermieden? • Ist ein politisches Programm/eine Forderung politisch **durchsetzbar**?	• Ist ein politischer Sachverhalt in dem Sinne **legitim** (politisch anerkennungswürdig), dass er mit geltenden **Regeln** übereinstimmt, Bürgerinnen und Bürgern die Möglichkeit zur Mitbestimmung (**Partizipation**) eröffnet und für die Öffentlichkeit nachvollziehbar (**Transparenz**) ist? • Ist ein politisches Programm/eine Forderung mit anerkannten **Grundwerten** des Zusammenlebens in der demokratischen Gesellschaft (Sicherheit, Frieden, Freiheit, Solidarität, Gerechtigkeit) vereinbar? • Ist ein politisches Programm/eine Forderung mit meinen persönlichen **Wertmaßstäben** (unterschiedliche Vorstellungen von Gerechtigkeit, Grundwerten ...) vereinbar?

3. Zu einem *Gesamturteil* kommen: Du fasst Teilurteile zusammen und wägst sie gegeneinander ab.

Aufgaben

1. Positioniert euch entlang einer Positionslinie zu der Fragestellung: „Darf der Staat Folter androhen, um Leben zu retten?" (M5)
2. Erkläre, welche Grundrechte der Polizeivizepräsident in Folge der Festnahme Gäfgens gegeneinander abwägen musste. (M5)
3. Arbeite aus M6 die wesentlichen Argumente heraus, die zur Verurteilung des Landes Hessen genannt werden.
4. Beurteile die Aussage „In einem Rechtsstaat muss auch ein Kindermörder wie Gäfgen gegebenenfalls entschädigt werden". (M5-M7)

6.2.3 Um welchen Regelverstoß kümmert sich der Staat?

M8 Muss der Staat aktiv werden? Privatrecht und Öffentliches Recht

Fall 1

Ein Autohändler fordert von einem Käufer den Kaufpreis ein. Dieser zahlt nach mehrmaliger Aufforderung noch immer nicht freiwillig. Der Autoverkäufer verklagt ihn.

Fall 2

Junge Leute tauschen gerne Musik und Filme mit anderen übers Internet, anstatt sich eine CD oder eine DVD zu kaufen. Das Tauschen von Musik im Internet ist aber verboten, weil die Musik urheberrechtlich geschützt ist, also demjenigen gehört, der sie komponiert oder die Rechte an der Musik von den Musikern gekauft hat. Wer trotzdem die Musik umsonst herunterlädt, kann eine Geld- oder Gefängnisstrafe bekommen und muss viel Geld an die Musikfirmen bezahlen.

Fall 3

Vier Jugendliche im Alter von 14-16 Jahren begehen eine Reihe Diebstähle aus Autos: Sie entwendeten CD-Player, Handys und Sonnenbrillen.

M9 Welche Absicht haben Straf- bzw. Zivilprozess?

Das Rechtssystem der BRD unterscheidet zwei große Rechtsbereiche, das Öffentliche und das Private Recht:

Im **Öffentlichen Recht** stehen sich als Streitpartner Staat oder Behörden auf der einen Seite und Bürger auf der anderen Seite gegenüber. Das Öffentliche Recht regelt also die Rechtsbeziehungen der Bürger zum Staat. Ein wichtiger Bestandteil des Öffentlichen Rechts ist das Strafrecht. Der Staat droht im Strafgesetzbuch (StGB) jedem Straftäter eine Strafe an, der sich an Leben, Gesundheit oder Besitz anderer vergeht. Dabei ist der Staat dem Bürger übergeordnet.

Im Gegensatz dazu hält sich der Staat im **Privat- oder Zivilrecht** aus Streitfragen zwischen Bürgerinnen und Bürgern inhaltlich heraus. Das Gericht prüft nur, was die Streitparteien vorbringen. Der Staat bietet durch das Bürgerliche Gesetzbuch (BGB) den gesetzlichen Rahmen. In einem Zivilprozess sind die Streitparteien gleichberechtigt.

Aufgaben

1. a. Ordne die Fälle 1-3 dem Privatrecht oder dem Öffentlichen Recht zu. (M8, M9)
   b. Formuliere weitere Beispiele für Rechtsverstöße und lasse sie einen Partner den Rechtsbereichen zuordnen. Begründe die Zuordnung.
2. Erkläre die Unterscheidung unseres Rechtswesen in die Bereiche Öffentliches und Privates Recht. (M9)
3. a. Stellt die zentralen Elemente unseres Rechtswesens in einem Bild dar. (M1-M9)
   b. Präsentiert eure Bilder anschließend in einem Galeriespaziergang. Geht entsprechend des Leitfadens vor.
   c. Trefft euch anschließend zur „Bilderkritik“: Begründet, welche Bilder die Aufgabe besonders gut erfüllt haben.
   d. Was hat euch die Methode gebracht? Was hat gut geklappt, was weniger gut, was könnt ihr nächstes Mal besser machen?

Präsentation in einem Galeriespaziergang

So könnt ihr aus eurer Schule eine Galerie machen: Einzelne von euch oder Gruppen stellen Ergebnisse aus, die sie zuvor in einer Arbeitsphase erarbeitet haben. Die anderen haben die Möglichkeit, einen „Galeriespaziergang" zu unternehmen. Dabei könnt ihr an den ausgestellten Ergebnissen vorbeispazieren, die Ergebnisse betrachten und vielleicht auch Fragen dazu stellen.

Leitfaden

- **Bilder nummerieren:**
  Nummeriert eure Bilder, damit ihr sie in der Auswertungsphase gut auseinanderhalten könnt.
- **Gruppensprecher wählen:**
  Bei einem Galeriebesuch ist es oft hilfreich, wenn man Fragen stellen kann. Wählt dazu einen Gruppensprecher, der in der Nähe von eurem Bild steht und es bei Bedarf erklären kann. Wechselt euch zwischendrin ab, damit jeder auch die anderen Ergebnisse anschauen kann.
- **Zeit verabreden:**
  Verabredet eine Zeit, z. B. 20 Minuten, die ihr für euren Galeriespaziergang nutzen wollt. Haltet diese verabredete Zeit unbedingt ein, damit ihr anschließend gemeinsam ein Auswertungsgespräch führen könnt.
- **Eindrücke notieren:**
  Damit ihr im Anschluss an euren Galeriespaziergang nicht alles vergessen habt, ist es sinnvoll, sich ein paar Notizen zu machen. Ihr könnt weitere Kriterien ergänzen.
- **Bilder ausstellen:**
  Hängt nun eure Bilder im Klassenzimmer oder zum Beispiel im Flur eurer Schule aus. Ihr solltet den Platz so wählen, dass er frei zugänglich ist, d. h. jeder sollte sich problemlos davorstellen und die Bilder betrachten können. Der Galeriespaziergang kann beginnen.
- **Bilder beurteilen:**
  Nun könnt ihr auf der Basis der eigenen Notizen entscheiden, welche(s) Poster in Bezug auf die Aufgabenstellung besonders gut gelungen ist bzw. sind. Bedenkt, dass einem Urteil immer eine sachliche Begründung zugrunde liegen sollte.

	Bild 1	Bild 2	Bild 3	...
Layout				
Idee/Originalität				
Aussage				
...				
...				

Grund-wissen

Grundrechte für jeden

Ganz zu Beginn des Grundgesetzes (GG), der deutschen Verfassung, stehen die Grundrechte. Sie sind ein besonders hohes Gut und können vom Gesetzgeber nur schwer verändert werden. Die Artikel 1 und 19 können überhaupt nicht verändert werden.
Manchmal können Grundrechte miteinander im Konflikt stehen. Dann muss abgewogen werden, welche Einschränkungsmöglichkeiten das Gesetz erlaubt und welche Rechte im Einzelfall schwerer wiegen.

Rechtsstaat BRD

In der Bundesrepublik Deutschland müssen sich nicht nur die Bürgerinnen und Bürger an die Gesetze halten, sondern auch der Staat, sonst kann der Bürger seine Rechte einklagen. Man spricht deshalb von einem Rechtsstaat. Ein Richter darf bei einem gerichtlichen Verfahren keinen Unterschied bei der Rechtsfindung machen – unabhängig davon, ob der Kläger ein verurteilter Kindermörder oder ein unbescholtener Bürger ist. Der Richter muss zwingend den in Artikel 3 formulierten Grundsatz „alle Menschen sind vor dem Gesetz gleich" berücksichtigen.

Öffentliches und Privates Recht

Die Gesetze in der Bundesrepublik Deutschland können zwei großen Rechtsbereichen zugeordnet werden, dem Privatrecht und dem Öffentlichen Recht: Wenn jemand zum Beispiel mit dem Fahrrad ein Fahrzeug beschädigt, das am Straßenrand parkt, kann der Fahrzeugeigentümer Schadensersatz fordern. Dies ist ein Konflikt zwischen rechtlich gleichgestellten Bürgerinnen und Bürgern, der Staat (hier: das Gericht) prüft nur, was die Streitparteien vorbringen. Er gehört zum Bereich des Privatrechts und wird auf der Grundlage des Bürgerlichen Gesetzbuch (BGB) im Zivilprozess geregelt.
Wenn du allerdings vor dem Kino ein Fahrrad stehen siehst und damit nach Hause fährst, so ist das Diebstahl. Ein Vergehen dieser Art gehört zum Öffentlichen Recht und ist im Strafgesetzbuch (StGB) geregelt. Der Staat schützt – wie in diesem Fall – das Eigentum seiner Bürger und droht bei Verstoß eine Strafe an (Strafprozess). Im Bereich des Öffentlichen Rechts ist der Bürger dem Staat rechtlich untergeordnet.

6.3 Jugendstrafrecht: Keine Strafe für jugendliche Straftäter?

6.3.1 Jugendliche Straftäter – „böse geboren"?

M1 Welche Ursachen hat Jugendkriminalität?

Thomas Plaßmann, Baaske Cartoons

M2 „Überfall, alles Geld her!" Aus einem Ermittlungsbericht

Am Abend des 17.06.2006 entschlossen Stefan M., Thomas B. und Christiane M. die Gaststätte „Wiesenstube" [...] zu überfallen. [...] Entsprechend ihres Tatplans begaben sich die drei Angeschuldigten zur Gaststätte. Der Angeschuldigte Thomas B. führte einen Schlagstock, der Angeschuldigte Stefan M. eine einer Walther P99 täuschend ähnlich sehende Softair-Pistole mit. [...] Entsprechend ihres Plans stürmten die Angeschuldigten Thomas B. und Stefan M. in die Gaststätte, während die Angeschuldigte Christiane O. vor der Gaststätte wartete, um Sorge dafür zu tragen, dass ihr Plan ungestört ausgeführt werden konnte. Die Angeschuldigten Thomas B. und Stefan M. waren maskiert, der Angeschuldigte Stefan M. hielt die Softair-Pistole in den Händen, der Angeschuldigte Thomas B. den Schlagstock. Sie richteten die Waffen sofort auf die Gäste Michael M. und Thorsten M. und forderten mit den Worten „Überfall, alles Geld her" die Herausgabe von Bargeld.

Petra Reiter-Mayer, Politik betrifft uns, 4/2008

M3 Wer ist Stefan M.?

Die Ermittlungen der Staatsanwaltschaft zur Person Stefan M. ergaben: Stefan M. ist 19 Jahre alt, lebt mit seinen Geschwistern bei seinem Vater, die Mutter ist früh verstorben. Stefan M. besuchte die Städtische Hauptschule und machte seinen Hauptschulabschluss. Anschließend begann er 2001 eine Lehre als Maurer. Nach 2 1/2 Jahren wurde ihm gekündigt. Zur Tatzeit war Stefan M. bereits seit 8 Jahren drogenabhängig. Im Bundeszentralregister befindet sich eine Eintragung wegen Körperverletzung mit Beleidigung mit einem Strafbefehl von 30 Tagessätzen zu je 5,- Euro.

Petra Reiter-Mayer, Politik betrifft uns 4/2008

M4 Delikte für jede Altersstufe?

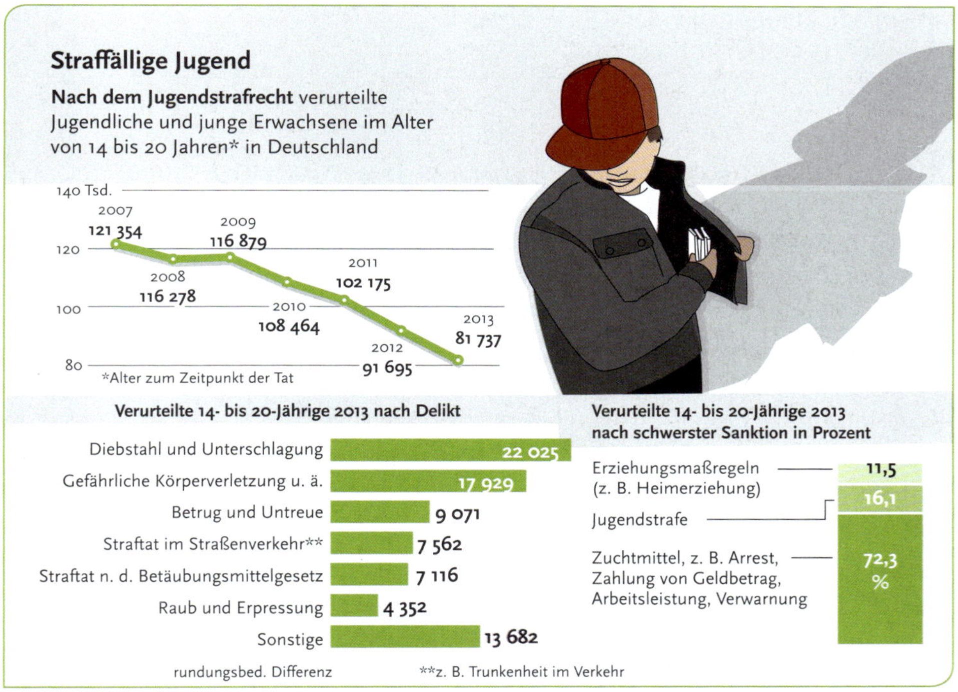

Globus-Grafik 10130, Quelle: Statistisches Bundesamt

Delikt
ungesetzliche Handlung, Straftat

Aufgaben

1. Analysiere die Karikatur. (M1)
2. Nenne mögliche Ursachen von Jugendkriminalität. (M1-M3)
3. Arbeite die Delikte heraus, aufgrund derer Jugendliche hauptsächlich verurteilt werden. (M4)
4. Erkläre, ob und wie du Stefan M. bestrafen würdest. (M2, M3)

H zu Aufgabe 3

Unterscheide nach verschiedenen Altergruppen. (M4)

6.3.2 Schonzeit im Jugendstrafprozess?

M5 Besonderheiten eines Jugendstrafprozesses

Besonderheiten	trifft zu/ trifft nicht zu	Hintergrund/ Begründung
Jugendrichter sind Richter mit besonderer Ausbildung.		
Die Öffentlichkeit ist von dem Verfahren ausgeschlossen; die Eltern können teilnehmen.		
Der jugendliche Angeklagte selbst kann vorübergehend sogar aus der Verhandlung entfernt werden.		
Verhandlungen gegen Heranwachsende sind öffentlich, können aber auf Antrag unter Ausschluss der Öffentlichkeit stattfinden.		

Ins Heft

M6 Die Hauptverhandlung eines Jugendstrafprozesses

Die Hauptverhandlung beginnt mit dem Aufruf der Sache. Dabei stellt der Richter fest, ob der Angeklagte und der Verteidiger anwesend, die Beweismittel vorhanden und die geladenen Zeugen und Sachverständigen erschienen sind. Dann müssen die Zeugen den Sitzungssaal verlassen. Der Richter befragt den Angeklagten zu seiner Person. Darauf verliest der Staatsanwalt als Vertreter der Anklage den Anklagesatz. Nun darf sich der Angeklagte noch einmal äußern oder von seinem Recht zu schweigen Gebrauch machen.

Nach der Vernehmung des Angeklagten folgt die Beweisaufnahme, d. h. Zeugen werden befragt und Beweismittel herbeigeschafft. Nach Abschluss der Beweisaufnahme äußert sich die Jugendgerichtshilfe. Dann erhalten der Staatsanwalt und anschließend der Angeklagte das Wort. Der Angeklagte wird, auch wenn ein Verteidiger das sogenannte Plädoyer für ihn gesprochen hat, gefragt, ob er selbst noch etwas zu seiner Verteidigung sagen möchte. Der Angeklagte hat immer das letzte Wort.

Nach einer Beratung schließt die Hauptverhandlung mit der Verkündung des Urteils „Im Namen des Volkes“ durch den Richter. Falls der Jugendliche für schuldig befunden wird, erhält er in einem Jugendstrafverfahren einen Jugendarrest, eine Jugendstrafe oder Auflagen und Weisungen nach dem JGG (Jugendgerichtsgesetz). Wenn aufgrund der Schwere der Tat eine Jugendstrafe zu erwarten ist, werden neben dem Richter noch zwei Jugendschöffen am Gerichtsverfahren beteiligt. (Jugend-)

Schöffen sind Laienrichter und sollen gemäß des Richterspruchs „Im Namen des Volkes“ möglichst alle gesellschaftlichen Gruppen der Bevölkerung vertreten.

Nachdem ein Urteil gesprochen wurde, können von beiden Streitparteien bei der nächsthöheren gerichtlichen Instanz sogenannte Rechtsmittel eingelegt werden: Die Berufung ist eine inhaltliche Überprüfung des Urteils, die Revision ist die formale Überprüfung (wenn Rechtsvorschriften verletzt wurden).

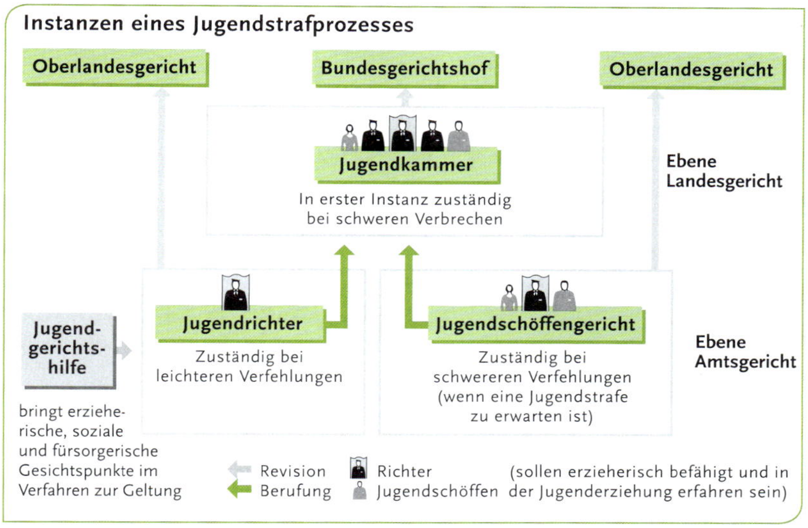

Nach: Bergmoser & Höller Verlag AG, Zahlenbilder 131300

M7 Beteiligung des Jugendamtes am Strafverfahren: Jugendgerichtshilfe

Wird strafrechtlich gegen Jugendliche und Heranwachsende ermittelt, ist immer das Jugendamt beteiligt. Die Jugendhilfe soll junge Menschen fördern und dazu beitragen, Benachteiligungen zu vermeiden oder abzubauen. Im Gerichtsverfahren hat die Jugendgerichtshilfe laut JGG mitzuwirken und erzieherische Aufgaben wahrzunehmen. Sie prüft, ob der Beschuldigte Hilfe benötigt, leitet geeignete Hilfen ein und informiert darüber die Staatsanwaltschaft und das Gericht. Die Jugendgerichtshilfe ist auch während der Gerichtsverhandlung dabei und hat ein Rederecht. Die Jugendgerichtshilfe äußert sich zum Beispiel dazu, ob betroffene Jugendliche und Heranwachsende als verantwortlich für die Tat anzusehen sind und ob Heranwachsende nach Jugendstrafrecht oder nach allgemeinem Strafrecht beurteilt werden sollten. Die Jugendgerichtshilfe kann lediglich Empfehlungen aussprechen, die Entscheidung trifft der/die Richter/in.

Jugendgerichtshelfer sind Sozialarbeiter im Jugendamt, die die Betroffenen auch über den weiteren Ablauf des Verfahrens und dessen Folgen informieren.

Nach: Gabriele Scheffler, Wenn Jugendliche straffällig werden ..., Bonn 2008, S. 46

Hypothese
unbewiesene Annahme von Tatsachen mit dem Ziel, sie zu belegen

Aufgaben

1. Stelle Hypothesen auf, wie sich ein Jugendstrafprozesses vom Erwachsenenstrafprozess unterscheidet. (M5)
2. (W) Nenne stichpunktartig die wesentlichen Stationen einer Hauptversammlung im Jugendstrafprozess. (M6) **ODER** Stelle den Gang einer Hauptverhandlung (M6) in einem Schaubild dar.
3. Stelle die Aufgaben der Jugendgerichtshilfe tabellarisch dar. (M7)
4. Erkläre die wesentlichen Grundsätze eines Jugendstrafprozesses im Vergleich zu einem Erwachsenenstrafprozess. (M7)

6.3.3 Leben im Knast – und dann? Die Jugendstrafe

M8 Neubeginn im Knast?

paradox
widersprüchlich

Ihr Leben dreht sich nicht um die Schule oder Ausbildung. Sie fährt nicht zum Schüleraustausch nach England, streitet nicht mit den Eltern, wie lange man abends wegbleiben darf, und macht nicht den Mopedführerschein. „Such“, so nennt sich die junge Frau, englisch ausgesprochen, kam mit 16 in den Knast. Dort hat sie ihren 17. Geburtstag gefeiert, dort hat sie ihren 18. Geburtstag gefeiert und dort wird sie auch ihren 19. Geburtstag feiern.

Sie ist eine von etwa 5.000 Jugendlichen im Alter zwischen 14 und 20 Jahren in Deutschland, die einen Teil ihrer Teenagerzeit als Strafgefangene erleben:

„Ich bin in der Werkgruppe und muss sägen, sägen, sägen. Die ganze Zeit sägen. Heute zum Beispiel hab ich so ein Stück zu Ende gesägt, so ein zeitloses Motiv mit Blümchen und Schmetterlingen. Damit bin ich heute endlich fertig gewesen und habe dann gefragt: Kann ich vielleicht zur Überbrückung, um ein bisschen runterzukommen, was anderes machen? Ja, war die Antwort, sägen Sie was Kleineres!“

[...] In der Theorie soll die Zeit im Gefängnis die Jugendlichen dazu befähigen, wieder ein Teil der „normalen“, sprich nicht straffälligen Gesellschaft zu werden. Das Paradox: Lernen sollen das die Jugendlichen abgeschieden von eben dieser „normalen“ Gesellschaft, umgeben von anderen Kriminellen und Drogenabhängigen. [...] Die Rückfallquote, also die Wahrscheinlichkeit, wieder straffällig zu werden, liegt für inhaftierte Jugendliche bei 78 Prozent. [...] Das Problem ist, dass im Gefängnis nur sehr selten etwas Neues, Gutes beginnt.

Nach: Ursula Csejtei, Leben im Knast, in: fluter, Juli 2006

M9 Welchen Zweck hat die Strafe?

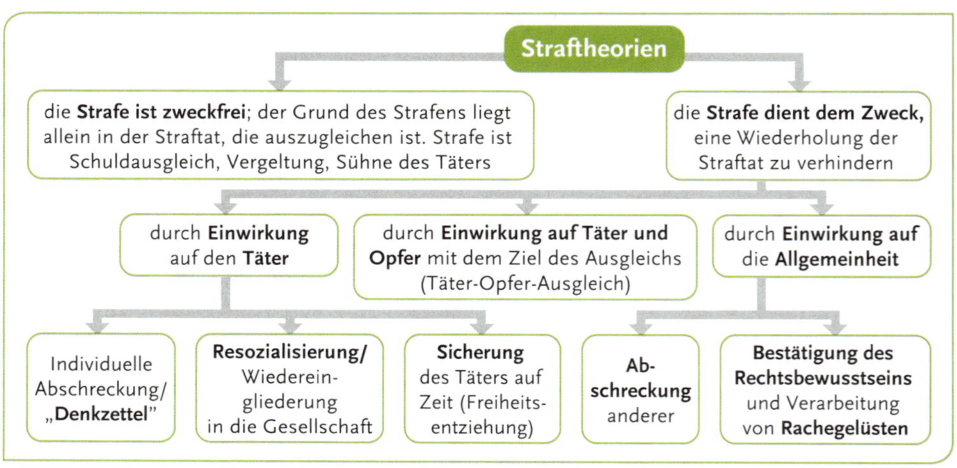

M10 Auszug aus dem Jugendgerichtsgesetz

JGG, zuletzt geändert am 13.12.2007

Sanktionen	Durchführung	Gründe
Erziehungsmaßregelungen (§9) 1. Weisungen 2. Erziehungsbeistand 3. Fürsorgeerziehung	Gebote und Verbote zur Regelung der Lebensführung, z. B. Arbeitsstelle annehmen, in einem Heim/ einer fremden Familie wohnen oder Regelung der Lebensführung durch gerichtlich bestellten Erziehungsbeistand → kein Eintrag ins Strafregister	Einmalige Straftaten, die durch Umstände der Lebensführung wesentlich mit verursacht wurden. Die Tat ist als Folge von Erziehungsmängeln anzusehen.
Zuchtmittel (§13) 1. Verwarnungen 2. Auflagen 3. Jugendarrest	Förmliche Zurechtweisung eines Jugendlichen aufgrund eines Jugendstrafprozesses; Verpflichtungen, die dem Jugendlichen das Unrecht eindringlich ins Gedächtnis rufen (z. B. Dienst in gemeinnützigen Einrichtungen); Jugendarrest: z. B. Kurzarrest bis 6 Tage, Dauerarrest bis max. 4 Wochen → kein Eintrag ins Strafregister	Einmalige Straftaten, für die der Jugendliche selbst verantwortlich ist. Schäden aus Übermut, Delikte aus mangelnder Selbstkontrolle bei besonderer Gelegenheit, z. B. leichter Diebstahl, Körperverletzung ...
Jugendstrafe (§17) Freiheitsentzug	Freiheitsentzug von mind. 6 Monaten, höchstens 10 Jahren → gilt als Strafe, d. h. Eintrag ins Strafregister; der Jugendliche ist vorbestraft	Schwere Straftaten mit hohem Schuldgehalt, insbesondere bei Heranwachsenden. Bei „schädlicher Neigung“, d. h. wenn Erziehungsmaßregeln und Zuchtmittel nicht ausreichen, z. B. bei Wiederholungstätern

Nach: Petra Reiter-Mayer, Der jugendliche Straftäter, in: Politik betrifft uns 4/2008, S. 6

Aufgaben

1. a. Nenne Strafen, die du selber schon erlebt hast.
   b. Erkläre, zu welchem Zweck du bestraft wurdest.
   c. Haben die Strafen ihre Funktion erfüllt?

Art der Strafe	Zweck der Strafe	Erfüllt? Ja/Nein, Begründung

2. Versetze dich in die Lage von Such. (M8)
   a. Schreibe einen Eintrag in dein Tagebuch.
   b. Nenne mögliche Folgen, die der Gefängnisaufenthalt auf dein zukünftiges Leben haben könnte.
3. Erkläre verschiedene Funktionen / Zwecke von Strafe. (M9)
4. Überprüfe, inwiefern sich der Resozialisierungsgedanke in den Maßnahmen des JGG widerspiegelt. (M9, M10)

6.3.4 Resozialisierung – Herausforderung für den Einzelnen und die Gesellschaft

M11 Freiheit als Strafe? Strafvollzug im Seehaus Leonberg

Ivan ist 19, er stammt aus Kasachstan. Mit seiner Mutter und Schwester kommt er im Alter von sechs Jahren nach Deutschland, der Vater bleibt in der Heimat. Seine kriminelle Karriere beginnt früh. Ladendiebstähle, Fahrraddiebstähle, Schlägereien auf der Straße, in der Schule.

[...] Lange meinen es die Richter gut mit ihm, vielleicht zu gut. Er wird immer wieder zu Bewährungsstrafen verurteilt, kommt mit einem blauen Auge davon. Die letzte Chance, immer wieder. Wegen schwerer gemeinschaftlicher Körperverletzung und Hehlerei landet er schließlich im Jugendknast Adelsheim, bemüht sich um einen Platz im Projekt „Chance“ des Seehauses. [...]

„Diese Form des Jugendstrafvollzugs braucht keine bauliche Sicherung, denn die Straftäter bewerben sich aus dem Gefängnis heraus mit der Motivation ihr Leben zu ändern“, sagt Irmela Abrell, sozialpädagogische Leiterin. [...] Das Leben im Seehaus ist straff organisiert, durchstrukturiert und wohl härter als mancher Jugendknast. Das Hauptziel des Projekts ist die Resozialisierung der Jugendlichen. Sie werden trainiert für ein späteres Leben in Freiheit – und ohne Kriminalität. Um das zu erreichen durchlaufen die Straftäter ein hartes, konsequentes erzieherisches Trainingsprogramm. Der Tag ist auf die Minute genau geplant. Er beginnt morgens um 5.45 Uhr und endet um 22 Uhr. „Wir sind sehr streng, aber wir haben die Jungs auch sehr gern“.

Die Jugendlichen leben in Wohngemeinschaften. Sie sind Teil der Mitarbeiterfamilien und deren Kindern. Viele der Straftäter kommen aus zerrütteten Familien, haben im Heim gelebt und erleben zum ersten Mal ein normales Familienleben – mit gemeinsamen Mahlzeiten, Regeln, Absprachen, Zuwendung. Die Integration in die Familien ist Teil des Resozialisierungsprozesses des Seehauses. Ein weiteres Ziel ist es, den Straftätern einen Schulabschluss zu ermöglichen. [...]

Nach der Arbeit gibt es allabendlich sogenannte „Hilfreiche Hinweise“ – von Straftäter zu Straftäter: Eine Runde, in der jeder einzeln vortritt und sich dem Lob und der Kritik der Gruppe stellen muss. Das Ziel: Kritik einstecken, ohne gleich zuzuschlagen. Die Jugendlichen haben aufeinander einen größeren Einfluss als die Mitarbeiter ihn haben.

Samuel Asiedu Poku, Gefängnis ohne Mauern, www.spiegel.de, 5.5.2011

Aufgaben

1. Beschreibe die Ziele eines Aufenthaltes im Seehaus Leonberg. (M11)
2. Erläutere vor dem Hintergrund von M11, inwiefern Resozialisierung zugleich eine Herausforderung für den Täter als auch für die Gesellschaft darstellt.

Grund-wissen

Warum soll ein Täter bestraft werden?	Strafe kann dazu dienen, Vergeltung zu üben. Ein weiterer möglicher Strafzweck ist die Verhütung von zukünftigen Straftaten (Prävention), z. B. durch Abschreckung. Eine andere Form der Prävention besteht im Schutz der Gesellschaft vor einem einzelnen Täter. Im Jugendstrafrecht steht der Gedanke der Resozialisierung, der Wiedereingliederung in die Gesellschaft, im Vordergrund. Man kann davon ausgehen, dass der Jugendliche aus seinen Fehlern lernen und wieder auf die „richtige Bahn" gelenkt werden kann.
Ursachen von Jugendkriminalität	Motive und Ursachen, weshalb Jugendliche straffällig werden, sind vielfältig: Mutprobe, Wunsch nach Bestätigung und Anerkennung, Langeweile, Vernachlässigung durch die Eltern, eigene Gewalterfahrungen, Aggression, Armut. In den meisten Fällen kann eine Straftat nicht auf nur eine Ursache, sondern auf mehrere Ursachen zurück geführt werden.
Der Resozialisierungsgedanke des Jugendgerichtsgesetzes (JGG)	Das Jugendgerichtsgesetz, auch Jugendstrafrecht genannt, gilt für Jugendliche und Heranwachsende. Jugendliche zwischen 14-17 Jahren werden als „beschränkt strafmündig" bezeichnet, weil sie aufgrund ihres Alters noch nicht die volle Einsicht haben können, eine Straftat begangen zu haben. Auch Heranwachsende zwischen 18-20 Jahren können noch nach dem Jugendstrafrecht behandelt werden. Dazu muss ein Gutachter zuvor bestätigt haben, dass ein Angeklagter aufgrund seiner Entwicklung noch nicht wie ein Erwachsener behandelt werden kann. Kinder (unter 14 Jahren) können grundsätzlich nicht belangt werden.
Jugendstrafprozess – ein besonderer Prozess	Die Hauptverhandlung im Jugendstrafrecht findet in einer nicht-öffentlichen Sitzung statt, um den jugendlichen Angeklagten zu schützen. Im Jugendstrafrecht hat die Erziehung eine große Bedeutung. Die Straftaten junger Menschen können meistens auf typische Konfliktsituationen ihres Alters zurückgeführt werden. Deshalb können im Jugendstrafverfahren z. B. Weisungen, soziale Trainingskurse, Verwarnungen, Jugendarrest und nur in schwerwiegenden Fällen Jugendfreiheitsstrafen verhängt werden. Allerdings erfüllen Gerichtsurteile häufig nicht den Zweck, den Täter zu „bessern". Deshalb überlegen Politiker und Experten immer wieder, ob bei leichteren Strafftaten nicht alternative Strafformen auf lange Sicht eine bessere Wirkung beim Täter erzielen.

Kompetenztraining

M1 Per Webcam direkt ins Zimmer der Schüler ...

Sicher haben es die Pädagogen der Harriton High School nur gut gemeint, als sie Laptops mit winzigen Kameras an ihre Schüler verteilten. [...]
Dort, im US-Bundesstaat Pennsylvania, hat sich die stellvertretende Direktorin bestimmt nichts Böses dabei gedacht, als sie den Schüler Blake Robbins, 15, zu sich ins Zimmer bat. Die Lehrerin warf Blake „unangemessenes Verhalten" vor. Über eine von der Schule aus der Ferne aktivierte Laptop-Webcam habe sie nämlich erfahren, dass Blake mit Drogen handele, berichtete die Pädagogin. [...]
Insgesamt 2.300 Lern-Laptops hatte diese Schule – und noch eine andere – an Schüler verteilt. Da konnten die Lehrer noch so sehr darauf verweisen, sie hätten durch die Webcam-Fernsteuerung verschollene Laptops wieder aufspüren wollen. Auch seien in 14 Monaten lediglich 42 Mal Webcams heimlich aktiviert worden, betonten sie. [...]

Martin Zips, Süddeutsche Zeitung, 24.2.2010

M2 Ein besonderes Strafrecht für Jugendliche?

Klaus Stuttmann

Kompetenztraining

M3 Aus dem Urteil eines Jugendstrafprozesses

Amtsgericht Musterstadt Aktenzeichen: 8 Ls 44 Js .../07

Im Namen des Volkes

URTEIL
Strafsache gegen
den am 16.11.1986 in Musterhausen geborenen, in .... wohnhaften ledigen
Stefan M.
z. Zt. Justizvollzugsanstalt Musterburg,
Der Angeklagte ist des schweren Raubes schuldig und wird zu **2 Jahren Jugendstrafe** auf Bewährung verurteilt

Gründe:
Der Angeklagte war zur Tatzeit Heranwachsender. Aufgrund von Entwicklungsverzögerungen wurde bei ihm Jugendstrafrecht angewendet. Wegen der Schwere der Schuld und wegen noch vorliegender schädlicher Neigungen musste eine Jugendstrafe verhängt werden.
Bei Stefan M. liegt ein schwerer Raub vor. Unter Berücksichtigung der persönlichen und beruflichen Verhältnisse konnte hier gerade noch eine Jugendstrafe als erzieherisch ausreichende Reaktion angesehen werden, deren Vollstreckung zur Bewährung ausgesetzt werden kann. Somit wurde eine Jugendstrafe von 2 Jahren ausgesprochen.
Beim Angeklagten Stefan M. ist schließlich noch darauf hinzuweisen, dass die Tat infolge einer Betäubungsmittelabhängigkeit begangen wurde entsprechend § 17 Abs. 2 BZRG.

Aufgaben

1. Stelle aus der Perspektive des deutschen Rechtsstaats dar, welche Grundrechte durch die an der Harriton High School durchgeführten Maßnahmen verletzt würden. (M1)
2. Erläutere den Unterschied zwischen Legalität und Legitimität. (M1)
3. Analysiere die Karikatur. (M2)
4. Stelle Pro- und Kontra- Argumente einer besonderen Behandlung straffälliger Kinder und Jugendlicher im Jugendstrafrecht gegenüber. (M2)
5. a. Erläutere die besondere Bedeutung des Erziehungsgedanken im JGG.
   b. Bewerte das Urteil gegen Stefan M. Beachte bei deiner Bewertung die einzelnen Schritte der politischen Urteilsbildung. (M3)

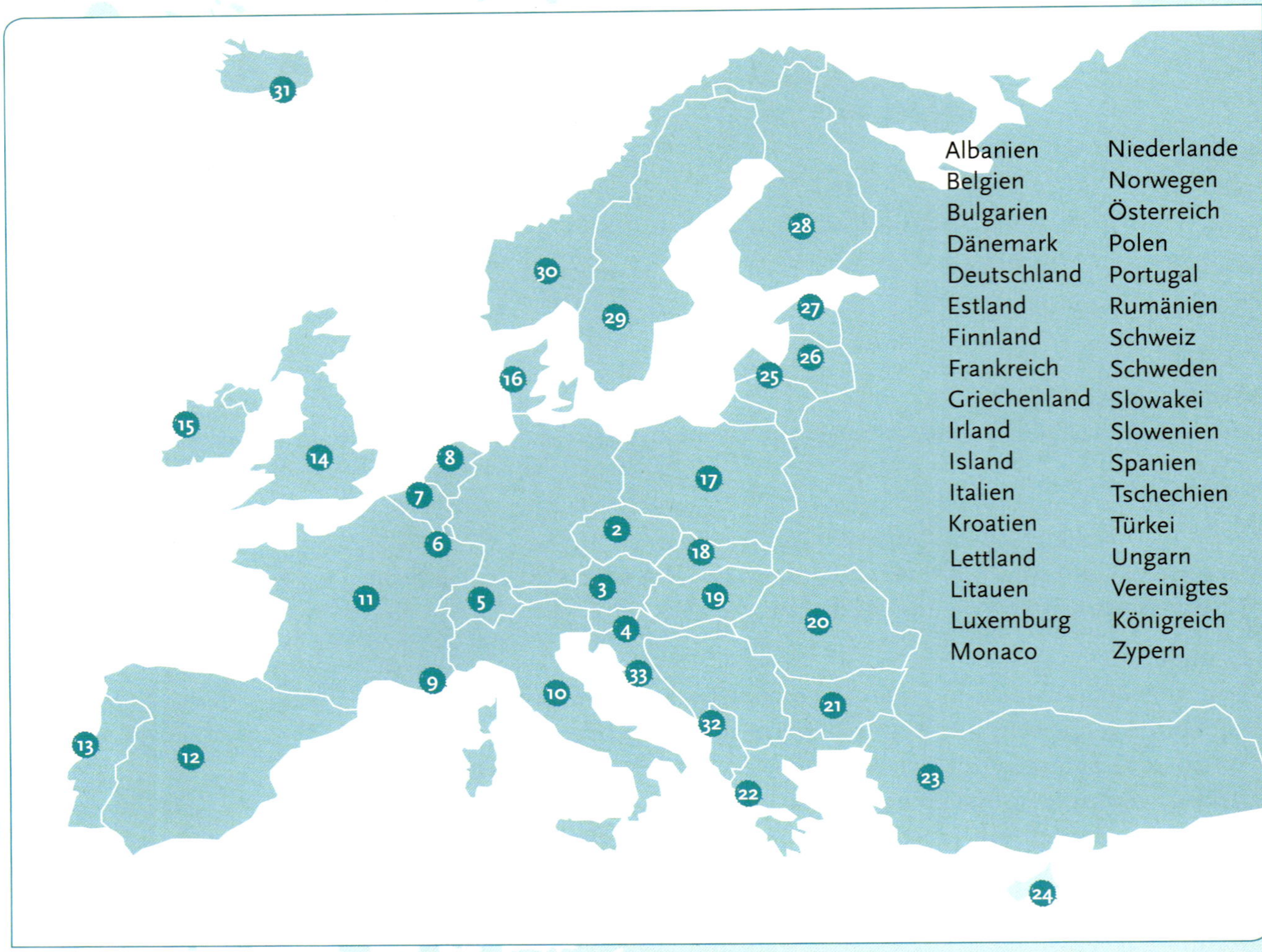

Was kannst du schon?

1. Ordne den Ziffern die Länder zu. Arbeite wenn nötig mit einem Atlas.
2. Fertige eine Tabelle an: Ordne den Ländern die Einwohnerzahl und die Hauptstadt zu und kreuze an, ob dieses Land zur EU bzw. zur Eurozone gehört. Zum Beispiel

Land	EU	Euro	Einwohner	Hauptstadt
Albanien	–	–	...	Tirana
Belgien	X	X	...	Brüssel
...				
Zypern	X	X	...	Nikosia

3. Ländersteckbriefe erstellen: Die meisten Bürger wissen nur wenig über die Mitgliedstaaten der EU. Erstellt Ländersteckbriefe, um die Staaten der EU besser kennenzulernen. Sammelt dazu Interessantes und Wissenswertes über Geschichte, Politik, Wirtschaft, Gesellschaft, kulturelle Besonderheiten, Feste, Essen, etc. und präsentiert eure Ergebnisse.

7

Politik in der Europäischen Union

Kompetenzen

Am Ende des Kapitels solltest du Folgendes können:

- die Motive und Ziele der Europäischen Integration kennen.
- die Beteiligungsmöglichkeiten von EU-Bürgern an politischen Entscheidungen erläutern.
- die Auswirkungen von EU-Entscheidungen auf dein alltägliches Leben erörtern.
- die Entscheidungsprozesse in der EU erklären.
- aktuelle Probleme und Herausforderungen der EU beurteilen.

7.1 Die Idee Europa: Wie alles begann

7.1.1 Was ist Europa?

M1 Was macht die europäische Identität aus?

1

2

3

4

5

6

7

M2 Wie Europa zu seinem Namen kam …

Nach einer griechische Sage:

In Phönizien, dort, wo heute der Libanon liegt, lebte einst eine Prinzessin namens Europa. Sie war so wunderschön, dass sich Zeus, der oberste der griechischen Götter, unsterblich in sie verliebte. […] Er verwandelte sich in einen prächtigen Stier mit glänzendem, schneeweißen Fell und näherte sich Europa, die am Strand mit ihren Freundinnen spielte. Die Prinzessin streichelte das anscheinend so friedliche Tier, fütterte es mit Blumen und setzte sich nach einigem Zögern sogar auf seinen Rücken. Langsam schlich Zeus auf das Ufer zu und begann, ins Meer hinaus zu schwimmen. Nach einem ganzen Tag und einer ganzen Nacht landeten sie schließlich auf der griechischen Insel Kreta. Dort verwandelte sich Zeus zurück in einen Mann: „Fürchte dich nicht“, sagte er, „Ich bin der König des Landes und ich werde immer für dich sorgen.“ […] Den Erdteil, auf dem die Prinzessin an Land gegangen war, benannte man nach ihr: Europa.

Sandra Müller, Europäische Kommission, Europa kinderleicht, Berlin 2010, S. 6, http://ec.europa.eu © Europäische Union, 1995-2015, Für die Wiedergabe und Anpassung ist allein C.C.Buchner Verlag GmbH & Co. KG verantwortlich.

M3 Europa – Meinungen, Urteile, Wünsche ...

Ich wünsche mir mehr Zusammenarbeit, mehr Sicherheit vor Krieg, vor Terrorismus, Sicherheit vor Kriminalität und ich wünsche mir mehr Frieden auf der Welt. Dazu soll auch die Zusammenarbeit in Europa beitragen ...

Europa interessiert mich sehr. Ich wünsche mir aber mehr Durchblick, man versteht nur schwer, wer was zu sagen hat in Brüssel. Dann ist es auch schwer, sich zu interessieren.

Ich wünsche mir, dass sich die europäischen Länder gegenseitig mehr unterstützen. Man hat doch immer wieder den Eindruck, dass dann doch bei allen möglichen Dingen wieder gegeneinander gearbeitet wird, insbesondere seit es so viele Länder sind.

Ich wünsche mir, dass nicht so viel in Brüssel entschieden wird. Wozu haben wir unsere Landesregierungen? Unser Käseverkäufer sagt, dass jetzt schon über die Art der Käseproduktion in den Alpen in Brüssel entschieden wird.

Ich mag die Sonne! Ich wünsche mir, im Süden zu arbeiten, vielleicht sogar irgendwo am Mittelmeer eine Ausbildung machen zu können, und überhaupt da leben zu können. Ich wünsche mir da zu Hause sein zu können, wo ich will.

Ich wünsche mir gute Zusammenarbeit mit den Nachbarn, die nicht in der Europäischen Union sind. Ich habe Verwandte in der Türkei und meine Freundin hat ganz viele in der Ukraine.

Wolfgang Boege u.a., Bundeszentrale für politische Bildung, Die Europäische Union 1. Themen und Materialien, S. 12/13

Aufgaben

1. Teilt die Bilder untereinander auf. Jeder begründet anschließend vor der Klasse, was er oder sie damit verbindet. (M1)
2. Stelle die Geschichte von „Europa" bildlich dar (Bilder und Symbole). Präsentiere, wie Europa zu seinem Namen kam. (M2)
3. Was hältst du von Europa, was wünschst du dir? Lies die Äußerungen der Schüler und formuliere eine eigene. (M3)

7.1.2 Nachbarn oder Freunde? Die europäische Einigung

Das Unterkapitel kann als Ausgangspunkt für ein gemeinschaftskundliches Projekt zum Lernfeld „Europa“ dienen.

M4 Europa – quo vadis?

Du hast dich verfeindet
Du hast dich bekämpft
Du hast dich zerfleischt
Du hast blutige Spuren hinterlassen

Du hast Völker vertrieben
Du hast Menschen verfolgt
Du hast Länder geteilt
Du hast traurige Einsamkeit geschaffen

Du hast dich verseucht
Du hast dich vergiftet
Du hast dich verschmutzt
Du versöhnst dich? –
Wirst du endlich erwachsen?

Gabriele Schreiner, in: LpB Baden-Württemberg (Hg.), Europa wächst zusammen, Stuttgart 1992, S. 124

M5 Auf dem Weg zu Frieden, Demokratie und Wohlstand?

Am 9. Mai 1950 stellte der französische Außenminister Robert Schuman seine Ideen, die später zur Europäischen Union führten, öffentlich vor.

Der ehemalige deutsche Bundeskanzler Helmut Kohl (1982-1998) gilt als ein wichtiger Wegbereiter des europäischen Einigungsprozesses. Er erinnert sich an die Anfänge und wichtige Etappen:

Für mich und viele meiner Weggefährten war die Gründung der Europäischen Union ein zutiefst herbeigesehntes Ereignis. [...] Für uns [...] hieß das konkret, die jahrhundertealte Feindschaft zu unserem unmittelbaren Nachbarn Frankreich hinter uns zu lassen und in persönlichen Begegnungen aufeinander zuzugehen. [...] 1950 war ich mit einer Delegation der

[...] CDU zum ersten Mal nach Paris gereist. Dort hatten wir das großartige Erlebnis, vom französischen Außenminister Robert Schuman im Großen Saal des Quai d'Orsay empfangen zu werden.

Im gleichen Gebäude hatte er ein halbes Jahr zuvor seinen nach ihm benannten Plan einer gemeinsamen Kontrolle der deutschen und französischen Stahlproduktion vorgestellt.

[Der damalige deutsche Bundeskanzler] Konrad Adenauer [...] stimmte der Idee sofort zu. Hinter diesem Plan, der im Wesentlichen von Jean Monnet ausgearbeitet worden war, steckte die Idee, die kriegswichtigen Güter beider Länder gemeinsam zu kontrollieren, um dadurch einen wichtigen Beitrag zur Sicherung des Friedens zu leisten. Diese Einigung zwischen Schuman und Adenauer hatte für die weitere Entwicklung Europas eine kaum zu überschätzende Bedeutung. [...]

Es dauerte nicht einmal zwei Jahre, bis sich das deutsch-französische Zweierbündnis um die Beneluxstaaten und Italien zur Europäischen Gemeinschaft für Kohle und Stahl (EGKS) erweitert hatte. Diese EGKS wiederum bildete das Fundament für die Europäische Wirtschaftsgemeinschaft (EWG), zu der sich die sechs Länder 1957 zusammenschlossen. [...]

Heute können wir sagen, Europa hat seine Chance genutzt. Mit der Unterzeichnung der Verträge von Rom begann eine einzigartige Erfolgsgeschichte, die in den vergangenen Jahrzehnten entscheidend dazu beitrug, Frieden, Freiheit, Wohlstand und soziale Sicherheit in allen Ländern, die am Einigungsprozess teilnahmen, zu sichern. [...] Das Europa der Römischen Verträge hat zusammen mit der Atlantischen Allianz[1] einen wirkungsvollen Beitrag zur Sicherung des Friedens und der Überwindung der Teilung unseres Kontinents geleistet. Ohne die Politik der europäischen Einigung wäre auch die friedliche Wiederverei-

Soldatenfriedhof in Verdun.

Junge Tschechinnen feiern am 30.4.2004 die bevorstehende EU-Erweiterung.

TRAITÉ
instituant la
Communauté Économique
Européenne

VERTRAG
zur Gründung der
Europäischen Wirtschaftsgemeinschaft

TRATTATO
che istituisce la
Comunità Economica
Europea

VERDRAG
tot oprichting van de
Europese Economische
Gemeenschap

nigung unseres Vaterlandes nicht möglich gewesen.

Der Bau des Hauses Europa verlief natürlich nicht glatt. [...] Ich selbst habe gerade zu Beginn der Achtzigerjahre die Europäische Gemeinschaft in einer Phase erlebt, in der die Einigung nur mühsam vorankam und sich Pessimismus breitzumachen drohte. Doch haben wir uns nicht beirren lassen. [...]

Wichtige Etappen auf dem Weg waren die Süderweiterung 1986, der Maastrichter Vertrag über die Bildung der Europäischen Union 1992, die Verwirklichung des Binnenmarktes 1993, die Erweiterung um Finnland, Schweden und Österreich 1995 und der Vertrag von Amsterdam 1997 mit dem Stabilitäts- und Wachstumspakt. Ein Meilenstein in der Geschichte der EU war die Einführung des Euro als Bargeld am 1. Januar 2002 in zwölf Staaten der Union. Ihr größter Gewinn – neben allem Ökonomischen – liegt darin, dass sie die Einigung Europas unumkehrbar gemacht hat. Ebenso bedeutsam war die Erweiterung des Hauses Europa um die Länder Mittel-, Ost- und Südosteuropas 2004. 2014 hat die Union 28 Mitglieder, mehr als vier Mal so viel als zum Zeitpunkt der Gründung der EWG.

Und was mich besonders freut, dass inzwischen zehn Länder, die sich noch vor 20 Jahren unter dem Machtbereich der diktatorischen Sowjetunion befanden, jetzt zum Hause Europa gehören. Damit ist ein Traum in Erfüllung gegangen: Die Wiedervereinigung Europas ist vollzogen. [...] Natürlich bleibt noch viel zu tun, und jetzt ist es unsere Aufgabe, die politische Union zu vertiefen.

Helmut Kohl, Europa hat seine Chance genutzt, www.welt.de, 23.3.2010 (aktualisiert)

[1] enge Beziehungen zu Nordamerika, insbesondere den USA, z. B. in der NATO (vgl. Kap. 8)

Aufgaben

H zu Aufgabe 1

1. Weltkrieg, 2. Weltkrieg, Deutsch-französischer Krieg, Napoleonische Kriege, Dreißigjähriger Krieg, Siebenjähriger Krieg

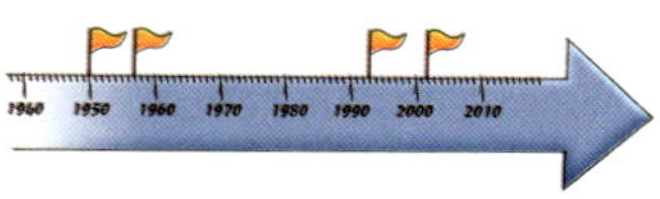

1. Recherchiere kriegerische Auseinandersetzungen der europäischen Geschichte und skizziere überblicksartig beteiligte Konfliktparteien. (M4)
2. (W) Erstellt zu dem Gedicht eine Tonaufnahme (Lied, Rap ...) oder interpretiert es in einem Theaterstück.
3. Arbeite heraus, wer die „Gründungsväter" der heutigen EU waren und welche Visionen sie für Europa nach 1945 hatten. (M5)
4. a. Formuliere zu den Textabschnitten Zwischenüberschriften. (M5)
   b. Ordne die Bilder den Abschnitten des Textes zu.
5. a. Fertigt einen Zeitstrahl für euer Klassenzimmer an, in den ihr wichtige Etappen der EU eintragt. (M5 und Internetrecherche) Ergänzt euren Zeitstrahl im Laufe der Unterrichtseinheit.
   b. Illustriert das Ende des Zeitstrahls mit eurer „Vision für Europa 2030".

Grund-wissen

Konfliktreiche europäische Geschichte

Europa ist ein Kontinent mit fast 50 Staaten, in denen über 730 Millionen Menschen leben. Jedes Land hat seine eigenen Traditionen, eine eigene Fußball-Nationalmannschaft... In Europa werden über 100 verschiedene Sprachen gesprochen. Diese Vielfalt macht Europa besonders. Sie sorgte in der Geschichte aber auch für große Konflikte und Kriege. So begannen die beiden Weltkriege des 20. Jahrhunderts in Europa. Nach dem Zweiten Weltkrieg lagen weite Teile Europas in Schutt und Asche.

Von der Idee eines geeinten Europas

Die politische und wirtschaftliche Einigung Europas sollte von nun an zu einem dauerhaften Frieden und Wohlstand führen. Die „Europäische Gemeinschaft für Kohle und Stahl" (EGKS) zwischen Belgien, Deutschland, Frankreich, Italien, Luxemburg und den Niederlanden bildete den Grundstein. Denn gerade Kohle und Stahl waren die wichtigsten Rohstoffe im Krieg gewesen. 1958 wurde in Rom der Vertrag über die „Europäische Wirtschaftsgemeinschaft" geschlossen, der den freien Ein- und Verkauf von Waren innerhalb der EWG ermöglichte.

Etappen der Integration

Immer mehr Politikbereiche wurden im Laufe der Zeit an die EU übertragen, so dass heute viele Entscheidungen in „Brüssel" fallen.
Der Erfolg machte die Gemeinschaft auch für andere Staaten Europas attraktiv. Das „Schengener Abkommen" (1985) erleichterte den Grenzübertritt: Wer nun in ein anderes Land reisen wollte, musste nicht mehr durch eine Passkontrolle. Anfang der 1990er-Jahre war der „Vertrag von Maastricht" über die Europäische Union ein wichtiger Schritt: Eine stärkere Zusammenarbeit in der Innen- und Justiz- sowie in der Außenpolitik und die Verwirklichung des gemeinsamen Binnenmarktes wurden festschrieben. Alle Personen, Wirtschaftsgüter und Gelder (Kapital) können sich seitdem frei und ohne Beschränkung durch nationale Grenzen bewegen.
Das Gemeinschaftsgefühl wurde durch die Einführung des „Euro" als gemeinsame Währung verstärkt. Außerdem begann 2004 die Arbeit an einer gemeinsamen Europäischen Verfassung, die nach vielen Hürden und Nachbesserungen (und nicht als Verfassung bezeichnet) am 1. Dezember 2009 in Kraft trat. Sie wird – nach dem Ort der Unterzeichnung – als „Lissabon-Vertrag" bezeichnet. Im Jahr 2014 hat die EU 28 Mitglieder.

7.2 Wie arbeitet die EU heute?

7.2.1 Die EU im Alltag

M1 Lisas Tag

Es ist sechs Uhr dreißig an einem wirklich ganz normalen Schultag. Lisa [...] wird von ihrem Wecker mit einer unschönen Melodie geweckt. Sie freut sich dennoch, dass er funktioniert, ihr alter war da nicht ganz so zuverlässig und sie hatte mehrmals verschlafen. Aber sie konnte ihn umtauschen, denn laut einer gesetzlichen Regelung wurden die Garantiezeiten für Konsumgüter auf zwei Jahre verlängert. Genauer gesagt geschah dies auf der Grundlage der Richtlinie 1999/44/EG der Europäischen Union, kurz EU. Zum Vergleich, im deutschen Recht betrug die Garantiezeit in der Regel nur sechs Monate.

Sie geht ins Bad und macht das, was alle im Bad tun. Dabei fällt ihr nicht besonders auf, dass das Wasser zum Mundspülen seit einiger Zeit etwas „sauberer“ schmeckt. Die EG-Richtlinie 98/83/EG hat nämlich dafür gesorgt, dass Trinkwasser noch weniger Schadstoffe als bisher enthalten darf.

Noch schnell die Haare gebürstet und weiter zum Küchentisch. Und obwohl nicht Sonntag ist, findet sie dort ein Frühstücksei. Wenn sie will, kann sie selbst aufspüren, woher das Ei stammt – ganz ohne Detektei. Es steht nämlich drauf. Der aufgestempelte Zahlencode gibt nicht nur den Ort und Betrieb, sondern sehr genau die Stallnummer an, so dass man weiß, woher die Henne stammt. [...]

Sie fährt mit dem Rad los. Dass die Autofahrer sie im Rückspiegel sehen, verdankt Lisa der Richtlinie 2003/97/EG, die regelt, wie solche Rückspiegel beschaffen sein müssen, um schwächere Verkehrsteilnehmer, also besonders Radfahrer und Fußgänger, zu schützen.

„Man, was will die denn schon wieder von uns“, denkt sich Lisa, als ihre Wirtschaftslehrerin Frau Magnus von einem internationalen Projekt mit anderen Schulen erzählt. Aber „Moment mal!“, horcht sie auf. „Das bedeutet eine Fahrt nach Glasgow und vielleicht auch nach Warschau? Das klingt gar nicht blöd! Außerdem ist es ’ne Chance, meine Fremdsprachen aufzufrischen und nette Leute kennen zu lernen. Naja, das „bisschen“ Nachdenken über Wirtschaftssysteme wovon Frau Magnus sprach, krieg ich auch noch hin.“ [...]

Lisa hat sich mit Freundinnen zum Baden [...] verabredet. Sie fährt ein gutes Stück durch die Stadt und ihr fällt diesmal sogar auf, dass es generell nicht mehr so stinkt wie früher. Ja, woran mag das wohl liegen? Logisch, eine EU-Maßnahme. Durch mehrere Beschlüsse und Richtlinien hat die EU die Belastung durch Feinstaub gesenkt, zum letzten Mal durch die Richtlinie 2008/50/EG, die die Städte zu Handeln verpflichtet. [...]

Berliner Europakoffer, Arbeitsblatt I/6

M2 EU-Programme für Kinder und Jugendliche

Schulprojekte mit Comenius
Wenn ihr in deiner Klasse eine tolle Idee für ein Schulprojekt habt, das mit Europa zu tun hat, könnt ihr euch beim Comenius-Programm bewerben. Ihr bekommt dann Unterstützung von der EU und arbeitet mit Partnerschulen aus anderen EU-Mitgliedstaaten zusammen. Dabei könnt ihr euch gegenseitig besuchen, eure Fremdsprachenkenntnisse verbessern und nette Leute aus ganz Europa kennen lernen.

Demokratie üben im Europäischen Jugendparlament
Im Europäischen Jugendparlament kannst du schon mal üben, wie es ist, EU-Politik zu machen. Seit 1987 treffen sich rund 300 europäische Jugendliche zwischen 16 und 22 Jahren dreimal im Jahr und überlegen, was man in Europa besser machen könnte. Ob Zuwanderung oder Umweltschutz – in kleinen Teams sprechen sie über verschiedene Themen. Danach stellen sie die Ergebnisse allen Teilnehmern vor und diskutieren darüber – wie in einem richtigen Parlament.

Praktikum mit Leonardo da Vinci
Du willst ein Praktikum im europäischen Ausland machen? Das EU-Programm „Leonardo da Vinci" hilft dir dabei. Es zahlt einen Teil der Kosten für Reise, Wohnung und Versicherung oder finanziert dir einen Sprachkurs.

Aufgaben

1. An welchen Stellen kommt Lisa im Alltag mit Richtlinien der EU in Berührung? Erstelle eine Tabelle. (M1)

Lisas Tag	Richtlinie
Weckerumtausch	Verlängerung der Garantiezeit für Konsumgüter (Richtlinie 1999/44/EG der Europäischen Union)
…	…

2. Recherchiere weitere Beispiele dafür, wie europäische Entscheidungen Einfluss auf deinen Alltag nehmen. Informationen findest du auf der Internetseite des Europäischen Verbraucherzentrums *www.evz.de*.
3. Welche Dinge könnten deiner Meinung nach noch verbessert werden? Überlege dabei, ob eine EU-weite Regelung von Vorteil wäre. (M1)
4. (Z) Informiert euch über die Aktionsprogramme und überlegt, ob ihr ein Projekt alleine, mit der Klasse oder mit der ganzen Schulgemeinschaft durchführen wollt. (M2)

7.2.2 Wie demokratisch ist Europa? Beteiligungsmöglichkeiten der Bürger

M3 „Wasser ist ein Menschenrecht" – die erste erfolgreiche Europäische Bürgerinitiative

„Wasser ist ein Öffentliches Gut, keine Handelsware – Wir fordern die Europäische Kommission zur Vorlage eines Gesetzesvorschlags auf, der das Menschenrecht auf Wasser und sanitäre Grundversorgung entsprechend der Resolution der Vereinten Nationen durchsetzt und eine funktionierende Wasser- und Abwasserwirtschaft als existenzsichernde öffentliche Dienstleistung für alle Menschen fördert. Diese EU-Rechtsvorschriften sollten die Regierungen dazu verpflichten, für alle Bürger und Bürgerinnen eine ausreichende Versorgung mit sauberem Trinkwasser sowie eine sanitäre Grundversorgung sicherzustellen."

Die Bürgerinitiative „Wasser ist ein Menschenrecht" hat als erste EBI über eine Million Unterschriften sammeln können. Diese Grenze muss erreicht werden, damit sich die EU-Kommission mit dem Thema befasst und eine Gesetzesinitiative abwägt.

Partizipation
Teilhabe, Teilname an Prozessen, die die Gesellschaft beeinflussen

Die Europäische Bürgerinitiative (EBI) ist seit dem 1. April 2012 ein neues Instrument der partizipatorischen Demokratie in Europa. Die Bürger und Bürgerinnen verfügen mit der EBI über die Möglichkeit, ein bestimmtes Thema auf die europäische politische Tagesordnung zu setzen. Hierzu müssen eine Million Unterschriften aus mindestens sieben unterschiedlichen EU-Mitgliedstaaten gesammelt werden.

Die Europäische Kommission will damit erreichen, dass die Bürger und Bürgerinnen eine aktivere Rolle in den europäischen politischen Prozessen übernehmen. Alle Bürger, die in einem der EU-Mitgliedstaaten aktives Wahlrecht haben, können eine EBI unterzeichnen.

www.right2water.eu/de/node/5

M4 Partizipationsmöglichkeiten in der EU

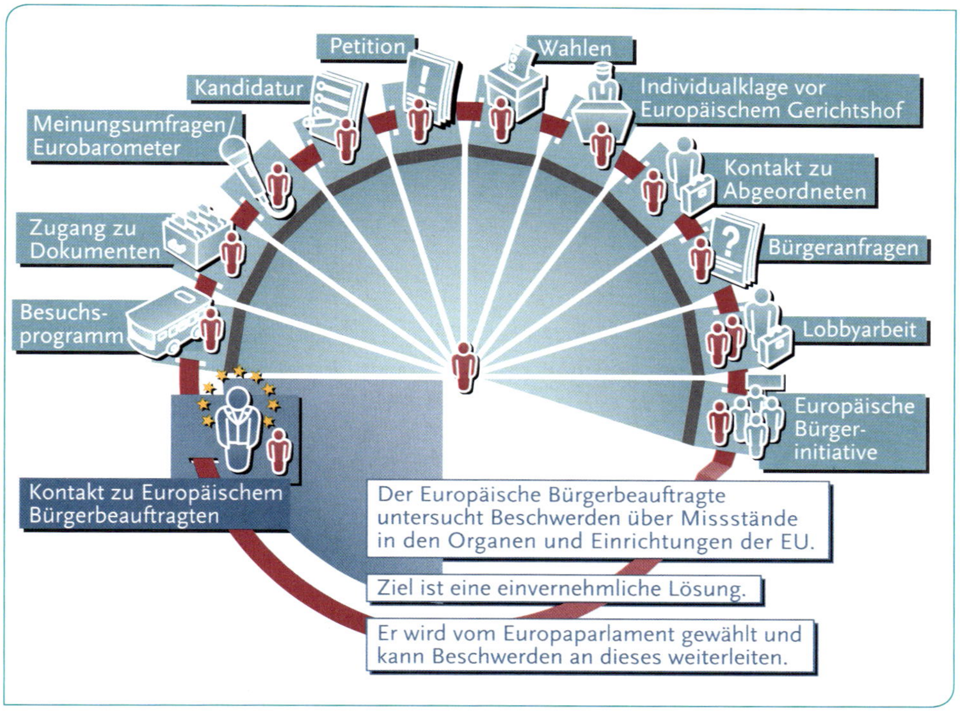

Bundeszentrale für politische Bildung, 2010, www.bpb.de

M5 Wahlen zum Europäischen Parlament

Das Europäische Parlament wird von den Bürgern der EU-Staaten alle 5 Jahre direkt gewählt.

Während die durchschnittliche Wahlbeteiligung auf EU-Ebene bei 43% liegt, beträgt sie bei den 18-24-Jährigen lediglich 29% (also 14 Prozentpunkte weniger), bei den Personen im Alter von 55+ dagegen 50%.

Aufgaben

1. Die EU plante, die Wasserversorgung auch an private Unternehmen zu vergeben, die damit Geld verdienen würden. Die Bürgerinitiative forderte, dass diese Versorgung weiterhin vom Staat übernommen wird. Wie ist deine Meinung? Macht in der Klasse eine Blitzlichtabfrage. (M3)
2. a. Erkläre das Instrument der Europäischen Bürgerinitiative (EBI). (M3)
   b. Ist die EBI ein gutes Mittel, um die EU demokratischer zu machen? Beurteile die EBI.
3. a. Erklärt euch gegenseitig in Grundzügen die Möglichkeiten der Bürgerbeteiligung in EU-Fragen. (M4)
   b. Welche Beteiligungsmöglichkeiten kommen für dich als Jugendliche(n) besonders in Frage. Begründe.
4. Wirst du bei den nächsten Wahlen zum Europaparlament wählen gehen? Nimm begründet Stellung. (M5)

7.2.3 Wie werden in der EU Entscheidungen getroffen?

M6 Wer hat in Europa was zu sagen?

Was zu Hause in euren vier Wänden geschieht, geht niemanden etwas an. Es sei denn, ihr verstoßt gegen Gesetze und fügt anderen Schaden zu. Ähnlich ist es in Staaten: Sie allein bestimmen, was innerhalb ihrer Grenzen passiert. [...] Grundsätzlich aber darf kein Staat in das Leben eines anderen eingreifen. Jedes Land hat die Hoheit darüber, was innerhalb seiner Grenzen geschieht. Das wird Staatssouveränität genannt.
Auch eine Gemeinschaft wie die EU tastet diese Eigenständigkeit ihrer Mitglieder nicht an. Und doch „regiert“ die Union in die einzelnen Länder hinein, und zwar bis in deren unterste politische Ebene, die der Gemeinden. Die EU beschließt Gesetze und Verordnungen, die direkt das Alltagsleben der Bürger betreffen. Sie bestimmt z. B., wie sauber Wasser sein muss [...] [oder] wie viel Ruß höchstens in der Luft sein darf und empfiehlt, was ein Land oder eine Gemeinde dagegen unternehmen kann und muss, wenn dieser Grenzwert überschritten wird.
Die EU ist eine supranationale Organisation. Das ist das Besondere an ihr: Sie gestaltet nicht nur die internationalen Beziehungen zwischen Europas Staaten, sondern setzt Normen und Regeln, die in all ihren Ländern das Leben sicherer und einfacher machen.

Christine Schulz-Reiss, Nachgefragt: Europa, Bindlach 2007, S. 66 f.

M7 Personen und Institutionen in der EU

Der Belgier Elio Di Rupo ist Premierminister von Belgien. Als Premierminister eines kleinen Landes trifft sich Di Rupo mindestens zweimal im Halbjahr mit seinen Amtskolleginnen und -kollegen. Auf diesen Gipfeltreffen des ____________________ werden die wichtigsten politischen Entscheidungen getroffen und festgelegt, welchen Kurs die EU in der nächsten Zeit steuern wird.

Die Dänin Connie Hedegaard wurde zwar von der dänischen Regierung nach Brüssel entsandt, aber sie soll dort unabhängig und nur zum Wohle der Europäischen Union wirken. In der ____________________ entwickelt sie zusammen mit ihren derzeit 28 Kolleginnen und Kollegen Vorschläge für neue Europagesetze.

Die französische Ministerin für Justiz, Christiane Taubira, verhandelt in Brüssel im Auftrag ihrer Regierung. Zusammen mit ihren 28 Fachkolleginnen und -kollegen entscheidet sie im ____________________ z. B. über europäische Datenschutzgesetze.

Der griechische Jurist Vassilios Skouris studierte und lehrte an verschiedenen Universitäten in Deutschland und ist heute Präsident des __________. Er soll dafür sorgen, dass das Europarecht eingehalten und Streitfälle im Sinne der EU-Verträge entschieden werden.

Die Psychologin Heidemarie-Rose Rühle ist seit 2004 über die baden-württembergische Landesliste der Grünen direkt ins __________ gewählt worden und sieht ihre Aufgabe vor allem im Verbraucherschutz und bei der Gleichstellung der Geschlechter.

Idee nach: Bruno Zandonella, Europa für Einsteiger, bpb, Thema im Unterricht, S. 11

M8 Institutionen im Überblick

Die Staats- und Regierungschefs aller EU-Länder bilden den Europäischen Rat. Er legt auf den vierteljährlichen Gipfeltreffen die Richtung der EU-Politik fest. Der Ratspräsident der EU wird für 2,5 Jahre gewählt und hat den Vorsitz beim Europäischen Rat. Er soll dafür sorgen, dass die EU-Politik vorankommt.

In die Europäische Kommission schickt derzeit jedes Mitgliedsland einen Kommissar. Sie ist eine sehr mächtige Institution der EU mit Sitz in Brüssel: Bei vielen Themen darf nur sie Gesetze vorschlagen. Auch sorgt sie dafür, dass der Haushalt und die Regeln der EU umgesetzt werden. Verstoßen Länder gegen Regeln der EU, kann die Kommission bzw. ihr mächtiger Präsident diese verklagen. Der Vizepräsident der Kommission ist der Hohe Vertreter. Er vertritt die EU nach außen und leitet die Sitzungen der EU-Außenminister.

Im Rat der EU – früher „Ministerrat" genannt – treffen sich die jeweiligen Fachminister der Staaten. Dieses EU-Organ verabschiedet zusammen mit dem Parlament die Gesetze. Alle sechs Monate übernimmt ein anderes Land den Vorsitz.

Das Europäische Parlament wird von den Bürgern der EU-Staaten alle fünf Jahre direkt gewählt. Die Anzahl der Sitze richtet sich grob nach der Einwohnerzahl des Landes, mit einem Vorteil für die kleinen Staaten. Es hat erheblichen Einfluss auf die Gesetzgebung und auf den EU-Haushalt und muss der Besetzung wichtiger Spitzenpositionen zustimmen.

Nach: Susan Schädlich, in: poliTICKER (Nr. 1/2010), S. 3

M9 So funktioniert die Europäische Union

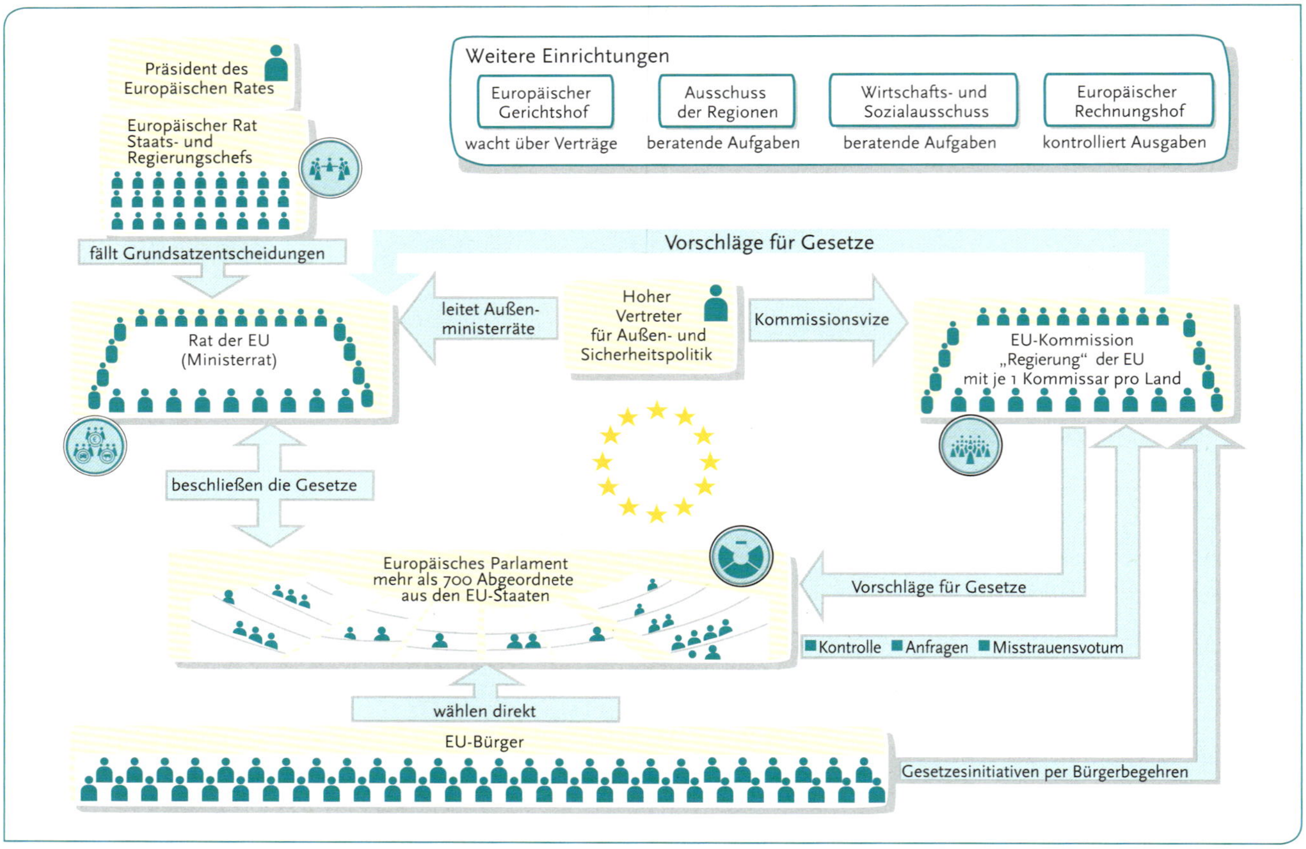

Nach: poliTICKER 1/2010

M10 Rollenkarten: Institutionen im Gesetzgebungsprozess

Telefonieren im Urlaub kann teuer werden.

Die Übertragung von großen Datenmengen über das Handy, z. B. das Versenden von Urlaubsbildern oder Fernsehen, wird immer stärker genutzt. Die Preise der Mobilfunkanbieter dafür sind noch immer sehr hoch und für jedes Land unterschiedlich. Nehmen wir an, die EU möchte eine weitere Roamingverordnung zur Vereinheitlichung und Verbilligung dieser Dienste für den Verbraucher durchsetzen.

Vermittlungsausschuss

Der Vermittlungsausschuss greift ein, wenn Rat und Parlament nach der zweiten Lesung eines Vorschlags nicht zu einer Einigung gelangen.
Der Ausschuss, der sich je zur Hälfte aus Mitgliedern des Rates oder ihren Stellvertretern und aus Vertretern des Parlaments zusammensetzt, steht unter dem gemeinsamen Vorsitz des Präsidenten des Parlaments und des Präsidenten des Rates. Ziel des Vermittlungsausschusses ist es, sich auf einen für beide Parteien annehmbaren Text zu einigen. Die Kommission nimmt ebenfalls an den Verhandlungen des Vermittlungsausschusses teil.

Moderation
Zeigt den Ablauf des Gesetzgebungsverfahrens auf. Beruft Sitzungen ein. Protokolliert Ergebnisse. Setzt Zeitlimits. Am Schluss: Rückblick auf die Vorgehensweise.

Mobilfunkanbieter
Wehren sich gegen erneute Eingriffe in ihre Tarife. Fürchten um ihre Konzerngewinne. Wenden sich mit ihren Protesten an alle beteiligten Institutionen in allen Phasen des Gesetzgebungsprozesses.

Europäisches Parlament
Will für die Verbraucher eine Verbilligung und Vereinheitlichung der Kosten für Datentransfers im Ausland, nicht aber im Inland durchsetzen.

Ministerrat
Eine deutliche Mehrheit der Mitgliedstaaten (vor allem Großbritannien) lehnt den Vorstoß der Kommission ab. Die weitere Senkung der Gebühren gefährde die Existenz und Investitionskraft der Mobilfunkanbieter. Im Übrigen seien die Tarife nicht überhöht.

Kommission
Will eine starke Verbilligung des Datentransfers im Inland und im Ausland für die Verbraucher erreichen. Vor allem eine Angleichung der Tarife im Inland und anderen Mitgliedstaaten.

Gemeinschaftliche Rechtsakte

Verordnungen sind ab dem Zeitpunkt ihrer Verabschiedung auf Gemeinschaftsebene für jedermann verbindlich; sie gelten unmittelbar in jedem Mitgliedstaat.
Richtlinien geben den Mitgliedstaaten Ergebnisse verbindlich vor, stellen ihnen jedoch frei, wie sie diese erreichen.
Beschlüsse beziehen sich auf ganz bestimmte Themen; sie sind in allen ihren Teilen für diejenigen verbindlich, an die sie gerichtet sind. Eine Entscheidung kann an alle Mitgliedstaaten, einen Mitgliedstaat, ein Unternehmen oder eine Einzelperson gerichtet sein.

M11 Das Gesetzgebungsverfahren in der EU

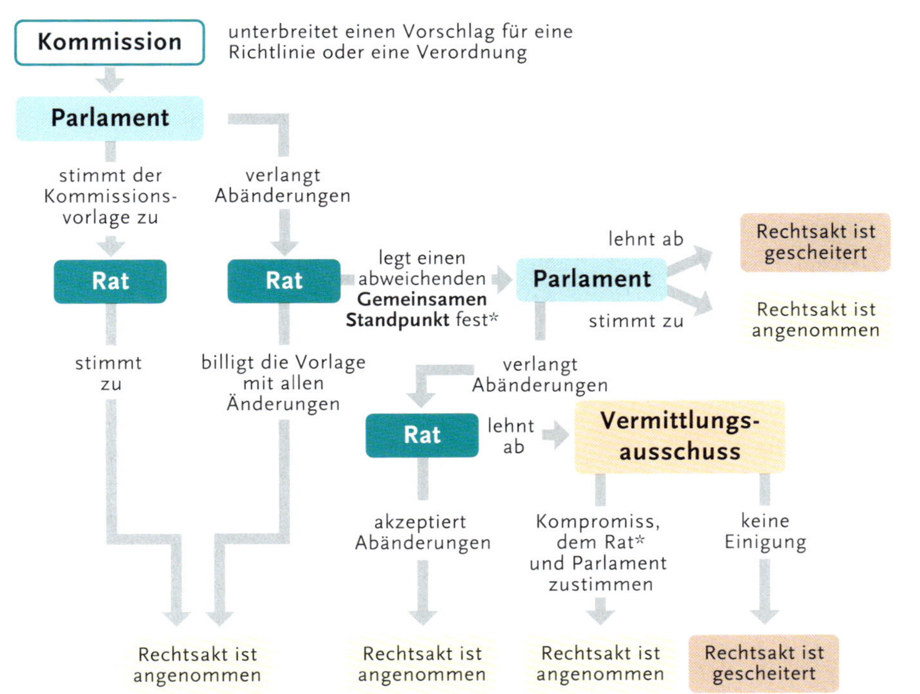

* Der Rat beschließt mit qualifizierter Mehrheit; will er sich über das Votum der Kommission hinwegsetzen, ist Einstimmigkeit erforderlich.

Kompetenz: Kommunikation

Simulation: Gesetzgebungsprozess in der EU

Um das Zusammenwirken der Institutionen der EU im Gesetzgebungsprozess wirklich zu verstehen, kann man einen solchen am besten simulieren, also nachahmen.

Leitfaden

1. Bildet fünf Gruppen für die Rollen (Kommission, Rat, Parlament, Mobilfunkkonzerne, Moderatoren).
2. Lest euch gründlich die „eigene" Rollenkarte durch. Arbeitet die Interessen und Argumente für eure Position heraus, recherchiert unter Umständen für weitere Argumente im Internet und ergänzt.
3. Lest auch die Rollenkarten der anderen Mitspieler durch. Sammelt Gegenargumente zu deren Position.
4. Entwickelt eine schlüssige Argumentation für eure Rolle. Überlegt für eure Institution auch Strategien der Verhandlungsführung für die einzelnen Phasen des Verfahrens.
5. Die Moderatoren verschaffen sich einen Überblick über die Positionen. Sie sind „Herr des Verfahrens", informieren sich also gründlich über die Schritte des Gesetzgebungsverfahrens.
6. Simuliert dann den genauen Ablauf des Gesetzgebungsverfahrens.

H zu Aufgabe 1

Beispiele für **Mehrheitsprinzipien**:

nach Einwohnern:
- Deutschland, Großbritannien, Italien, Frankreich: 269 Mio
- Spanien + 22 andere Länder: 234 Mio

nach Ländern:
- Spanien + 22 andere Länder: 23 Länder
- Deutschland, Großbritannien, Italien, Frankreich: 4 Länder

Aufgaben

1. Wie könntest du dir ein faires Regieren in einer großen Gemeinschaft vorstellen, sodass sich alle Bürger gut vertreten fühlen? Macht selbst einen Vorschlag und begründet ihn. (M6)
2. Ordne die Personen (M7) den EU-Organen (M8) zu.
3. Vergleicht eure Ideen aus M6 mit dem, wie die EU tatsächlich Entscheidungen fällt. (M8, M9, M11)
4. (Z) Wo findet sich in den Organen der EU die Gewaltenteilung wieder? Ordne die Organe der EU den Gewalten (Legislative, Exekutive, Judikative) zu.
5. Recherchiere und dokumentiere den Entscheidungsprozess in der EU am Beispiel der Privatisierung von Wasser.
6. Führt die Simulation zum Gesetzgebungsprozess durch. (M7-M11)

Grund-wissen

Auswirkungen auf unseren Alltag

Das, was in Brüssel entschieden wird, hat Einfluss auf das Leben von jedem von uns, da unser nationales Recht immer stärker von sogenannten „EU-Gesetzen", also Richtlinien, Verordnungen, Entscheidungen, Empfehlungen und Stellungnahmen aus Europa, beeinflusst wird.
Die Europäische Kommission tritt dabei vor allem für die Rechte der Bürger ein, zum Beispiel wenn sie gegen zu hohe Handygebühren beim Telefonieren im Ausland oder die Gesundheit gefährdende Abgase vorgeht.

Institutionen und Zuständigkeiten in der EU

Die wahrscheinlich wichtigste Gemeinschaftsorganisation in der EU ist die Kommission: Jedes Land entsendet einen Kommissar, der unabhängig von der Regierung seines Landes handelt. Die Kommission setzt sich zum Wohl der europäischen Gemeinschaft ein und entwickelt Vorschläge für neue Europagesetze.
Doch die Staats- und Regierungschefs der Mitgliedsländer bilden das oberste Entscheidungsgremium: den Europäischen Rat. Bei den Gipfeltreffen werden die Leitlinien und allgemeinen Ziele der Gemeinschaft festgelegt.
Die Nationalstaaten üben auch über den Rat der EU („Ministerrat"), also die regelmäßige Zusammenkunft der Fachminister, Einfluss aus. Der Rat ist Hauptgesetzgeber der EU, er ist dabei jedoch auf die Zustimmung des Parlaments angewiesen. Die Gesetzgebung ist also ein Zusammenspiel aus Kommission, Rat und Parlament. Die Abgeordneten des Parlaments werden von den EU-Bürgern für fünf Jahre gewählt, die Anzahl der Parlamentarier richtet sich grob nach der Bevölkerungszahl in den Mitgliedstaaten.

Beteiligung der EU-Bürger

Häufig wird beklagt, dass die Entscheidungen der EU „weit entfernt" von den Bürgern getroffen werden. Theoretisch haben die Bürger der EU jedoch verschiedene Möglichkeiten sich einzubringen. Für wahlberechtigte Bürger sind dies in erster Linie alle fünf Jahre die Wahlen zum Europäischen Parlament. Seit 2012 besteht auch die Möglichkeit, über eine Bürgerinitiative ein Thema auf die Tagesordnung der Europäischen Kommission zu setzen. Dazu müssen allerdings eine Million Unterschriften in mindestens sieben EU-Ländern gesammelt werden. Dann muss die Kommission zu dem Thema Stellung beziehen.

7.3 Aktuelle Herausforderungen der EU

7.3.1 Die Euro-Krise

Stabilitätspakt
Im Stabilitäts- und Wachstumspakt haben sich die Euro-Teilnehmer verpflichtet, ihr jährliches Haushaltsdefizit auf 3 % ihres Bruttoinlandsprodukts (BIP) und den Stand ihrer öffentlichen Verschuldung auf 60 % ihres BIP zu begrenzen.

Haushaltsdefizit
Ein Haushaltsdefizit (auch: Budgetdefizit) entsteht, wenn die Summe der Ausgaben in einem Haushaltsjahr die Summe der Einnahmen überschreitet. Die Differenz (Defizit) muss durch die Aufnahme von Schulden beglichen werden.

M1 Verschuldete Euroländer

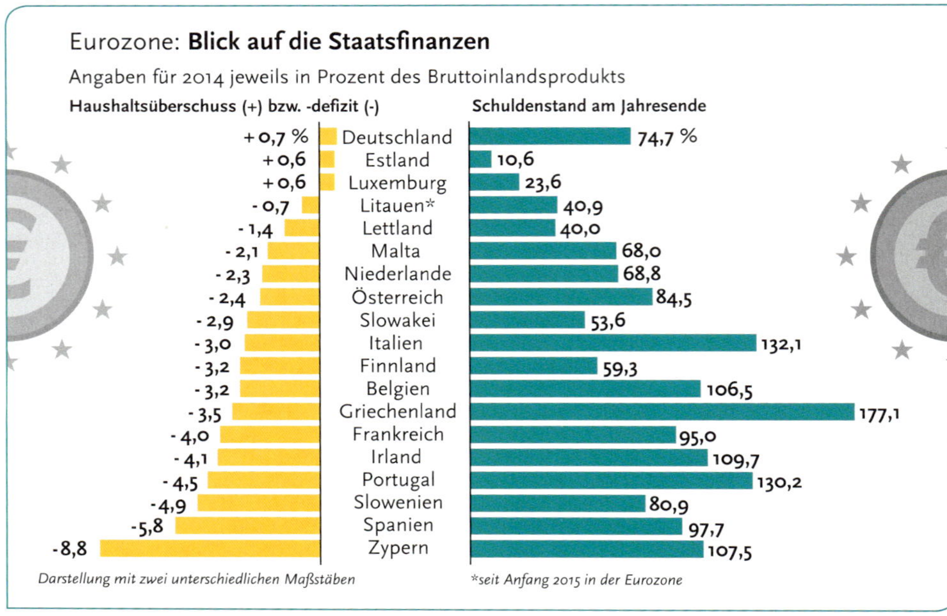

Globus-Grafik 10246, Quelle: Eurostat

M2 Unsicherheit über die Zukunft des Euro

Vor allem die hohen Staatsverschuldungen von Griechenland oder Irland haben dazu beigetragen, dass innerhalb der internationalen Finanzkrise auch der Euro ins Straucheln geriet.

Zwar legten die Euro-Gründer fest, unter welchen Bedingungen ein Land die Währung einführen darf und auf was geachtet werden muss [...]. Verstöße blieben jedoch ungeahndet; auch Deutschland überschritt die Drei-Prozent-Grenze. De facto hat jedes Land weiterhin seine eigene Finanz- und Wirtschaftspolitik betrieben. [...]

Wenn durch strauchelnde Banken und ausweglose Verschuldungen mehrere Staaten pleitegingen und die Hilfsmechanismen dies nicht abfedern könnten, würde die Euro-Zone auseinanderbrechen. [...]

Für Deutschland wäre das Zurück zur Ex, der D-Mark, eine Katastrophe: Die alte Währung dürfte im Gegensatz zum Euro deutlich aufgewertet werden. Heißt: Was deutsche Firmen ins Ausland verkaufen wollen, würde dauerhaft teurer. Gleichzeitig würde der europäische Binnenmarkt zusammenbrechen, die Arbeitslosigkeit steigen. [...]

Imke Emmerich, Wer ist eigentlich dieser Euro?, in: fluter, 3.1.2012

M3 Die EU-Mitgliedsländer reagieren auf die Krise

Mit zwei Mechanismen reagieren die EU-Mitgliedstaaten auf die Finanzkrise und erweitern ihre Verträge.

Der Fiskalpakt betrifft vor allem die 17 Staaten der Euro-Zone. Kern des Paktes für mehr Haushaltsdisziplin sind nationale Schuldenbremsen, um ausgeglichene Haushalte zu erreichen. [...] Mitgliedstaaten, die ihre Schuldenbremse nicht strikt genug umsetzen, drohen eine Klage vor dem Europäischen Gerichtshof und eine Geldbuße von bis zu 0,1 Prozent ihres BIP. [...]

Der Euro-Rettungsschirm ESM soll überschuldeten Euro-Ländern finanzielle Unterstützung in Form von Darlehen bieten (maximal 700 Milliarden Euro). Der deutsche Anteil an den Garantien liegt bei etwa 27 Prozent, was einer Summe von etwa 190 Milliarden Euro entspricht.

ESM und Fiskalpakt sind indirekt miteinander verknüpft: Es haben nur noch jene Staaten Anspruch auf Finanzhilfen des ESM, die den Fiskalpakt ratifiziert haben.

Nach: www.bpb.de, Hintergrund aktuell, 29.6.2012 (aktualisiert)

Erklärfilm zum Fiskalpakt (Mediencode 70021-08)

M4 Argumente für und gegen den Euro

Durch den einheitlichen Zinssatz der EZB gelten z. B. auch in Staaten niedrige Zinssätze, die aufgrund ihrer wirtschaftlichen Entwicklung eigentlich hohe Zinssätze bräuchten.

Der Euro schafft ein Gegengewicht zur weltweiten Dominanz des US-Dollars und der amerikanischen Wirtschaft.

Der Euro fördert den Wettbewerb. Dies führt zu sinkenden Preisen für die Verbraucher.

Durch die gemeinsame Währung entfallen Umtauschkosten und Währungsrisiken.

Der Euro fördert eine gemeinsame europäische Identität. Er ist ein entscheidender Schritt hin zu einer politischen Union.

Das wirtschaftliche Gefälle der Mitgliedstaaten führt dazu, dass die ärmeren Staaten durch die wohlhabenden gestützt werden müssen.

Durch die Übertragung der Geldpolitik auf die europäische Zentralbank gibt es keine nationale Kontrolle über die Geldpolitik mehr, obwohl dies notwendig wäre.

Erklärfilm zur Euro-Krise (Mediencode 70021-09)

Aufgaben

1. Nenne die Ursachen der Euro-Krise. (M1, M2)
2. Erkläre, warum die Rückkehr zur D-Mark für die deutsche Wirtschaft Nachteile haben könnte. (M2)
3. Beschreibe, welche Maßnahmen gegen die Krise des Euro unternommen wurden. (M3)
4. Sortiere die Thesen für und gegen den Euro in Pro- bzw. Kontra-Positionen. (M4)

7.3.2 Wie groß soll die EU werden?

M5 Diese Länder streben in die Gemeinschaft

Folgende Länder haben den Status offizieller Beitrittskandidaten, d. h. der Rat der Außenminister der EU hat beschlossen, Verhandlungen über den Beitritt aufzunehmen:

Türkei
Aufnahmeantrag vom 14. 4. 1987; seit 3. 10. 2005 Beitrittsverhandlungen

Montenegro
Aufnahmeantrag vom 15. 12. 2008; Beitrittsverhandlungen seit 29.6.2012

Serbien
Aufnahmeantrag vom 22. 12. 2009; Beitrittsverhandlungen seit 21.1.2014

Mazedonien
Aufnahmeantrag vom 22. 3. 2004; Beitrittsverhandlungen noch nicht festgelegt

Island
Im Februar 2014 wurde bekannt, dass Island den Antrag zurückziehen will.

M6 Wer kann Mitglied der EU werden?

Der Vertrag von Lissabon legt die Grundsätze für die Aufnahme neuer Mitgliedstaaten fest. In Art. 6 Abs. 1 heißt es: „Die Union beruht auf den Grundsätzen der Freiheit, der Demokratie, der Achtung der Menschenrechte und Grundfreiheiten sowie der Rechtsstaatlichkeit; diese Grundsätze sind allen Mitgliedstaaten gemeinsam.“ Jeder europäische Staat, der diese Grundsätze achtet, kann beantragen, Mitglied der Union zu werden. Im Jahr 1993 hat der Europäische Rat auf seiner Tagung in Kopenhagen außerdem Beitrittskriterien festgelegt, die 1995 vom Europäischen Rat in Madrid bestätigt wurden (**Kopenhagener Kriterien**):

- *Politische Kriterien:* stabile Institutionen, die die Rechtsstaatlichkeit, die Menschenrechte und die Achtung und den Schutz von Minderheiten garantieren.
- *Wirtschaftliche Kriterien:* eine funktionsfähige Marktwirtschaft und die Fähigkeit, dem Wettbewerb und den Marktkräften in der EU standzuhalten.
- Fähigkeit zur *Erfüllung der Verpflichtungen* aus der EU-Mitgliedschaft und zur Übernahme der Ziele der politischen Union sowie der Wirtschafts- und Währungsunion.
- *Übernahme* des gesamten europäischen *Rechtsbestands* und dessen Anwendung durch geeignete Verwaltungs- und Justizstrukturen.

M7 In der Diskussion: Soll die Türkei in die EU?

a Die Türkei ist heute etwa so wohlhabend wie Portugal zum Zeitpunkt der EU-Aufnahme.

b Die Türkei ist wirtschaftlich zu unterentwickelt. Ihre Mitgliedschaft können wir uns nicht leisten. Mit einem Sechstel der deutschen Wirtschaftskraft ist die Türkei so arm, dass nach Berechnungen der EU-Kommission jedes Jahr zwischen 16,5 und 27,5 Milliarden Euro in die Türkei fließen müssten.

c In zehn Jahren hat die Türkei 80 Millionen Einwohner und damit mindestens so viele wie Deutschland. Oder wie derzeit die zehn neuen EU-Staaten zusammen. Die Türkei ist zu groß. Sie wäre mittelfristig das bevölkerungsreichste EU-Land und hätte damit auch die meisten Stimmen.

d Ein rascher Beitritt der Türkei würde eine Brücke zwischen dem christlich geprägten Europa und dem islamischen Nahen Osten schlagen. Eine demokratische und rechtsstaatliche Türkei wird auch als Modell für die islamische Welt eine große Anziehungskraft gewinnen.

e Die Türkei gehört nicht zu Europa. Die Türkei ist ein muslimisches Land, ihre Aufnahme würde die europäische Identität gefährden. Europa endet am Bosporus. Mit einer EU-Mitgliedschaft der Türkei wären der Iran und der Irak unsere direkten Nachbarn.

f Wir haben der Türkei den Beitritt seit 1963 versprochen und müssen glaubwürdig bleiben.

g Mit der Türkei als Regionalmacht im Nahen und Mittleren Osten würde Europa zum „Global Player" und könnte den Vereinigten Staaten in der islamischen Welt eine eigene Sicherheitspolitik entgegensetzen.

h Ein Beitritt der Türkei würde das politische System, die Demokratie und die wirtschaftlichen Reformen in der Türkei stabilisieren.

Frage: Sollte die Türkei Ihrer Meinung nach EU-Mitglied werden?

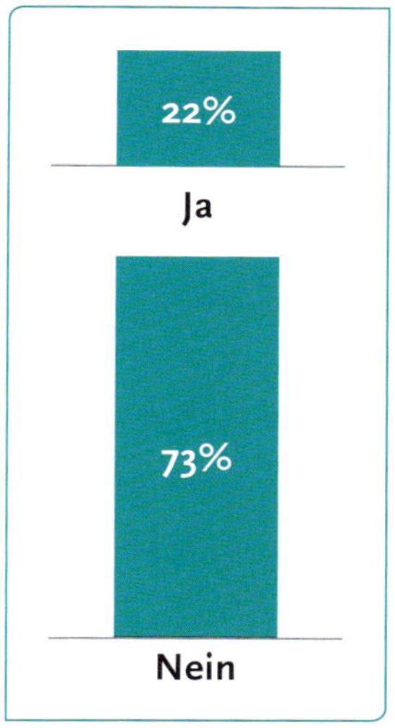

Umfrage unter wahlberechtigten Deutschen, April 2010; Infratest dimap, April 2010

Aufgaben

1. a. Wie groß soll die EU werden? Kopiere eine Europakarte und zeichne die von dir bevorzugte Außengrenze der EU sowie die geografische Grenze des europäischen Kontinents ein.
   b. Nach welchen Kriterien würdest du den Grenzverlauf ziehen? Begründe deine Kriterien.
2. Informiert euch in Gruppenarbeit über die Beitrittskandidaten und den Stand der Verhandlungen. (M5, M6)
3. Gehört die Türkei in die EU? Bildet eine Positionslinie.
4. a. Ordne die Argumente der Pro und der Kontra-Position zu. (M7)
   b. Überprüfe, welche Argumente sich auf welches Kopenhagener Kriterium beziehen. (M6, M7)
   c. Formuliere Hypothesen, warum die Beitrittsverhandlungen zwischen EU und Türkei so viel länger dauern als mit anderen Kandidaten.

M8 Die Erweiterung der EU – im Spiegel der Karikatur

Wolfgang Horsch

Gerhard Mester, Baaske Cartoons

Walter Hanel

Gerhard Mester, Baaske Cartoons

Kompetenz: Kommunikation

Eine Karika-Tour durchführen

Leitfaden

Die Karika-Tour vorbereiten

- Hängt eure Karikaturen im Klassenzimmer auf. Dazu eignen sich Stellwände, aber auch die Wandseiten eures Klassenzimmers.
- Bildet Kleingruppen mit ca. 4-5 Schülern.

Die Karika-Tour durchführen

- Wandert in Kleingruppen von einer Karikatur zur nächsten.
- Pro Karikatur habt ihr 2-3 Minuten Zeit. Betrachtet die Karikaturen und macht euch Notizen zu den Darstellungen.

Die Karika-Tour vertiefen

Erarbeitet nun gründlich die Aussage einer Karikatur.

- Präsentiert eure Karikaturen.
- Versucht vielleicht sogar, die Karikaturen in eine inhaltlich logische Reihenfolge zu bringen.
- Diskutiert mögliche inhaltliche Zusammenhänge.

1. **Karikatur beschreiben** (Personen, Orte, Symbole, Besonderheiten/Hervorhebungen)
2. **Karikatur deuten** (Thema benennen, Symbole deuten, Meinung des Zeichners)
3. **Karikatur beurteilen** (eigene Meinung formulieren, Stellungnahme zum Zeichner, weitere Fragen)

7.3.3 Migration nach Europa

M9 Menschen auf der Flucht nach Europa

Wie diese Menschen vor der italienischen Insel Lampedusa fliehen jährlich Tausende vor Kriegen und Bürgerkriegen, Hungersnöten und Klimakatastrophen aus Afrika nach Europa. Viele Hunderte bezahlen ihre Flucht mit dem Leben und sterben vor den Toren Europas.

M10 Flüchtlingsrouten nach Europa

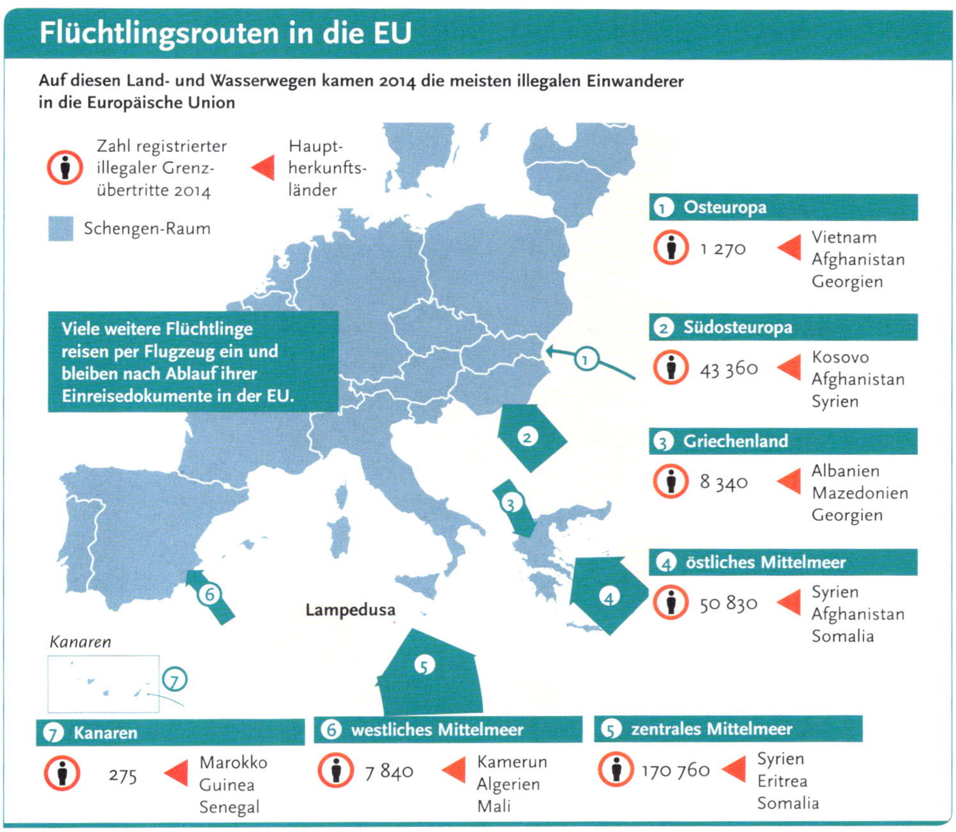

dpa-Grafik 22506, Quelle: Frontex

Migration
Der Begriff bezeichnet die Wanderschaft (lat. migrare = wandern) von kleineren oder auch größeren Gruppen von Menschen oder auch ganzen Völkern. Migration gilt als Normalfall der Geschichte und der menschlichen Existenz. Dabei können die Ursachen ganz unterschiedlich sein.

M11 Trauriger Flüchtlingsrekord

H

Vor allem im 19. und 20. Jahrhundert wanderten viele Deutsche nach Amerika aus. Schildert die Motive der Auswanderer. Informationen findet ihr z. B. unter *www.dah-bremerhaven.de* oder *www.exil-club.de*.

Mindestens 18.500 Flüchtlinge sollen seit 1988 an Europas Außengrenzen umgekommen sein, die meisten ertranken im Mittelmeer, schätzen Menschenrechtsorganisationen wie Borderline Europe. Die tatsächliche Zahl dürfte weit höher liegen. Allein im vergangenen Jahr waren es ihren Recherchen zufolge über 2.300, auch die UNO geht von mindestens 1.500 ertrunkenen Bootsflüchtlingen aus – ein neuer trauriger Rekord. „Das Jahr 2011 war das bisher tödlichste im Mittelmeer“, zu diesem Schluss kam das Flüchtlingshochkommissariat der UNO (UNHCR), das erst seit dem Jahr 2006 überhaupt damit begonnen hat, eine Todeszahl zu ermitteln. Fast 70.000 Menschen haben im vergangenen Jahr von Nordafrika aus versucht, Europa auf dem Seeweg zu erreichen, deutlich mehr als im bisherigen Rekordjahr 2008. Auslöser war der Arabische Frühling. [...]

Insgesamt lebten Ende 2011 in der Bundesrepublik nahezu 572.000 Menschen, die vor bewaffneten Konflikten oder Verfolgung in ihren Heimatländern geflohen sind. Das waren zwar rund 22.000 Menschen weniger als noch Anfang 2011, jedoch ist Deutschland immer noch Gastland für weit mehr als doppelt so viele Flüchtlinge wie zum Beispiel Frankreich, Großbritannien oder selbst die USA.

Die weitaus meisten der insgesamt mehr als 15 Millionen internationalen Flüchtlinge leben aber nicht im reichen Westen, sondern in armen Ländern, wo sie auf Hilfe internationaler Organisationen angewiesen sind. An der Spitze steht Pakistan mit rund 1,7 Millionen Menschen, die zumeist vor dem Krieg in Afghanistan in das Nachbarland geflohen sind.

Die insgesamt rund 800.000 Menschen, die sich allein 2011 gezwungen sahen, aus ihrer Heimat zu fliehen, sorgten damit für den stärksten Zuwachs an neuen Flüchtlingen innerhalb von zwölf Monaten seit dem Jahr 2000. Ursache waren vor allem die Konflikte in Ländern wie Libyen, Syrien, Somalia, dem Sudan oder der Elfenbeinküste. [...] Weltweit waren im zurückliegenden Jahr laut UNHCR rund 42,5 Millionen Menschen in der einen oder anderen Form auf der Flucht: 15,42 Millionen Flüchtlinge, die ihr Heimatland verlassen haben, 26,4 Millionen Binnenvertriebene und 895.000 Asylsuchende. [...] Die meisten Flüchtlinge weltweit kamen aus Afghanistan (2,7 Millionen Menschen), gefolgt vom Irak (1,4 Millionen) Somalia (1,1 Millionen) und der Demokratischen Republik Kongo (491.000). Vier von fünf Flüchtlingen bleiben in Nachbarländern.

nach: die tageszeitung, 18.6.2012

Aufgaben

1. Betrachtet das Bild in M9 und sammelt gemeinsam die verschiedenen Aspekte, die ihr mit dem Thema „Flucht“ verbindet.
2. Beschreibe die wichtigsten Routen der Flüchtlinge (M10).
3. Stelle die Fakten aus M11 übersichtlich auf einem Plakat dar.

7.3.4 Festung Europa?

M12 Europa – eine Festung?

Asyl = Das Wort Asyl kommt aus dem Griechischen und bedeutet so viel wie Zufluchtsstätte oder Heim.

M13 Farah S. aus Afghanistan findet keinen Schutz

Farah S. verlässt Afghanistan, nachdem sein Dorf nach kriegerischen Auseinandersetzungen fast völlig zerstört wurde. Die Taliban suchen ihn, deshalb entschließt er sich zur Flucht nach Europa und landet schließlich in Griechenland.

„Mal lebte ich auf der Straße, mal wurde ich inhaftiert. Immer kämpfte ich um das nackte Überleben", erinnert er sich an die Zeit in Griechenland. Dank vieler Gelegenheitsjobs hat er nach einem Jahr etwas Geld gespart, sodass er es sich leisten kann, weiter zu fliehen – über Mazedonien und Serbien nach Ungarn.

In Ungarn wird er verhaftet und in einen fensterlosen Raum gesteckt. Nach etwa drei oder vier Tagen wird er in einem vergitterten Wagen in ein Gefängnis gebracht. Dort findet seine Anhörung zum Asylantrag statt – in einer ihm nicht verständlichen Sprache.

Nach drei Monaten erhält er die Ablehnung seines Asylantrages. In all diesen Monaten befand er sich im Gefängnis. Im September 2010 wird er plötzlich freigelassen und in ein Lager geschickt, in dem Menschen auf dreckigen Matratzen auf dem Boden schlafen müssen.

Farah S. flieht nach Deutschland. Er wird festgenommen und in das Abschiebungsgefängnis Ingelheim gesperrt. Trotz intensiver Bemühungen seines Rechtsanwaltes wird er Ende April 2011 nach Ungarn abgeschoben. Danach ist der Kontakt zu ihm abgerissen.

www.flucht-ist-kein-verbrechen.de, 12.8.2012

H

Sowohl die Punkband „Die Toten Hosen" („Europa") als auch die Gruppe „Brockdorff Klang Labor" („Festung Europa") haben sich mit Flüchtlingsproblematik in aktuellen Songs auseinandergesetzt. Die Videos findet ihr im Internet. Wählt einen Song aus und stellt den Inhalt vor.

Lese-Tipp

Robert Klement: 70 Meilen zum Paradies. Wien3 2011, 143 Seiten

Ortwin Ramadan: Der Schrei des Löwen. Hamburg 2011. 288 Seiten

M14 „Europa fehlt ein einheitliches Asylrecht"

Die bayrische FDP-Politikerin Nadja Hirsch, 34, sitzt seit drei Jahren im Europaparlament. Dort setzt sie sich unter anderem für einen europäischen Verteilungsschlüssel für Asylsuchende ein.

Frau Hirsch, die Revolution in der arabischen Welt hat im vergangenen Jahr die Zahl der Flüchtlinge in der EU steigen lassen. [...] Hat Europa aus seinen Fehlern im vergangenen Jahr gelernt?

Nur bedingt. Europa fehlt weiter ein einheitliches europäisches Asylrecht, mit einem europaweit gültigen Verfahren und europaweit geltenden Standards. Die katastrophale Lage in vielen Flüchtlingslagern im Süden Europas belegt da nur die Defizite, die bestehen.

Das Europaparlament hat sich jetzt fraktionsübergreifend dafür ausgesprochen, Flüchtlinge und Asylbewerber nach einem europäischen Verteilungsschlüssel über alle Mitgliedstaaten der EU zu verteilen.

Seit 2003 gilt in der EU die sogenannte Dublin-II-Verordnung. Das heißt, ein Asylbewerber muss einen Antrag in dem EU-Land stellen, das er als erstes in Europa erreicht. Und dort muss er auch bleiben. Ganz egal, in welchem Land zum Beispiel andere Familienmitglieder leben. Wir fordern deshalb eine Reform des Asylrechts und einen gemeinsamen europäischen Verteilungsschlüssel. Dieser könnte sich nach der Wirtschaftskraft eines Landes richten oder nach der Bevölkerungszahl, ein Land muss die Asylbewerber ja auch sinnvoll integrieren können.

Welchen Vorteil sehen Sie in einer Reform dieses Systems?

Zunächst einmal geht es uns um die Menschen. Es handelt sich bei Asyl ja um ein Recht und nicht um eine Gnade. Wir müssen aber auch sehen, angesichts der Flüchtlingsbewegungen im Norden Afrikas kommen viele Flüchtlinge über das Mittelmeer und landen in Zypern, Malta oder Griechenland. Dort müssen sie nach geltendem Recht aber auch bleiben. Neben dieser besonderen Belastung für den Süden gilt allgemein: Derzeit nehmen in der EU zehn Mitgliedstaaten, darunter übrigens auch Deutschland, mehr als 90 Prozent der Asylsuchenden auf. Die restlichen 17 Länder stehlen sich aus der Verantwortung, indem sie ihr Asylrecht so uneinladend wie möglich gestalten. Ein europäischer Verteilungsschlüssel würde einen fairen Ausgleich schaffen. Für Deutschland würde die Änderung wenig bedeuten, andere Länder wie Polen oder Portugal stünden aber weit mehr in der Pflicht.

Interview: Peter Riesbeck, Frankfurter Rundschau, 24.9.2012

Aufgaben

1. Fülle in deinem Heft die Sprechblase der Zeichnung in M12. Vergleicht eure Ergebnisse.
2. Beschreibe den Fluchtweg von Farah S. (M13).
3. Recherchiere, wie Flüchtlinge in Europa bzw. Deutschland Asyl erhalten können.
4. Stelle dar, vor welchen Problemen die europäische Asylpolitik steht (M14).

Grund-wissen

Herausforderung Euro-Krise

Vor allem als Folge der Finanz- und Wirtschaftskrise (ab 2007) waren seit 2010 eine ganze Reihe von Euro-Staaten in Zahlungsnöte geraten. Um die gemeinsame Währung zu sichern, unterstützen die anderen EU-Staaten die in Schwierigkeiten geratenen Länder. Der Europäische Stabilitätsmechanismus (ESM) wurde daraufhin in die EU-Verträge integriert. Er besagt, dass den Euro-Mitgliedstaaten, die übermäßig verschuldet sind, finanzieller Beistand in Form vergünstigter Kredite gewährt werden kann. Eine Schwierigkeit bleibt: Die Euro-Länder führen zwar eine gemeinsame Währung und eine Geldpolitik. In der Wirtschaftspolitik und der Frage über Schulden im Haushalt kann jedoch jedes Land selbst entscheiden.
Ob die Maßnahmen zum Erfolg führen, bleibt abzuwarten. In vielen Krisenländern blieb zunächst die Verschuldung hoch, die Wirtschaft schwach und die immense Jugendarbeitslosigkeit ein großes Problem.

Herausforderung Erweiterung

Nach den „Kopenhagener Kriterien" muss ein zukünftiges EU-Land die Menschenrechte achten, eine stabile Demokratie sein, in der z. B. freie und geheime Wahlen stattfinden. Auch eine funktionierende und konkurrenzfähige Marktwirtschaft müssen die Staaten nachweisen. Schließlich muss das Land in der Lage und willens sein, das bisher geschaffene Gemeinschaftsrecht zu übernehmen und die eigenen Gesetze daraufhin anzupassen. Nach der großen „Osterweiterung" in den Jahren 2004 und 2007 war die Stimmung in vielen Staaten und Institutionen der EU von Zurückhaltung gegenüber einer schnellen Erweiterung geprägt: Vor allem über den Beitritt der Türkei wird immer wieder intensiv diskutiert.

Migration nach Europa

Seit einigen Jahren versuchen immer mehr Menschen nach Europa zu migrieren. Viele von ihnen riskieren auf der Flucht ihr Leben oder gelangen nur illegal in die EU. Zahlreiche Flüchtlinge werden auch Opfer von kriminellen Schlepperorganisationen. Nur wenigen gelingt es, als Flüchtlinge anerkannt zu werden und dauerhaft in Europa leben zu können. Um die Außengrenzen zu den Nicht-EU-Staaten besser zu überwachen, wurde die Organisation Frontex gegründet, die verhindern soll, dass Flüchtlinge illegal nach Europa einreisen. Um in Europa bleiben zu können, müssen die Flüchtlinge einen Asylantrag stellen oder als Flüchtlinge anerkannt werden.

Kompetenztraining

M1 EU-Quiz: Was wisst ihr jetzt über die EU?

1 Der Vorläufer der EU war die EGKS. Wofür steht diese Abkürzung?
A Europa gegen Krieg und Schusswaffen
B Europas gemeinsamer Kampf für Schulen
C Europäische Gemeinschaft für Kohle und Stahl
D Europäische Gemeinschaft für Krisen und Sicherheit

2 Die gemeinsame Sprache der EU ist ...
A englisch
B französisch
C deutsch
D nicht festgelegt

3 Wie viele Mitgliedstaaten gehören 2014 zur EU?
A 34
B 28
C 15
D 25

4 Wo hat das Europäische Parlament seinen Sitz?
A Straßburg
B Brüssel
C Berlin
D Den Haag

5 Welches Land wurde 2013 in die EU aufgenommen?
A Türkei
B Kroatien
C Bulgarien
D Norwegen

6 Die meisten Einwohner in der EU hat ...
A Frankreich
B Spanien
C Italien
D Deutschland

7 In welchen Zeitabständen wird das Europäische Parlament gewählt?
A 3 Jahre
B 4 Jahre
C 5 Jahre
D 6 Jahre

8 Auf die Zusammenarbeit welcher beiden Länder geht die Gründung der EU hauptsächlich zurück?
A Großbritannien und Irland
B Deutschland und Polen
C Deutschland und Frankreich
D Frankreich und Italien

9 Wie viele Menschen leben in der EU?
A ca. 80 Millionen
B ca. 300 Millionen
C ca. 500 Millionen
D ca. 700 Millionen

10 Dieser Staat gehört nicht zur EU:
A Finnland
B Norwegen
C Dänemark
D Schweden

Lösung am Ende des Buches.

M2 Wahlbeteiligung an den Wahlen zum Europäischen Parlament

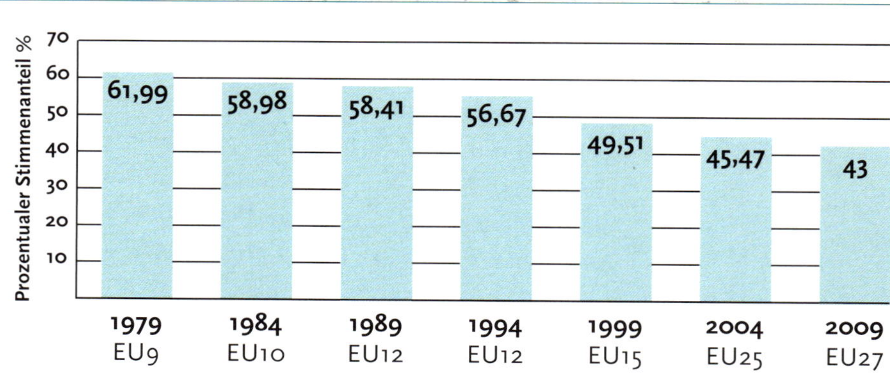

Kompetenztraining

M3 Der Friedensnobelpreis für die EU

a) *Am 12. Oktober 2012 verlieh das Nobel-Komitee den Friedensnobelpreis an die Europäische Union.*

„Was dieser Kontinent erreicht hat, ist wirklich fantastisch – aus einem Kontinent des Krieges ist ein Kontinent des Friedens geworden“, lobte Thorbjørn Jagland, der Laudator des Nobelkomitees. Die Auszeichnung enthält zugleich eine deutliche, in die Zukunft gerichtete Botschaft: „Angesichts der Finanzkrise, die so viele unschuldige Menschen in Mitleidenschaft zieht, ist der politische Rahmen, auf dem die Union beruht, wichtiger denn je. Wir müssen zusammenstehen. Wir haben eine gemeinsame Verantwortung.“

Zitiert nach: Johannes Piepenbrink, Europa im Umbruch. Editorial, in: APuZ, 6-7/2013, S. 2

b) Der Friedensnobelpreis in der Karikatur

Klaus Stuttmann, 2012

Aufgaben

1. Testet euer Wissen zur EU. Spielt zu zweit, in Kleingruppen oder mit der ganzen Klasse. Ergänzt weitere Quizfragen. (M1)
2. a. Analysiere die Grafik. (M2)
   b. Beurteile die Rolle des EU-Parlaments im Gesetzgebungsprozess der EU.
3. Würden sich die Gründungsväter der EU über den Friedensnobelpreis freuen? Begründe deine Meinung. (M3)
4. a. Analysiere die Karikatur. (M3)
   b. Erläutere dir bekannte aktuelle Herausforderungen für die EU.

Friedens-ABC

A:	B:	C:
D:	E:	F:
G:	H:	I:
J:	K:	L:
M:	N:	O:
P:	Q:	R:
S:	T:	U:
V:	W:	X:
Y:	Z:	

Sicherheit

1. Ich fühle mich sicher, wenn:

Ins Heft

2. Eine sichere (Um)Welt sieht für mich folgendermaßen aus:

Ins Heft

3. Sicherheit bedeutet für mich:

4. Um mich in Sicherheit zu fühlen, bin ich bereit, Folgendes zu tun:

Was kannst du schon?

1. a. Nenne zu jedem Buchstaben des Alphabets Begriffe, die du mit Frieden in Verbindung bringst.
   b. Vergleiche deine Begriffe mit denen deiner Mitschüler.
   c. Was fiel dir leicht? Wo hattest du Schwierigkeiten?
2. Was bedeutet für dich Sicherheit? Ergänze die Satzanfänge in deinem Heft.

8

Frieden und Sicherheit

Kompetenzen

Am Ende des Kapitels solltest du Folgendes können:

- Bedrohungen von Frieden und Sicherheit in unserer Welt beschreiben
- einen internationalen Konflikt analysieren
- Bundeswehreinsätze „out of area" einordnen
- Möglichkeiten und Grenzen von UNO und NATO im Einsatz für den Frieden beurteilen

8.1 Was bedroht Frieden und Sicherheit in der Welt?

M1 Wie spielt man eigentlich Frieden?

Der russische Schriftsteller Marschak beobachtete einmal sechs- bis siebenjährige Kinder beim Spielen. „Was spielt ihr?“, fragte er sie. „Wir spielen Krieg.“, antworteten die Kinder. Daraufhin erklärte ihnen der Schriftsteller: „Wie kann man nur Krieg spielen! Ihr wisst doch sicher, wie schlimm Krieg ist. Ihr solltet lieber Frieden spielen.“ „Das ist eine gute Idee.“, sagten die Kinder. Dann Schweigen, Beratung, Tuscheln, wieder Schweigen. Da trat ein Kind vor und fragte: „Großväterchen, wie spielt man Frieden?“

Aus: Marie Luise Dieckmann, Wie man Frieden spielt, in: Christ in der Gegenwart 26 (1974), S. 254

M2 Was ist Frieden?

Es gibt viele Definitionen von Frieden. Der Wissenschaftler Johan Galtung unterscheidet zwischen positivem und negativem Frieden.
Negativer Frieden bedeutet, dass kein Krieg, kein gewaltsamer zwischenstaatlicher oder auch innerstaatlicher Konflikt herrscht.
Positiver Frieden meint die Abwesenheit von Krieg oder gewaltsamen Konflikten, und zwar in einer Situation, in der Gleichheit und Gerechtigkeit herrschen und Entwicklung stattfindet. Kennzeichnend für positiven Frieden ist somit die Verwirklichung von sozialer Gerechtigkeit und ein Minimum an Gewalt.
Frieden sei erst dann erreicht, wenn Häuser und Infrastruktur wieder aufgebaut und Strukturen entwickelt sind, die zu mehr sozialer Gerechtigkeit führen.

M3 Was ist Sicherheit? Der erweiterte Sicherheitsbegriff

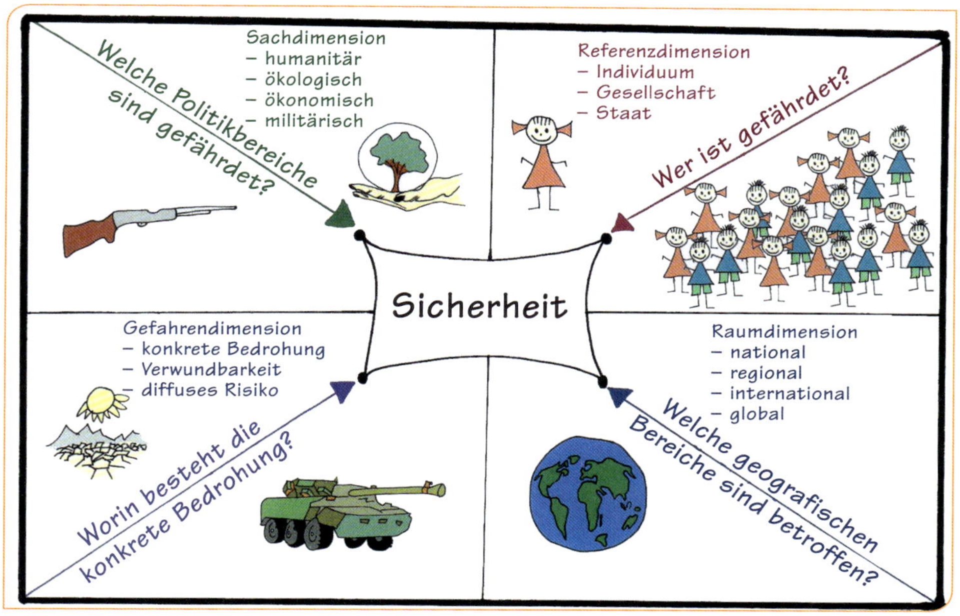

Z

Recherchiere über den Alltag von Kindern und Jugendlichen in Krisen- und Kriegsgebieten und erstelle eine Wandzeitung zu dem Thema.

M4 Warum gibt es internationale Konflikte?

- Kampf um die Vormachtstellung in einer Region der Erde
- Streit um Bodenschätze
- Ablenkung von innerstaatlichen Konflikten
- Durchsetzung wirtschaftlicher Interessen
- Streit um Grenzen und Gebiete
- Furcht vor einer Bedrohung von außen
- Wirtschaftliche Ausbeutung und Unterdrückung von Bevölkerungsgruppen und Regionen
- Religiöse Motive
- Streit zwischen verschiedenen Bevölkerungsgruppen (Ethnien)

Aufgaben

1. a. Stelle dir Krieg als ein Rollenspiel vor und überlege gemeinsam mit einem Partner eine Szene, die Krieg ausdrückt. Spielt diese Szene in der Klasse vor.
   b. Erarbeitet zu viert, wie man Frieden spielen kann und führt euer Ergebnis vor.
2. Überprüfe, was einfacher zu spielen ist, Krieg oder Frieden? Nenne das entscheidende Kriterium.
3. Erstelle eine Definition von Frieden und vergleiche sie mit M2.
4. Ordne deine auf der Auftaktseite gesammelten Sicherheitsbegriffe den Dimensionen des Schaubildes zu. (M3)
5. (Z) Warum spricht man vom „erweiterten Sicherheitsbegriff"? Formuliere deine Vermutungen.
6. (Z) Ordne die Konfliktursachen (M4) den Kategorien Herrschaft, Knappheit, Ideologie zu und ergänze Kategorien, wenn nötig.
7. Verfolgt zu einem Konflikt über einen Zeitraum von ein bis zwei Wochen die Nachrichten und gestaltet in Gruppen eine Wandzeitung. (M5)

Länder, in denen 2014 Krieg herrschte:
z. B. Afghanistan, Indien, Israel/ Palästina, Irak, Jemen, Libyen, Mali, Pakistan, Somalia, Sudan, Tunesien, Türkei, Ukraine

M5 Konfliktkarte 2014

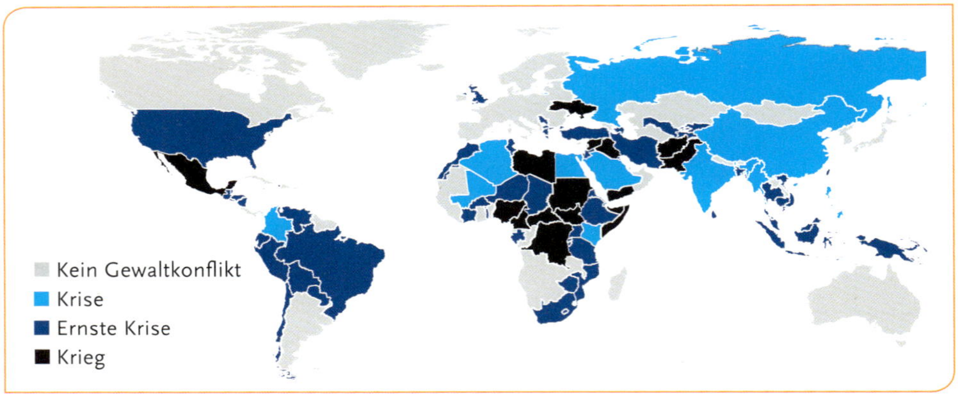

Die von mehr als einem Konflikt betroffenen Länder sind entsprechend der höchsten Intensität eingefärbt.
Nach: HIIK, Konfliktbarometer 2014

Kompetenz: Methode

Eine Wandzeitung erstellen

Leitfaden

1. **Vorbereitung**
   - Welches Thema/Gebiet soll dargestellt werden?
   - Welches Ziel soll die Wandzeitung verfolgen? Wer soll angesprochen werden?
   - Wie wird Material beschafft?
   - Wer übernimmt welche Aufgaben?
2. **Materialsammlung und Materialauswahl**
   - Sammle nun Material, prüfe und ordne es.
   - Wähle nun die Materialien aus, die zu deinen Vorüberlegungen und zum Inhalt deiner Wandzeitung passen.
3. **Material aufbereiten**
   - Überlege, ob es nicht sinnvoll ist, Texte zusammenzufassen, Stichwörter zu formulieren.
   - Du kannst auch eigene Zeichnungen erstellen oder vorhandenes Material kopieren und vergrößern.
   - Vielleicht erscheint es dir auch sinnvoll, die gesammelten Informationen anders darzustellen, indem du zum Beispiel Zahlen als Diagramm, Sachverhalte als Schaubild darstellst.
4. **Wandzeitung gestalten**
   - Überlege dir eine auffallende, aussagekräftige Überschrift.
   - Ordne deine Materialien übersichtlich an und teste durch Hin- und Herschieben.
   - Achte auf eine gute Mischung aus Bildern, Texten und Diagrammen.
5. **Auswertung**
   - Wie reagieren die Betrachter auf deine Wandzeitung?
   - Was ist besonders gut gelungen?
   - Was kann das nächste Mal noch besser gemacht werden?

Grund-Wissen

Was ist Frieden?

Frieden lässt sich unterschiedlich definieren. Eine Möglichkeit besteht darin, zwischen positivem und negativem Frieden zu unterscheiden. Negativer Frieden besteht dann, wenn kein Krieg mehr herrscht. Positiver Frieden geht darüber hinaus. Hier wird nicht nur die bloße Abwesenheit von Krieg berücksichtigt. Es werden auch Anforderungen formuliert, die für einen Frieden wichtig sind, zum Beispiel die Verwirklichung von Gleichheit und sozialer Gerechtigkeit.

Der erweiterte Sicherheitsbegriff

Sicherheit wurde bisher immer militärisch betrachtet: Zentral war, dass die nationale Sicherheit in Form von sicheren Grenzen gewährleistet wurde. Der erweiterte Sicherheitsbegriff stellt zwar immer noch die nationale Sicherheit in den Mittelpunkt. Er berücksichtigt nun aber auch ein breiteres Verständnis möglicher Sicherheitsbedrohungen aus vier verschiedenen Blickrichtungen. Zum einen wird nun gefragt, in welchen Politikbereichen (Menschenrechte, Umwelt ...) Gefahr wahrgenommen wird. Eine zweite Blickrichtung fragt, wessen Sicherheit genau gefährdet ist (Individuum, Staat, Gesellschaft). Die dritte Blickrichtung stellt den geografischen Raum (Region, Land...), für den Sicherheit angestrebt wird in den Vordergrund. Die vierte Blickrichtung benennt das Sicherheitsproblem konkret.

Welche Konflikte und Kriege gibt es?

Meist stellt ein Staat oder eine Gruppe Forderungen an einen anderen – es kann um Macht und Einfluss, Zugang zu Ressourcen, Territorien u. v. m. gehen. In manchen Kriegen geht es auch um Religion, also den Glauben. Oft stecken in Wirklichkeit aber viele verschiedene Gründe und längere Vorgeschichten dahinter. Ob Kriege entstehen, hängt immer davon ab, wie das Zusammenleben in einem Land funktioniert. Wo Menschen unterdrückt werden, arm sind oder hungern, ist es schwieriger, Frieden zu schaffen. Die am meisten von Konflikten und Kriegen betroffenen Regionen der Erde sind der Nahe und Mittlere Osten sowie Asien und Afrika südlich der Sahara.

8.2 Warum ist es so schwierig, internationale Konflikte zu lösen?

8.2.1 Konflikte im Alltag

M1 Welche Konflikte gibt es im Alltag?

Eigenes Beispiel

____

____

____

____

Zwei Schülerinnen streiten sich, wer zuerst das neue Buch in der Leseecke der Klasse lesen darf. Sie machen sich gegenseitig Vorwürfe, beschimpfen und beleidigen sich.

Ein Schüler stößt im Vorbeirennen auf dem Schulhof einen anderen an. Der brüllt: „Pass doch auf, wo du lang rennst, du Penner.“ Der andere stoppt seinen Lauf und antwortet: „Du brauchst wohl eine Gesichtsmassage?“ und es dauert nicht lange, bis eine Rangelei beginnt.

M2 Wie kann ein Konflikt eskalieren?

eskalieren
eine Situation spitzt sich allmählich zu

destruktiv
zerstörend, bösartig

Stufe 1: Spannung
Standpunkte verhärten sich: Der andere denkt „so komisch“ – der andere spinnt → unbehagliches Gefühl bei Treffen und im Gespräch

Stufe 2: erste verbale Angriffe
Harte verbale Auseinandersetzungen, in denen Misstrauen Raum gewinnt.

Stufe 3: Taten
Reden bringt nichts mehr, keine Bereitschaft auf den anderen einzugehen, es kommt zu ersten Provokationen und kleinen Attacken.

Stufe 4: Feindbilder und Verbündete
Schwarz-Weiß-Denken entsteht, es wird gezielt nach Möglichkeiten gesucht, der anderen Seite Unannehmlichkeiten zu bereiten und nach Unterstützung durch andere.

Stufe 5: Gesichtsverlust
Aktionen, die dazu führen, dass die andere Seite in schlechtem Licht dasteht. Es gibt nun keinen Weg mehr zurück. Direkter Kontakt zur anderen Partei wird vermieden, man tritt nur noch als Gegner auf.

Stufe 6: Drohungen
Beide Seiten versuchen durch Drohungen den Gegner zu beeinflussen, positive Verhaltensregeln werden nicht mehr beachtet.

Stufe 7: Begrenzte Schläge
Völlige Abwertung des anderen und der andere muss weg, hat kein Recht mehr hier zu sein. Es folgen destruktive Aktionen mit Schäden für die andere Seite.

Stufe 8: Zerstörung
Massive Angriffe auf den Gegner

Stufe 9: Selbstvernichtung – gemeinsam in den Abgrund
Totale Konfrontation zielt auf die endgültige Niederlage der anderen Seite (eigene Nachteile werden in Kauf genommen).

Detlef Beck nach Friedrich Glasl, www.streitschlichtungskongress.de (10.6.2013)

M3 Wie können Konflikte gelöst werden?

Destruktive Konfliktaustragung:
Anstatt das gemeinsame Problem anzugehen, wird die andere Person als das Problem angesehen. Hier wird Konflikt negativ verstanden, etwa in dem Sinne „Mir steht etwas im Wege“: Der Gegner, konkret der andere Mensch oder die andere Partei. [...] Konflikt ist dann Gelegenheit, die andere Seite zu verändern – denn die hat es nötig! Die Konfliktaustragung ist dadurch gekennzeichnet, dass der „Gegner“ verlieren muss, wenn die eigene Seite gewinnen soll. Wichtiger als das Ja zu einer Konfliktauflösung wird die Niederlage der anderen Seite. Der anderen Seite „erlauben“ zu gewinnen, solange auch selbst gewonnen wird, ist den Konfliktbeteiligten nicht möglich.

Konstruktive Konfliktaustragung:
Konflikte konstruktiv auszutragen bedeutet zusammenzuarbeiten. Es wird eine Lösung für das Problem gesucht, die sicherstellt, dass alle gewinnen. Alle Konfliktbeteiligten übernehmen gemeinsam Verantwortung für das Problem und suchen gemeinsam nach einer Lösung. Damit beide Seiten gewinnen können, ist die Bereitschaft erforderlich, seine Interessen voll einzubringen [...] und kooperativ zu handeln.

Detlef Beck nach Christoph Besemer, www.streitschlichtungskongress.de (11.6.2013)

konstruktiv
förderliche, positive Haltung / Einstellung

kooperativ
zur Zusammenarbeit bereit

Aufgaben

1. Wie entstehen Konflikte?
   a. Stelle Situationen dar, in denen ihr euch streitet. (M1)
   b. Nenne Gründe, weshalb es so schwierig sein kann, Konflikte zu lösen?
2. Wie kann ein Konflikt eskalieren?
   a. Überlege dir Konflikte in deinem Schulalltag, die eskalieren können, und skizziere sie in einer Geschichte.
   b. Überprüfe die Eskalationsstufen deiner Geschichte. (M2)
3. (W) Überprüfe mithilfe der Zeichnung oder mit Hilfe des Textes (M3), wie Konflikte gelöst werden können.
4. Überprüfe das Bild mithilfe der beiden Möglichkeiten der Konfliktaustragung. (M3) An welcher Stelle wird er destruktiv ausgetragen, wo konstruktiv?

8.2.2 Können Bundeswehr und NATO Konflikte lösen?

M4 Briefe und Bilder von der Front

Aus der Weihnachtspost deutscher Soldaten in Afghanistan:

Meine Sprechstunden in den Dörfern gehören eigentlich nicht zum Auftrag, werden allerdings im Sinne von Vertrauensbildung, aus humanitären Aspekten und auch als eine Art Lebensversicherung für uns durchgeführt. Ich erlebe Krankheitsbilder in einer Ausprägung, wie man sie in Europa gar nicht mehr findet. [...]

Stabsarzt Christian Werner, 38, Kabul 2005

Letztlich stellt man sich die Frage: „Haben wir diesem Land geholfen???" Wir Fernmelder hier unten sind zu folgender abschließender Aussage gekommen: „Geholfen vielleicht nicht, aber wir haben dafür gesorgt, dass die Leute, die geholfen haben, telefonieren und funken konnten!" Deshalb kann man wohl sagen: MISSION ERFÜLLT – auf geht´s nach Hause!

Oberfeldwebel Frank Carsten, 28, Kabul 2007

Insgesamt hat der ISAF-Einsatz in Kundus nur noch wenig von einem Hilfseinsatz, sondern mehr von einem (asymmetrischen) Krieg. Wenigstens alle drei Tage passiert etwas.
Anfangs kamen in schöner Regelmäßigkeit Raketen, das hat nachgelassen. Dafür häufen sich Anschläge und Hinterhalte. [...]

Oberstabsarzt Jens Weimer, 34, Kundus 2008

Plötzlich eine Detonation, der Boden unter den Füßen vibriert. Ich drehe mich um und sehe einen Staubpilz in der Luft, 50 Meter von uns. Keiner weiß, was passiert ist. Ein zweiter und ein dritter Knall. Jetzt ist klar: ein Mörser- oder Raketenangriff. Ein Offizier befiehlt, in die Flughalle einzurücken. Ich ziehe Weste und Helm an. Ein Zugführer schreit seine Soldaten an, nicht vor den Fenstern zu stehen. Ein anderer brüllt: „Gefechtsbereitschaft herstellen!" Ich lade mein Gewehr und spüre das Adrenalin. Ich bin perplex, dass ich weder Angst noch Panik verspüre. [...]

Oberstleutnant Boris Barschow, 42, Masar-i-Scharif 2009

In: SZ Magazin, Heft 52/2009

Bundeswehrärzte spielen mit einem afghanischen Jungen, den sie wegen einer Schussverletzung behandeln (Oktober 2008).

Unter deutschem Kommando bombardieren NATO-Truppen von den Taliban entführte Tanklaster, dabei sterben auch viele Zivilisten (September 2009).

M5 Der Auftrag der Bundeswehr nach dem Grundgesetz

Die Hauptaufgabe der Bundeswehr besteht nach Artikel 87a in der Verteidigung des Landes. In Artikel 24 GG werden darüber hinaus bewaffnete Auslandseinsätze geregelt. Bewaffnete Einsätze der Bundeswehr dürfen nur gemeinsam mit Verbündeten und Partnern im Rahmen der Vereinten Nationen, NATO und EU durchgeführt werden. Ausnahmen sind nur Evakuierungs- und Rettungsoperationen. Damit die Bundeswehr einen Auslandseinsatz durchführen darf, benötigt sie zusätzlich einen Beschluss des Deutschen Bundestags.

Im Innern des Landes darf die Bundeswehr auch eingesetzt werden, allerdings nur zur Amtshilfe. Dazu zählt die Unterstützung der Polizei, sollte diese nicht mehr in der Lage sein, die Sicherheit Deutschlands zu gewährleisten. Auch Naturkatastrophen sind ein Beispiel für diesen Einsatzbereich.

Amtshilfe
Unterstützung einer Behörde (staatliche Verwaltungseinrichtung) durch eine andere Behörde

M6 Die neuen Aufgaben der Bundeswehr

Seit der Wiedervereinigung 1990 ist Deutschland nur noch von befreundeten oder verbündeten Staaten umgeben. Der Weltfrieden ist durch andere Kräfte bedroht: Terroristen verüben Anschläge und Staaten streben den Besitz von Massenvernichtungswaffen an. Andere Staaten sind so schwach, dass sie sich nicht um die Sicherheit und Grundversorgung ihrer Bevölkerung kümmern können.

Zu Beginn des 21. Jahrhunderts mussten Auftrag und Aufgaben der Bundeswehr deshalb angepasst werden. Im Zusammenwirken mit den Verbündeten muss die Bundeswehr weltweit auf Krisen und Konflikte angemessen reagieren.

In den verteidigungspolitischen Richtlinien von 2011 wird als Auftrag der Bundeswehr formuliert:

- Schutz Deutschlands und seiner Bürgerinnen und Bürger,
- die außenpolitische Handlungsfähigkeit sichern,
- einen Beitrag zur Stabilität im europäischen und globalen Rahmen leisten,
- die nationale Sicherheit und Verteidigung gewährleisten,
- zur Verteidigung der Verbündeten beitragen und
- die multinationale Zusammenarbeit und europäische Integration fördern.

Am 12. Juli 1994 entschied das Bundesverfassungsgericht, dass sich deutsche Streitkräfte an humanitären [= wohltätigen] und militärischen Operationen der UNO beteiligen dürfen (out-of-area-Urteil).

Aufgaben

1. Beschreibe den Alltag der Soldaten in Afghanistan. (M4)
2. Stelle die Aufgaben der Bundeswehr in einem Schaubild dar.
3. (W) Beschreibe, inwiefern sich die Aufgaben der Bundeswehr zu Beginn des 21. Jahrhunderts verändert haben. (M5, M6)
   ODER Vergleiche die neuen Aufgaben der Bundeswehr mit den Briefen von der Front. (M4, M6)

M7 Die NATO

Bergmoser + Höller Verlag AG, Zahlenbilder 62110

Die „North Atlantic Treaty Organization", abgekürzt als NATO, ist ein Bündnis von Staaten, das 1949 durch die Unterzeichnung des Nordatlantikvertrags gegründet wurde. Die Unterzeichner vereinbarten, dass ein bewaffneter Angriff gegen eine oder mehrere von ihnen in Europa oder Nordamerika als ein Angriff gegen sie alle angesehen würde. Und sie vereinbarten, dass jeder von ihnen Beistand leisten sollte.

Mit dem Zusammenbruch des kommunistischen Einflussbereiches 1989/1990 wurden einstige Teilstaaten der ehemaligen Sowjetunion in die NATO aufgenommen. Damit wurde die ursprüngliche Zielsetzung der NATO, nämlich die Abwehr der kommunistischen Sowjetunion und ihrer Verbündeten, hinfällig.

Frieden und Freiheit sind das Hauptziel der NATO heute. Seit 1999 soll sie bei Krisen und Sicherheitsrisiken aller Art aktiv werden. Hierzu zählen neben Terrorakten und organisiertem Verbrechen die Unterbrechung der Zufuhr lebenswichtiger Ressourcen und die unkontrollierte Bewegung einer großen Menschenmasse infolge von Kriegen.

Die Anschläge vom 11. September 2001 auf die USA zogen zum ersten Mal in der Geschichte der NATO die Feststellung des Bündnisfalles nach sich und die NATO engagierte sich in Afghanistan.

M8 Einsatzgrundlagen für Afghanistan: OEF und ISAF

a) Operation Enduring Freedom (OEF)

Die Operation Enduring Freedom (OEF) beruht auf dem Recht auf Selbstverteidigung gegen einen bewaffneten Angriff. Dieses Recht wird in Artikel 51 der Charta der Vereinten Nationen ausdrücklich bestätigt. Die OEF begann ihre Mission als direkte Folge der Terroranschläge vom 11. September 2001 in den USA mit dem Ziel, den Terrorismus zu bekämpfen. Der Auftrag der OEF ist es, Führungs- und Ausbildungseinrichtungen von Terroristen auszuschalten, Terroristen zu bekämpfen, gefangen zu nehmen und vor Gericht zu stellen sowie Dritte dauerhaft von der Unterstützung terroristischer Aktivitäten abzuhalten. Die OEF wird durch die USA geführt. Deutsche Soldatinnen und Soldaten sind im Rahmen der OEF nur beim Marineeinsatz am Horn von Afrika eingesetzt.

b) ISAF: Stabilisierung und Wiederaufbau in Afghanistan

Ende 2001 konnten die Kräfte der sogenannten „Nordallianz“, unterstützt von den USA und Großbritannien im Rahmen der Operation Enduring Freedom, das Talibanregime in Kabul stürzen. Die größten ethnischen Gruppen in Afghanistan einigten sich im Dezember 2001 auf eine Übergangsregelung bis zum Aufbau dauerhafter stabiler Regierungsinstitutionen in Afghanistan. Das Abkommen wurde Grundlage für die Resolution 1623 des Sicherheitsrates der Vereinten Nationen, der noch im Dezember 2001 die Aufstellung der International Security Assistance Force (ISAF) beschloss. Diese Mission steht unter Führung der NATO und auch die Bundeswehr beteiligt sich seit 2002 an diesem Einsatz.

Ziel der ISAF ist die Unterstützung der afghanischen Regierung sowie die Herstellung und Wahrung der inneren Sicherheit in Afghanistan. Außerdem soll der Wiederaufbau des Landes und funktionierender demokratischer Regierungs- und Verwaltungsstrukturen (z. B. Polizei, Gerichte) begleitet werden. Die Resolution des Sicherheitsrates erlaubt dabei „friedenserzwingende Maßnahmen“, also Maßnahmen zur Wiederherstellung des Friedens in Konfliktgebieten unter Anwendung militärischer Mittel. Über 130.000 Soldaten aus zahlreichen Ländern beteiligten sich zwischenzeitlich an der Mission.

M9 Analyse: Der Konflikt in Afghanistan

Nach Jahren des Bürgerkriegs ergriffen im Jahr 1996 die Taliban die Macht in Afghanistan. Das Land sollte zu einem Gottesstaat werden: Musik, Sport, Bilder und Fernseher wurden verboten. Die meisten Schulen und Universitäten wurden geschlossen. Frauen konnten sich fortan nur in Ganzkörperverschleierung und männlicher Begleitung auf die Straße wagen. Dem internationalen Terrorismus boten die Taliban einen Unterschlupf: Die Anschläge auf das World Trade Center 2001 wurden in Afghanistan geplant. Als Reaktion griffen im Oktober 2001 die USA und Großbritannien das Land an und stürzten gemeinsam mit der Nordallianz das Taliban-Regime. [...] Noch heute erschüttern Anschläge der Taliban das Land. Mit ihrer Terror-Strategie des „Mordens und Zerstörens“ wollen sie die afghanische Bevölkerung einschüchtern, im Westen Zweifel am Sinn der Afghanistan-Mission schüren und die Macht im Land zurückerobern [Stand: 2013].

Thorsten Schilling, Bundeszentrale für politische Bildung, Spezial: Afghanistan, auf: www.bpb.de (11.6.2013)

Aufgaben

1. Um was für ein Bündnis handelt es sich bei der NATO?
   a. Beschreibe die NATO. (M7)
   b. Erläutere, warum die NATO in Afghanistan aktiv ist. (M7, M8)
2. a. Vergleiche die beiden Einsatzmissionen stichwortartig. (M8)
   b. Welche Vorstellungen von Frieden liegen den Missionen zugrunde? Begründe deine Einschätzung. (M8, Kap 8.1, M2)
3. (Z) Beurteile die Möglichkeiten der NATO, Konflikte zu lösen. (M6, M7)

Kompetenz: Methode

Eine Konfliktanalyse durchführen

Eine strukturierte Konfliktanalyse mit zielgerichteten Fragestellungen unterstützt das bessere Verständnis über internationale Konflikte, erfordert aber auch Zeit und Konzentration.

Leitfaden

1. Wer sind die Beteiligten am Konflikt? **2.** Worum wird gestritten?	Bei diesen Fragen geht es darum, den Konflikt näher zu bestimmen und herauszufinden, wer welche Partei ergreift. Hierbei kann es sich um Staaten, Gruppen oder einzelne Personen handeln.
3. Wie ist der Konflikt entstanden? **4.** a) Welche Interessen stehen sich gegenüber? b) Mit welchen Argumenten werden diese jeweils vertreten?	Hier ist es wichtig, die Vorgeschichte des Konflikts zu betrachten und die Positionen der Konfliktparteien zu erklären. Wichtig ist es hier, die Vorgeschichte knapp zu erläutern, damit die Argumente der Konfliktparteien besser verstanden werden können.
5. a) Mit welchen Mitteln wird versucht, die Interessen durchzusetzen? b) Welche Folgen entstehen daraus?	Die Leitfragen helfen, die Machtverhältnisse und deren Folgen einschätzen zu können. Hierbei kann zwischen politischen, ökonomischen und militärischen Mitteln unterschieden werden.
6. Welche Konfliktlösungen sind möglich? / Welches Ergebnis wurde erzielt? **7.** Wie ist das Ergebnis zu beurteilen?	Dieser Schritt erfordert einerseits, Kompromisse zu suchen und zu beurteilen, andererseits, die Ergebnisse zu beschreiben und eine eigene Bewertung durchzuführen.

Aufgaben

1. Auf der Internetseite der Bundeszentrale für politische Bildung (*www.bpb.de* → Internationales → Afghanistan) findest du weitere Informationen zu Afghanistan und dem Konflikt.
   a. Erstelle auf der Grundlage einer umfassenden Recherche für die Zeit ab 1996 eine Konfliktanalyse mithilfe des Leitfadens, der Materialien der Internetseite sowie M4-M12.
   b. Gestalte ein Plakat und stelle deinen Mitschülern deine Konfliktanalyse vor.
2. Überprüft gemeinsam die Ausgestaltung der einzelnen Schritte der Analyse.

8.2.3 Bilanz zum Bundeswehreinsatz „out of area“

M10 Deutsche Soldaten in Afghanistan

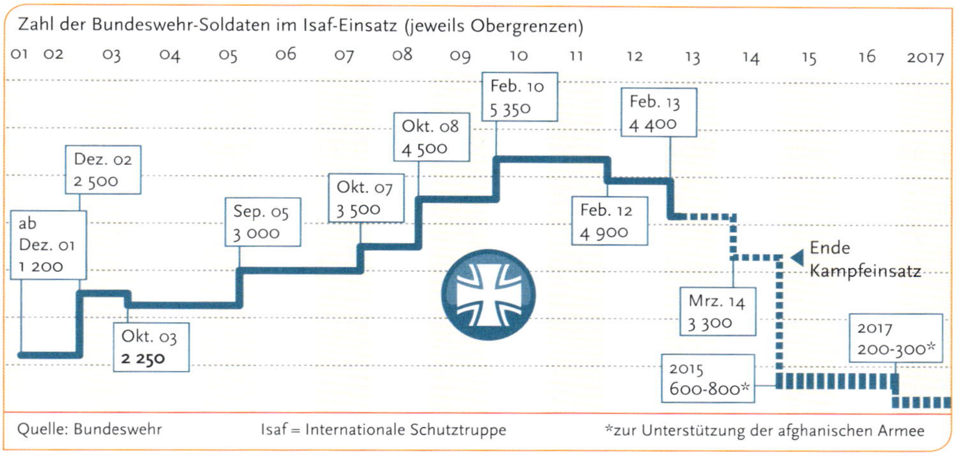

dpa-Infografik 15668 (Stand: 20.6.2013)

M11 Zwischenbilanz des Einsatzes

a) Erfolge der Entwicklungs- und Aufbauarbeit in Afghanistan

Bildung: Fast sieben Millionen Mädchen und Jungen wurden eingeschult. Mehr als 100.000 Lehrer wurden eingestellt – viele befinden sich noch in der Ausbildung. 200.000 Schüler lernen in neu gebauten Schulen. [...]

Gesundheit: Die Kindersterblichkeit ist deutlich gesunken. Jedes Jahr überleben zusätzlich 100.000 Kinder mehr.

Strom- und Trinkwasserversorgung: 900.000 Menschen wurde – zum Teil zum ersten Mal überhaupt – Zugang zu Strom und sicherem Trinkwasser ermöglicht.

Wirtschaft: Afghanistan beeindruckt durch zweistellige Raten wirtschaftlichen Wachstums; der grenzüberschreitende Handel nimmt kontinuierlich zu. 60.000 Mikrokredite wurden mit Förderung durch die deutsche Entwicklungszusammenarbeit an kleine und mittlere Unternehmen vergeben.

Verkehrsinfrastruktur: Insbesondere im ländlichen Raum haben 1,3 Millionen Menschen durch den Bau von Infrastruktur Einkommens- und Beschäftigungsmöglichkeiten gefunden.

Bundesministerium für wirtschaftliche Entwicklung und Zusammenarbeit, www.bmz.de, 10.10.2010

Nach vielen Jahren Krieg in Afghanistan werden die Zweifel am Erfolg größer, Titelseite des Spiegel vom Januar 2010

b) Entwicklung in Zahlen

	2007	2009	2011
Anzahl der von NATO-Truppen ausgebildeten afghanischen Streitkräfte	50.000	100.130	179.600
Anzahl der getöteten Zivilisten	1.523	2.412	3.021
Anzahl der getöteten NATO-Soldaten	232	521	566
davon Deutsche	7	7	7

Zahlen: Brookings Afghanistan Index, Januar 2012; UNAMA, Afghanistan Annual Report 2011

M12 Sollte die Bundeswehr länger in Afghanistan bleiben?

Warlords
militärische und politische Führer einer Region

korrupt
bestechlich

Pro: Dem Land beim Wiederaufbau helfen

Und es ist ja auch richtig – nach acht Jahren fällt die Bilanz [im Jahr 2009] äußerst mager aus: Korruption durchzieht das Land wie eh und je. Die radikalen Islamisten bedrohen Afghanen wie Alliierte, kriminelle Machenschaften ziehen sich bis hinauf in die oberen Regierungsämter. Und die Demokratie funktioniert, zumindest nach westlichem Verständnis, mehr schlecht als recht. Doch rechtfertigen diese Umstände einen schnellen Rückzug vom Hindukusch? – frei nach dem Motto: Wir haben es probiert, aber es hat nicht funktioniert.

Die Antwort muss Nein lauten, denn Aufgeben wäre feige und verantwortungslos. Die Alliierten haben ihren Einmarsch 2001 auf zwei Versprechen gegründet. Eines war an sich selbst gerichtet: das Taliban-Regime zu verjagen und damit dem Terror, der mit deren Hilfe möglich wurde, den Boden zu entziehen. Das andere ging an die internationale Gemeinschaft, vor allem aber an Afghanistan: dem Land beim Wiederaufbau zu helfen, um ihm eine Perspektive jenseits von Armut und Gotteskriegern zu ermöglichen.

Niels Kruse, in: Stern, 22.9.2009

H zu Aufgabe 2

Konfliktbeteiligte in Afghanistan sind z. B.: die afghanische Bevölkerung, Talibankämpfer, NATO-Soldaten (aus verschiedenen Ländern) …

Kontra: Mehr als genug tote Soldaten

Trotz ihres ehrlichen Engagements ist es der Bundeswehr weder gelungen, die Brutstätten des Terrors zu vernichten, noch schafften es die Soldaten, das Land mit Waffengewalt zu befrieden. Im Gegenteil: Experten schätzen die Zahl der Terror-Camps allein im afghanisch-pakistanischen Grenzgebiet auf bis zu 1.500. [...] Und mehr als 60 Prozent der Afghanen lehnten den Einsatz der ausländischen Truppen in ihrem Land ab. Die Ablehnung hat sich in den vergangenen zwei Jahren sogar noch verstärkt. Warum also sollten deutsche Soldaten in Afghanistan bleiben? Um wirtschaftliche Strukturen zu fördern, von denen bislang hauptsächlich die radikal-islamistischen Warlords oder irgendwelche kriminellen Provinzfürsten profitieren? Um die politische Macht eines eitlen und korrupten Präsidenten zu erhalten, der frei ist von jeglicher demokratischer Zukunftsvision und eigener Handlungsfähigkeit? Oder um sich für die sinnlose „Wir ziehen das jetzt durch“-Strategie mancher Bundespolitiker von den Taliban bei immer neuen Anschlägen abknallen zu lassen? [...]

Manuela Pfohl, in: Stern, 22.9.2009

Aufgaben

1. Warum ist die Bundeswehr in Afghanistan?
   (W) a. Gestalte ein Plakat. **ODER** Entwirf eine Rede.
   b. Stellt eure Ergebnisse einander vor. Welche Präsentation überzeugt dich? Nenne das wichtigste Kriterium.
2. Versetze dich in die Position eines Konfliktbeteiligten in Afghanistan und beurteile den Einsatz.
3. Soll die Bundeswehr „out-of-area“-Einsätze durchführen? Stellt euch zu der Frage auf einer Positionslinie auf.
4. Führt eine Diskussion zur Frage, ob die Bundeswehr noch länger in Afghanistan bleiben oder abziehen sollte. (M4-M12)
5. (Z) Beurteile, ob die Bundeswehr Frieden und Sicherheit schaffen kann.

Grund-wissen

Aufgaben der Bundeswehr

Das Grundgesetz regelt die Aufgaben der Bundeswehr. In erster Linie soll sie zur Verteidigung der Bundesrepublik eingesetzt werden. Im Rahmen der Bündnispartner von EU, NATO und UNO darf sie sich auch an bewaffneten Auslandseinsätzen beteiligen.
Innerhalb der Bundesrepublik kann die Bundeswehr bei Naturkatastrophen eingesetzt werden oder wenn die Polizei nicht mehr in der Lage ist, die Sicherheit zu gewährleisten.
Heute muss die Bundeswehr nicht mehr nur auf Angriffe, sondern gemeinsam mit ihren Verbündeten weltweit auf Krisen und Konflikte reagieren.

Die NATO

Die NATO wurde nach Ende des Zweiten Weltkrieges als politisch-militärisches Verteidigungsbündnis der westlichen Staaten gegründet. Die Mitgliedstaaten verpflichteten sich, sich gegenseitig bei einem Angriff beizustehen, um die Ausdehnung des sowjetischen Einflussbereichs zu verhindern. Nach Ende des Kalten Krieges wurde aus einem reinen Verteidigungsbündnis eine Organisation, die ihre militärischen Möglichkeiten zur Krisenbewältigung auch außerhalb des Bündnisgebiets einsetzt.

Was macht die Bundeswehr in Afghanistan?

Im Dezember 2001 beschloss der Deutsche Bundestag erstmalig die Entsendung von Bundeswehrsoldaten nach Afghanistan im Rahmen der „International Security Assistance Force“ (ISAF). Die ISAF-Truppen sollen nach dem Sturz des Taliban-Regimes zur Stabilisierung und zum Aufbau des Landes beitragen. Sie sollen im Auftrag der Vereinten Nationen die afghanische Regierung bei der Wahrung der Menschenrechte, der Herstellung und Wahrung der inneren Sicherheit und der Auslieferung humanitärer Hilfsgüter unterstützen. Für 2014 ist der Abzug der internationalen Truppen geplant.

Soll die Bundeswehr länger in Afghanistan bleiben?

Umstritten ist, ob der Einsatz als Erfolg bewertet werden kann. Bis zuletzt war die Sicherheitslage durch Anschläge gefährdet und die Korruption im Land hoch. Das ursprüngliche Ziel, Afghanistan zu demokratisieren, hatten die internationalen Kräfte bereits im Laufe der Jahre aufgegeben. Ob der afghanische Staat nach dem Abzug der ausländischen Truppen allein in der Lage sein wird, stabile Verhältnisse zu garantieren, ist offen und bleibt abzuwarten.

8.3 Frieden und Sicherheit durch die UNO?

8.3.1 Was ist die UNO?

M1 24. Oktober: Tag der Vereinten Nationen

M2 Erklärung zum Tag der Vereinten Nationen

UNO-Generalsekretär Ban Ki-Moon

Seit der Gründung der Vereinten Nationen vor 66 Jahren hat die Welt unglaubliche Fortschritte gemacht. Wir alle leben länger. Mehr Kinder überleben. Mehr und mehr von uns leben in Frieden, in einem demokratischen Rechtsstaat. [...]

Dennoch sind all diese Fortschritte bedroht. Durch Wirtschaftskrisen, steigende Arbeitslosigkeit, Ungleichheit und Klimawandel. Überall auf der Welt gibt es zu viele Menschen, die in Angst leben. Zu viele glauben, dass ihre Regierungen und die Weltwirtschaft sie nicht mehr unterstützen können.

In diesen unruhigen Zeiten gibt es nur eine Lösung: gemeinsame Ziele.

Globale Probleme fordern globale Lösungen. Diese Probleme zwingen alle Staaten zu mehr Zusammenarbeit, um Maßnahmen im Interesse der Völker dieser Welt ergreifen zu können.

Das ist die Hauptaufgabe der Vereinten Nationen:

- Eine bessere Welt zu schaffen.
- Niemanden zurückzulassen.
- Sich für die Ärmsten und Verletzlichsten im Namen der sozialen Gerechtigkeit und des weltweiten Friedens einzusetzen.

Lassen Sie uns an diesem besonderen Tag anerkennen, dass die Vereinten Nationen niemals so sehr gebraucht wurden wie heute. Dass in einer zunehmend vernetzten Welt nur durch Zusammenarbeit ein Geben und Nehmen entstehen kann.

Arbeiten wir gemeinsam im Namen des globalen Gemeinwohls, mit einer Stärke von sieben Milliarden.

UNO-Generalsekretär Ban Ki-Moon, Erklärung zum Tag der Vereinten Nationen, 24.10.2011, www.unric.org

M3 Ziele und Grundsätze der Vereinten Nationen

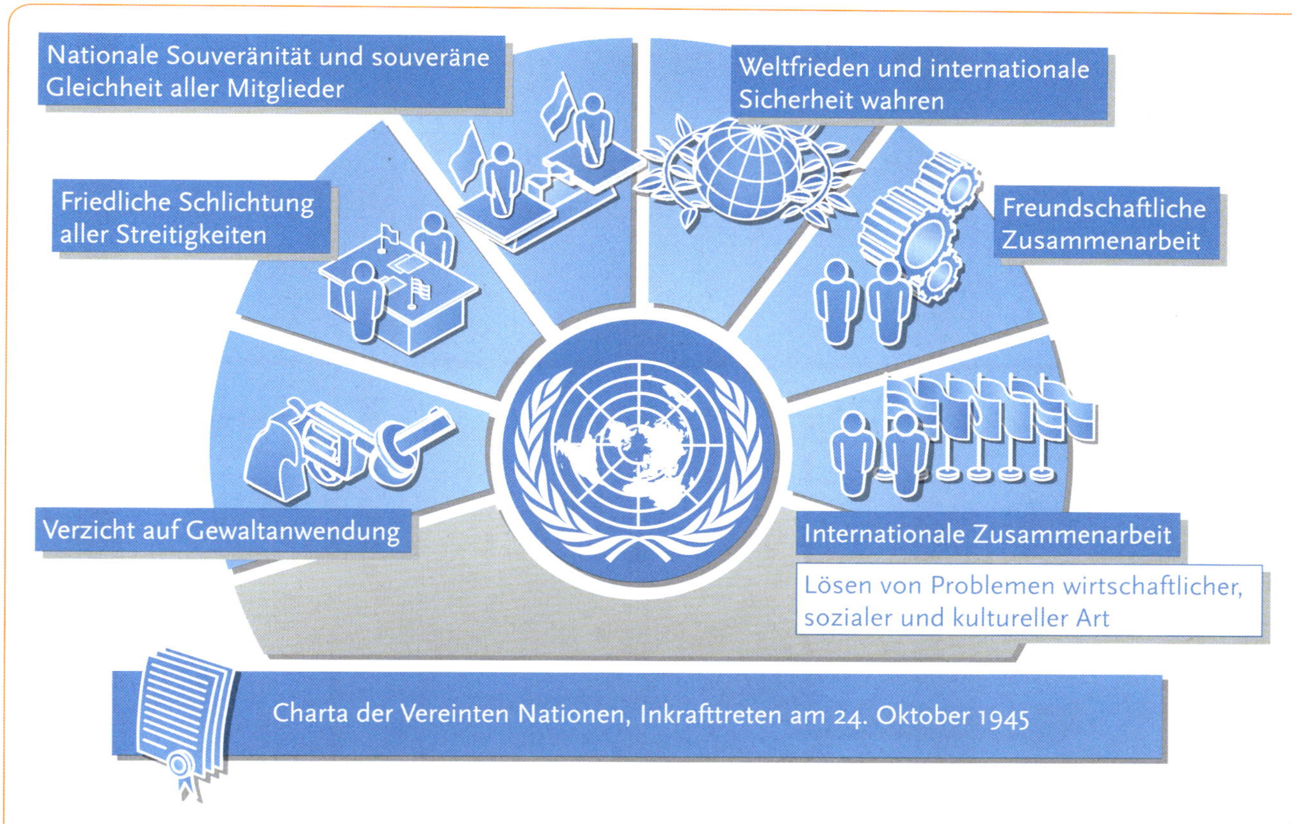

Bundeszentrale für politische Bildung, 2010, www.bpb.de

Aufgaben

1. a. Sammelt in eurer Klasse Termine, die in euren Kalendern am 24. Oktober stehen.
   b. Nennt Gründe, weshalb diese Termine für euch bedeutend sind.
   c. Stellt Hypothesen auf, was sich hinter dem Tag der Vereinten Nationen verbirgt.
2. (W) Warum ist der Tag der Vereinten Nationen so bedeutend?
   Arbeite aus M2 Fortschritte und Probleme der UNO heraus. **ODER**
   Begründe, ob der Tag der Vereinten Nationen am 24. Oktober in allen Kalendern stehen sollte.
3. Ordne die in M2 genannten Fortschritte und Probleme den Themenfeldern von M3 zu.
4. Ergänze den Kalendereintrag, indem du mit einem Satz erklärst, worum es sich beim Tag der Vereinten Nationen handelt.

8.3.2 Wie ist die UNO aufgebaut?

M4 Welche Organisationen gehören zur UNO?

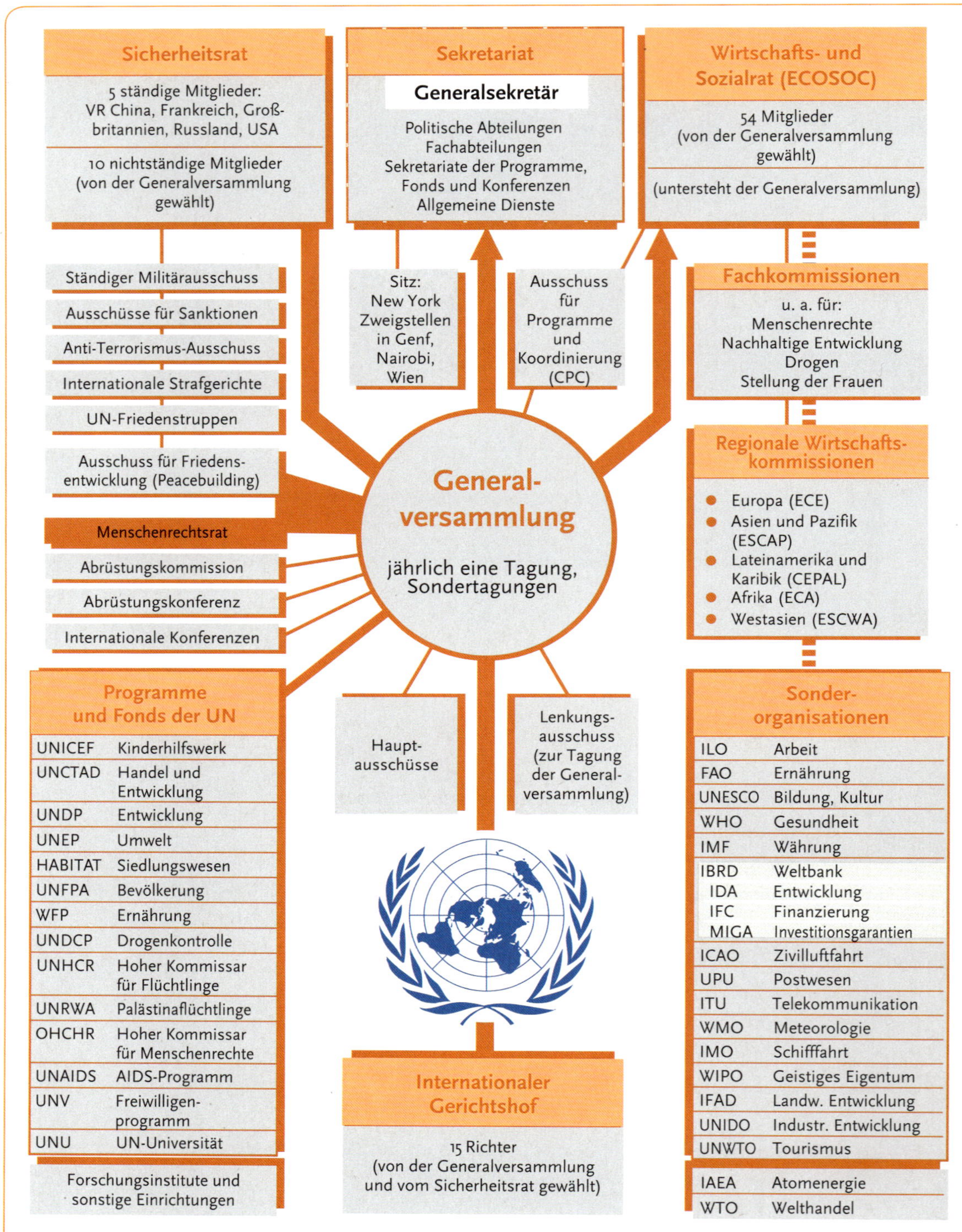

Bergmoser + Höller Verlag AG, Zahlenbilder 615120

M5 Verbindliche Beschlüsse durch den Weltsicherheitsrat

Globus-Grafik 5938, Quelle: UN, Stand 2015

M6 Wer ist wofür zuständig in der UNO?

Fragen, die Schule und Erziehung auf der ganzen Welt betreffen, werden hier besprochen.

Eine weltweite Reduzierung der Waffen soll beschlossen werden.

Es sollen Absprachen zu weltweiten Gesundheitsfragen getroffen werden.

Durchführung eines Ideenaustausches zur industriellen Entwicklung

Die Anklage von Kriegsverbrechern soll angeregt werden.

In einem Krisengebiet müssen Flüchtlinge versorgt werden.

Ein neuer Generalsekretär soll gewählt werden.

Friedenstruppen sollen entsandt werden.

Wichtige Umweltfragen sollen gelöst werden.

Aufgaben

1. Ordne die Zuständigkeiten für die Fragen in M6 den Organen der UNO zu. (M4)
2. Erkläre, warum der Sicherheitsrat eine zentrale Rolle in den Vereinten Nationen spielt. (M4, M5)

8.3.3 Welche Maßnahmen kann die UNO ergreifen?

M7 Möglichkeiten der UNO im Einsatz für den Frieden

→ **Friedensschaffende Maßnahmen**
Diplomatische Maßnahmen zur friedlichen Lösung eines Konfliktes. Neben der Bereitstellung guter Dienste, Vermittlung und Schlichtung können sie auch diplomatische Isolationsmaßnahmen und Sanktionen umfassen (z. B. Kontosperrung, Reiseverbote ...).

→ **Friedenserzwingende Maßnahmen**
Maßnahmen zur Wiederherstellung des Friedens in Konfliktgebieten unter Einsatz militärischer Mittel, auch ohne Zustimmung der Konfliktparteien (z. B. Einmarsch von Truppen).

→ **Friedenserhaltende Maßnahmen**
Aktivitäten zur Eindämmung, Entschärfung und/oder Beendigung von Feindseligkeiten zwischen Staaten oder in Staaten durch Intervention einer neutralen dritten Partei unter internationaler Organisation und Leitung. Militärische Streitkräfte und zivile Organisationen können die politische Streitbeilegung ergänzen und für die Wiederherstellung und Wahrung des Friedens sorgen. Friedenserhaltende Maßnahmen beinhalten die Stationierung einer Friedenstruppe im Krisengebiet. Die Zustimmung der Konfliktparteien ist erforderlich (z. B. Stationierung einer Friedenstruppe).

→ **Friedenskonsolidierende Maßnahmen**
Maßnahmen zur Bestimmung und Förderung von Strukturen, die geeignet sind, den Frieden zu festigen, um das Wiederaufleben eines Konfliktes zu verhindern. Diese können sowohl militärisches als auch ziviles Eingreifen erfordern (z. B. Vorbereitung und Durchführung von Wahlen).

M8 Wo sind die Blauhelme im Einsatz?

UN-Blauhelme übernehmen Aufgaben der Friedenssicherung (peacekeeping). Seit der ersten Friedensoperation im Jahr 1948 hat der Sicherheitsrat der Vereinten Nationen immer wieder Blauhelme in alle Welt geschickt.
Damit Blauhelmsoldaten entsendet werden können, muss der Sicherheitsrat diesen Einsatz einstimmig beschließen. Blauhelmsoldaten werden oft auch nach Beendigung eines Konfliktes in eine Krisenregion entsendet, um dort den oft noch sehr brüchigen Frieden zu sichern. Zurzeit gibt es 15 Friedensmissionen, sieben in Afrika, drei in Europa, drei im Nahen Osten, eine in Asien und eine in Mittelamerika. Dafür gaben die UN im Jahr 2009 ca. 6,5 Mrd. Euro aus.

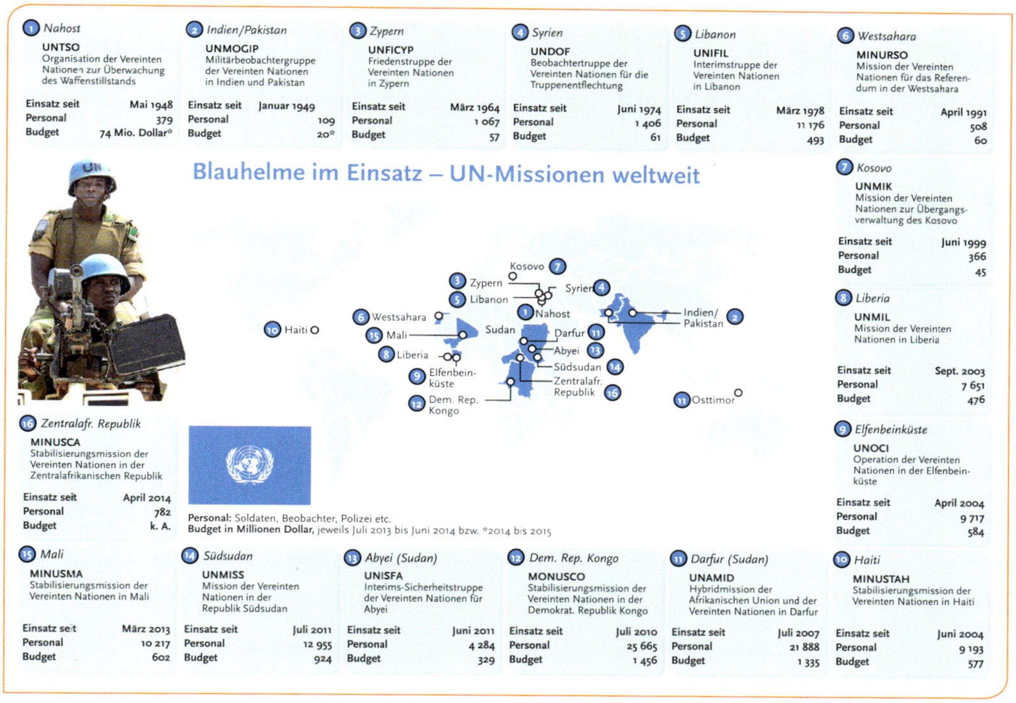

Globus-Grafik 6810, Quelle: UN, Stand Juni 2014

Kompetenz: Urteilen

Meinungsbildung im Vier-Ecken-Spiel

Das Vier-Ecken-Spiel hilft dabei, sich zu einem Thema ein eigenes Urteil zu bilden. Du solltest immer die Kriterien der Urteilsbildung anwenden.

Leitfaden – Vier-Ecken-Spiel

1. Legt gemeinsam eine strittige Frage fest, zu der es verschiedene Sichtweisen/Lösungen gibt. Hängt diese im Klassenzimmer auf.
2. Jeder von euch geht nun von Ecke zu Ecke und schaut sich die vier Sichtweisen/Lösungen aufmerksam an.
3. Um euch für eine Sichtweise entscheiden zu können, wendet ihr folgende Kriterien/Fragestellungen an:
   - Ist die Lösung **legal**? Überprüfe, ob Regeln oder Verfassungsnormen verletzt werden.
   - Ist die Lösung **effizient**? Ist das erwünschte Ziel erreichbar? Berücksichtige dabei auch, ob und inwiefern unerwünschte Nebenfolgen vermeidbar sind.
   - Ist die Lösung **legitim**? Hier orientierst du dich an Werten wie Rechtsstaatlichkeit, Gerechtigkeit, Nachhaltigkeit …
   - Ist die Lösung **verantwortbar**?
4. Ordnet euch dann der Sichtweise zu, der ihr am ehesten zustimmen könnt.
5. Erklärt euch eure Position. Benennt euer wichtigstes Kriterium.
6. Vergleicht eure genannten Argumente und ordnet sie den in Schritt 3 genannten Kriterien zu.

M9 Bürgerkrieg in Transmanien

In Transmanien herrscht Bürgerkrieg. Militärische Auseinandersetzungen werden zwischen Truppen der Regierung und den Kämpfern verschiedener Oppositionsgruppen geführt. Die Auseinandersetzungen hatten vor zwei Jahren als friedlicher Protest begonnen.
Jedoch eskalierten die Demonstrationen zu einem bewaffneten Konflikt.
Nach UN-Angaben sind in dem Konflikt rund 100.000 Menschen ums Leben gekommen. Die Zahl der Flüchtlinge ist auf über 700.000 gestiegen. Die internationale Staatengemeinschaft und das regionale Umfeld sind gespalten.

Wie soll die internationale Gemeinschaft reagieren?

Militärische Intervention
Regierungstruppen gehen weiter militärisch gegen die Aufständischen vor. Es gibt sogar Gerüchte von Giftgas-Einsatz. Auch Sanktionen zeigen wenig Wirkung. Die Internationale Gemeinschaft steht deshalb in der Pflicht, die Rebellen durch einen Militärschlag zu unterstützen.

Unterstützung
Täglich sterben in Transmanien Zivilisten durch den Beschuss des Militärs. Die Weltgemeinschaft muss deshalb die Aufständischen mit Waffen, Ausrüstung und Geld versorgen. Ein militärischer Eingriff in den Bürgerkrieg sollte nicht erfolgen: Die Erfahrungen im Afghanistankrieg sprechen dagegen und es besteht die Gefahr, dass dann der Konflikt auf die ganze Region übergreift.

Wie soll die internationale Gemeinschaft auf Bedrohungen von Frieden reagieren und mit dem Konflikt umgehen?

Diplomatie
Die humanitäre Lage in Transmanien spitzt sich täglich zu. Der Einsatz von Gewalt stellt jedoch kein legitimes Mittel dar. Aus diesem Grund sollte die internationale Staatengemeinschaft das Regime auf sämtlichen diplomatischen Kanälen zu einer Beendigung des Konflikts drängen und diese Forderung mit scharfen Wirtschaftssanktionen untermauern.

Nichteinmischung
Die Souveränität eines Staates wird durch das Völkerrecht vorgeschrieben und sollte unter allen Umständen beachtet werden. Die Internationale Gemeinschaft muss sich deshalb aus dem Konflikt raushalten und dem Präsidenten und seiner Regierung die Lösung dieser innerstaatlichen Auseinandersetzung überlassen.

Sanktion
Maßnahme, die gegen einen Staat eingeleitet wird, der internationales Recht verletzt

humanitär
auf das Wohl der Menschen gerichtet

Aufgaben

1. Vergleiche die vier Strategien „Friedensschaffung", „Friedenserzwingung", „Friedenssicherung" und „Friedenskonsolidierung". (M7)
2. a. Teilt die UN-Blauhelmmissionen untereinander auf und recherchiert im Internet nach folgenden Aspekten: Einsatzgebiet, Ziele und Mittel. (M8)
   b. Welche der vier Maßnahmen aus M7 lässt sich der von dir ausgewählten Mission zuordnen? Begründe.
3. Führe das Vier-Ecken-Spiel zum Transmanien-Konflikt durch. (M9)
4. (Z) Gestalte eine Rede zum Tag der Vereinten Nationen in diesem Jahr.

8.3.4 Probleme der UNO

M10 UN-Resolutionen

Klaus Stuttmann, 2006

M11 Vor welchen Problemen steht die UNO?

Mit mehr als 30 angegliederten Organisationen arbeitet die UNO Tag für Tag daran, ihre Ziele durchzusetzen, nämlich den Respekt für die Menschenrechte zu fördern, die Umwelt zu schützen, Krankheiten zu bekämpfen, Kriegsursachen und -folgen bekämpfen und Armut zu verringern.

Auch wenn die UNO bis heute bei der Durchsetzung ihrer Ziele Erfolge zu verzeichnen hat, steht diese große Organisation vor Problemen. Diese haben verschiedene Ursachen. Zum einen besitzt die UNO nicht die Durchsetzungskraft eines Staates, der über die Möglichkeit verfügt Gesetze zu beschließen. Sie stellt nur einen freiwilligen Zusammenschluss der einzelnen Staaten der Erde dar und ist immer auf die Zustimmung der Mitglieder angewiesen.

Zum anderen gibt es Mängel in ihrer Organisationsstruktur. So kann die Generalversammlung, in der alle Staaten vertreten sind, keine verbindlichen Beschlüsse fassen, sondern lediglich Empfehlungen abgeben. Und obwohl der Generalsekretär der Hauptverantwortliche für die Verwaltung der UNO ist, kann er nicht eigenständig handeln.

Diesen beiden Organen steht der Sicherheitsrat gegenüber. Dessen Machtverteilung beruht auf dem Mächteverhältnis von 1945. Die damals bestimmten fünf ständigen Mitglieder (USA, Russland, China, Frankreich und Großbritannien) spiegeln nicht mehr die heutige Situation wieder: So wird Asien lediglich durch China vertreten, Afrika und Südamerika überhaupt nicht, während Europa überproportional stark vertreten ist. Das Vetorecht, das diesen fünf ständigen Mitgliedern zusteht, verhindert Entscheidungen. So kann eine Minderheit eine Mehrheitsentscheidung durch ein Veto blockieren.

Ein weiteres Problem stellt die Finanzierung von Projekten und Einsätzen dar. Die Vereinten Nationen verfügen über keine eigenständigen Einnahmequellen, sondern finanzieren sich aus Beitragszahlungen ihrer Mitglieder. Wenn Mitgliedstaaten ihren Zahlungsverpflichtungen nicht nachkommen, gibt es keine Druckmittel und die Vereinten Nationen müssen plötzlich mit weniger Mitteln auskommen. Auf diese Weise werden Handlungsmöglichkeiten eingeschränkt.

Verschärft wird das Problem der Abhängigkeit bei der Aufstellung von Blauhelmtruppen. Die UNO verfügt über keine eigenen Truppen. Sie ist bei jedem Einsatz darauf angewiesen, dass Mitgliedstaaten bereit sind, Truppen zur Verfügung zu stellen.

M12 Thesen zur Rolle der UNO

Die Vereinten Nationen können auf viele erfolgreiche Blauhelm-Einsätze zurückblicken.

Der Sicherheitsrat kann keine Kriege verhindern.

Die Stärke der Vereinten Nationen ist der zivile Aufbau.

Der Sicherheitsrat kann Waffenstillstand erzwingen und Verhandlungen in Gang setzen.

Streng militärische Aufgaben überfordern die Vereinten Nationen.

Wenn es den Weltsicherheitsrat nicht gäbe, müsste man ihn erfinden. Nur so kommen doch alle an einen Tisch.

Der Weltsicherheitsrat blockiert sich doch oft durch das Vetorecht, das jedem der fünf ständigen Mitglieder zusteht.

Erklärfilm zu den Vereinten Nationen (Mediencode 70021-10)

Z

Recherchiert in Gruppenarbeit, welche internationalen (Hilfs-)Organisationen sich für den Frieden einsetzen und mit welchen Mitteln sie dies tun. Erstellt dazu eine Wandzeitung.

Aufgaben

W 1. Warum stößt die UNO an ihre Grenzen? Analysiere die Karikatur. (M10) **ODER** Arbeite aus dem Text heraus, welche Probleme die UNO hat. (M11)
2. Arbeitet in Gruppen. Einigt euch auf eine der Thesen und schreibt auf, warum ihr sie für zutreffend/nicht zutreffend haltet. Beurteilt anschließend Stärken und Schwächen der UNO. (M12)
3. Überprüfe, ob die UNO deiner Meinung nach eine bessere Welt schaffen kann. Nenne das wichtigste Kriterium.

8.3.5 Ein Weltgericht als Chance für Gerechtigkeit und Frieden? Der Internationale Strafgerichtshof

M13 Urteil gegen einen Kriegsverbrecher

Es ist ein Meilenstein in der Geschichte der Weltjustiz. Am 14.3.2012 fällte der Internationale Strafgerichtshof (IStGH) in Den Haag sein erstes Urteil überhaupt: Einstimmig sprach er Thomas Lubanga, Gründer und Chef einer Miliz im Kongo, wegen Kriegsverbrechen schuldig. [Das Strafmaß wurde im Juli 2012 auf 14 Jahre Haft festgelegt.]

Zwischen 2002 und 2003 hatten Truppen, die unter dem Kommando Lubangas standen, zahlreiche Kinder unter 15 Jahren aus ihren Häusern oder aus den Schulen verschleppt, militärisch ausgebildet und in den Krieg geschickt. [...] Lubanga, geboren 1960, hatte im Zweiten Kongokrieg (1998-2003) mit Hilfe aus Uganda im Jahr 2000 die Patriotischen Kräfte für die Befreiung des Kongo (FPLC) gegründet, eine Miliz, der zahlreiche Kriegsverbrechen angelastet werden. Doch beschränkte sich die Anklage des Weltstrafgerichtshofs auf die Rekrutierung und den Einsatz von Kindersoldaten, um den Prozess nicht unnötig in die Länge zu ziehen. Der unwiderlegbare Nachweis anderer Verbrechen wäre wohl schwieriger, jedenfalls aber extrem zeitraubend gewesen. [...]

Lubanga wurde nach der Ermordung von neun Blauhelm-Soldaten der UN-Mission 2005 im Kongo festgenommen. Als der IStGH im Jahr danach einen Haftbefehl gegen ihn erließ, wurde der Milizenführer nach Den Haag ausgeliefert. Er war der erste Häftling des Weltstrafgerichts, das 2002 seine Tätigkeit aufgenommen hatte. [...]

Thomas Schmid, Historisches Urteil, in: Frankfurter Rundschau, 15.3.2012

Der ehemalige kongolesische Rebellenschef Thomas Lubanga während der Urteilsverkündung im Gerichtssaal in Den Haag am 14.3.2012

M14 Ein Gericht für die Welt: der Internationale Strafgerichtshof

Jahrtausendlang war der Krieg ein rechtsfreier Raum. [...] Im Mittelalter sprachen die christlichen Kreuzfahrer vom Heiligen Krieg und brandschatzten Dörfer und Städte, vergewaltigten und ermordeten Ungläubige. Erst im ausgehenden 19. Jahrhundert wurden in internationalen Abkommen Kriegshandlungen rechtliche Grenzen gesetzt, vor allem in der Haager Landkriegsordnung von 1899. Doch wer die missachtete, hatte in der Regel nichts zu fürchten. [...]

[Der IStGH ist Ausdruck] einer regional und zeitlich nicht begrenzten Weltjustiz. Er wurde durch einen internationalen Vertrag [Römisches Statut] ins Leben gerufen [...]. Bis heute [Stand: August 2013] sind ihm 121 Staaten beigetreten. 32 weitere Staaten haben sein Statut unterzeichnet, aber noch nicht ratifiziert. Nachdem der 60. Staat seine Ratifikationsurkunde hinterlegt hatte, konnte das Gericht am

Ratifikation
Bestätigung eines von der Regierung geschlossenes Vertrags durch die gesetzgebende Körperschaft (in der Regel das Parlament)

1. Juli 2002 seine Arbeit aufnehmen.

Nach eigenem Statut kann der ICC nur Völkermord, Kriegsverbrechen, Verbrechen gegen die Menschlichkeit und Verbrechen der Aggression (Angriffskrieg)[1] verfolgen, die nach dem 1. Juli 2002 begangen wurden. Und er ist nur zuständig, wenn die nationale Gerichtsbarkeit nicht fähig oder willens ist, die genannten Verbrechen zu ahnden.

Die wichtigste Einschränkung aber: Der ICC kann nur Täter zur Rechenschaft ziehen, die einem Staat angehören, der sein Statut ratifiziert hat oder die ihr Verbrechen in einem der Vertragsstaaten begangen haben. In allen andern Fällen kann er nur tätig werden, wenn er vom Sicherheitsrat der Vereinten Nationen dazu ermächtigt wird. [...]

Thomas Schmid, Der schwierige Weg zu einer Weltjustiz, in: Frankfurter Rundschau, 27.6.2012

1 Was eine kriegerische Aggression ist, darauf konnten sich die Unterzeichnerstaaten erst auf der Konferenz in Kampala 2010 einigen. Die vertragliche Definition ist allerdings noch nicht in Kraft getreten und findet noch keine Anwendung. (Stand: August 2013)

M15 Echte Chance für Frieden und Gerechtigkeit?

Gerhard Mester, Baaske Cartoons

Die USA hatten, nachdem Präsident Bill Clinton im letzten Moment das Statut unterzeichnet hatte, unter George W. Bush junior (Person in der Karikatur) die Unterschrift zurückgezogen.

Aufgaben

1. Beschreibe die Zuständigkeit und die Bedeutung des Internationalen Strafgerichtshofs. (M13, M14)
2. Analysiere die Karikatur. (M15)
3. Beurteile, ob der IStGH eine Chance für Frieden und Gerechtigkeit in der Welt ist.
4. Z Recherchiere den aktuellen Stand eines laufenden Falles am IStGH und präsentiere die wesentlichen Ergebnisse.

Grundwissen

Aufbau der UNO

Die UNO wurde 1945 als weltweite Friedensorganisation gegründet, um Weltkriege zu verhindern. In der UN-Charta sind ihre Ziele festgelegt: die Wahrung des Weltfriedens und der internationalen Sicherheit.
Unter dem Dach der UNO finden sich zahlreiche Institutionen. Der Sicherheitsrat trägt die Hauptverantwortung, wenn es darum geht, Streitigkeiten zwischen Ländern oder verfeindeten Parteien beizulegen. Damit stellt er das wichtigste Organ der UNO dar. Seine Beschlüsse sind für alle Staaten bindend, auch wenn dazu die Zustimmung aller fünf ständigen Mitglieder erforderlich ist.

Wie die UNO Frieden schafft

Die UNO kann verschiedene Maßnahmen ergreifen: Die friedensschaffenden Maßnahmen umfassen diplomatische Aktivitäten, Vermittlung, Schlichtung bis hin zur politischen Isolierung. Die friedenserzwingenden Maßnahmen reichen von wirtschaftlichen Sanktionen bis hin zum Einsatz von Waffengewalt. Das Stationieren von Friedenstruppen in Krisengebieten stellt eine friedenserhaltende Maßnahme dar. Zur Förderung von Strukturen (Friedenskonsolidierung) gehören Maßnahmen, die das Risiko verringern sollen, dass Länder in eine Konfliktsituation (zurück)fallen.

Probleme der UNO

In der Praxis steht die UNO vor Problemen. Die Mitgliedsländer stellen nicht genug finanzielle und personelle Mittel zur Verfügung. Gleichzeitig drängt sich bei vielen Abstimmungen der Eindruck auf, dass die Mitgliedstaaten eigene Interessen in den Vordergrund stellen. Die Organisation des Sicherheitsrates stellt die UNO vor große Probleme. Die ständigen Mitglieder des Sicherheitsrates können ein Veto gegen Resolutionen einlegen und damit Beschlüsse aufheben.

Der Internationale Strafgerichtshof

1998 hat die UNO beschlossen, einen Internationalen Strafgerichtshof (IStGH) einzurichten, der seit 2002 als unabhängige internationale Organisation arbeitet. Seine Hauptaufgabe ist die Verfolgung und Bestrafung schwerster Verbrechen von internationaler Bedeutung. Dazu gehören Völkermord, Verbrechen gegen die Menschlichkeit und Kriegsverbrechen.
Die USA und eine Reihe anderer Staaten, die in internationale Konflikte verwickelt sind, haben erklärt, dass sie mit dem IStGH nicht zusammenarbeiten wollen. Dadurch wird seine Bedeutung und seine Wirkungsmöglichkeit deutlich kleiner.

Kompetenztraining

M1 10 Jahre NATO und Bundeswehr in Afghanistan

Klaus Stuttmann, 2011

M2 Richtig oder falsch?

1. Der Bundeskanzler entscheidet, ob die Bundeswehr eingesetzt wird.
2. Die Bundeswehr kann nur im Rahmen der NATO eingesetzt werden.
3. Deutschland hat sich verpflichtet, jedes Mitgliedsland der NATO bei der Verteidigung zu unterstützen, wenn dieses angegriffen wurde (Bündnisfall).
4. Seit dem Ende des Kalten Krieges gibt es keine Bedrohungen mehr für die Sicherheit Deutschlands.
5. Die Bundeswehr war in Afghanistan nur zum friedlichen Wiederaufbau eingesetzt.
6. Der NATO-Bündnisfall wurde bisher das erste und einzige Mal nach dem Anschlag auf das World Trade Center am 11.9.2001 ausgerufen.
7. In der UNO-Generalversammlung haben alle Mitglieder je eine Stimme und zählen gleich viel.
8. Deutschland hat einen ständigen Sitz im Weltsicherheitsrat, der für die Wahrung des Weltfriedens zuständig ist.

Lösung am Ende des Buches.

Kompetenztraining

M3 Konfliktfälle und ihre Regelung

Ihr seid Regierungsberater und sollt entscheiden, welche Maßnahmen zur Konfliktlösung in den folgenden Fällen ergriffen werden sollen. Es kann sich dabei auch um eine Abfolge von Maßnahmen handeln. Entscheidet gegebenenfalls auch, welche internationale Organisation zur Durchführung der Maßnahmen betraut werden soll – ihr habt in diesem Kapitel zwei große kennengelernt. Begründet eure Entscheidung ausführlich. Beachtet dabei auch mögliche Konsequenzen eurer Entscheidung.

Fall 1

Die ethnische Mehrheit eines Landes terrorisiert die Minderheiten, mehr als 100.000 Menschen wurden grausam getötet oder gezwungen, in die Nachbarländer zu fliehen. Wirtschaftssanktionen und diplomatische Bemühungen wurden von den Machthabern ignoriert.

Fall 2

Ein Land mit einem autoritären Regime wird verdächtigt, Atomwaffen zu produzieren. Es weigert sich immer wieder, internationale Untersuchungen zuzulassen.

Fall 3

Nach einem verheerenden Bürgerkrieg haben sich die Bürgerkriegsparteien einigen können und einen Friedensvertrag geschlossen, doch ist der Friede noch brüchig. Immer wieder kommt es zu Verletzungen des Waffenstillstandes durch einzelne Gruppen.

Fall 4

Ein Land beherbergt Terroristen, die wiederholt internationale Attentate mit großen Opferzahlen ausgeführt haben. Es weigert sich, die Terroristen auszuliefern.

Fall 5

Das Militär eines Landes marschiert in einem Nachbarland ein und besetzt staatliche Einrichtungen. Die Rohstoffvorkommen werden ausgebeutet und die Bevölkerung schikaniert.

Aufgaben

1. Analysiere die Karikatur und erkläre dabei die Hintergründe des Einsatzes in Afghanistan mit deinem Wissen. (M1)
2. Begründe zu jedem Satz, ob er falsch oder richtig ist. Formuliere die falschen Sätze zu richtigen um. (M2)
3. Wähle einen Fall (M3) aus und formuliere eine begründete Stellungnahme, wie sich Deutschland verhalten soll.

Kleines Politiklexikon

Binnenmarkt
Ein Wirtschaftsraum, in dem einheitliche Bedingungen für den Verkehr von Waren, Dienstleistungen und Kapital herrschen. Bürger können ihren Wohn- und Arbeitsort frei wählen. Der Binnenmarkt in der EU wurde zum 1. Januar 1993 verwirklicht.

Bruttoinlandsprodukt (BIP)
Messgröße, mit der die wirtschaftliche Leistungskraft eines Landes dargestellt wird. Das BIP umfasst den Geldwert aller in einem Jahr innerhalb der Landesgrenzen produzierten Waren und Dienstleistungen (von Inländern und Ausländern). Um das BIP pro Kopf zu erhalten, teilt man das BIP eines Landes durch die Zahl der Einwohner.

Bürgerinitiative
Lockerer, zeitlich befristeter Zusammenschluss von Bürgerinnen und Bürgern, die wegen eines bestimmten Anliegens Einfluss auf die Politik nehmen wollen.

Bund (Bundesstaat)
Der Zusammenschluss mehrerer Staaten zu einem Gesamtstaat, zum Beispiel die Bundesrepublik Deutschland mit allen Bundesländern.

Bundeskanzler
Der Chef der Bundesregierung. Er (oder sie) bestimmt die Richtlinien der Politik und trägt die Verantwortung dafür.

Bundespräsident
Das Staatsoberhaupt der Bundesrepublik. Er repräsentiert Deutschland nach außen. Außerdem gehören zu seinen Aufgaben die Ernennung und Entlassung der höchsten Staatsbeamten und die Unterzeichnung der vom Bundestag verabschiedeten Gesetze.

Bundesrat
Über den Bundesrat wirken die Länder an der Gesetzgebung des Bundes mit. Er muss bei Gesetzen, die Länderinteressen berühren oder die Verfassung ändern, zustimmen, damit diese in Kraft treten können. Bei anderen Gesetzen kann er Einspruch erheben, der aber vom Bundestag überstimmt werden kann.

Bundestag
Name des deutschen Parlaments, s. dort

Bundesverfassungsgericht
Höchstes deutsches Gericht mit Sitz in Karlsruhe. Das Bundesverfassungsgericht (BVerfG) wacht darüber, dass alle deutschen Parlamente, Regierungen und Gerichte das Grundgesetz einhalten. Jeder Bürger kann eine Verfassungsbeschwerde beim Bundesverfassungsgericht einreichen.

Demografischer Wandel
Bezeichnung dafür, wenn sich die Altersstruktur einer Bevölkerung, also die Zusammensetzung einer Gesellschaft von Alten und Jungen ändert. In Deutschland und vielen anderen entwickelten Ländern werden immer weniger Kinder geboren, sodass die Bevölkerung durchschnittlich älter wird.

Demokratie
Das Wort stammt aus dem Griechischen, bedeutet Herrschaft des Volkes und ist die Staatsform der Bundesrepublik Deutschland.

Europäische Union
Die Gemeinschaft von heute (Stand: 2013) 28 europäischen Staaten wurde 1957 als Wirtschaftsbündnis gegründet. Neben der gemeinsamen Politik in allen wirtschaftlichen Bereichen wurde im Vertrag von Maastricht (1992) auch eine Zusammenarbeit in der Außen- und Sicherheitspolitik sowie der Justiz- und Innenpolitik beschlossen.

EU-Konvergenzkriterien
Vier Kriterien zur Beurteilung der wirtschaftlichen Stabilität eines Landes (Preisstabilität, siehe: Inflation, Schuldenstand, Wechselkursstabilität, langfristige Zinsen). Ein EU-Mitglied muss diese erfüllen, um den Euro als Währung einführen zu können.

EU-Organe
Zu den wichtigsten Organen der Europäischen Union – vergleichbar mit den Verfassungsorganen in der Bundesrepublik Deutschland – gehören der Ministerrat, die Europäische Kommission, das Europäische Parlament, der Europäische Gerichtshof und der Europäische Rechnungshof. Der Europäische Rat ist kein Organ der EU im rechtlichen Sinne, doch hat der Europäische Rat eine große Bedeutung für die Entwicklung der Europäischen Union.

Exekutive
Die ausführende Gewalt, d. h. Regierung und Verwaltung.

Familie
Gemeinschaft, die bei uns in der Regel aus den Eltern und 1-2 Kindern besteht (Kleinfamilie). Im weiteren Sinne gehört zur Familie auch die Verwandtschaft. Immer häufiger leben Familien zusammen, die sich aus verschiedenen Ursprungsfamilien zusammensetzen (sogenannte Patchwork-Familie).

Finanzkrise
In den Jahren 2007-2010 steckte die Weltwirtschaft in einer schweren Krise. Ausgelöst wurde diese durch falsche Geldanlagen von Banken, die daraufhin z. T. zahlungsunfähig waren und ihre Funktion im Finanzsystem, nämlich Geld zu verleihen, nicht mehr wahrgenommen haben.

Föderalismus
Gliederung eines Staates in Gliedstaaten (in der Bundesrepublik Deutschland die Bundesländer) mit eigener Verfassung, Regierung und Parlament. Bezeichnet auch das Bestreben, die Rechte der Gliedstaaten zu wahren.

Freihandel
Wenn Staaten Güter und Dienstleistungen frei ein- und ausführen können, also keine Zollschranken oder sonstigen Beschränkungen den Handel behindern.

Gemeinde
Die Gemeinden (Kommunen) bilden das unterste politische Gemeinwesen in der Bundesrepublik Deutschland. Gemeinden besitzen das Recht der Selbstverwaltung (Art. 28 GG) und regeln im Rahmen der Gesetze alle Angelegenheiten der örtlichen Gemeinschaft in eigener Verantwortung.

Generationenvertrag
Bezeichnung für das Grundprinzip der gesetzlichen Rentenversicherung, nach dem der heute arbeitende Teil der Gesellschaft für die Rentenzahlungen an den nicht mehr arbeitenden Teil aufkommt.

Geschäftsfähigkeit
Kinder und Jugendliche sind nur eingeschränkt geschäftsfähig: Erst ab 7 Jahren dürfen sie mit Einwilligung der Eltern einen (Kauf-)Vertrag abschließen. Geringe Geldbeträge (z. B. Taschengeld) dürfen auch ohne Zustimmung der Eltern ausgegeben werden.

Gesetz
Ein Gesetz ist eine verbindliche Vorschrift, die das Ziel hat, das Zusammenleben der Menschen zu regeln. Es muss in einem dafür vorgesehenen Verfahren rechtmäßig zustande kommen. Gesetze werden von den Parlamenten (Bundestag, Landtag, Gemeindevertretung) beschlossen.

Gewaltenteilung
Verteilung der drei Gewalten Gesetzgebung (Legislative), Verwaltung (Exekutive) und Gerichtsbarkeit (Judikative) auf verschiedene, voneinander unabhängige Staatsorgane. In der Regel sind dies Parlament, Regierung und Verwaltung und eine unabhängige Richterschaft. In der Bundesrepublik Deutschland ist die klassische Gewaltenteilung teilweise durchbrochen (Gewaltenverschränkung).

Globalisierung
Die wachsende Verflechtung der Weltwirtschaft, ermöglicht u. a. durch die Ausweitung der Kommunikationsmedien und enger Verkehrsverbindungen. Die G. bewirkt auch in einigen Bereichen eine Vereinheitlichung der Lebensstile.

Grundgesetz
Das Grundgesetz ist die Verfassung der Bundesrepublik; es regelt den Aufbau, die Aufgaben und das Zusammenspiel der Staatsorgane. Im Grundgesetz werden auch die Grundrechte garantiert, die jedem Einzelnen gewährt werden, wie zum Beispiel die Meinungsfreiheit, die Versammlungsfreiheit und die Menschenwürde.

Grundrechte
In der Verfassung garantierte Rechte, die für jeden Einzelnen gewährleistet werden, wie zum Beispiel die Meinungsfreiheit, die Versammlungsfreiheit und die Menschenwürde.

Jugendstrafrecht
Das Jugendstrafrecht ist ein besonderes Strafrecht für Jugendliche, das im Jugendgerichtsgesetz (JGG) geregelt ist. Es findet Anwendung auf Jugendliche zwischen 14 und 18 Jahren, auf Heranwachsende (18-21 Jahre) kann es angewendet werden. Der Strafzweck der Erziehung steht im Vordergrund.

Kabinett
Der Kanzler, die Minister und politische Beamte (Staatssekretäre).

Koalition
Zusammenschluss zweier oder mehrerer Parteien, die gemeinsam eine Regierung bilden und Gesetzentwürfe ausarbeiten.

Konstruktives Misstrauensvotum
Der Bundestag kann den Bundeskanzler nur durch die Wahl eines neuen Kanzlers (konstruktiv = gestaltend) zum Rücktritt zwingen.

Legislative
Die gesetzgebende Gewalt; sie wird in der Bundesrepublik Deutschland von Bundestag und Bundesrat ausgeübt (auf Landesebene von den Länderparlamenten).

Markt
Der Markt ist der Treffpunkt von Angebot und Nachfrage. Hier findet die Preisbildung statt.

Massenmedien
Sammelbezeichnung für Presse, Rundfunk, Fernsehen und Internet. Allgemein Kommunikationsmittel, mit denen Informationen durch Schrift, Ton oder Bild einseitig an ein sehr breites Publikum übermittelt werden können.

Medien, Neue
Verfahren und Mittel (Medien), die mithilfe neuer Technologien neuartige Formen der Informationserfassung und Informationsspeicherung ermöglichen. Früher wurden erst Radio, dann Fernsehen so bezeichnet, heute sind in der Regel elektronische, digitale und interaktive Medien gemeint.

Nachhaltigkeit
Der Begriff bedeutet, dass man nicht mehr von einem Rohstoff (der Natur) verbrauchen soll, als nachwachsen kann. In Bezug auf die Umwelt heißt das, dass man den Ausgangszustand für die folgenden Generationen bewahren soll und die Umwelt nicht durch Abgase und Müll irreparabel schädigen darf.

NATO
(engl. North Atlantic Treaty Organization, Nordatlantikpakt) Das Verteidigungsbündnis zwischen den USA, Kanada und westeuropäischen Staaten wurde am 4.4.1949 gegründet. Die Mitglieder verpflichten sich im Falle eines Angriffs auf einen Mitgliedstaat zum gegenseitigen Beistand. Wichtigstes Gründungsmotiv war die Abwehr des Kommunismus, insbesondere die Verteidigung gegenüber der Sowjetunion und seinen Verbündeten. Heute hat die NATO zum Ziel, Frieden und Freiheit weltweit zu verteidigen, z. B. auch im Auftrag der Vereinten Nationen.

Öffentliches Recht
Das Öffentliche Recht regelt die Angelegenheiten der Allgemeinheit. Dazu gehört z. B. die Organisation der staatlichen Institutionen und die Beziehung des Staates zu den Bürgern – z. B. im Falle des Strafrechts, in dem der Staat die Bürger und deren Eigentum schützt und Verstöße unter Strafe stellt.

Ökologie
So bezeichnet man die Wissenschaft von den Wechselbeziehungen zwischen den Lebewesen und ihrer Umwelt.

Ökonomisches Prinzip
Das ökonomische Prinzip besagt, dass die vorhandenen Mittel (Geld, Zeit) optimal eingesetzt werden sollen, um ein bestimmtes Ergebnis zu erreichen. Bei vorgegebenen Mitteln soll ein möglichst hoher Ertrag erzielt werden (Maximalprinzip). Bei einem vorgegebenen Ertrag sollen möglichst geringe Mittel eingesetzt werden (Minimalprinzip).

Opposition
Alle Personen und Gruppen, die der Regierung im Parlament gegenüberstehen und sie kritisieren.

Parlament
Die Versammlung der vom Volk gewählten Abgeordneten. Das Parlament regt Gesetze an, bewilligt sie und kontrolliert die Regierung. In einer parlamentarischen Demokratie nimmt vor allem die Opposition die Kontrollfunktion wahr, da die Mehrheit im Parlament die Regierung trägt.

Parteien
Politische Gruppen, die über einen längeren Zeitraum Einfluss auf die politische Willensbildung nehmen. Sie sind bereit, in Parlamenten und Regierungen Verantwortung zu übernehmen.

Politikverdrossenheit
Negative Einstellung von Bürgern gegenüber Politik, die häufig eine mangelnde Beteiligung am politischen Prozess nach sich zieht (z. B. nicht wählen gehen). In Demokratien, die auf die Beteiligung der Bürger bauen, ein großes Problem.

Pressefreiheit
Garantie für die freie Berichterstattung und Veröffentlichung von Informationen und Meinungen. Sie ist im deutschen Grundgesetz festgeschrieben (Art. 5 GG) und gilt als Grundlage der Demokratie, da sich die Bürger nur mithilfe der Informationen an politischen Entscheidungen beteiligen können.

Privatrecht
Der Bereich des Privatrechts regelt das Zusammenleben und die Streitigkeiten von Bürgern untereinander. Die wichtigsten rechtlichen Regelungen hierzu stehen im Bürgerlichen Gesetzbuch (BGB).

Rechtsfähigkeit
Mit der Geburt ist der Mensch Träger von Rechten und Pflichten.

Rechtsstaat
Alle staatlichen Handlungen sind an Recht und Gesetz gebunden, für jeden Bürger gelten die gleichen Gesetze. Die Grundlagen des deutschen Rechtsstaates sind im Grundgesetz unveränderlich festgeschrieben.

Ressourcen, natürliche
Allgemein bezeichnet man damit Mittel, die nötig sind, um ein Ziel zu erreichen. Natürliche Ressourcen sind Flüsse, Seen und Wälder. Sie sind wichtig für das Klima und produzieren Sauerstoff. Ressourcen sind auch Rohstoffe, wie etwa Öl und Erdgas.

Schülervertretung / Klassensprecher
Durch die Schülervertretung können die Schülerinnen und Schüler an der Mitgestaltung des Schullebens teilnehmen. Die Schülervertretung setzt sich zusammen aus gewählten Vertretern der Klassen- und Jahrgangsstufen. Diese vertreten die Interessen der Schülerschaft, z. B. indem sie in der Schulkonferenz Vorschläge machen und Themen ansprechen.

Soziale Marktwirtschaft
Die Soziale Marktwirtschaft ist eine Wirtschaftsordnung, die den Grundsatz der Freiheit auf dem Markt mit dem des sozialen Ausgleichs verbindet.

Sozialstaat
Bezeichnung für einen Staat, der seinen Bürgern ein Existenzminimum sichert, wenn sie in Not geraten sind, und für einen gerechten Ausgleich zwischen Reichen und Bedürftigen sorgt. In Deutschland geschieht dies z. B. durch die Sozialversicherungspflicht und durch staatliche Unterstützung, wie Sozialhilfe, Kindergeld oder Ausbildungs- und Arbeitsförderung.

Standortwettbewerb
Unterschiedliche Standorte stehen im Wettbewerb um Investitionen von Unternehmen, weil damit Beschäftigung, Einkommen und Steuererträge verbunden sind. Daraus entsteht ein Druck auf die Verantwortlichen, die Standortbedingungen günstig für die Unternehmen zu gestalten.

Steuern
Steuern sind Zwangsabgaben, die der Staat von seinen Bürgern und Unternehmen ohne eine spezielle Gegenleistung erhebt. Sie sind die Haupteinnahmequelle des Staates.

Subsidiaritätsprinzip
Prinzip, nach dem ein Problem auf der Ebene gelöst werden soll, auf der es entsteht. „Was der Einzelne tun kann, sollen nicht andere für ihn tun.“ Erst wenn auf dieser Ebene keine Lösung möglich ist, soll die nächsthöhere Ebene sich des Problems annehmen (Familie, Gemeinde, Land, Bund, EU).

Tarifvertragsparteien
Dazu zählen Gewerkschaften (vertreten die Arbeitnehmer) und Arbeitgeberverbände (vertreten die Arbeitgeber). Im Rahmen der Tarifautonomie handeln diese beiden Interessengruppen in eigener Verantwortung Tarifverträge aus, die Löhne, Arbeitszeiten und sonstige Arbeitsbedingungen regeln sollen. Der Staat darf sich nicht einmischen.

Vereinte Nationen
(engl. United Nations Organization, UNO) Nach dem Zweiten Weltkrieg gegründete kollektive Sicherheitsorganisation zur Wahrung des Weltfriedens und der Menschenrechte. Fast alle Staaten der Welt sind Mitglieder der UNO.

Wahlen
Stimmabgabe einer Wählerschaft, wodurch Personen in Ämter berufen werden. In Demokratien werden die wichtigsten Staatsämter durch Wahlen besetzt. Demokratische Wahlen müssen die Bedingungen allgemein, frei, gleich und geheim erfüllen.

Wirtschaftskreislauf
Modell, in dem die Tauschvorgänge zwischen den Wirtschaftssubjekten (private Haushalte, Unternehmen, Staat, Banken; erweiterte Darstellung umfasst auch das Ausland) dargestellt werden.

Wirtschaftsordnung
Setzt sich zusammen aus den Regeln und Institutionen, die die Rahmenbedingungen wirtschaftlichen Handelns abstecken. Klassisch werden v. a. Fragen der Eigentumsrechte, der Preisbildung und der Steuerung von Wirtschaftsprozessen entschieden.

Register

Die zentrale Fundstelle eines Begriffs ist **fett** gedruckt.

Nützliche Internetadressen

Jugend und Demokratie
www.bpb.de
(Bundeszentrale für politische Bildung, zahlreiche Online-Publikationen, Politik-Lexikon)
www.mitmischen.de
(Das Jugendportal des Deutschen Bundestages)
www.du-machst.de
(Projektseite des „Aktionsprogramms für mehr Jugendbeteiligung)
www.projekt-p.de
(Projekt P steht für Politik und für Partizipation; „Politik ist Einmischen“ – auch für Jugendliche)

Familie – für dich und für die Gesellschaft
www.bmfsfj.de
(Bundesministerium für Familie, Senioren, Frauen und Jugend; mit weiteren Links zu den Themen Familie und Jugend)
www.familienhandbuch.de
(Online-Handbuch zu Themen der Kindererziehung, Partnerschaft und Familienbildung mit Stichwortsuche und ausführlichen Artikeln)

Leben in der Mediengesellschaft
www.planet-schule.de → Wissenspool → Quo vadis, BRD ?
(Links zur Sendung „Medien und Politik“, mit 2-5-minütigen Clips zu Pressefreiheit, Medien im Wandel, dem Quotendruck und Vielem mehr.)
www.mpfs.de
(Medienpädagogischer Forschungsverbund Südwest, zahlreiche Downloads und Materialien zu Medienkonsum von Kindern und Jugendlichen)
www.reporter-ohne-grenzen.de
(Informationen und Aktionen der Menschenrechtsorganisation, die sich weltweit für Meinungs- und Pressefreiheit einsetzt)

Der jugendliche Konsument
www.test.de/Unternehmen/schule_unterricht
(Materialien, Jugendwettbewerbe zum kritischen Konsum von der Stiftung Warentest)
www.oeconomix.de
(Oeconomix ist eine modular aufgebaute Lernsoftware zur ökonomischen Bildung. Kernstück sind Lernmodule, die sich wiederum in mehrere Kapitel und Unterkapitel unterteilen. Zahlreiche Grafiken und Schaubilder)
www.schulbank.de
(Schulseite des Bundesverbandes deutscher Banken mit zahlreichen Wirtschaftsnachrichten und Sonderthemenseiten speziell für Schüler)

Die politische Ordnung der Bundesrepublik Deutschland
www.politische-bildung.de
(Informationsportal der Bundeszentrale und der Landeszentralen für politische Bildung, gut sortierte Linkliste zu allen politischen Themen und Politikfeldern)
www.bundesregierung.de
(Bundesregierung)
www.bundestag.de
(Bundestag)
www.bundeswahlleiter.de
(Informationen zu Wahlen und Wahlrecht des Statistischen Bundesamtes)

Recht und Rechtsprechung
www.deine-rechte.de
(Auf dieser Seite kannst du dich über deine Rechte als Jugendlicher informieren)
www.kinderpolitik.de
(Seite des Kinderhilfswerks; viel zu Kinderrechten, Suche nach kinderpolitischen Projekten)
www.bmj.bund.de
(Seite des Bundesministeriums der Justiz mit ausführlichen Themeninformationen, z. B. zu Menschenrechten, Strafrecht und Links zu Gesetzestexten im Internet)

Politik in der Europäischen Union
www.bundestag.de/blickpunkt/108_Glasklar/index.html
(Sonderseite der Bundestagspublikationen „Blickpunkt Bundestag“ zu Europa)
http://europa.eu/index_de.htm
(Offizieller Server der Europäischen Union; mit umfassenden Informationen über die Arbeit der EU, den Aufbau der EU-Institutionen, Austausch- und Förderprogramme, Dokumente zum Download)
www.eiz-niedersachsen.de
(Europäisches Informations-Zentrum Niedersachsen; auf dieser Seite finden sich zahlreiche Informationen zur Europäischen Union, auch Angebote für Projektthemen, speziell für Jugendliche)

Frieden und Sicherheit
www.auswaertiges-amt.de
(Seite des Außenministeriums; mit vielen Nachrichten, Länderinfos und zahlreichen nützlichen Links zu internationalen Organisationen)
www.bundeswehr.de
(Portal der Bundeswehr mit ausführlichen Informationen zu Aufgaben, Einsätzen und Reform)
www.unric.org
(Regionales Informationszentrum der Vereinten Nationen (UNRIC); übersichtliche Seite mit Informationen zur Arbeit und Aufbau der UNO)

Ausgewählte Lösungen zum Kompetenztraining

Kapitel 2

M2

Regenbogenfamilie, Schulsozialarbeiter, Mehrgenerationenhaus, Kindergeld, Elterngeld, Pflicht, Grundgesetzes → Familie

Kapitel 4

1. a: Unternehmen → private Haushalte; b: private Haushalte → Unternehmen; c: Bank → Unternehmen; d: Unternehmen → Staat; e: Bank → Private Haushalte; f: Unternehmen → Bank
2. Preis, Gutes, Kosten, Menge, links, Preis, Menge, Nachfrage, rechts
3. Die y-Achse bezieht sich auf den Preis eines Gutes, z. B. eines Handys, die x-Achse auf die Menge des Gutes, das zu einem bestimmten Preis angeboten wird. Die Angebotskurve verläuft von links unten nach rechts oben. Sie zeigt an, dass umso mehr Güter angeboten werden, je höher der Preis für dieses Gut ist. Die Nachfragekurve verläuft von links oben nach rechts unten. Sie zeigt an, dass die Menge eines Gutes, das nachgefragt wird umso größer ist, je geringer der Preis ist. So sind z. B. umso mehr Kunden bereit ein Handy zu kaufen, je günstiger diese angeboten werden, d. h. die Menge an nachgefragten Handys zu einem besonders niedrigen Preis ist besonders hoch.
4. Nach 60 Jahren SMW kann man leider nicht von „Wohlstand für alle" sprechen. Dafür steht der hohe Anteil an Menschen, die für einen Niedriglohn arbeiten (knapp ein Viertel der Beschäftigten). Man muss beachten, dass dies relative Zahlen sind, die ins Verhältnis zu den übrigen Löhnen in Deutschland gesetzt wurden. Die Mechanismen der Sozialen Marktwirtschaft scheinen dennoch nicht zu Wohlstand für alle zu führen.

Kapitel 5

1. **b.** 81% der Befragten wünschen sich mehr Beteiligungsmöglichkeiten, während der Prozentsatz derjenigen, die auch bereit wären, sich zu beteiligen bei 60% liegt. Dem jedoch steht eine 3/4-Mehrheit gegenüber, die der Ansicht sind, dass Politiker sich nicht mehr Mitbestimmung durch die Bürger wünschen.
2. Direkte Demokratie
   - Volk übt die Staatsgewalt direkt aus:
   - Mittel: z. B. Volksabstimmung

   Repräsentative Demokratie
   - Staatsgewalt wird indirekt ausgeübt (durch Abgeordnete)
   - Mittel: Wahlen
4. 1: Bundesverfassungsgericht; 2: Bundesrat; 3: Bundespräsident; 4: Bundesversammlung; 5: Bundestag: 6: Bundesregierung

Kapitel 6

1. Artikel 1 GG (Würde des Menschen), Art. 13 (3) GG (Unverletzlichkeit der Wohnung)

4. Pro: z. B.
- Jugendliche sind noch in der Entwicklung, d. h. sie können noch erzogen werden,
- Jugendliche haben aufgrund ihrer Entwicklung häufig noch nicht die genügende Reife, die Folgen ihres Tuns abzuschätzen

Kontra: z. B.
- ein zu mildes Urteil wirkt nicht abschreckend sondern führt zu wiederholter Straftatbegehung, weil ja „nichts passiert“
- die Einhaltung von Regeln und Gesetzen wird nicht Ernst genommen, wenn sie nicht konsequent eingefordert wird. Diese Einstellung könnte sich auch auf andere Lebensbereiche auswirken

5. Legalität: Stefan M. wird aufgrund der herrschenden Rechtslage (JGG) verurteilt, das Gerichtsurteil ist legal.

Effizienz: Es ist anzunehmen, dass Stefan sich die Strafe „zu Herzen“ nimmt und zukünftig keine weitere Straftat mehr begeht. In diesem Sinne wäre eine Jugendstrafe auf Bewährung effizient, da sie weitere Straftaten verhindert.

Legitimität: Wenn man nach Abwägen aller Tatumstände, auch der persönlichen Verhältnisse des Täters zu dem Schluss kommt, dass durch die Bewährungsstrafe Hoffnung auf Besserung besteht, wird man das Urteil als legitim, weil erzieherisch wirksam, einschätzen. Die Richter haben in diese Richtung argumentiert.

Kapitel 7

M1

1 C / 2 D / 3 B / 4 A / 5 B / 6 D / 7 C / 8 C / 9 C / 10 B

Kapitel 8

Richtig: 3, 6, 7

Falsch: 1 (der Bundestag stimmt ab); 2 (international ist ein Einsatz auch im Rahmen der UNO möglich); 4 (die Bedrohungslage hat sich stark verändert; weniger andere Staaten, sondern eher Angriffe durch Terroristen, zerfallende Staaten oder die Verbreitung von Atomwaffen werden als Bedrohung wahrgenommen); 5 (das Mandat der UNO, mit dem auch die Bundeswehr im Einsatz war, hat auch den Einsatz von Waffen erlaubt, der auch ausgeübt wurde und zu Todesopfern führte); 8 (einen ständigen Sitz im UN-Sicherheitsrat haben nur USA, China, Russland, Frankreich, Großbritannien; Deutschland bemüht sich aber um eine Reform des Sicherheitsrates und einen eigenen ständigen Sitz)

Bildnachweis

Renate Alf, Freiburg – S. 62; Anne-Frank-Realschule, Düsseldorf – S. 24;

Baaske Cartoons / Gerhard Mester, Müllheim – S. 38, 94, 182, 240 (2), 274; Baaske Cartoons / Burkhard Mohr – S. 71; Baaske Cartoons / Thomas Plaßmann – S. 58, 82, 208; Baaske Cartoons / Freimut Wössner – S. 114; Bergmoser + Höller Verlag AG, Aachen – S. 90, 134, 147, 160, 161, 169, 171, 173, 174, 179, 211, 233, 258, 266; Bertelsmann-Stiftung, www.welt.de – S. 188; Sinan Beygo – S. 22; Bildagentur Mauritius / Edmund Nägele, Mittenwald – S. 220; Bilderbox / Erwin Wodicka, Thenning – S. 112, 131; Bundesarchiv – Sig. Nr. B14500172837 / Bestand: B145 Presse- und Informationsamt der Bundesregierung / Sebastian Bolesch, Bonn – S. 164; Bundeszentrale für politische Bildung, Bonn. www.bpb.de /Creative Commons by-nc-nd/3. – S. 229, 265;

CALVIN AND HOBBES. Reprinted with permission of UNIVERSAL UCLICK – S. 154;

Der Spiegel, Hamburg – S. 129, 261; Deutscher Bundestag, Berlin – S. 148; Deutscher Bundestag / Thomas Barreiss – S. 156;

dpa-Infografik, Frankfurt – S. 67, 74, 135, 141, 161, 170, 185, 209, 236, 241, 261, 267, 269; dpa Picture-Alliance, Frankfurt – S. 176; - / abaca – S. 241; - / akg-images – S. 124, 223; - / ANP POOL, Evert-Jan Daniels Pool – S. 273; - / AP – S. 148; - / AP / Winfried Rothermel – S. 180; - / Blickwinkel, W.G. Allgöwer – S. 66; - / EPA, Diego Azubel – S. 88; - / EPA, CTK Sterba – S. 223; - / EPA, Arne Dedert – S. 203; - / EPA, Jawed Kargar – S. 256; - / EPA, Amel Pain – S. 100; - / EPA, Maxim Shipenkov – S. 88; - / Film Warner Brothers – S. 24; - / Maurizio Gambarini – S. 256; - / Daniel Karmann – S. 164; - / Franziska Kraufmann – S. 151; - / Boris Roessler – S. 176; - / Heinz Unger – S. 96; - / Angelika Warmuth – S. 148; - / Sebastian Widmann – S. 96; - / Zentralbild, Waltraud Grubitzsch – S. 72; - / Zentralbild / Patrick Pleul – S. 126;

Fotolia / contrastwerkstatt – S. 50; - / Christa Eder – S. 26; - / ElenaR – S. 220; - / farbcombinat – S. 50; - / Thomas Lammeyer – S. 202; - / Marlen – S. 120;

Getty Images / Bloomberg, München – S. 107, 108; - / Gamma-Keystone - S. 222; - / Frank Hoensch – S. 86; - / Photothek / Raphael Huenerfauth – S. 168, 178; - / Andreas Rentz – S. 165; - / Mathis Wienand – S. 20;

Horst Haitzinger, München – S. 116, 188; Walter Hanel, Bergisch-Gladbach – S. 240; Heidelberger Institut für Internationale Konfliktforschung © HIK 2015, Heidelberg – S. 252; Historisches Museum der Pfalz, Speyer – S. 89; Wolfgang Horsch, Niedernhall – S. 240; Joël van Houdt, Den Haag – S. 16; http://en.blizzard.com – S. 77; https://offenekommune.de – S. 97;

Institut für Demoskopie, Allensbach – S. 74, 76; Interfoto / LINUS, Archiv, München – S. 44; IPON / Stefan Boness, Berlin – S. 188; iStockphoto – S. 234; - / Yuri Arcurs – S. 22; - / JL Baranco – S. 28; - / Debi Bishop – S. 20, 21; - / blaneyhphoto – S. 20, 52; -/ drbimages – S. 221; - / felixR – S. 156; - / Lise Gagne – S. 44; - / Ingvald Kaldhussaeter – S. 54; - / Sean Locke – S. 72; - / martinwimmer – S. 236; - / Peter Randskov – S. 72; - / Daniel Rodrigues – S. 72; - / Royal Five – S. 137; - / Angelika Schwarz – S. 72;

JOKER Fotojournalismus / Erich Haefele, Bonn – S. 148;

Keystone Pressedienst, Hamburg – S. 66; Kommission zur Ermittlung im Medienbereich (KEK) / die medienanstalten - ALM GbR / www.kek-online.de – S. 93;

Peter Leger – S. 161; LOOK, Die Bildagentur der Fotografen GmbH / Bethel Fath, München – S. 212;

Axel Martens, Berlin – S. 102;

Petra Reiter-Mayer, Reutlingen – S. 251, 264;

Kristina Schäfer / Staatskanzlei Rheinland-Pfalz, Mainz – S. 185; Shell Jugendstudie Deutschland, Hamburg – S. 154; Statistisches Bundesamt, Wiesbaden – S. 47; Klaus Stuttmann, Berlin – S. 216, 247, 271, 276;

Thinkstock – S. 79; - / Creatas – S. 48; - / iStockphoto – S. 26, 64, 120, 220; - / iStockphoto / fotolinchen – S. 26; - / Jack Hollingsworth – S. 44; - / iStockphoto / Peer Schlieter – S. 168; - / Jupiterimages – S. 49; - / Stockbyte – S. 232; - / Tay Jhr – S. 117; Thomson Reuters / Guido Bergmann / Bundesregierung – S. 164; Trierer Jugendparlament / trierer-jugend-parlament.de – S. 30, 31;

Version-Foto / Christian Ditsch, Berlin – S. 128;

Walter Hanel, Bergisch-Gladbach – S. 240; Wellhöfer Verlag, Mannheim – S. 32; Wildner + Designer, Fürth – S. 113, 116; www.bio-siegel.de – S. 120; www.ec.vcg-europe.com – S. 193; www.europarl.europa.eu – S. 220: www.jugendforum.rlp.de – S. 97; www.karikatur-cartoon.de - / Roger – S. 85; www.landtag.rlp.de – S. 185; www.mathiasdenzin.de – S. 84; www.mehr-demokratie.de – S. 150; www.nibis.ni.schule.de – S. 255; www.right2water.eu – S. 228; www.seehaus-ev.de – S. 214; www.wikimedia.org – S. 126, 146, 230, 264; www.wikipedia.de / Bibi Saint-Pol – S. 145; www.wikipedia.de / Laurence Chaperon – S. 173; www.wikipedia.de / Santi di Tito – S. 145; www.wikipedia.de / U.S. Department of State / Tktru – S. 230.